Johannes Hucke · **Bergstraße Weinlesebuch**

Willkommen an der Bergstraße,
einem in jeder Hinsicht privilegierten Landstrich. Verglichen mit der ungleich berühmteren Mittelhaardt, verfügen die Anbaugebiete Hessische und Badische Bergstraße über steilere Hänge, mineralischere Böden und weitaus mehr Sonnenstunden ...

Wein aus de
schen Lande
her

Johannes Hucke

BERGSTRASSE-WEINLESEBUCH

Die Winzer der Badischen und der Hessischen Bergstraße von Süd nach Nord. Mit kulinarischen, anekdotischen und sogar landeskundlichen Hinweisen

Fotos von
Gert Steinheimer

INFO VERLAG
REGIO GUIDE

*Dank sagen möchten wir Paul Schäfer,
dem Kulturdezernenten des Rhein-Neckar-Kreises,
sowie Landrat Matthias Wilkes für die Unterstützung.*

*Auch Karl-Wilfried Hamel, Ortsvorsteher des Luftkurorts
Bensheim-Auerbach, gebührt unser Dank.*

Regio Guide im Info Verlag · Bd. 6

Herausgegeben von
Constanze & Thomas Lindemann

Mitarbeit: Stefanie Burgey, Christof Beck, Kurt Fay, Sandra Mehrfort

Karten: www.cartomedia-karlsruhe.de

Bibliografische Information Der Deutschen Bibliothek
Die Deutsche Bibliothek verzeichnet diese Publikation in der
Deutschen Nationalbibliografie; detaillierte bibliografische Daten
sind im Internet über http://dnb.ddb.de abrufbar.

Käppelestraße 10 · 76131 Karlsruhe
www.infoverlag.de

ISBN 978-3-88190-504-6

Inhalt

Die Weingüter
von A bis Z

Spachteleien der Bergstraße

Von überall aus der Ebene lässt sich die Melodie der Kammlinie mitsummen. Die Bergstraße – eine musikalische Landschaft!

Zum Gebrauch
der folgenden 328 Seiten

Weinlesebücher sind euphorische Projekte. Sie entstehen aus der drangvollen Notwendigkeit heraus, die unterschiedlichsten Begeisterungsschübe Gestalt werden zu lassen. Gleichwohl haben diese Reise- und Schmöker-Bücher einen hohen Nutzwert; sie bergen Informationen, speichern Adressen, Hinweise, in summa allerhand Praktisches für Ausflug, Kurztripp, Urlaub.

Um die Handhabung des Weinlesebuchs Bergstraße übersichtlicher zu machen, wurden Piktogramme aufgenommen. Wo Sie das Traubensymbol erblicken, können Sie sicher sein: Hier erwartet mich ein Weingut mit allem Drum und Dran. Teller und Gabel bedeutet: Ein veritables Gasthaus will besucht sein. Auf einen Vermarktungstrick aus der Zeit Karls des Großen geht die Einrichtung des Besens (Strauße, Häckerwirtschaft, Buschenschenke ...) zurück. Hier gibt's auch verflucht gute Sachen, aber nur an bestimmten Tagen im Jahr.

Wiewohl sich unser Bergstraße Weinlesebuch aus weinbaulichen Zwergstaaten zusammensetzt, werden Sie doch schnell bemerken, dass es in diesen Bezirken an Bezirzendem Zahlloses zu entdecken gibt. Aus diesem Grunde wurden Übernachtungsmöglichkeiten geschaffen. Also nicht von uns, bewahre! Nein, es gab

Weingut

Gasthaus

Besen

Brennerei

übernachten

rollstuhlgerecht

Lebensmittelpunkt. Weingärtchen und -höfchen gibt es an der Bergstraße mannigfach. Hier eine der prominentesten Adressen: der Strahlenberger Hof zu Schriesheim.

schon welche. Und was für schöne. Die sind mit einem Bettensymbol sinnfällig gekennzeichnet.

Der Rollstuhl bedeutet nach Auskunft der Betreiber, dass ebenerdiger Zugang (auch zu den Toiletten) möglich ist. **Wichtig:** In allen Fällen empfiehlt es sich, vor einem Besuch anzurufen. Zu diesem Behufe und zur weiteren Vorausplanung haben wir die entsetzliche Mühe auf uns genommen und einen umfangreichen Index samt kompletter Anschriften zusammengetragen.

Angesichts der so ungeheuren wie löblichen Fülle an Bergsträßer Gasthäusern mussten wir auf den Anspruch der Vollständigkeit durchaus verzichten.

Auch im Falle der Winzer sind wir zwar so üppig wie irgend möglich eingestiegen; kleinere Weinbaubetriebe konnten wir jedoch nicht immer berücksichtigen, manche haben auch schlichtweg nicht gewollt – und einige wenige haben wir Schussel bestimmt mal wieder übersehen. Was nur eines heißen kann: Im Falle einer 2. Auflage wird nachgebessert, aufgestockt und zugelegt. Versprochen!

(Für Anregungen sind wir natürlich jederzeit dankbar.) (Außer zwischen 18.30 und 8.00 Uhr.) (Da bereiten wir das nächste Weinlesebuch vor.)

Herr, hab' Dank! Möchte man, plötzlich fromm geworden, dankbar ausrufen, wenn man dem Brot von der Bergstraße und aus dem Odenwald begegnet – zum Beispiel in der Alten Dorfmühle in Auerbach!

Pavillon am Rebmuttergarten. Zwischen Bensheim und Heppenheim dominiert der Weinbau; sonst gibt er sich bescheidener an der Bergstraße.

Goldener November?
Aber sicher; bisweilen sitzt die Bergstraße bis zum 1. Advent im T-Shirt herum. Der Hemsberg im Hintergrund kann es bezeugen.

„Tropf, tropf, Tau ..."

Eine literarische Einleitung, fast ohne Goethe und Kaiser Josef

Was ist ein Rohling? Ein Rohling ist ein Mensch, der nie erwogen hat an der Bergstraße zu leben. Kaum eine andere deutsche Landschaft vermag auf Anhieb so zu fesseln, hinzureißen, den Atem zu nehmen. Die meisten bringen nur noch ein „Uff!" oder ein „Achgottachgott!" heraus, wenn sie an einem bunten Herbsttag zwischen Bensheim und Heppenheim die Rebhügel hinaufstaunen, an einem Vorfrühlingsabend vom Melibokus über das Fürstenlager nach Auerbach hinuntersteigen – oder – wann auch immer – auf Heidelberg stoßen, plötzlich aus dem Walde tretend, am besten am Zollstock ... oder vom in mythischen Fernen angelegten Altstadtweinberg Sonnenseite ob der Bruck.

Manchmal braucht jeder eine Stütze,
alte Mengenangabe für den Tagesbedarf eines Landsknechts. Zwischen 4 und 10 Litern schwanken die Zahlen. Und nicht nur die.

Den Impuls, diesem so spontanen Hingezogensein Dauer zu verleihen, dieser unwillkürlich gefühlten Verbindung biografisch zu entsprechen, haben Begeisterte seit Jahrhunderten auszudrücken versucht. Entweder überschwänglich-literarisch, in dichterischen Heiratsanträgen an diesen privilegierten Landstrich. Oder aber, pragmatischer, indem sie sich dort ansiedelten; nicht zuletzt die Bergsträßer Villen des Jahrhundertanfangs, im Gefolge des Darmstädter Jugendstils errichtet, zeugen vom Projekt einer Verewigung – oder zumindest der zeit-räumlichen Ausdehnung des einmal erlebten Glückszustands angesichts einer so seltenen, kostbaren, beseligenden Harmonie von geomorphologischer Struktur, landwirtschaftlicher Mischkultur und altüberlieferter Architektur.

Freilich existiert noch eine andere Möglichkeit, seiner Zuneigung zu der von den Humanisten (nicht von den Römern) *strata montana* geheißenen Straßenlandschaft Ausdruck zu verleihen: Man zieht sie auf die Flasche. Dazu später jede Menge mehr. Für die Dichter der Bergstraße gehörte er jedenfalls immer dazu, der Bergsträßer Wein – in den nicht unwesentlichen Funktionen der Kräftigung, der Reisebegleitung, der abendlichen Berauschung in verschwiegenen Weingärten und

Käthchen-Stimmung.
Der Bergfried der Strahlenburg im Vorfrühling. Kleist hat sie gesehen. Und verarbeitet. Ob bewusst, ist auch noch ungeklärt.

Der Bergstraße badischer Teil in Auszügen. Erst mal keine Reben zu sehen. Aber Achtung, wenn man näher kommt!

Weinstuben. Wäre dieser Weinreiseführer schon in den 1950er-Jahren erschienen, das Eingangskapitel hätte zweifelsohne den Titel „Die Bergstraße als geistige Landschaft" tragen müssen.

Unter zahlreichen Kulturproduzenten, die eminente Zeugenschaft ablegten, klauben wir zunächst einmal den Darmstädter Hans Schiebelhuth heraus. Kein anderer hat sich so hingebungsvoll dem Lobpreis der Bergstraße verschrieben. Er verstand darunter „den 60 Kilometer langen Landstrich von Darmstadt-Bessungen über Bensheim, Heppenheim, Weinheim nach Neuenheim-Heidelberg." Aus geografischen, historisch-politischen, vor allem aber vinologischen Gründen haben wir erweitert: über Heidelberg-Rohrbach, Leimen bis nach Wiesloch. Merke: Hessische und Badische Bergstraße gehören zusammen. Hier separieren zu wollen, wäre skurril. (Wiewohl dergleichen immer wieder versucht wurde. Und heutigentags auch noch vorkommt.)

Vom äußeren Anschein her hätten wir die Bergstraße sogar noch beträchtlich verlängern können. Denn den gesamten Oberrheinischen Tiefgraben entlang stoßen wir beinahe unausgesetzt auf Rebhänge. Rechtsrheinisch folgen auf die Steillagen der Bergstraße nach Süden zu die sanfter gewellten Kuppen des westlichen Kraichgaus. Mit einer Unterbrechung hinter Karlsruhe schließen sich Ortenau und Markgräflerland an, bis mit Glück und Gottes Hilfe endlich die Schweiz erreicht ist. Doch das führte zu weit; nicht zuletzt weinbautechnisch,

geologisch und historisch-kritisch bietet die eingeführte Einteilung Orientierung. Ein Winzer in Heppenheim hat es eben zum Teil mit ganz anderen Faktoren zu tun als einer in Malsch oder Sasbachwalden ...

Doch hören wir weiter Schiebelhuth; warum soll man sich immer selber die Arbeit machen, wenn's doch ein anderer schon vollbracht hat! Und vielleicht besser, jedenfalls hymnischer als man es selbst imstande wäre: „Die Merkwürdigkeit der Bergstraße ist die, dass sie nicht Gau mit Umkreis und Grenze, sondern Strecke ist ... Sie ist meines Wissens die einzige deutsche Landschaft, die reinen Straßencharkater hat."

„Die Bergstraße blüht. Ich schlage die Augen auf vor diesem Landschaftsgesicht, das mir hellste Helle, zarteste Traumseligkeit, ganze Jugendglücke aus Traum

Auf die Knie!
Was tut man nicht alles für ein gutes Interview ... Der Verfasser als Parzifal vor Kurpfälzer Weinkönigin nebst -prinzessin.

Ja freilich, die Mandeln ...
ein Buch von der Bergstraße ohne die blühenden Mandelbäume wäre wahrlich ein Affront!

Straßenheim,
zwischen Mannheim und Heidelberg, eines der alten Tabak-Dörfer der Ebene. Was sich da zusammenbraut, könnte die neueste EU-Restriktion gegen Tabakbau sein ...

April is the cruellest month …
Die Melancholie des frühen Frühlings am Neuenheimer Neckargestade.

und Zauber einschließt … Diese Bergkette stemmt sich wie ein Stauwall gegen das breit anrollende Ried. Über die Hänge rauscht es, braust es, wirbelt es, schäumt es … da brandet ein Blütenmeer. Die Böschung hinauf, im verklärten Obsthag, lagern Städtchen und Ortschaften, anmutig mit alten Gassen, in denen die Häuser wie glücklich Verliebte beieinander hocken."

„Die Luft ist warm und weich, trägt das berückende Arom der Baumblüte, summt und raunt von Insekten … O dies herrliche südwestdeutsche Frühlingshimmelblau! Die Bergstraße blüht. Ich schwärme."

Bedenken wir die hyperaktive Bautätigkeit im breiten Rheintal seit dem Zweiten Weltkrieg, muss es Wunder nehmen, dass wir überhaupt noch etwas wiedererkennen von Schiebelhuths Bergstraße; dass wir seine bis zur Anbetung gesteigerten Schwärmereien aus den Zwanzigern überhaupt noch nachvollziehen können. Ein Hauptgrund dafür ist – so merkwürdig sich dieser Umstand ausnimmt – in der Erhaltung der Bergsträßer Weinberge zu suchen. Sie fungieren gewissermaßen als Abstandhalter zwischen den Kommunen, die ihren Expansionsdrang folglich vorwiegend auf das bedauernswerte Ried richten müssen.

I hate this writing business.
Heidelberg – immer noch Stadt der Dichter? Fürchten wir das Beste.

Insofern erscheint es keineswegs übertrieben, wenn wir dem Rebbau an der Bergstraße neben einer immens freudespendenden auch eine an der Basis landschaftserhaltende Funktion zusprechen. Würden die Städte und Großdörfer zusammenwuchern, hätte die Bergstraße so ziemlich alles verloren, was sie seit Jahrhunderten so anziehend macht: den schwungvollen Wechsel zwischen Rebland, Obstbau und Besiedlung. Mit jeder Menge Wald obendrauf. Odenwald nämlich, südlich von Heidelberg goldigerweise als „Kleiner Odenwald" tituliert.

Des Burschen Heimkehr.
Von Heidelberg kommt man nicht los. Das Stadttor ist großzügig.

Viel geleistet.
Früher ein Massenberuf, ist das Küferhandwerk im Vorderen Odenwald schier zum Erliegen gekommen.

Tropf, tropf, Tau,
Das Reh muss weinen,
Die schwarze Sau
Frisst die Kleinen.
(Wiegenlied an der Bergstraße)

Das könnte von Schiebelhuth sein, stammt aber von Zuckmayer. Ohnehin, die beiden Hessen (nach damaligem Grenzverlauf) waren dicke Freunde. Weinfreunde auch, wovon zahlreiche, oft lyrische Versuche künden. So weit weg von Blut und Boden wie irgend möglich, niemals naiv, versehen mit einem Spürsinn, der bei Doppeldeutigkeiten, verborgenen Schrecknissen, Unheimlichem anschlägt, erkunden die beiden ihre Heimat mit einem Staunen in der Stimme, wie wir Vergleichbares meist nur noch von fernen Landen kennen.

Viel reicher als der Rosen Elixier,
Viel voller als die Wolke aus Importen,
Viel heiliger als Weihrauch duftet mir
Die Blume Wein von edlen Heimatsorten.
(Zuckmayer, Weinblume)

Nordbaden, Südhessen ... das war nie preußisch im chauvinistischen Sinne. Humanistisches, nicht selten revolutionäres Gedankengut war hier beheimatet. Frankfurt, Darmstadt, Heidelberg: Eine andere Tradition gedieh neben den „Selbstzwangsapparaturen" des Untertanengeistes. Auf Selbstbestimmung pochend, dionysisch unterwandert, privatistisch, antimilitaristisch – mithin wohl

Reben-Verstecke.
Auch tiefer im Odenwald gedeiht noch ein Wein. Hier oberhalb von Ritschweier, Kippenhans Müller-Thurgau.

zum Erträglichsten gehörend, was Deutschland hervorgebracht hat. Sogar die örtliche Obrigkeit schien (so weit wie möglich) einer Tendenz zum Friedfertigen, Genießerischen zu obliegen. Indessen etwa Ernst Ludwig von Hessen-Darmstadt, Förderer der Künste und des Weinbaus, zu den tolerantesten Herrschern seiner Zeit zu zählen ist, verströmt die Karsruher Residenz in ihren späten Tagen als nordbadisches Fixsternchen auch nicht gerade das, was wir mit der furchteinflößenden Grimasse der Monarchie zu verbinden gewohnt sind.

Wahrhaftig zeichnete den weinreichen Südwesten Deutschlands der Jahrhundertwende eine spätbiedermeierliche bis neobarocke Wohlhäbigkeit aus – die allerdings beileibe kein Bollwerk war gegen Rassismus und Militarismus. Auch unsere Freunde Zuckmayer und Schiebelhuth trafen während ihrer ausgedehnten Odenwald-Wanderungen durchaus nicht überall auf fröhlich zunickendes Verständnis. „Wir fühlten uns wie zwei Eichendorff'sche Taugenichtse, und wir taten nichts, was uns nicht freute."

Zuckmayer, von der anderen Rheinseite, aus Nackenheim gebürtig, hat sie zu hören bekommen, die weniger freundliche Volkes-Stimme. Als das in Berlin bereits durchgesetzte Erfolgsstück „Der fröhliche Weinberg" in Mainz aufgeführt werden sollte, zogen die Winzer scharenweise mit ihren Traktoren vors Schauspielhaus. „Karlsche, komm uns haam!", wurde skandiert. Das hat dann sehr lange gedauert, bis der spätere Emigrant seiner Heimat einen nächsten Besuch abzustatten wagte. Dass „Der fröhliche Weinberg" seit Günther Stracks Ta-

Aus dem Keller des Großherzogs
Ernst Ludwig, inzwischen im Besitz des Parkhotels Herrenhaus im Auerbacher Fürstenlager: ein Heppenheimer Centgericht, innen besser erhalten als außen …

Die Bergstraße im Kleinen,
mit allem was dazugehört. Mandelbäumchen im Weinberg bei Laudenbach.

Umfangreiche Rebflurneuordnungsmaßnahmen bei Schriesheim. inzwischen ist alles schon wieder grün ...

gen zu den meistgespielten Stücken der Heppenheimer Festspiele gehört, verwundert heute die Wenigsten.

Wenn wir schon einmal dabei sind, mehr oder weniger revolutionär gesinnte literarische „Bergsträßler" auf Zeit aufzuspüren, darf natürlich auch der im ein paar Kilometer entfernten Goddelau am Kühkopf geborene Georg Büchner nicht fehlen. Inwieweit der seit Kindheitstagen genossene Regionalschoppen das trefflichste politische Programm, über das die Menschheit je verfügt, mitbeeinflusst hat, das mag dahingestellt sein. Jedenfalls schlägt Büchners hedonistisch-bacchantisches Temperament nicht nur in Valerios Schlussmonolog aus „Leonce und Lena" durch:

„ ... und es wird ein Dekret erlassen, dass, wer sich Schwielen in die Hände schafft, unter Kuratel gestellt wird; dass, wer sich krank arbeitet, kriminalistisch straf-

bar ist; ... und dann legen wir uns in den Schatten und bitten Gott und Makkaroni, Melonen und Feigen und musikalische Kehlen, klassische Leiber und eine commode Religion!"

Kasimir Edschmid, Zeitgenosse Schiebelhuths und Zuckmayers, folgte der natürlichen Wandlung des Umstürzlers zum Idylliker: „Da, wo der Odenwald plötzlich in vollem Schwung an der Rheinebene zum Stehen kommt, zieht vom Süden nach Norden die alte Verkehrsstraße der antiken Welt immer noch entlang. Hier fühlten sich die südlichen Menschen zu Hause. Im Frühling schwingt sich eine friedliche Armee von Obstbäumen aus der Ebene die Hänge des Odenwalds hinauf ... Die Landschaft ist wie berauscht vom Weiß und Rot der Kirschbäume, der Pfirsich- und Apfelplantagen und von den zärtlichen Flammen der Mandelhaine. Der Himmel

Sieht ein bisschen gruselig aus.
Sind aber nur ausgediente Rebknorze. Denn alles, was entsteht …

darüber scheint blau wie in der Toscana (sic!). Die gelben Büsche an den Häusern tauchen das Gelände in einen Goldglanz, über dem sich der Melibokus-Berg, zart gezeichnet wie der Vesuv, still erhebt. Man sieht vom Melibokus aus, auf dem schon heidnische Feuer brannten, in die Rheinebene hinunter bis zu den Domen von Worms und Speyer."

Kaum ein Autor unterlässt es, die jovial-aufgeklärte, weltläufige Bergstraße gegenüber dem sagendurchwesten, abergläubischen hohen Odenwald zu kontrastieren. SprachforscherInnen wie Hedwig Witte bestätigen die Beobachtung auch auf dem Gebiet des Dialekts; während im Tale, näher an den Hauptlinien des Kulturtransfers, ein mainfränkisch abgeflachtes Idiom mit lateinischen, französischen, italienischen Einschlüssen gesprochen wird, beginnt schon in den ansteigenden Seitentälern eine rauhere Färbung sich durchzusetzen, teils noch keltischem Spracherbe geschuldet.

Und da kommen sie doch noch, die beiden Kronzeugen der Bergstraße. Die Meistzitierten. „Hier fängt Deutschland an Italien zu werden!" Wer hat das noch gesagt? Und wo? Und wann? Zugegeben, wir haben nur eine Stunde recherchiert. Und dann die Lust verloren.

Nicht weniger als 16 Varianten konnten zutage gefördert werden. „Der österreichische Kaiser Josef" rief es aus, natürlich, mal der Erste, mal der Zweite, mal ungekrönt auf der Hinreise nach, mal gekrönt auf der Rückreise von Frankfurt, manchmal war er nur Deutsch-Römischer König, mal hieß er Franz Josef, auch erhältlich in beiden Varianten, also als Erster und als Zweiter.

Offenbar so eingenommen von dem einzigen Bonmot, das er zu Lebzeiten landen sollte, rief er in Eberstadt, Auerbach, besonders laut vor Heppenheim sowie auf dem Marktplatz von Weinheim. Unermüdlich rief er – und immer spontan. 1764, 1784, 1884, ja, ein Ferienhausunternehmen verlegt den legendären Ruf gar ins 17. Jahrhundert. Des Rufens war kein Ende. Und das macht ja auch nichts. Wie bei allen treffenden Formulierungen wird man sich irgendwie einig. Hauptsache, ein König war's! Oder, noch besser, ein Kaiser! Und wenn's ein Käser gewesen sein sollte: Bestimmt kam er aus Österreich. Und Recht hatte er allemal. So ungefähr jedenfalls. Stellvertretend für all jene, die sich an Heidelberg den Gänsekiel abgerubbelt haben, zum Abschluss noch ein Packen Goethe. Schön hat er das gesagt, einprägsam wie immer. Und man rechnet unwillkürlich mit, in welcher Zeit man heute selbst die Reise zurücklegen würde. Per Bahn, Fahrrad, Automobil oder Pedes ...

„Sonnabend, den 24. September 1814. Um sechs Uhr von Frankfurt ab bei einem frischen Nebel, der den Fluss und sodann auch aufsteigend und sich verbreitend die Gegend einhüllte. Wir kamen so nach Darmstadt, der Himmel heiterte sich völlig auf, so dass wir die Bergstraße in ihrem ganzen Glanze genossen. Die Nüsse wurden eben abgeschlagen, die Birnen erwarteten ihre Reife. So ging es von Station zu Station ohne Aufenthalt, bis endlich Weinheim und zuletzt Heidelberg erreicht ward. Den Sonnenuntergang sahen wir noch von der Brücke."

„Kommst du zur Zeit der Mandel-, Pfirsich- und Kirschblüte an die Bergstraße, fühlst du, dass das Paradies nicht schöner gewesen sein kann!" – Paradies, nun ja, wären wir auch früher oder später selbst drauf gekommen. Aber wir wollen uns keineswegs mit dem Geheimrat vergleichen. Sondern vom Bergsträßer Wein erzählen.

Los geht's.

Vereiste Rebstöcke am Dormenackerhof bei Heidelberg.

„Nun wollen wir jeden Abend gehn, wo am Berg die Blütenbäumchen stehn ..." – die Bergstaße, Hauptlandschaft der deutschen Naturlyrik.

Fast „Lago di …" – immerhin der Neckar durch Heidelberg, Neuenheimer Seite.

Weg von der Reservebank

Bergsträßer Eigen-Gewächse unterwegs in die Champions League. Ein Appell!

Der probenreiche Prozess, bis kritische Weinfreunde einmal von einem Anbaugebiet überzeugt sind, lässt sich nur mit den klassischen Bekehrungsgeschichten vergleichen. Gerade den kleinen gegenüber – bis zur Eingemeindung des Ostens galt die Hessische Bergstraße als kleinste Rebbaufläche in Deutschland – waltet meist eine hartnäckige Skepsis vor, gepaart mit den jeweiligen regionalen Borniertheiten. („En gude Riesling wachst nur in de Palz!" oder „Wenn scho deutsche Rotwei, dann muscht scho in d'Kaiserstuhl naafahre ..." und ähnlicher Stumpfsinn.) So „eilte" (und eilt) der Bergstraße gewiss kein übermäßig lauter Ruf voraus. Frische und fröhliche Schoppenweine, zum Handkäs O.K., wenn mal kein Ebbelwei im Bembel gluckst. Dergestalt in etwa die Einschätzung vieler, die es nicht so genau wissen wollen.

Werden wir nun kurz autobiographisch. Freilich, bei Odenwaldwanderungen war er stets unvermeidlich, der Bergsträßer: meist fruchtsüße, spritzige Erfrischungsgetränke von der Heppenheimer eG. Dann und wann eine einprägsame Erfahrung, der Fassriesling etwa vom Kirchberghäuschen oberhalb Bensheim: genau das Richtige nach dem steilen Anstieg! Ansonsten – lauter Vermutungen, Gerüchte, Unwägbares. Hin und wieder machte ein Riesling vom Staatsweingut der Domäne Bergstraße von sich reden. Und allmählich entwickelte sich ein produktiver Forscherdrang: Da muss doch noch etwas sein, etwas Großes, Aussagekräftiges, das die Region gleichberechtigt neben andere positioniert. Oder nicht?

Das Ereignis fand statt. Just als der Verfasser vor Jahren im Garten des Zwingenberger Café Piano, geruhsam schmausend an einem dieser warmbesonnten Sandsteintischchen, einen tiefroten „Pan" kredenzt bekam. „Huch, was ist das denn?" entfuhr es der versammelten Runde. Dergleichen hatte man nicht nur noch nie von der Bergstraße bekommen, sondern aus ganz Deutschland kaum je. Derartig intensiv, komplex, ins Erhabene

Ein Alchemist in seinem Zauberkeller? Vielleicht auch das. Thomas Seeger, Bergsträßer Weltwunder.

Im Bauch des Bunten Löwen,
Heimstatt des heute schon legendären Weinguts Simon-Bürkle.

spielend – welch umwerfende Überraschung! Gelungen war sie dem Weingut Simon-Bürkle, das bald darauf in der Fachpresse von sich reden machen sollte.

Fast zur selben Zeit ein vergleichbar tiefgreifendes Geschehnis. Die Cuvée Anna von Thomas Seeger, dem anderen Leimener neben „dem Leimener." Probiert im Gutsausschank **Jägerlust** nahe dem Zementwerk. Einen verzaubernden Schmelz verströmt diese Anna; ungläubiges Kopfschütteln wandelt sich in ausgelassene, zukunftweisende Zustimmung: Wenn so zwei Weine am Nord- und Südende der Bergstraße gedeihen, dann muss auch mittendrin etwas zu finden sein!

Eine Weile war das der Stand. Anna und Pan hielten die Bergstraße im Arm. Das war gut so. Doch zweifellos waren eine ganze Menge Ergänzungen vorzunehmen. Aus der Reihe fallende Kreszenzen von Seeger (Grauburgunder! Schwarzriesling!) und Simon-Bürkle (Granit! Diorit!) natürlich. Sowie immer wieder Spitzengewächse aus dem Staatsweingut – durchaus nicht nur die Eisweine, sondern gerade auch im trockenen Bereich, Rieslinge wie Burgunder. Schließlich ging es Knall auf Fall. Die eigenwilligen Spontanvergorenen des Auerbachers Rolf Steinmüller inspirierten den Autor zu einem Artikel im Wein Gourmet. Und dann der Startschuss mit dem St. Laurent-Barrique vom ebenfalls in Auerbach beheimateten Hanno Rothweiler. Herrgott, was ist das für ein gesegnetes Wein-Reich hier! Überbieten lässt sich dieser Super-Strada der Halbliterdisziplin mit Sicherheit nicht; aber er regt verteufelt an, weiter auf die Pirsch zu gehen.

Begehrt, begeistert, subskribiert:
Hanno Rothweilers sensationeller Barrique-St. Laurent.

Zugegeben, noch zu Beginn der Recherchearbeiten zum Bergsträßer Weinlesebuch herrschte die leise Befürchtung, eventuell doch nicht in dem Umfange fündig zu werden, wie zu hoffen allerlei Anlässe längst gegeben waren. Um es vorweg zu nehmen: Jegliche Zurückhaltung wurde bereits in den ersten Wochen zerstreut. Beinahe in jedem Ort gelangen Entdeckungen, nicht bloß auf der Ebene gut trinkbarer, gut bezahlbarer Essensbegleiter. Sondern – wer Zungen hat zu schmecken, der schmecke! – auch im absoluten Top-Bereich.

Aus diesem Grunde und an dieser Stelle ein Appell an die jetzt zwanzigjährigen Oppenheimer, Geisenheimer, Weinsberger, an gewillte Seiten- und begabte Neueinsteiger: Die Bergstraße ist überreich an phantastischen Böden! Trotzdem fallen immer mehr Flächen brach, während anderswo auf minderwertigem Untergrund profitabler Weinbau betrieben wird. Hier werdet Ihr gebraucht! Hier gilt es, den Spitzenweinbau weiter voranzutreiben, zu experimentieren, Neues zu etablieren, Traditionelles wiederzuentdecken. Kommt, nehmt und bauet, bevor die herrlichen Steillagen voll alter Reben gerodet sind! Eine Plackerei wird das sowieso; das war nie anders an der Bergstraße. Aber der Lohn ist köstlich. Die vielleicht größte Freude auf Erden wird Euch zuteil werden: kreative, nicht-entfremdete Arbeit. Gute Bezahlung. Überglückliche Käufer. Und das Gefühl, etwas aufgebaut zu haben, wo allenthalben so viel Gutes verloren geht.

Noch vor 20 Jahren ausschließlich weiß, widmet sich die Bergstraße inzwischen intensiv dem feinen Roten.

Unsere Erkundungen starten wir ganz im Süden. Wiesloch markiert sozusagen die copula zwischen Kraichgau und Bergstraße. Weinberge in der Nachfolge des Rebpioniers Johann Philipp Bronner stehen im Anbau. Für Nußloch, das immer noch recht goldige Örtchen am Eingang zum Kleinen Odenwald, gilt ganz besonders, was soeben im Appell vorgebracht wurde: Zwar existieren noch Reste der alten Herrlichkeit (Henkels Weinstube!), Adam Müller und die Winzerkeller-Genossen bauen hier feine Sachen an, doch könnten einige Lagen durchaus rekultiviert werden.

Mit Leimen betreten wir bestens erschlossenes Terrain. Thomas Seeger hat dem hiesigen Weinbau gewissermaßen die Krone aufgesetzt. Schließlich Rohrbach, Heidelberg. Selbstverständlich, dass wir hier ein ganzes Kapitel veranschlagen mussten. Dabei galt es, ein logi-

Griechische Rebmesser, heute noch gebräuchlich. Aus dem Besitz des Auerbacher Ortsvorstehers Karl-Wilfried Hamel.

sches Problem zu lösen: Alle Welt spricht, singt, lacht vom Heidelberger Wein. Aber kaum jemand weiß einen bestimmten zu benennen. Diesem Missstand helfen wir kompromisslos ab.

Besonderer Aufmerksamkeit wert sind die uralten Dörfer zwischen Heidelberg und Weinheim. Hier reizt schon die von Geschichte getränkte Kulturlandschaft, auf Entdeckungsreise zu gehen. Und richtig, just am erhabensten Ort, dem Schriesheimer Schlossberg, stoßen wir auf Weingüter mit tadellosen Anlagen. Bis Laudenbach liegt das Geschick der Reben überwiegend in Genossenhand; treu vereint, liefern Badener und Hessen nach Heppenheim in die eG. Andere fahren allherbstlich ihr Lesegut in den Winzerkeller nach Wiesloch. Weinheim selbst, Heimstatt des Weinforschers Lambert von Babo, prunkt nicht nur mit seinem wunderbar schrägen Marktplatz; es verfügt tatsächlich über erstklassige Lagen, die sich allerdings größtenteils in Privatbesitz befinden. Das Hinterland wird hier schon sehr odenwaldig. Schönere Wanderungen als die von der **Burg Windeck** über die Wachenburg zum streußelkuchenduftenden **Grünen Baum** nach Buchklingen sind schlechterdings nicht vorstellbar.

Genau hinschauen: Grauburgunder? Blanc de Noir? Rosé? An der Bergstraße wird mittlerweile in allen Teildisziplinen überaus Köstliches erzeugt.

Und dann Heppenheim. Wer beim ersten Betreten der Altstadt nicht in Ohnmacht fällt, muss unter schweren Wahrnehmungsstörungen leiden. Vielleicht gibt es weltweit keine eindrucksvollere Möglichkeit, seinen Wein zu sich zu nehmen als am Herbsttag vor dem **Goldenen Engel**, mit traumverlorenem Blick über den Marktplatz mit dem Marienbrunnen hinauf zur Starkenburg ... Und was trinkt man da? Simon-Bürkles „Granit" natürlich oder Freiberger. Ein Weingut, das notwendig zu Heppenheim dazugehört. Da gibt es kein Vertun. Mit der Maiberg-Riesling-Selection wurde hier ein gewichtiges Wort zum Heppenheimer Steilstlagenwein gesprochen.

Mit Bensheim wäre der Zentralort des Bergsträßer Rebbaus erreicht. Das Staatsweingut produziert mit nach oben offener Qualitätsrichterskala. Symbolträchtig schimmert ein Tempelchen über dem Kirchberg. Doch dazu später mehr. Viel mehr. Vom Tempelchen (namens **Kirchberghäuschen**) aus promeniert sichs fürstlich zum Staatspark Fürstenlager, an der waldigen Reblage Herrnwingert vorbei, bis man in Auerbach herauskommt, Heimat von Hanno Rothweiler und Konsorten, trefflichen Gasthäusern, Inbild des Bergsträßer Gefühls – und genauso hübsch wie das nahe Zwingenberg mit der alten Wehrkirche über dem Fachwerkgässchengewühl. Im **Bunten Löwen** hat das Leit-Weingut Simon-Bürkle ein standesgemäßes Experimentierfeld gefunden. Die Region dankt's mit eifriger Frequentierung.

Richtung Burgruine Frankenstein (O ja, Mary Shelleys original Roman-Vorlage!!) lässt der Weinbau immer mehr nach. Was nicht heißen soll, dass nicht da und dort geringe Mengen bemerkenswerter Weine gekeltert würden. Auch im breiten Becken zwischen Darmstadt und Frankfurt treffen wir unvermutet immer wieder auf Spuren traditionellen wie neuzeitlichen Rebbaus. Schließlich packen wir unsere Siebensachen und ziehen auf die Odenwälder Weininsel. Das ist etwas ganz und gar Bermerkenswertes. Mittenmang zwischen Bergstraße und Unterfranken gelegen, macht die Wein-Kultur um Groß-Umstadt Laie wie Experte staunen. Brücke-Ohl ist einer der Namen, die in gewöhnlich gut informierten Kreisen seit langem Geltung beanspruchen dürfen.

Wenn wir das alles geschafft haben, sollten wir eigentlich erst einmal „sitt" sein. Aber wie das so ist mit der Bergstraße und ihren Nebenwegen: Sie macht nun mal Durst auf mehr. Und so bleiben wir offen, erfahrungsdurstig, freudig gespannt, welche Entwicklungen der Bergsträßer Weinbau in den nächsten Jahren nehmen wird, in der Höhe wie in der Breite. Es gibt viel zu verkosten. Korken wir's auf!

Ja die Starkenburg!
Namensgeberin für den Anbaubereich, viel besungen und gerühmt. Näheres erfahren Sie, wenn Sie eine Maiberg Selection aus dem Hause Freiberger goutieren ...

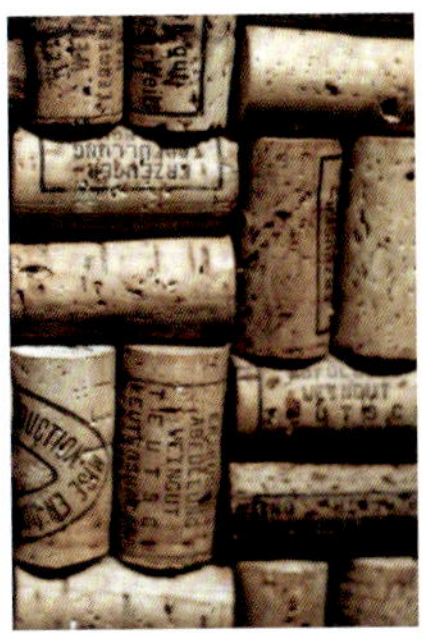

Sitzenbleiben als Lebenskunst
Notizen zum Bergsträßer Zeitmaß

Erinnerung an einen Sommerabend in den Neunzigern. Auf einer überdimensionalen „Frankfurter Bank" sitzen die weit gewanderten Gesellen, im Rücken die Fachwerkwand der **Alten Dorfmühle** zu Auerbach. Das Mahl ist beendet. Kochkäs-Schnitzel hat es gegeben, mit selbstgebackenem Mühlenbrot. „Kerle, was simmer satt ... " Ein tief eingelegter „Gaasekäs" musste hinterher noch sein. Ebbelwei ist geflossen, reichlich, ein guter; um ein paar Ecken heruntergerollt aus dem Odenwald. Jetzt schimmert Steinmüllers rosenfarbener Grauburgunder in den Gläsern, ein Feenwein, der alle Aromen der Abendluft konzentriert auf ein paar Kubikzentimeter. Kein Wehen – kaum messbarer Hauch. Keine Schwüle – nur diese weiche, crèmige Wärme; mit etwas Übung könnte man sie aus der Luft löffeln wie Erdbeer-Tiramisù.

Die zufrieden ausgestreckten Kameraden blinzeln ins Abendrot. Ab und zu ist mal ein „Hach ... " oder ein „Gibt's doch gar net, wie schee ... " zu vernehmen. Man sieht sich um: An allen Tischen dieses absichtslose, wohlgefällige Vor-sich-hin-Schmunzeln. Da bewegt sich miteins ein seltsamer Zug durch die Abendstille. Auerbacher Frauen, schwere Schüsseln im Arm, stapfen langsam durch das schräg liegende Sonnengold. Sie kommen zum Steinmüller, „zum Rolf", der sie freudig erwartet. Er fächelt in der Luft, als wolle er einen kostbaren Hauch zu sich heranwedeln. Und jetzt riechen wir's auch: überreife Mirabellen, wannenweise, Zentner um Zentner durch die Tür getragen.

Was daraus werden wird? Kein Zweifel. Anton Como, der Dorfmühlenwirt, kennt die Szene schon. Unaufgefordert bringt er vom Mirabellenwasser aus einem der Vorjahre. Dafür also wachsen die Dinger! Nicht nur zum Ankucken, nicht nur für Omas Hefekuchen! Das ist der Abschluss für heute. Ist es ein Abschluss? Nicht direkt. Systemiker würden von Wirklichkeitskonstruktion und Eigenzeit raunen. Vielleicht gehört ab und an ein Gläs-

Heiße Kombi. Wie es das Kochkässchnitzel auf den Bratwurstteller geschafft hat, bleibt ungeklärt. Wir vermuten eine Tauschaktion.

Na, na, nicht gleich übertreiben ... oder doch? In Majers Weinscheuer zu Schriesheim finden Theaterliebhaber, Weinfreunde und Schnabulierer eifrig zusammen. Da fällt es gar nicht auf, wenn einer auf die Idee kommt sich selbst zu krönen ...

chen Mirabellenwasser dazu, um ein guter Systemiker zu sein. Denn wer weiß: Womöglich sitzen wir noch immer dort, vor der **Auerbacher Dorfmühle**, an jenem Sommerabend, als die Mirabellen der Landfrauen durch das Abendrot schwebten ... Nein: Wir rennen gar nicht wie blöd irgendwelchen Aufträgen hinterher! Denn wir sind niemals aufgestanden.

Wann in der lauen Sommerabendfeier
Durch goldne Luft ein Blatt herab geschwebt,
Hat dich mein Wesen angeschauert,
Das traumhaft um die reifen Dinge weht ...
(Hofmannsthal, Der Tor und der Tod)

Ganz so wohlig-morbide geht's natürlich nicht immer zu an der Bergstraße. Doch es fällt auf, dass eine ganze Reihe Lokale, nein, sagen wir im besten Sinne: Wirts-Häuser über das Privileg einer geradezu elysischen Multidisziplinarität verfügen. Man könnte es auch weniger verschwiemelt formulieren: Es ist ungemein kostbar, wenn die Ein- und Ausblicke hinreißend, Speisen und Getränke aus heimischer Spitzenproduktion und die Gastgeber von ausgesuchter Fröhlichkeit sind.

Das Weingut Brücke-Ohl in Groß-Umstadt hat – nahe am Markt – so ein wunschlos glücklich machendes Gasthaus eröffnet, wo so empfindsame Gerichte wie „Grindkopp" gereicht werden. Ein Äquivalent, nur auf einer anderen Ebene, wäre der Zwingenberger **Bunte Löwe** des Weinguts Simon-Bürkle zu nennen. Im Stadium akuter Verwunschenheit befindet sich das **Waldschlösschen** oberhalb Auerbachs. Fast konkurrenzlos erhaben: das **Kirchberghäuschen** über den Bensheimer Weinbergen. Und im Tal? Na sicher, da gibt es auch so allerlei. Den **Walderdorffer Hof** etwa (Leberwurstschnitzel, Handkässteak ...) oder, weiter Richtung Zell, die **Hahnmühle**.

Neben dem **Goldenen Engel** am Marktplatz bietet Heppenheim ein weiteres Glanzstück mit Burgenblick auf: das **A–Z**; sogar Hildegard von Bingen steht dort für manche Gerichte Patin. Indessen hoch droben vom Wald **Seidenbacher Eck**, **Jöste Andres** oder die **Burgruine Windeck** auf die Welt dort drunten selbstbewusst herniedersehen (Letztere auf das quirlige Weinheim), hockt der Sulzbacher **Schwarze Ochse** immer noch an der Bundesstraße; die Niedrigkeit der Decken verleitet manchen dazu, sich vorübergehend als das Himmelsgebäude tragender Atlas zu verdingen ... **Strahlenberger Hof**, **Goldener Hirsch** und **Weinhaus Bartsch** in Schriesheim, der preiswürdige **Dossema Weinhof**, sodann die noch näher zu untersuchenden Ausläufer einstiger Kneipen-Seligkeit in Handschuhsheim-Neuenheim-Heidelberg, schließlich die **Traube** in Rohrbach, der **Bierhelderhof** auf halbem Wege Richtung Königstuhl, **Jägerlust** in Leimen und **Schwanen** in Gauangelloch (...) bringen all jene entschieden weiter, die ernsthaft auf der Suche sind nach dem „Bergsträßer Gefühl".

Nun wird es Zeit sich auf den Weg zu begeben. Die Bergstraße ruft! Aber wir gehen nicht los, ohne noch einmal unseren guten Hans Schiebelhuth konsultiert zu haben. Der uns seinen (mit kaum Zwanzig gedichteten) „Reisesegen" mit auf die Straße gibt. Da fühlt man sich beschützter als mit sämtlichen Reiserücktrittsversicherungen. Ja, und dann? Auf geht's, immer die Bergstraße entlang! Sehr wohl rechts wie links schauend. Denn da blinkt und glitzert immer etwas Schönes.

Tut Türen weit auf. Viel Licht
Fließ über Fliesen.
Wandrer steh auf. Gürte dich.
Freu dich ins Fremde.

Geh gegen Wolken. Zieh wider Wind,
Berg und Tal, stille Straße.
Überm Weg weben Wünsche,
Gold, Glück.

Handwerkskunst. Rolf Steinmüllers Klein-Keller bietet historischen Gerätschaften Vollbeschäftigung, auch im Alter.

Bergsträßer Lieblingsbeschäftigung; draußen sitzen, plaudern. Weine verkosten, gut aussehen. Vielleicht ein wenig musizieren ...

PROBIE

RTHEKE

„Anna, O Anna!“

Wiesloch – Nußloch – Leimen

Seit sich die Dichter aus dem öffentlichen Bewusstsein weitgehend zurückgezogen haben und (offensichtlich) in ihre goldenen Wälder geflohen sind, hat sich das Publikum auf die Suche nach neuen Identitätsstiftern begeben. Pop-Stars, Moderatoren, Schauspieler üben heute eine Definitionshoheit aus, die ehedem den dichtenden Musensöhnen vorbehalten war. In die Kategorie der Orientierungsgeber sind inzwischen – freiwillig oder unfreiwillig – zweifellos auch die Winzer aufgerückt. Nicht alle freilich – hier herrscht noch das eherne Gesetz der schicksalbedingten Auslese. Einst zeichneten die Chariten, auch Grazien geheißen, dafür verantwortlich, wem Anerkennung, Ruhm, gar Nachruhm zuteil werden sollte; für den Bereich der Weinöffentlichkeit übernehmen inzwischen Sommeliers, Juroren und Journalisten die Funktion der Verteilung von Fluch und Segen. Wie aber ergeht es jenen, die mit Lorbeer gekrönt, mit Gold überschüttet, mit Medaillen behängt werden? Sind sie dankbar? Glücklich? Mit allem einverstanden?

Fragen wir am besten Thomas Seeger, einen der Meistausgezeichneten aus deutschen Weingärten der vergangenen Jahrzehnte. Wenn es irgendwo in Nordbaden eine Erfolgsgeschichte zu erzählen gibt, dann spielt sie auf dem 7 ha kleinen Leimener Traditionsgut. Zunächst unbemerkt Innovationen wagend, darob alsbald heftig befehdet, schließlich schleunigst zum Nationalheros ausgerufen: Diese rasante Entwicklung erinnert ein wenig an die Biographie Friedrich Schillers. Aber Star-Kult, hektische Nachfrage nach dem neuesten Jahrgang, anbiedernde Verehrung, ist dergleichen wirklich so erstrebenswert? „Manchmal geht uns das ganz schön uff de Sack.“ Vielen Dank für diese unter Spitzenwinzern höchst seltene Offenheit, Herr Seeger, für diesen Einblick in die Gemütslage eines Mannes, dessen Persönlichkeit sich von dem schrillen Hype nicht die Bohne tangieren lässt. Das „Geheimnis“, das alle Welt erfahren will, wie

Gestatten, Seeger, frohgemute Wein-welt-Usurpatoren und Nachbarn des Zementwerks Leimen.

Leben in Nußloch. Hübsch hier an der südlichsten Bergstraße, nicht wahr. Sogar im Winter kann man noch draußen liegen.

es denn komme, dass so ein „abgelegenes" Weingut binnen kurzem sämtliche Preise einfährt, die irgendwo zu gewinnen sind, lässt sich nämlich auf eine eingermaßen schlichte Formel bringen: 11 Generationen Regionalkompetenz x Weinbaustudium in Geisenheim x mulschelkalkreicher Löss-Lehm-Boden. Daraus lässt sich denn doch was basteln. Alles keine Hexerei. Oder doch?

Nein, man darf sie echt nicht unterschätzen, die Böden der südlichsten Bergstraße. „Zementweine" nennen Spottdrosseln schnabelzwinkernd die den Böden zwischen Wiesloch und Rohrbach entsprießenden Tropfen. Historischer Hintergrund der Uzerei ist eine Beobachtung aus dem vinologischen Pleistozän. Mit einem spaßigen Umkehrschluss stellte man nämlich fest, dass (fast) überall dort, wo Kalk für Zement abgebaut wird, auch Weine hervorragender Güte wachsen. Löss-Lehm und Muschelkalk: Diese Mischung aus mineralischer Würze und wohlgenährter Struktur ist es, die dem Traubenendprodukt offensichtlich so gut bekommt. Weiter oben, dem Wald zu, wo gen Rohrbach architektonische Nonsensträume namens Emmertsgrund und Boxberg das Gemüterheitern, stoßen wir auf Buntsandstein – weltweit bekannt, nicht zuletzt aufgrund seiner Verwendung für den Riesenkorpus des Heidelberger Schlosses.

„Die besten Lagen sind aber unten an der Straße," verblüfft Thomas Seeger den Unkundigen. Einfacher

Grund: Hier ist die Vegetationsphase am längsten. Pro hundert Höhenmeter sinkt die Temperatur um ein halbes Grad. Im Jahresmittel macht das zwei, drei Wochen aus. Seeger erinnert auch daran, dass sich um Leimen niemals die Befürworter kerniger Flurbereinigungen haben durchsetzen können. In der intakten, an den innersten Kraichgau erinnernden Mischkultur hat eine Expedition des Geilweilerhofs prähistorische Rebsorten aufgefunden: Primitivo, Zinfandel, frühroten Malvasier aus Römers Zeiten, mittelalterlichen Gelben Heunisch ... Man darf gespannt sein, was die Damen und Herren Ampelographen noch so alles eruieren – und welche alt-neuen Züchtungen evtl. demnächst auf uns zufließen!

Wiesloch, Heimat und Wirkstatt des Weinpioniers Johann Philipp Bronner, haben wir bereits im „Kraichgauer Weinlesebuch" besucht. Für die Bergstraße wurde das Weingut Holfelder hinzugenommen; was es damit auf sich hat, nun, dazu später mehr. An dieser Stelle nur so viel: Wer verlernt hat, an Märchen zu glauben, hat hier die Chance zu einer umfassenden Revision. – Auch dem Winzerkeller Wiesloch werden wir annoch mehrfach unsere Aufmerksamkeit zollen – denn sein Einzugsgebiet erstreckt sich bis zur hessischen Grenze.

Nußloch erlebt zurzeit nicht gerade die fröhlichsten Tage seiner langen Weinbautradition. Seit das Weingut Henkel die Lagen am Wilhelmsberg nicht mehr bewirt-

Grandseigneur der Wieslocher Weinszene: Fritz Holfelder.

Nicht ganz leicht zu finden, doch höchst bedeutungsvoll: das Bronner-Häuschen auf dem Gelände der Landespsychiatrie.

DER SPAZIERGANG Wir beginnen mitten in Rohrbach vor dem verunstalteten Geburtshaus von Eichendorffs Liebchen Käthchen Förster (s. Route 2), schräg gegenüber von **Traube** und **Ochse**, halten einen Moment inne, um das entsprechende Liedchen zu summen (In einem kühlen Grunde ...) – und wenden uns ab, stumm, doch entschlossen. Von hier aus kann der Weg erst mal nur Richtung Friedhof führen, sodann durch Gartenwege in die Weinberge hinein. (Übrigens, dort unten, ungefähr wo itzt der Familia-Center protzt, stand ein von Eichendorff et al. so oft und gern erwähntes Landschlösschen.) In einem kühnen Bogen umwandern wir die Ausläufer Leimens und wenden uns dem **Dormenacker-Hof** zu. Anschließend nehmen wir Leimen from behind. Dringen bis zu dem merkwürdigen Marktplatz vor, schütteln die Häupter – und möchten den Ärger über so viel Städtebau-Murks im Bergbräu herunterspülen. Geht aber nicht mehr: das deutsche Brauerwesen hat abermals einen unersetzlichen Verlust zu beklagen ... Also auf in die **Rose**. Die ist immer noch existent und bestens beleumundet aufgrund ihrer prachtvollen Rösti mit Käse und Champignons.

M – eine Stadt sucht einen Winzer. Und findet ihn sogleich. Denn das Weingut Adam Müller ist hierzulande wirklich nicht zu übersehen. Phantastisch u. a.: die Weine von der Sonnenseite ob der Bruck.

schaftet, steht vieles in Frage. Immerhin, Henkel's Weinstube zeugt noch immer vom Geist der lokalen Gastfreundschaft ... und wir hoffen alle mit, dass der eine oder andere Jungspund das Panier ergreifen und Nußlochs feine Rebhänge zu neuem Ruhme führen wird. Außerdem sorgen ja die Müllers aus Leimen und der Winzerkeller Wiesloch für kultivierten Fortbestand. – Im Tale, an der alten B 3, beglücken Steffi Schotts Ziegen eine zusehends abhängige Gemeinde mit ... ach, was heißt

hochwertigen – mit unanständig köstlichen Käschen verschiedenster Sorten.

Unter Seegers Sonne leuchtet Leimen im Sonntagslicht der Prominenz. Mit der gutseigenen Weinstube **Jägerlust** hat das Städtchen eine besuchenswerte kulinarische Adresse aufzubieten. Aber auch die alte **Rose** ist einiger Aufmerksamkeit wert. Was sich im, in und um Heidelberg meistvertretenen Weingut Adam Müller so alles abspielt, seit die Jungen hier das Spundloch schließen, gehört zu den schönen Überraschungen der Bergstraße. Übrigens befinden sich die Müllers im Besitz eines Hektars im laut Goethe schönsten Weinberg Deutschlands, der Heidelberger Sonnenseite ob der Bruck.

Leberwurst-Cordon-Bleu

Wie man ein Cordon-Bleu macht, das sollten Sie eigentlich wissen. Wenn Sie zu dabbisch sind, in das Schnitzel eine Ritze zu schneiden, lassen Sie's lieber vom Metzger vollbringen. So. Das Fleisch ist zugerichtet, gesalzen und bemehlt. Die beste Leberwurst, die wir kriegen konnten, liegt bereit. Beherzt ergreifen wir möglichst viel davon – und stopfen ohne mit der Wimper zu zucken damit das Schnitzel. Hernach wird es nach gutem Brauch in verkleppertem Ei und Paniermehl gewendet und in Butterschmalz sanft, doch rösch gebacken. Falls Leberwurst ausläuft: Schnabuliern Sie's heimlich weg!
Ob Sie dazu Bauernbrot, Bratkartoffeln, Riesling oder Ebbelwei wählen, ist uns so ziemlich egal. Früher bevorzugten wir ein Bergbräu Export. Das gehörte zu Leimen wie Wein und Zement.

Katharina Zimmer, Simone Kretz, Sina Jungblut Kurpfälzischer Hochadel

Wiesloch

Es sind alles so Superwinzer hier!

Bedienen wir uns zu Beginn des ersten Kapitels eines antiken Tricks: Vor Zeiten war es üblich, sich des Beistands der nächstgelegenen Gottheiten zu versichern, bevor man größere Unternehmungen auf den Weg brachte. Das Risiko war damals allerdings recht hoch; zumindest prominentere Vertreterinnen wie Aphrodithe, Persephone oder Hera fielen immer wieder durch Unstetigkeit und fiese Einfälle auf. Da haben wir's doch deutlich besser getroffen! Wenn wir an dieser Stelle die Kurpfälzische Weinkönigin Katharina I. mitsamt ihren Weinpinzessinnen Sina und Simone gewissermaßen als Schutzheilige anrufen, sind wir uns völlig sicher, damit eine perfekte Wahl getroffen zu haben. Die drei jungen Damen verbreiten nicht nur, wo sie auftreten, gute Laune und animierte Stimmung; ihr Engagement, ja, auch ihre Leidenschaft für den heimischen Weinbau geht deutlich über das Erwartungsgemäße hinaus.

Katharina Zimmer, gelernte Winzerin aus Odenheim, zurzeit mit Vorbereitungen für ein Weinbaustudium beschäftigt, ist sich noch nicht sicher, ob sie den Sprung in die Selbstständigkeit wagen will. Immerhin stammt sie aus einer genossenschaftlich organisierten Winzerfamilie; auch der Bruder ist dabei, diesen edlen Beruf zu erlernen. Die Chancen stehen also gar nicht so schlecht. „Es gibt auch Quereinsteiger. Aber die Mehrheit hat den entsprechenden Hintergrund von daheim." Die von Juli 2007 bis Juli 2008 residierende Weinkönigin bringt an praktischer Erfahrung alles Notwendige mit. Den Traktor-Führerschein hat sie auch schon in der Tasche. „Ich bin sozusagen dazu verpflichtet!" Eine Königin auf dem Trecker, wenn das mal keine Volksnähe ist.

Königliche Anmut. Katharina Zimmer, Kurpfälzer Weinkönigin, zog ein Jahr lang die Region in ihren Bann.

„Wenn man selbst was gründen will, muss man ökonomisch ganz schön gewieft sein", schätzt Simone Kretz die Lage realistisch ein. In letzter Sekunde aus Stuttgart, allwo sich die Prinzessin dem Studium der Agrarwissenschaften widmet, zum Fototermin herbeigereist (morgens Moskau, mittags London, abends Rom ...), gibt sie umstandslos ihrer Begeisterung für die in Nordbaden bereits etablierten Winzer Ausdruck: „Es sind alles solche Superwinzer hier! Da ist es schon schwer, selber was aufzubauen." Natürlich nennt die Mühlhausenerin auch ein paar Namen, welchselbige wir aus Diskretionsgründen allerdings verschweigen wollen. – Ausgesprochen international erstreckt sich das Interessengebiet von Sina Jungblut. Sie, die selbst schon einmal als Weinkönigin zu Lützelsachsen (Route 4) Hof hielt, studiert in Mannheim nahezu alle heute bekannten lebenden Sprachen, also Spanisch, Englisch, Französisch, und weil das ja alles so furchtbar einfach ist, obendrein noch BWL.

Königinnentiger, Kurpfälzer Modell, Residenz zurzeit in der Leimener Rose.

Unser Vorschlag: Offenkundig ergänzen sich Fähigkeiten und Neigungen der Monarchinnen aufs Schönste; ein nordbadisches Weingut, geführt von geweihten Hoheiten, würde der Bergstraße wie dem Kraichgau ganz ausgezeichnet stehen! Platz wäre allemal. Und – obgleich zusammengewürfelt aus den unterschiedlichsten Gemeinden – man hat den Eindruck, diese Drei haben einen Mordsspaß miteinander. „Es werden ja nicht alle dicke Freundinnen, die demokratisch zu Repräsentantinnen des Heimatweins gekürt werden", lässt Simone Kretz ein wenig aus der Innenwelt des Betriebs durchschimmern. Das scheint in diesem Fall aber mal richtig gut funktioniert zu haben! – Selbst für den Fall, dass unsere Idee nicht verwirklicht werden sollte, wünschen wir den Erlauchten alles Glück der Welt – und sind uns zugleich in aller Eigennützigkeit gewiss, dass sich mit ihrem Segen unser Büchlein noch viel schwungvoller verkaufen wird ...

Mehr Frühling – undenkbar.

Weingut Holfelder
Wiesloch

Spät lesen, lang gären.

Ziegelgasse 2 a
Wiesloch
06222 4970

Die meisten Märchen aus 1001 Nacht variieren eine und dieselbe schlichte Botschaft: Enthaltsamkeit ist eine Kardinaltugend. Vor allem, wenn man es nicht damit übertreibt. Gedenken wir des preiswürdigen Ali Baba und seines unglückseligen Bruders Kassim: Indes der eine seine drei Eselchen mit wohlausgewählten Schätzen aus dem Berginnern mäßig belädt, gierschlundet der andere alles zusammen, was er kriegen kann – mit entsprechendem Ergebnis. Ali Baba lebt hinfort glücklich und in Frieden. Sein Bruder Raffzahn hingegen wird von den Räubern ertatzt und in alle vier Himmelsrichtungen der Beute-Höhle verteilt.

Was wir eigentlich damit sagen wollen: Bevor wir uns dem Phänomen Holfelder nähern, müssen wir eine sittliche Übereinkunft treffen. Einverstanden? Gut, dann dürfen Sie weiterlesen. Wir versprechen bei allem, was uns heilig ist, uns nicht auf die wenigen Weine zu stürzen (Kassim!) und den Kofferraum damit vollzustopfen. OK? Wir wollen bescheiden und ein wenig kleinlaut anfragen, ob wir überhaupt etwas bekommen. Wird dies bejaht, probieren wir artig, was uns dargereicht wird, wählen von jedem Wein ein Fläschchen aus, bezahlen, bedanken uns schön ... und belästigen die Holfelders nicht mit übertriebenen Huldigungen. Denn das haben wir ja gelernt, von einem anderen Großen aus der Welt der Abenteuer. John Wayne, der zeit seines Lebens immer dieselbe Rolle gespielt hat, warnte in sämtlichen Filmen davor, die Longhorn-Herde auf einmal an die Wasserstelle zu lassen. Wir wissen, wie so was ausgeht: Am Ende verschlammt die Pfütze, und alle verdursten ...

Der Wieslocher Sesam öffnet sich zunächst einmal in den ehemaligen Bullenstall, wo die einstigen Rugby-Spieler Thomas und Gerd samt Vater Fritz eine zweckdienliche Verkostungsstube eingerichtet haben. Die Drei von der Trank-Stelle haben die Rollen eindeutig verteilt:

Größe im Kleinen.
Gerd Holfelder, zuständig u.a. für public relations.

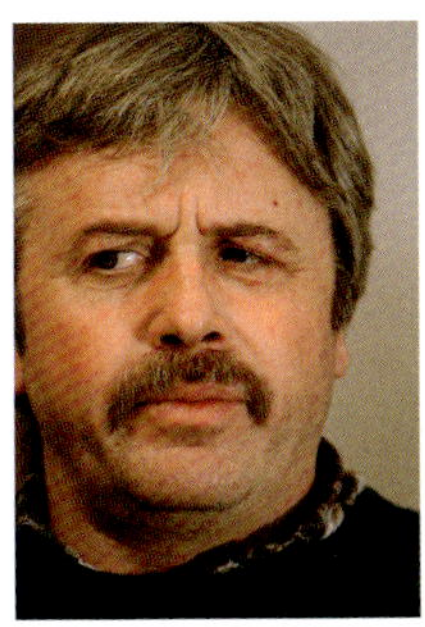

Im Inneren der Dinge.
Gerd Holfelder berichtet live aus dem Edelstahl-Keller.

Indes der Vater der Chef des Weinguts war, ist und bleiben wird, solange ihm die harte Weinbergsarbeit noch von der Hand geht, fungiert Thomas, im Brotberuf Pädagoge, als Sous-Chef. Und Gerd ist der Sprecher: „Wir wollen deutsche, typische Weine. Ich bin kein Freund von nachgeahmten Sachen. Wir sind Kurpfalz! Das ist für uns wichtig." 1,7 ha, 1.000 Liter und nicht mehr. Von vielschichtig formierten Keuper-Böden mit porösen, bläulichen Buntschiefer-Anteilen stammen Weine, denen bei aller Ausdifferenziertheit eines gemeinsam ist: Man vergisst sie nimmermehr.

Portugieser als Trend-Rebsorte? Bitte schön? Mal langsam: So würden das die Holfelders, allesamt Freunde des gepflegten Understatements, niemals bezeichnen. Doch dergleichen kommt einem in den Sinn, kaum dass man diesem Konzentrat aus dem Barrique begegnet. Gäbe es mehr Erzeuger, die dem Verkannten solche Töne entlockten, die Nachfrage würde immens nach oben schnellen. Doch kann's möglich sein? Haben wir den Portugieser nicht jahrzehntelang als dünnbrühige Verlegensheitslösung aus den Tagen des Massenanbaus gekannt? Jetzt das hier: Mon Cheri ohne Klebrigkeit, Schwarzkirsche ohne Marmeladigkeit, Mokka ohne Bitterkeit. „Die haben uns alle ausgelacht", erzählt Thomas Holfelder von Anno Dazumal, als die Sorte angepflanzt wurde. Sicher, 13,5 % müssen schon sein, damit die Sache Schmackes kriegt. „Der braucht den Alkohol. Wie sagen die Franzosen? Bordeaux zum Heilen, Burgunder zum Krankwerden."

Das muss aber eine wundersame, erquickliche Krankheit sein, die man von dem barriquegelagerten Spätburgunder 2005 Wieslocher Bergwäldle bekommt ... Dieser aus dem Dekanter ins Riesenhafte wachsende Wein erfüllt uns jeden Wunsch; noch einmal sei an die alt-orientalische Märchen-Sammlung erinnert: Auch ein Flaschengeist will gut behandelt sein, dann tut er alles für uns. Zarter Kakao, schmiegsamer Boden, nicht auszuzählender Nachhall. Ein begnadeter Geschichtenerzähler, flicht er kunstvoll Schleife um Schleife. Abenteuer hat er gehortet, Kostbarkeiten aufgespeichert, jederzeit abrufbar. Mit nonchalanter Geste durchstößt er Erfahrungshorizonte. Bleibt bei einem sitzen, nimmt einen in den Arm, wenn man verzagen will ob der schieren Zumutung, hier keinen von der Côte de Nuit, sondern vom Bergwäldle zu trinken. Ahndungsvoll weist dieser Spätburgunder nach dem nahen Kraichgau, zu den prachtvollen Geschöpfen der Hummel, Becker, Kempf und Schiele. Ein Orientierungspunkt für die Bergstraße an ihrem südlichsten Zipfel!

„Lemberger ist weinbaulich das Schönste, was es gibt", ist sich das Holfelder-Terzett einig. Trotz schmaler Fläche gibt es jede Menge aufzuspüren für kundige Wein-Nasen ... Doch blenden wir uns ein, live in den Bullenstall, wo sich das Gespräch soeben der Cuvée Rotwein C zuwendet:

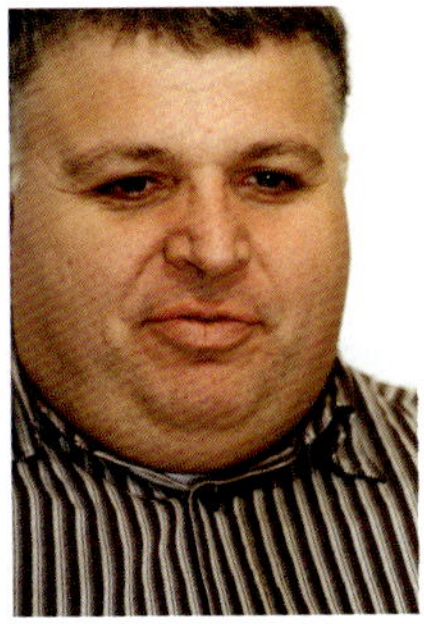

In der Ruhe liegt die Kraft.
Thomas Holfelder, Vertreter des altehrwürdigen Kombinationsmodells Winzer/Pädagoge.

FRITZ: ... aber des Ribber un Nibber, des kann i net habbe. Es muss schon e klare Aussage gebe. Rechtzeitig wisse, was merr will: hinnerher is alles zu spät.

Himmel steh uns bei!
Man braucht gute Nerven, um dem wuchtigen Ansturm der Holfelder'schen Roten gewachsen zu sein ...

We are proud to present:
Wieslocher Wilhelmsberg, der südlichste Rebhang der Bergstraße!

GERD: Ich bin eben Burgunder-Fan. Die Weine brauchen Rückgrat, doch zart müssen sie sein. Johannisbeer, Kirsche, das muss rüberkommen. – I hab mal einer mitgenomme zum Ausdünne. Der hat nachts net schlafe könne.
THOMAS: Da sieht de Weinberg aus wie e Schlachtfeld ...
FRITZ: Ja, ja. Merr darf net geizig sei.
GERD: Aber Vadder, Du warst doch am Anfang bös!
FRITZ: I habs halt gelernt.
THOMAS: Wemmer schlechte Wein hat, laufe eim die Leut sowieso devon.
FRITZ: Des is dann auch nix.
THOMAS: Unsre Zunge ... das erste Kriterium! Es liegt die Wahrheit tatsächlich im Wein: Der zeigt, ob merr wirklich gut geschafft habbe.

Das geht den ganzen Abend lang so weiter. In anderen, besser bezahlten Kreisen nennt man so was Qualitätszirkel. Da kommt gerade der Riesenriesling auf den Tisch, eine trockene 2005er Spätlese vom Spitzenberg. Kaum erforschte Schiefernoten. Reife Ananas, Pfirsich ... unfassbar. Dazu angetan, aufzuschließen zu renommiertesten Riesling-Regionen. Gewaltiges Spiel. Doch auch da wieder: das Holfelder'sche Understatement.

GERD: Hm. Der muss noch besser werde.
FRITZ: 2004 ... der war dem voraus.

THOMAS: Beim Rebesetze ham sich die Leut gequält wie d' Sau, i weiß es noch.
GERD: Schwierig, wenn so wenig von da is. Un schad.
THOMAS: Ja, schade eigentlich ...

Trost gelingt selten auf Erden. Doch mit dem hauseigenen Tresterbrand scheint dergleichen möglich. Vielschichtig, genauer: multidimensional. Reflexionsintensiv. Es taucht die Erinnerung auf an einen selbstgemachten Sekt ... Das bis in die schwierigsten Laufwege hinein miteinander vertraute Winzerteam gerät ins Schwärmen über verjährten Genuss. – Was können die eigentlich nicht? 2007, aus dem Fass probiert, lässt sich verheißungsvoll an. Wiewohl die Frühreife ein wenig Sorgen macht. Der Weißburgunder schenkt Bananenmilch aus, verteilt ein paar Eisbonbons; mit 100° Oechsle gelesen, bewegt er sich auf den Spuren der Vollmundigen aus heißen Jahren. Doch mal sehen ... Auch das Schicksal des Rieslings aus demselben Jahrgang war im Februar 2008 noch unvorhersagbar. Holundrig, „paglia e fieno", 40 l aufs Ar, halbierte Trauben – kein Aufwand ward gescheut. Kein Spitzen-Ergebnis scheint unvorstellbar.

Doch das wollen wir jetzt alles schön wieder vergessen, nicht wahr? Wir erinnern uns doch der Warnungen angesichts geöffneter Schatztruhen? Ja? Und wir danken dem Herrn, dass er auch im Kleinen Großes gedeihen lässt. Heute und alle Tage.

Rabautz!
Wenn's an der Bergstraße losgeht, dann aber richtig, „dann bleibe, wer Lust hat, mit Sorgen zu Haus ..."

Ja, auch er.
Selbst beim anspruchsvollen Riesling fahren die Holfelders in der Spitzengruppe mit.

Henkels Weinstube

Nußloch

Das geht alles von Mund zu Mund ...

Sinsheimer Str. 68
Nußloch
06224 12442

Nußloch ... Das klingt schon so lecker! So anheimelnd herbstlich. Nach rotbackigen Schneewittchenäpfeln, Zwiebelkuchen zum Neuen Wein, jungen Walnüssen zum Vorjährigen. Doch leider, Gott hab ihn selig, der letzte Wein des letzten Nußlocher Weinguts ist lange schon gelesen. 2003 hat ihn Ute Henkel eingebracht. Die Reste werden noch ausgeschenkt; firn geworden, dabei immer noch charaktervoll wie der halbtrockene Weißburgunder, wie die Müller-Riesling-Cuvée. „Vielleicht ergibt sich's mal wieder. Mein Herz hängt dran ..." sinnt die Gastwirtin zurück ins Vergangene und voraus ins immer Mögliche.

„Ursprünglich wollte merr auf Weinbau umstelle. Es tut mir schon leid; aber net von allem, was eim gefällt, kammer auch Lebe." In Leimen und bis in den Kraichgau hinein bauten die Henkels 5 ha. Wilhelmsberg heißt die Nußlocher Einzellage. Schön sieht's da aus! Der Blick schwebt über der Rheinebene. Wendet sich nördlich, gen Heidelberg. Ja, wir befinden uns am Südzipfel der Bergstraße. Das müsste doch eine Aufgabe sein für erpichte Jungwinzerinnen und -winzer: Wiederbelebung! Neuerweckung! Man bedenke, was Thomas Seeger im nahen Leimen vollbracht hat. Also auf geht's! Mit einem

Nußloch leuchtet.
Ein Gastraum wie bei den Gebrüdern Grimm.

guten Kompagnon an der Seite, wer weiß, ob's Ute Henkel nicht noch einmal wagen würde ...

Ursprünglich kommt Ute Henkel aus Leimen. Seit der architektonischen Totaloperation geht sie auf Abstand. Stadtplaner, ob sie's nun wahrhaben wollen oder nicht, verhandeln emotionale Grundwerte. Wenn allzu brutalistisch assaniert wird, ganze Straßenzüge zu Fall kommen, ist für manche Gewichtigeres verloren als ein nostalgischer Bezugspunkt. Sonderbares Pseudofachwerk kann die Originale nie vergessen machen. – Unter den Nußlocher Relikten intakten Dorflebens markiert Henkels Weinstube unstreitig das Kernstück. Hier wird Tradition dargereicht in zwei eichenen Räumen. Am liebsten hocken die Stammgäste natürlich in der alten Stube. Seit 27 Jahren sorgt hier Ute Henkel für weit mehr als leibliches Wohl. „Beim Umbau hammer gesagt: DSas alte Buffet muss bleibe!" Trotz einiger Eingriffe – wenn die Sonne schräg hereinscheint am frühen Abend, entfaltet sich noch stets der Zauber ländlicher Gasthauskultur. Vor der Tür wird gerade gebaut. „Wir kriegen 'n schöne Hof zum Draußesitze. Früher war'merr e Schlechtwetterwertschaft." Wir meinen, das hat beides seinen Reiz.

„Unsern Koch, der is so richtig gut!" Ein Wort, das Gewicht hat, wenn Ute Henkel ihre Zuständigkeit schon aufzuteilen bereit ist und inzwischen vorwiegend für Bedienung und Gästehaus verantwortlich zeichnet. Flädle- und Backerbsensupp, Schupfnudeln mit Kraut, gebratene Fleischwurst und Bratwurst aus eigener Schlachtung sind feststehende Inhalte im Bio-Rhythmus vieler passio-

Schreib-Ort.
Über die Inspirationskräfte von Weinen und ihren Stuben brauchen wir uns wohl nicht weiter zu verbreiten ...

Nachdenken lohnt.
Ute Henkel, Weinstubenwirtin und Ex-Winzerin mit ganzer Seele.

nierter Besucher. Von unvergesslicher Güte: Omas Leibspeise, i. e. gebratene Hausmacher Wurst mit Zwiebeln und Bratkartoffeln, erwartungsgemäß in Weinbergarbeiterdimensionen aufgeführt.

Hier noch ein Wort in eigener Sache. Selbst geburtsrechtlich verbriefte Handkäs-Afficionados aus Mittelhessen finden in den „heiterfreien Ebenen des Mains" (Hölderlin) keine solche Schmand-Zwiebel-Soße, wie sie Henkels Koch kreiert, um darin den zärtlichen Duftmagerkäse zu marinieren. „Äch, die Hesse sin die blinne," mischt sich ein betagter Stammgast mit Wiederaufgewärmtem aus dem 18. Jahrhundert in die bilaterale Schwärmerei. Mal wieder ein Grund mehr, sich an der größeren Offenheit nachwachsender Generationen zu erfreuen ...

Rück-Blick.
Das alte Weinguts-wappen der Henkels, prangend auf dem Römer-Kelch.

Lebendiges Relikt.
Henkel's Weinstube exemplifiziert, welche Lebensqualität Nußloch einmal hatte.

Nußlocher Ziegenhof
Nußloch

Keine Panik, Mädels!

Heidi war's nicht. Es müssen andere, tief in die Biographie einverwobene Beweggründe gewesen sein, die den Ausschlag gaben, ausgerechnet mit Ziegen den Lebensunterhalt zu erwirtschaften ... Zurückgekehrt nach einem Einsatz als Entwicklungshelferin in West-Afrika, stand Stefanie Schott gewissermaßen in den Hemdsärmeln der Freiheit da: „Ich wusste erst mal gar nicht, was ich machen sollte. Ich weiß nicht so genau, warum Ziegen. Ich musste mir doch irgendwas einfallen lassen! 1985 hab ich mir meine erste Ziege gekauft. Später kam noch mein Mann dazu (Joachim Kamann). Thomas Seeger und ich, wir haben ungefähr gleichzeitig angefangen. Er mit Wein und ich mit ..."

Ziegen, wollte sie wahrscheinlich sagen. Doch da muss Stefanie Schott energisch intervenieren. Die vorwitzige „Latwersch" hat das Lampenkabel für sich entdeckt und knuppert daran herum. Sieht ja auch ein bisschen aus wie Lakritze. Die ungewohnte photographische Beleuchtung im Stall verursacht eine kleinere Stampede unter den gut 100 Milchziegen. „Keine Panik, Mädels!" Zwischen der „Ziegenmama von Nußloch" und ihren Schutzbefohlenen herrscht ein kameradinnenschaftlicher Umgang.

Binnen kurzem lernt man so allerlei über Fressgitter-Techniken, Parasitengefahr, Wasserscheu und saisonale Praktiken. „Es gibt eine Decksaison und eine Ablammsaison. Wie bei Wildtieren." Ach so, wo sind eigentlich die Männchen? Ein wenig verloren tapert der Bock draußen über die Weide. Die Böckchen tummeln sich noch im warmen Ställchen, Seit an Seit mit den künftigen Milchziegen. Hm. Und was passiert dann später mit den Kleinen männlichen Geschlechts, wenn doch immer nur ein Bock nötig ist? „Ich finds eigentlich grässlich. Aber es ist so leicht zu sagen: Wie kannst du nur?" Moment mal: Zwar haben sich Generationen weiblicher Wesen immerzu gefragt, wozu Kerle überhaupt gut

Ziegenkäsehof
Nußloch
06224 75423
www.ziegenkaesehof-nussloch.de

Gute Entscheidung getroffen:
Stefanie Schott.

Viel erreicht: Stefanie Schott, die Nr. 1 der – mit Verlaub! – deutschen Ziegenszene.

seien ... Sicher, man kann sie prima anmuffeln, sich mit ihnen paaren oder die Typen in den Baumarkt schicken; so richtig gelöst wurde das Problem allerdings noch nicht. Aber hallo! Muss man die Jungs denn gleich schlachten? „Das ist mal ein Teil der Natur. Wir haben eine Verantwortung auch gegenüber den Nutztieren. Wenn wir das hier nicht mehr machen würden, gäb's bald keine Ziegen mehr ... Zu Ostern sind immer ein paar Feinschmecker bereit, sich so ein Zicklein was kosten zu lassen."

Na immerhin. Verdrängen wir das Schicksal der Böcklein, die ebenso stofftierisch einherhüpfen wie ihre Freundinnen und erfreuen uns der guten Gesundheit all der hübschen Ziegen, die es zu etwas gebracht haben. Und vergessen auch der wunderbaren Produkte nicht, ohne deren Verkauf der beste Ziegenhof nicht existieren könnte. Als da wären: mild-crèmiger Frischkäse in allen Varianten. Natur, Knobi, Pfeffer, Schnittlauch und Provence-Kräuter. Camembert, Chevrolait, Roulade, gewälzt in Pflanzenasche ... allesamt so unvergleichlich herrlich, dass eine Nathalie Lumpp gar nicht anders konnte als Kombinationsmöglichkeiten mit Weinen zu ersinnen.

„Ich gestehe, dass ich es mir bei Ziegenkäsen viel leichter vorgestellt habe." Ach, was sich unsereins immer so vorstellt, Frau Lumpp. Und dann geht's ja doch: Seegers Grauburgunder zum Provencalischen, Majers Schriesheimer St. Laurent zum Gereiften, Müllers Weißburgunder zum Aschenkäse ... Vor Ort kann man sich derlei amouröse Alliancen etwa beim Sommerfest auf dem Ziegenhof einverleiben. Ansonsten gibt's den original Nußlocher auf den Wochenmärkten in Mannheim,

Vorstadium. So lecker, der Ziegenquark, dass man kopfüber hineinspringen möchte! Nur mit dem Schwimmen wird's schwierig ...

Virtuosin auf der Klaviatur des Ziegenkäses.
Stefanie Schott produziert umfangreich, doch ausschließlich von Hand.

Neuenheim und Wiesloch zu kaufen; auch der Do–Sa geöffnete Hofladen bietet eine Auswahl vom Besten. Da wären wir schon fast beim Thema Wellness. Denn neben Käsen, Weinen, Ölen, Broten und Gelees („Vinchili" zum Frischkäse: Chaka-Chaka!) fällt, nein gleitet die ganze kosmetische Pracht vors Auge, von Stefanie Schott und Joachim Kamann gefertigt aus Ziegenmilch.

Naturseife macht weich. Die Haut trocknet nimmermehr aus. Nein, man stinkt nicht nach Bock, eher im Gegenteil, wenn man sich mit Heu-, Wiese-, Lemongras-, Lavendel- oder unbedufteter Seife die Finger wäscht. Hinterher noch gut mit der „Hand & Nail"-Kur einbalsamieren, schon sind lebenslange Plackereispuren wie weggespült. Shampoo, Body-Lotion und Gesichtspflege: Was Chanel und Dior zuwege bringen, können die Ziegen aus Nußloch schon lange.

Leider, leider existieren immer noch ein paar bockige Ignoranten, die beim Thema Ziegenmilch pikiert meckern: „Äh ... schmeckt doch streng!" Stefanie Schott kann da beruhigen: „Wenn man sauber arbeitet, schnell verarbeitet und aufmerksam bleibt, wird der Käse schön mild." Klingt fast schon nach Weinbau – der Parallelen sind manche. Fraglos gehören Schott und Kamann zu den Ziegenkäse-Pionieren in Deutschland. Es nimmt nicht

Eine Ziege namens Latwersch. Die Namensgebung auf dem Ziegenhof folgt dem Muster der Alliteration, sprich: Der erste Buchstabe markiert die Familienzugehörigkeit.

Wunder, jene schneckengezierten Slow-Food-Heftchen auf der Theke ausliegen zu sehen. Neben ökopolitisch hochstehenden Wertmaßstäben ist es denn doch immer wieder die Experimentierlust, wovon Stefanie Schotts Wirken angetrieben wird. Kürzlich hat sie eine Bitterschokoladetrüffelvariante, gefüllt mit Ziegenquark, miterfunden. Der Genuss, welcher ihr bei der Beschreibung aus den Augen sprüht, macht fast ein wenig sauer. Denn die Dinger waren schneller aufgefuttert als Mensch und Ziege sie zu kreieren imstande waren.

Kleopatra kam nicht bis Nußloch, wäre aber, bei zeitlicher Überschneidung, sicherlich Stammkundin geworden. Singer-Kosmetik in Mauer produziert die zarten Sachen aus Milch vom Ziegenhof.

Sekt- und Weingut Seeger
Jägerlust
Leimen

Wir wollen mehr das Feine, Elegante.

„Mein Vater hat erwartet, dass ich das auch mal mach", sinniert Thomas Seeger über die Anfänge einer der steilsten Karrieren, die der deutsche Weinbau seit Menschengedenken zu verzeichnen hat. Die Neigungen des Gymnasiasten jedoch galten zunächst mehr dem Reiche der Medizin. „Ich hab gedacht, ich übernehm die Praxis vom Onkel Hubert. Aber dann war das Abitur so schlecht ..." Mit demselben Recht, wie man vom Fluch der guten Tat spricht, könnte man die Wonnen des Missgeschicks beschwören. (Das ist nun ganz und gar persönlich, sogar privat gemeint. Doch dazu später.) So blieb dem verhinderten Allgemeinarzt nichts anderes übrig als ein halb resigniertes „Studiere merr halt mal Önologie."

Es waren die 80er-Jahre, da „die Söhne großer Winzer" sich in Geisenheim ein Stelldichein gaben – eine Art Geniezeit des Deutschen Weinbaus. In dieser weimaresken Atmosphäre beständiger gegenseitiger Anregung empfing Seeger („Ich war nirgends. Bin'n Autodidakt.") mit Sicherheit wertvolle Inspirationen, dazu angetan, in sein sich dynamisch entwickelndes System integriert zu werden. Manche Leidenschaft des damaligen Öko-Referenten ist heute noch zu bemerken: Schon vor zwanzig Jahren wurden keine Insektizide mehr gespritzt. Vor fünf Jahren verzichtete man auf Mineraldünger. „Seit 2007 sind wir komplett sauber." Aber, versteht sich, verbandsunabhängig.

Vielleicht ist auch der dezidierte, so überraschende wie herzerfrischende Antisnobismus des von solventen Kunden umwuselten Thomas Seeger in jenen politisch aktiven Zeiten gewachsen. Fern jedweder Selbstgenialisierung, weiß er die Güte seiner Produkte selbst am besten einzuschätzen. Was nicht heißt, dass sich Seeger nicht mitfreuen könnte, wenn das Mienenspiel bei

Rohrbacher Str. 1
Leimen
06224 72178
www.seegerweingut.de
(Vinothek)

Gruß vom Zauberer.
Thomas Seeger hat mehr für die Reputation des Badischen Weines getan als alle Sonnenmännchen zusammen.

Natürlich, Wein-Kathedrale, diese Assoziation liegt nahe beim Neubau im Weingut Seeger.

seinen Gästen während der Probe Richtung Verzückung tendiert. Aus Platzgründen, um nicht durch seitenlange Tabellen zu langweilen, verzichten wir auf eine Listung der Preise und Prämien des Leimener Weinguts, seit Thomas Seeger Mitte der Achtziger in 11. Generation Rebschere und Fassheber selbst in die Hand genommen hat. „Immer mit großen Kämpfen" musste er seine Überzeugungen durchsetzen. („Visionen" klänge in seinem Falle gar zu verschmockt.)

„Zementweine" nennen manche die gesegneten Leimener Erzeugnisse – ohne zu ahnen, dass sie damit ein Qualitätssiegel zücken ...

Gab es damals irgendwelche Orientierungsmarken, Vorbilder gar? „Rheingau, was Riesling angeht. Burgunder aus dem Kaiserstuhl. Solche Weine wollt' ich machen!" Am Südhang des letztgenannten Vulkans finden wir einen Parallelfall: Joachim Heger hat 1985 eines der ersten Barriques in Deutschland befüllt. Thomas Seeger folgt im Jahr darauf. – „Angefangen hat es eigentlich mit dem 1988er Spätburgunder. Das war die Sensation!" Zufall, mögen seinerzeit manche geargwöhnt haben. Bis der Jahrgangsnachfolger unter den Top Ten weltweit auf den gleichen Platz kam wie – jetzt halten Sie sich fest – Romanée-Conti. „Irgendwas mache merr doch net so schlecht", stellte man im Hause Seeger amüsiert-verwundert fest. 1996 Entdeckung des Jahres beim Gault Millau, 1999 zwei erste Plätze beim Deutschen Rotweinpreis, vom Jahrgang 2003 liegen sämtliche Rote auf Platz 1 ... Doch den nachfolgenden Hype beobach-

tet Thomas Seeger mit der kritischen Distanz eines Außenstehenden. Bisweilen ist er genervt ob allzu nachdrücklicher Anfragen hastiger Etikettentrinker.

Lieber widmet er sich seinen aktuellen Projekten. In der neuen weinkathedraligen Empfangshalle erscheint jedes Detail wohl erwogen und mit Bedeutung aufgeladen. Muschelkalkplatten wurden im Barriquelager verlegt – „Die Fässer wie die Reben!" –, eine über Treppenaufgänge erreichbare Lounge bietet einen prima Blick auf die gar nicht so pompösen Lagen auf der anderen Straßenseite. Selbstverständlich erhält der Neubau eine Dachbegrünung (Ökoreferent!); sparsame Nachtluftkühlung, von führenden Energieberatern emp-

Keimzelle. Thomas Seegers Schatzkammer am tiefsten Punkt des Gravitationskellers.

Eigenhändig freigelegt. Gibt es eine stimmungsvollere Weinstube in Baden als die Jägerlust? Ach, woher denn!

„Ist das alles?" fragen Fachbesucher immer wieder verwundert, wenn sie den technisch auf's Wesentliche reduzierten Keller von Thomas Seeger betreten.

fohlen, erweist sich als ebenso effektiv wie stromschluckende Temperatursteuerung. So teure wie schonende Rollfermentoren (eine Art Holzfasskarussell für Träubchen) bewegen die Maische auf denkbar elegante Weise. Schon 1895 schuf der Urgroßvater einen bis heute nicht zu überbietenden rebgutschonenden klassischen Gravitationskeller. „Er war einer der Pioniere an der Bergstraße!" Kurz zuvor war die Aussiedlung auf das Gewann „Zum Hinkelstein" (Achtung, Prähistorie!) erfolgt. Über dem Eingang zum alten Schwarzschimmelkeller, der Keimzelle des Betriebs, worin die Temperatur kaum je die 13 ° Celsius erreicht, schmunzelt in goldener Geruhsamkeit ein kleiner Buddha.

An dieser Stelle wird es höchste Zeit, eine gewisse Befangenheit des Autors einzuräumen. Von Objektivität und Überparteilichkeit kann nämlich keine Rede sein, seit dem Verfasser 1995 in der gutseigenen Gaststätte **Jägerlust** seine erste „Anna" von lieber Hand kredenzt wurde. „Anna" gehört zu den frühen gelungenen roten Cuvées in Deutschland – leider fast immer zu zeitig getrunken, da die Gier danach weite Kreise erfasst hat. Gleichwohl, man kann an ihr sehr schön studieren, was die Besonderheit Seeger'scher Schöpfungen in nuce ausmacht. Eine Zärtlichkeit, eine abgerundete und hocharomatische Würzigkeit, eine trockene Süße zeichnen diese zu Hymnen inspirierende Cuvée aus. „Work in progress", wie es bei Thomas Seeger gar nicht anders sein kann: „Ich hab noch ein bisschen Frühburgunder angelegt. Ich glaub, ich brauch noch einen Part für meine Anna." Wie der postdadaistische Trio-Schlager aus den Achtzigern („Anna ... Anna ... dadim, dadim, oh Anna ..."), lässt einen auch diese Anna nicht mehr los, geht einem im Kopf und sonstwo herum, bleibt eine liebevolle Begleiterin in guten wie in schlechten Tagen.

Trotz aller „R-" und „RR-" und sogar „RRR"-Qualitäten (die 2003er Spätburgunder-Ausgabe gibt's bzw. gab's für schlappe 120 Euro) legt Thomas Seeger größten Wert auf seine Basislinie. „Gerade im Gutsweinbereich sind wir sehr stark." Was durchaus auch auf 2007 zutrifft. Beste Aussichten bieten die Grauburgunder, aus dem Fass mit 96° und 102° Oechsle probiert. Über wunderbare Geschmeidigkeit und intensive Frucht verfügen die beiden schon im Babyalter. (Eine Nach-Probe im April 2004 bestätigt den Ersteindruck fulminant!) Nicht anders der Weißburgunder; bei abklingender BSA (biologischer Säureabbau) mit 88° bzw. 98° Oechsle verkostet, rauscht hier die reine Vorfreude ins Glas. Der Auxerrois, 2006 in Deutschland höchstbewertet, weist eine für die Sorte ungewöhnliche Säure-Balance auf. „Ein Management da draußen im Weinberg, das funktioniert."

Mag ja sein. Dennoch: Diese Eigenständigkeit, Dichte, Herausgehobenheit selbst im Vergleich mit Guten und Besten ihres Fachs ... irgendetwas ist hier anders. Aber was? „Fast alles wird spontan, mit kellereigenen Hefen vergoren: bei minimaler Technik. Wenn Kollegen zu Besuch kommen, höre ich oft: Ist das alles?" Ein hohes Risiko wird da gegangen, denn nur mit aufwändigsten Sauberkeitsmaßnahmen lässt sich so ein Spontanvergärer vor Fehltönen schützen. Beim 2007er maischever-

Historisches Zeugnis.
Das Weingut vor etlichen Dezennien.

Tja, Leimen ...
Echtes Fachwerk durch künstliches zu ersetzen, so was nennt man wohl Zeitgeschmack. Immerhin sprudelt ein echter Goertz-Brunnen gegen die architektonische Tristesse an.

gorenen Riesling fällt der fundamentale Unterschied schon in der Attaque auf. So traubig, weich, dabei stabil und hintergründig kennen wir die Sorte höchstens vom Terrassenmoselaner Heymann-Löwenstein. Die „Alten Reben", vergoren im Mikrofermentor, haben etwas Aristokratisches: weiblicher alter Adel, der sich mit niemandem gemein macht und nur in winzigen Schlücken genippt werden will.

Geben wir doch einmal Einblick in unsere Verkostungstätigkeit: „Du lieber Gott im Himmel!", entfährt es Fotograf Steinheimer, als ihm ein (längst überfälliges) Bekehrungserlebnis widerfährt. Was war geschehen? War ihm der heilige Urban erschienen? So ähnlich: Steinheimer hatte in den 2006er Chardonnay hineingerochen. Schmelz in Vollendung, Anmut, graziöse Insistenz. Selbst den in unseren Breiten meist unangenehm grünen Sauvignon blanc kriegt Seeger hin: „... bissel was angelegt, weil die Nachfrage so abartig ist." Schon der Jungfernertrag macht nachdrücklich auf sich aufmerksam. „Diese schöne Süße, diese reife Süße, das ist keine Zucker-Süße!" beschreibt der Winzer seinen Neuling. Und wird dabei fast zum Schlagerdichter.

Das ist sie, unsere gute Anna. Ganz besonders freut sie sich, wenn man sich ihr vor dem Kachelofen in der Jägerlust zuwendet.

Zuweilen gerät ein wenig in den Hintergrund, dass das Weingut Seeger auch ein Sekt-Haus ist. Weißburgunder, Chardonnay und eine Brut-Cuvée überzeugen nicht nur durch – bei solchen Grundweinen eigentlich selbstverständliche – Perfektion; sie sind überdies im Preis ausgesprochen abnehmer(innen)freundlich. – Zweifelsohne kommen die meisten Weinpilger nach Leimen, um sich an Seegers Spätburgundern, Lembergern, Schwarzrieslingen und Cuvées zu delektieren. Feinen Kaffee-Nachklang ziert den 2006er Spätburgunder; aber für ihn ist es eigentlich noch viel zu früh. Noch weitaus mehr gilt dies für sein großes Brüderchen, den 06er RR, Ende 2007 noch erdig-animalisch, dabei schon ungeheuer körperreich mit einem Anflug von roter Beete. Seit Anfang der 90er kommen burgundische Klone zum Einsatz, so die legendären mit den Nummern 115 und 777. 3.000 Liter auf den Hektar sind durchaus keine Seltenheit. So viel zum Thema Ertragsreduzierung.

An dieser Stelle ein Aufruf an alle ethisch gesinnten Gläubigen des Leimener Rotweinwunders: Kauft sie Euch, stellt, besser: legt sie Euch in den Keller, geht sie besuchen, so oft es Euch danach gelüstet. Aber trinkt

Thomas Seeger, bewundert, beneidet ... und ganz er selbst geblieben.

sie nicht. Noch nicht. Es ist doch gemein: Man reißt einem Anselm Kiefer ja auch nicht die Bilder unterm Pinsel weg, kaum dass er die erste Skizze hingeworfen hat. Oder anders: Würde der FC Bayern denn absichtlich darauf verzichten, Ribéry und Luca Toni spielen zu lassen? Also: Seeger-Weine brauchen Zeit und artgerechte Haltung. Wer sie einfach gierig hinuntergurgelt, verdient es, ein Grobian und Plumpsack geheißen zu werden. So!

Noch einmal zurück zu Thomas Seegers vino-edukativen Anfängen. Nachdem er, endlich von Geisenheim zurück, bei seinem Herrn Papa eingestiegen war, vermutete der Sprössling angesichts des ersten Lohnzettels, es fehle eine Null hinter dem Mini-Sümmchen. Statt einer Gehaltserhöhung schlug ihm der gestrenge Vater die Renovierung und Wiedereröffnung der alten Gaststube in der Rohrbacher Straße vor. Tolle Idee, mag sich der Einsteiger damals gedacht haben: statt mehr Lohn noch mehr Arbeit. Aber: So hart die Sanierungsarbeiten damals gewesen sein mögen ... wir sitzen heute mit dankbarer Freude in einem der erquicklichsten Restaurants zwischen Karlsruhe und Frankfurt und erfreuen uns der mütterlichen und schwesterlichen Küche – mit preiswürdigem Schwerpunkt auf nordbadischen Originalgerichten. Ja, es soll Leute geben, die tagelange Barfußreisen nicht scheuen, um in den Genuss dieser uneinholbar saftigen Maultaschen zu kommen. Darüber wird natürlich niemand vergessen, dass er sich in einem sehr speziellen **Gutsausschank** befindet. Und da gibt es nur noch eines: sich ganz viel Zeit lassen. Den einen oder anderen Tropfen ordern. In Ruhe und Beglückung schlürfen. Und mit der Straßenbahn nach Hause fahren. Die hält nämlich gleich um die Ecke.

Weingut Adam Müller

Leimen

Man musste der Menschheit begreiflich machen, dass das Haus Müller plötzlich nur noch ein Drittel erntet.

Ein Geständnis vorab: Die Verkostung im Weingut Adam Müller gehört zu den großen Überraschungen der gesamten Weinlesebuch-Recherchen. Die Weine der Premium-Linie haben nicht nur allesamt Format; in ihrer Geradlinigkeit und ungeschönten Stilistik erinnern sie gar an absolute Stars der Branche, Dr. Heger etwa oder Rebholz. Warum wir dergleichen keineswegs erwartet hatten? Nun, wer vor Jahren und Jahrzehnten zu Heidelberg Student gewest, konnte sich eines reichhaltigen Literangebots stark restüßen Müller-Thurgaus erfreuen, die waren schön günstig, zudem kam eine hübsch gezeichnete Schlossruine nostalgischen Bedürfnissen entgegen – und ein rotes „M" machte unmissverständlich klar, wer dafür verantwortlich zeichnete ... Es ist aber auch gemein: Da strengt sich ein Betrieb an und entspricht den Forderungen des Tages, indem mit vollem Risiko ausgeweitet und den Produktionsausstoß erhöht und kaum legt sich eine halbe Generation zu den Vätern nieder, tönt es von da und dort „Kuckt mal, die machen Masse!" So viel zum Undank der Welt und zur Genese von Vorausurteilen.

Adam-Müller-Str. 1
Leimen
06224 97100
www.weingut-adam-mueller.de

„Sie glauben gar nicht, was es für Anstrengungen kostet, so ein Image in der Öffentlichkeit zu korrigieren!" Nathalie Müller, neben Gemahl Matthias Müller (Vertrieb und Weinberg) und Kellermeister Markus Müller, „das Mädchen für alles im Haus", hat mit einer beispiellosen Energieleistung mit dafür gesorgt, dass in puncto Qualitätsstreben der Hebel umgelegt wurde. Vor 12 Jahren, nach dem Studium in Geisenheim, startete die neunte Generation im Weingut Müller mit neuen Ideen. „Wir waren 100 im Jahrgang, darunter 5 Mädels ..." Die drei Punkte kann man förmlich hören, wenn Nathalie Müller

Energie verdichtet zu Konzentration: die Revolutionärin Nathalie Müller, gewaltfrei, doch unnachgiebig.

Matthias Müller,
Sachwalter einer langen Tradition im Weinberg und Vertrieb.

Mehr als die Frau an seiner Seite:
Nathalie Müller, eine der sprudelndsten Inspirationsquellen an der Badischen Bergstraße.

von seligen Studientagen erzählt. „Ich sag meinem Mann immer, er hat ganz schön Glück gehabt ..." Abermals drei Punkte. Man möchte ihm heute noch heftig gratulierend die Hand schütteln. Denn so viel Unternehmungslust, Ideenreichtum und Wagemut finden sich nur selten auf eine Person vereinigt.

Nathalie Müller, die auch eine Journalisten-Ausbildung in der Tasche hat, musste allerlei Kämpfe bestehen, bis sie ihre Vorstellungen von einer Existenz als Winzerin durchgesetzt hatte. „Meine Mutter dachte, ich studier' Medizin. Da musste ich also erst mal zwei Jahre in die Pfalz ..." Nicht unwesentlich dürften die Erfahrungen gewesen sein, die das junge Talent beim Reichsrat von Buhl sammeln sollte. „Es war ein Quereinstieg aus Leidenschaft." – Heute verkaufen die Müllers „von Usedom über Tokio bis Berchtesgaden." 60 Positionen sind auf der Preisliste zu finden. 22 ha, nicht nur in Leimen, sondern bis tief drin im Kraichgau, in Malsch, Kürnbach, Sulzfeld, erfordern enormen logistischen Aufwand. Eine Erzeugergemeinschaft hat sich den Müllers angeschlossen. Bei der gutseigenen Selektion allerdings wird kein Einfluss von außen geduldet: „Da trifft sich die Familie Müller in ihrem Keller, streitet furchtbar, spricht 'ne Woche nicht mehr miteinander ... und hat anschließend ein paar klasse Weine auf Lager!"

Kein Zweifel, wenn solch reintönige Bergsträßer Hymnen dabei herauskommen wie der Pinot blanc de noir vom Leimener Kreuzweg 2007, nimmt man so ein bisschen Aufregung gerne in Kauf. „Wir haben ihn so gelesen, wie er war. Gesunde Trauben. Keine schminkende Restsüße." Whow, dergleichen durchgegorene Brillanz wird mit der Badischen Bergstraße gewöhnlich nicht in Verbindung gebracht. – Noch einmal Spätburgunder: diesmal als Rosé von der Heidelberger Burg. Wiederum sehr trocken, sehr geradlinig, dabei keinesfalls spröde. „Rosé? Grundsätzlich und immer nur Spätburgunder. Das Furchtbarste, was einem passieren kann: so'n Portugieser Weißherbst, brrr!" Man merkt doch manchmal noch, wo Nathalie Müller aufgewachsen ist. Die Rheinhessin, aus der Nähe von Bad Kreuznach gebürtig, verfügt über ein grandioses Gedächtnis, was die Ergebnisse von trial and error anbetrifft ...

Wiederum: Spätburgunder. Diesmal in Rot. Tiefrot. An die Versuche erinnernd, schwarze Rosen zu züchten:

die Barrique-Spätlese von der Sonnenseite ob der Bruck. „Mein schönster Weinberg. Super durchlüftet. Nicht mal 2006 hatten wir da Probleme mit der Fäulnis. 70 Meter Höhenunterschied (!) auf einem Hektar, im Anbau seit 1996. „Die Stadt hat gefragt, ob wir's machen. Damals stand da gemischter Satz, brombeerdurchwuchert." Ein Jahr lagert das sensible Spätburgunder-Geschöpf in Spessart-Eiche. „Nach zwei, drei Jahren fangen diese Weine an sich zu entspannen." Frankophil, seidig, hintergründig: eine in jeder Hinsicht intensive Erfahrung. Nach einem internen Spätburgunder-Contest auf der Pro Wein, bei dem der 2003er auf den zweiten Platz kam (unter 300!), „war hier der Teufel los. Die Lage hat seitdem Zugpferd-Charakter. Allerbeste Erfahrungen. Wir haben viel Schweiß reingesteckt, es hat sich gelohnt. Also, wenn ich noch'n Stück haben könnt' da oben ..." (Dies ein impliziter Hinweis an die Entscheidungsträger, sich endlich, endlich einmal der Heidelberger Renommierlage anzunehmen!) Verständlich, dass dieses Vorzeigeprodukt nicht zu 2 Euro 50 zu haben ist. „Am besten läuft der in der entsprechenden Gastronomie. Bei Manfred **Schwarz**, im **Europäischen Hof**. Und in der **Hirschgasse** natürlich."

Lachend erinnert sich Nathalie Müller an den Besuch eines brasilianischen Kamera-Teams auf der Sonnenseite. „Die sollten einen Klischee-Film über Deutschland drehen." Die Sache endete damit, dass sich die Fernseh-Dame, enthusiasmiert von Heidelberger Freundlichkeit, Wein und Lebensart, vor der Kamera entkleidete, um zu beweisen, dass es in Deutschland tatsächlich warm und

Hyperaktiv in den Bereichen Festival und Kultur: das Weingut Adam Müller.

Einer der neuen Hits: der Spätburgunder Blance de Noir vom Leimener Kreuzweg.

Von Leimen über Heidelberg und in die ganze Welt – der Expansionsdrang des Weinguts Müller kannte lange Zeit keine Grenzen.

stimmungsvoll sei. – Auch ansonsten unternehmen die Müllers einiges, um der Öffentlichkeit ein positives Bild von der Bergstraße zu vermitteln. „Unser Beitrag zur Kultur: Wine & Rhythm!" Aljährlich zum Saisonauftakt spielen fünf Bands kostenfrei auf dem Weingutsgelände. Die Besucherzahl überschreitet nicht selten die 4.000. Für gerade einmal 8 Euro können überdies sämtliche Weine aus dem Hause Adam Müller verkostet werden. (Darunter auch ein unvergleichlicher Auxerrois von 80 Jahre alten Reben!) Kooperationen mit kulinarischen Spitzenproduzenten wie dem Käse-Müller aus Hockenheim oder der Dielheimer Schinkenscheuer gehören seit langem ins Aktivitätenspektrum.

Bei aller Umtriebigkeit fällt ein lebensfroher, menschlicher Zug auf – angesichts einer solchen Betriebsgröße durchaus keine Selbstverständlichkeit. Wer richtet schon bei Weinfesten einen eigenen Kindergarten ein! Bei vier eigenen Kindern ist man freilich für derlei Themen ausreichend sensibilisiert. Die zehnte Generation? „Och, mal abwarten." Die versierte Öffentlichkeitsarbeiterin lässt sich nicht unter Druck setzen. Schon gar nicht, was Familienangelegenheiten anbetrifft. Mit Selbstvertrauen und Beharrlichkeit widmet sie sich dem permanenten Umbauprozess im Weingut. Demnächst kommt das äußere Erscheinungsbild dran, seit dem Umzug ins Gewerbegebiet nicht eben von Kuscheligkeit und Idyllik geprägt. Zweifelsohne wird auch hier eine überzeugende Lösung gefunden werden. Es ist ja schon riesig viel erreicht worden, die letzten Jahre. Oder wie sagt es Nathalie Müller, sachte schmunzelnd: „Da ich ein sehr, sehr stures Weib bin, haben wir das irgendwie hingekriegt ..." Punkt, Punkt, Punkt.

Sonnenseiten der Sehnsucht

Heidelberg – Rohrbach

Manche mögen die Behauptung übertrieben finden, der letzte Heidelberger Altstadt-Weinberg „Sonnenseite ob der Bruck" bedeute für das Ensemble im Neckartal nicht weniger als Alte Brücke, Schloss und Heiliggeistkirche; damit freilich hätten diese Leugner des Offenkundigen zugleich ihre ästhetische Empfindungslosigkeit und Irrelevanz offenbart und fielen als ernstzunehmende Diskussionspartner aus. Denn niemanden würden so heitere Empfindungen bei der Ankunft auf dem Lande ankommen, hingen nicht diese das Waldgrün auflockernden Terrassengärten unübersehbar in den Himmeln über dem Neuenheimer Ufer. Beim Blick von der Brücke gen Nordosten korrespondieren sie mit den Wiesen des Stifts Neuburg – und gerieren auf diese Weise eben jenen immer noch gültigen Eindruck des „Ländlichschönen", den Hölderlin in seinem Heidelberg-Gedicht verbindlich festgeschrieben hat.

Freilich, die Sonnenseite markiert nur noch den verschwindend kleinen Restbestand einstiger Heidelberger Weinbergkultur. War doch über Jahrhunderte dem Win-

Auf der Sonnenseite des Lebens: Villen am Neckarufer, links im Bild die Hirschgasse.

„Schöne Brücke, hast mich oft getragen ...“
Gottfried Keller ist beileibe nicht der einzige, der sich mit einer gehörigen Portion Wehmut an Heidelberger Zeiten erinnert.

Neue Burschenherrlichkeit – vor dem Romantik-Hotel-Restaurant Ritter, einem der bedeutendsten Renaissancebauwerke nördlich der Alpen.

zer-, Ackerbauern- und Studentenstädtchen ein langgezogener Terrassenhang ein Gegenüber, gewissermaßen die nie zu übersehende Mahnung, ob all der kleinbürgerlich-akademischen Betriebsamkeit den frommen Bacchus-Dienst nicht zu vernachlässigen. Jörg Clauer gehört zu den wenigen Aktiven, denen Lebendigerhaltung, gleichsam Rettung der Sonnenseite ob der Bruck zu danken sind. Er kennt das noch, was mühevoller Alltag der Heidelberger Wengerter gewesen ist: das Schleppen der Butten die Stufen hinauf und hinunter, über Waldwege und Geröll – die Weinbergsarbeit, eine über dem schönsten Tal Europas schwebende Schwindel erregende Tätigkeit.

Wem erwüchse nun nicht der Wunsch, einmal zu kosten, was der Heidelberger genius loci durch die Weinblume spricht? Das lässt sich natürlich am besten anlässlich eines Picknicks hier heroben nachvollziehen;

den Mittelpunkt dieser Landpartie müsste ein Riesling oder Spätburgunder von der Sonnenseite bilden. Außer Clauer bewirtschaften Müller ein Hektar und Spies ein paar steile Are. Die Hoffnung auf etwas Außerordentliches wird vollkommen erfüllt: Die alten Reben auf ideal geneigten Grantiverwitterungsböden ergeben ein solches Konzentrat, wie es nicht nur an der Bergstraße einzigartig ist, sondern als badisches Erzeugnis vergleichlos dasteht.

Im Gefolge eines spätestens seit der Reerektierung der Dresdner Frauenkirche stoßweis wehenden Wiederbelebungsgeistes plädieren wir nachdrücklichst für die detailgetreue Rekonstruktion des in der Literatur heftigst besungenen Gasthofs „Zum Waldhorn ob der Bruck", wo die Sonnenseiten-Weine einst rechtschaffene Literaten letzten. Der wie sonst nur noch Goethe unvermeidliche Joseph Victor von Scheffel dichtete dorten auf Lateinisch und Deutsch und war allzeit prachtvollster Laune. Sein frischer Mut ließ ihn Teile des Sagenkranzes vom „Rodensteiner" (s. auch Route 7) praktischerweise direkt nach Heidelberg hinunter verlegen, wie wir in der „Pfändung" anteilnehmend lesen. (Sich über Scheffel lustig zu machen, will uns gar zu wohlfeil dünken; dergleichen ist nun gut und gerne ein Jahrhundert lang geschehen und erscheint inzwischen bei weitem verschmockter als ein rüstiger und angemessener Lobpreis:

Waldumwogt. Die Heidelberger Sonnenseite ob der Bruck harrt zu größeren Teilen ihrer Rekultivierung.

Alles Wein, da drüben, auf der Neuenheimer Seite. Durch das Terrassengewirr des Heiligenbergs schlängelt sich der Schlangenweg. Das Foto entstand vor der Reblauskatastrophe.

Joseph Victor, Du hast Deine Sache gut gemacht! Und Deine Sache war der Suff-Song. Das soll Dir erst mal einer gleichtun ...)

Und wieder saß beim Weine
Im Waldhorn ob der Bruck
Der Herr vom Rodensteine
Mit schwerem Schluck und Gluck.

Ferner: Mit Wort und Tat sind wir bereit, uns an einer Rekultivierung jener anderen berühmten Heidelberger Lage zu beteiligen. Gemeint ist eben nicht der Schlossberg; OK, dort grünten auch mal Reben, aber das ist Nordhang und klimatologisch erst ab ca. 2065 zu empfehlen. Nein, wir sprechen von der bereits angedeuteten Lage mit dem womöglich schimmerndsten Klang unter allen, die uns überliefert sind: Heidelberger Heiligenberg! Bis hinüber nach Neuenheim und noch um die Ecke gen Handschusheim zog sich einstens dieser in wenigen bewaldeten Terrassenmauerresten noch erkennbare Weinberg. Wir wollen nicht zu viel verraten: doch er wird wieder kommen. Nicht weniger schmeckbar als das Geläute der Frauenkirche heute wieder hörbar über Dresden baumelt ...

Eine verbliebene liebliche Möglichkeit, den originären vinum heidelbergensis zu genießen, hat das Wein

Atrium in der Dreikönigstraße geschaffen: Der Innenhof vermittelt so viel vom Heidelberger Gefühl, dass man von Schluck zu Schluck immer ernsthafter plant, immer mehr Gartenland an der Neuenheimer Landstraße zu pachten, um diesen Rebhang schließlich komplett wieder zu bestocken. Auch das Traditionsweinhaus Fehser ist mittlerweile bestens bestückt mit heimischen Gewächsen. – Die Suche nach möglichst unverfälschten Altstadt-Weinstuben gestaltet sich ziemlich schwierig; die Weinstube **Florian** in der Floringasse wäre zu nennen, einst bevorzugtes Vierteles-Refugium des Heidelberg-Tübinger Hermeneutikers und Humanisten Hans-Georg Gadamer. Was aus der **Altdeutschen Weinstube** der Witwe Witter wird, lässt sich zurzeit noch nicht abschätzen. In der **Schnitzelbank** jedenfalls lebt noch etwas von den guten Geistern fort. Und wer den Weg die Gaisbergstraße hinauf durch die Weststadt bis zum **Weinstein** auf sich nehmen will, kann eine neuere, geglückte Variante hiesiger Wein-Gastronomie erleben.

Ländlichschöne Durchsichten.
Wo gibt es das sonst noch: Fast aus jeder Gasse ist der Wald zu sehen.

Auf halbem Wege
in der Unteren Straße erduftet das Café Burckhardt.

Hervorragend getarnt ist sie,
die Weinstube Florian, genau dort, wo die Altstadthäuschen am engsten beieinander hocken.

Zum Heidelberger Leitweingut gemausert: die Clauers vom Dormenackerhof.

Heidelberger Wein ... häufiger besungen als getrunken, selten zugeordnet einem bestimmten Betrieb, einem spezifischen Zugang. Heute muss man das Neckartal verlassen, um sein Hauptvorkommen aufzuspüren. Zwischen Rohrbach und Leimen erstrecken sich Löss-Lehm-Böden mit hohem Muschelkalkanteil. Mittendrin gelegen: das Weingut Clauer, dessen Entwicklung seit Mitte der Neunziger mit dem Ausdruck Qualitätssprung nur unzureichend beschrieben werden kann. Der Clauer'sche Dormenackerhof ist durchaus kein Geheimtipp mehr; die Heidelberger stürzen sich geradezu auf jeden neuen Jahrgang, so dass der beliebte Stempel „ausgetrunken" zeitig im Jahre manchen Posten ziert. – In der Region immer häufiger genannt: das Weingut Winter in Rohrbach, nicht nur mit wunderhübschen Flaschen in Silber-Blau aus dem Rahmen fallend, sondern aufgrund enormer Qualitätsanstrengungen sehr zu loben! Die Bauers auf dem Dachsbuckel haben wahrscheinlich den famosesten Ausblick aller Weingüter im Kreise. Eine feste Gemeinde sorgt für beschwingten Absatz. An dieser Stelle wollen wir auch Matthias Spies erwähnen, den Sammler historischer Rebgrundstücke. Einige seiner Weine bekommen wir im Weinhaus Fehser und im Wein Atrium.

Aber es existiert ja nicht nur Wein für Zunge und Gaumen, es gibt vor allem, Heidelberg betreffend, geistigen Wein zu verkosten! Zum Glück müssen wir uns nicht mehr die Mühe machen, all das zu sichten, was je in, um und über Heidelberg zu Papier gebracht wurde. Das „Heidelberg Lesebuch" des bis in feinste Verästelungen ortskundigen Dichters Michael Buselmeier

Da gibt es ihn, den raren Sonnenseiten-Riesling von Matthias Spies: im Traditionsweinhaus Fehser, einlogiert im hölzernen Schnitzwerk einer ehemaligen Apotheke.

exemplifiziert, was lokale Literaturgeschichte im besten Falle leisten kann. Dreist und ohne zu zaudern bedienen wir uns aus diesem Standardwerk des Insel Verlags und zitieren freimütig, doch geordnet in vier jahreszeitliche Bilder.

Selbstverständlich beginnen wir mit Joseph Freiherr von Eichendorff und dem Frühling. Der „Einzug in Heidelberg" gehört noch immer zum Frischesten und Aufmunterndsten, was bislang in lyrische Formen gegossen wurde. Die letzte Strophe:

In dieses Märchens Bann verzaubert stehen
Die Wandrer still. – Zieh' weiter, wer da kann!
So hatten sie's in Träumen wohl gesehen,
Und jeden blickt's wie seine Heimat an,
Und keinem hat der Zauber noch gelogen,
Denn Heidelberg war's, wo sie eingezogen.

Kaum ein Jahr währte der weltliterarisch notable Aufenthalt der jungen Eichendorff-Brüder in Heidelberg. Wie gerne kolportiert wird, mussten sich die beiden einen einzigen Anzug teilen, konnten also immer nur getrennt ausgehen. Das taten sie dann aber mit größtmöglicher Ausdauer und Hingerissenheit. „Nachmittags bestieg ich zum ersten Male den Heiligen Berg, dessen untere Hälfte mit Weingärten, die obere mit Laubholz bedeckt ist ...", Einer der vielen Kontakte wurde zu Otto Heinrich Graf von Loeben geknüpft, der sein dichterisches Vermögen zum Preise Heidelbergs voll ausschöpft: „Wo

Maronenknödel mit Soßen

Die Esskastanien haben wir natürlich in den Wäldern rund um Heidelberg gesammelt, gekocht, geschält und mit Ziegenfrischkäse und etwas süßer Sahne püriert.
So weit die Füllung.
Den Kloßteig basteln wir aus 1 kg gekochten Pellkartoffeln (durchgedrückt, aber ohne Schale!), ca. 125 g Mehl, 2 kleinen Eiern, 20 g Butter, Salz, Pfeffer und Muskat. Pro Kloß (guter Name für eine kulinarische Initiative!) ca. ein Teelöffelchen Füllung verwenden, gut abrunden – und hinein in den Topf mit simmerndem Salzwasser! So zwölf Minuten muss man da schon veranschlagen. Welche Soße wollen wir dazu reichen? Specksoße? Rotweinsoße mit dunklem Bratenfond? Kräutersoße? Ziegenkäsesoße? Es ist so ziemlich alles erlaubt. Selbst gebräunte Butter hat sich bewährt. Bitte ersparen Sie mir, auch hierfür noch die Rezepte mitzuliefern. Wenden Sie sich an ein Kochbuch Ihres Vertrauens.

Stammkneipe. Eichendorff & friends ließen hier den Becher kreisen und manch Lied erschallen.

Rohrbach, ein Dorf.
Im Kerne immer noch. Der „Kühle Grund" ist das Original zu Eichendorffs volkstümlichem Mühlenlied.

man um Heidelberg steht, steht man auch schön. Man weiß oft gar nicht, wo man hin soll mit all der Lust, die man empfindet ... Das Sonnenlicht ist ganz rot vor Lust und Kraft, der Himmel scheint ein einziger Saphir und der Neckar ein schillernder Atlas zu sein ... Es ist wahrhaftig ein Land, wo Wein, Gesang und Musik fließt; denn beide Ufer, alle Berge tönen des Abends davon wider ..."

Eichendorffs via cordis führte nach dem Winzerdorf Rohrbach hinaus; wenn es irgendwo ein Urbild der romantischen Liebe gibt, so ist es hier zu finden. Besser: *war* zu finden, es ist nicht mehr. Denn das Geburtshaus

Noch ein Original, überliefert vom Rohrbacher Freiluftmaler Munke: die Mühle im Kühlen Grund.

Gaudeamus igitur ...
Clauers Meistercuvée, ausgeschenkt auf der Alten Brücke.

der Katharina Barbara Förster wurde um die Jahrtausendwende demoliert und die Deutsche Romantik somit auf's Rüdeste ihres Herzens beraubt. Was allerdings gar nicht so schlecht zu Eichendorffs „Ringlein" passt, das ja auch zerbrochen ist, als Symbol hingegen in jenem epochalen Liedchen gut aufgehoben bleibt:

In einem kühlen Grunde,
Da geht ein Mühlenrad,
Mein' Liebste ist verschwunden,
Die dort gewohnet hat.

Am 3. April 1808 notiert Joseph von Eichendorff: „Als ich eben vom Spaziergange zurückkam, K. mit Schwester und Kameradin nach Rohrbach hinaus, unerwarteterweise Heidelberg ganz verlassend ...: Schöner warmer Abend. K. umschlungen und sehr lieb. An der wohlbekannten Hecke am Bache langer herzlicher Abschied."

Damit sind wir – zumindest was die Gefühlsebene anbetrifft – mitten im Herbst angekommen. Heidelberg ist nicht nur für überschwängliche Verliebte da, ganz und gar nicht. Heidelberg ist gefährlich. Schon immer vermittelte sich dort ganz von selbst etwas Irres und Irreales,

Nächtliches, Abgedrehtes, Süchtiges, Unheilbares. Spinner und Egomanen, Rettungslose und Waidwunde, Kaputte und Überbegabte zog und zieht es nach wie vor langgeschart dorthin – und es ist kein Wunder, dass allzu gesund Empfindende lieber einen Bogen um dieses Neurosengärtlein schlagen. Gottfried Keller, von dem das schönste aller Brücken-Gedichte stammt, erlebte hier nicht nur die „Poesie der Revolution" (von 1848), sondern auch eine der tiefsten Enttäuschungen seines mit tiefen Enttäuschungen überreich gesegneten Lebens.

Die Traube schwoll so frisch und blank
Und ich nahm beiderlei:
Mit ihrem Gruß den jungen Trank –
Und als die letzte Traube sank,
Da war der Traum vorbei.

Wiederum Eichendorff verortet im Rückblick sogar den „Tod der Romantik" ans Neckargestade. „Da träumte ihm, er stände auf dem schönen Neckargebiete vor Heidelberg. Aber der Sommer war vorbei, die Sonne war lange untergegangen, ihn schauerte vor der herbstlichen Kühle. Nur das Jauchzen verspäteter Winzer verhallte noch, fast wehmütig, in den Tälern unten, von Zeit zu Zeit flogen einzelne Leuchtkugeln in die Luft ... Als er sich verwundert umsah, erblickte er plötzlich ihre hohe und an-

Vielfach begradigt: der Neckar an den Neuenheimer Wiesen, gern besucht zu allen Jahrezeiten.

mutige Gestalt ... „Geliebteste!" rief er voll Freude ... Da blieb er erstarrt stehen – denn er war er selber, den er an der Hand festhielt. – „Lass mich los!" schrie er ... Nun fing das Gespenst mit einer grinsenden Zärtlichkeit ihn zu lieblosen an. Entsetzt floh er aus dem Garten ..."

Für den Winter kommt natürlich niemand sonst als Nikolaus Lenau in Betracht. 1831/32 da weilte er zum ersten Mal in Heidelberg, um sein Medizin-Studium in gangbare Bahnen zu lenken. Von eher studienfremden Tätigkeiten kündet sein Lied „Am Jahrestag der unglücklichen Polenrevolution."

Unsre Gläser klingen hell,
Freudig singen unsre Lieder;
Draußen schlägt der Nachtgesell
Sturm sein brausendes Gefieder,
Draußen hat die rauhe Zeit
Unsrer Schenke Tür verschneit.

Von Lenau stammt die wohl treffendste Metapher hinsichtlich der Wirkungen, die der Anblick des Heidelberger Schlosses bei Reisenden gemeinhin auslöst: „Die Ruine dort, der Zeit / steinern stilles Hohngelächter." Ansonsten verzeichnet der Berufsmelancholiker bereits nach einem Monat Aufenthalt eine von Tag zu Tag ärger werdende „Seelenverstimmung."

Jörg Clauer
kennt sich aus auf der Sonnenseite ob der Bruck, gegenüber dem Heidelberger Schloss. Hier aber wartet er inmitten vereister Rebstöcke, bis der Fotograf endlich fertig ist.

Ins Märchenparadies
auf den Königstuhl holpert die hölzerne Bergbahn von der Molkenkur aus. Dort muss umsteigen, wer vom Kornmarkt aus hoch hinauf will.

Einem vielleicht vergleichbaren Gemütszustand verfällt im Sommer 1982 Zeit-Redakteur Ulrich Greiner, als er das in toto durchrenovierte Heidelberg besucht. Und bekümmert feststellt: „Heidelberg ist keine Stadt der Dichter mehr. Die Altstadt ist saniert, aufgeräumt, blitzsauber. An der Hauptstraße stehen Automaten „Dog parat", mit dessen Hilfe Hundebesitzer den Kot ihres Lieblings in Tüten packen können ... Abends im „Villa". Schöne Frauen in durchsichtigen Kleidern lehnen an der Bar und blitzen mit den Zähnen. Braungebrannten Burschen in weißen Hemden hängt die Zigarette aus dem Mundwinkel. Ich bestelle ein Mineralwasser und bekomme ein „Perrier". Hier ist das schöne, neue Heidelberg. Es sieht aus wie in Hamburg, Monte Carlo oder Ibiza ..."

Im Wesentlichen scheint sich Heidelberg seither nicht verändert zu haben. Es ist vielleicht noch steriler geworden; den Burschen hängt schon länger keine Zigarette mehr aus der Raffel. Aber es kann einem immer noch geschehen, wie es dem Dichter Buselmeier erging, als er Greiner damals den Schlossberg hinaufführte und beim allzu bekannten Anblick – wer weiß, vielleicht ein wenig resigniert – konstatieren musste: „Sie ist doch schön." Jawohl, Heidelberg ist eine Sie, am Neckar entlang flanierend in einem zeitlos eleganten Waldmantel, geziert von ein paar sehr dezenten, doch für den Gesamteindruck unverzichtbaren Weinberg-Schraffuren. Womit wir endlich wieder beim Thema wären.

DER SPAZIERGANG Vorab: Es ist eine der wichtigen Wanderungen, die Deutschland zu bieten hat. Darum nehmen wir uns auch einen dreiviertel Tag Zeit. Mindestens. – Spezialisten werden sich an Rudi Stephans Jugendstil-Kunstlied „Pappel im Strahl" erinnern: Es kann eigentlich nur jene gemeint sein, die man von überall sieht, wenn man von der Altstadt aus nach Westen kuckt. Also hinüber gen Neuenheim, wo wir eventuell auf dem goldigen Marktplätzchen in der **Marktstube** ein Flammküchlein zur Stärkung schmausen. Solchermaßen geatzt, orientieren wir uns nach oben. Den Philosophenweg geht's keuchend hinauf, bis zur besagten Pappel. Dann gemächlich oberhalb der Altstadt entlang. (Schön die Hände auf dem Rücken kreuzen und Entgegenkommenden zunicken, die Herren!) Nein, wir stürzen uns nicht den Schlangenweg hinab, sondern lustwandeln weiter zum Heidelberger Weinberg Sonnenseite ob der Bruck. Hier bestaunen wir den Ausblick, bevor wir über Waldwege hinunter zum Ufer gondeln. An selbigem entlang bis zur Alten Brücke. Mit ihr gemeinsam überschreiten wir, Gottfried Kellers Beispiel folgend, den Fluss und nehmen a) in der **Kulturbrauerei**, b) im **Café Burkhardt** oder c) im Innenhöfchen des Wein Atrium Platz. Letztgenannte tief in den Heidelberger Untergrund gekellerte Weinhandlung bietet uns die Möglichkeit, einen Echten von der Sonnenseite zu pokulieren. An der Heiliggeistkirche, neben dem Ritter, schlüpfen wir schnell in die Floringasse, wo die **Weinstube Florian** fast inkognito nistet, schlängeln uns zwischen Jesuitenkirche und Alter Universität hinauf zum Klingentor – und erleben, was es heißt, wenn ein Städtchen unvermittelt in Wald übergeht. Zugegeben, der Aufstieg kostet Kraft. Doch ein Blick von der Kanzel lässt

Gelebte Ökumene. Die katholische Jesuiten – und die evangelische Heiliggeistkirche.

Viele zieht es in die Untere Straße, manche für immer. Doch Vorsicht: Hier herrscht erhöhtes Gefährdungspotenzial …

Großartiges Konzept:
der Goldene Anker, frisch gelichtet für WeinliebhaberInnen. Ein hinreißendes Örtchen, um auch nachts noch erlesenen Wein einzukaufen!

alle Müh' und Plag vergessen (perfekte Örtlichkeit für Heiratsanträge!!!) – und auf ebenen Wegen spaziert sich's frohgemut bis hinüber zum **Bierhelderhof**. Wo uns ein selbstgebrauter Most erquickt und kräftigt. Es dauert eine ganze Weile, bis man sich von dem Anblick der weidenden Angus-Rinder zu lösen vermag. Doch irgendwann muss es sein. Auf schmalen Pfaden bewegen wir uns durch Eichendorffs Kühlen Grund hinab nach Rohrbach, wo in der **Linde** oder in der **Traube** ein Tag beschlossen wird, den wir nimmermehr vergessen werden.

Weingut Clauer
Traube
Heidelberg-Rohrbach

Extrakt ist, was zählt!

Vom Weinrestaurant Traube mitten in Rohrbach bis hinaus zum Weingut im Dormenackerhof ist es ein ausgiebiger Lustwandel. Die meisten freilich, die heute auf dem Hof ihre Ration flüssiges Heidelberg holen, kommen mit dem Automobil. Direkt hinter dem „Grand Canyon von Rohrbach", Zeugnis für den einst umfangreichen Kalkabbau im Distrikt Leimen, verpasst man beim ersten Mal die Ausfahrt mit hoher Wahrscheinlichkeit. Verblüffend, wenn man aus dem von Industrie- und Gewerbegebieten brodelnden Tal heraufkommt, wie plötzlich die Szenerie sich ändert. Sogleich bestimmen Reben das Landschaftsbild. Hundegewusel schiebt sich lautstark den Hügel hinauf … und da liegt er, wunderbar geschützt und so wie vor Jahrhunderten: der Dormenackerhof, Heimstatt eines Betriebs, der seit Mitte / Ende der Neunziger, nun, wie soll man das anders nennen: so richtig durchstartet.

So anheimelnd die Traube mit ihren üppig verzierten Gäubchen schon immer in Rohrbachs Zentrum lag, so pfundig die butterzwiebelreichen Maultaschen und Handkäse seit jeher schmeckten – der Wein ist ein ganz anderer geworden als jener unkomplizierte Gesell, der einem seinerzeit das Mahl begleitete. Was hat sich so verändert? „Das ist es, was die deutschen Weine groß macht: die Struktur!", begeistert sich Jörg Clauer für das Potenzial hiesiger Kreszenzen. Und er tut einiges zur Mehrung des Ruhms seiner Heimat. Bereits vor 25 Jahren hat er einen „Verein Heidelberger Biotopschutz" gegründet. Clauers Ansatz des „integrierten Weinbaus" kommt eben nicht nur der Weinqualität, sondern ebenso sehr den umgebenden Wäldern und Hecken zugute. „Dann fressen die Vögel halt mal ein paar Trauben weg – was soll's? Hauptsache, die Struktur bleibt erhalten!"

Man denke nun nicht, dieser mitgeschöpfliche Zugang sei so mir nichts dir nicht in praxi umzusetzen; der-

Clauer (Weingut)
Dormenackerhof
Heidelberg
06221 382439
www.weingutclauer.de

Traube (Restaurant)
Rathausstr. 75
Heidelberg-Rohrbach
06221 373792
www.weinrestaurant-traube.de

Gut gelaunt in Himmelblau – Jörg Clauer, wichtiger Promoter des Neuen Heidelberger Weins.

Theater-Mäzen. Jörg Clauer unterstützt die Heidelberger Stadttheater-Bühne in Weiß und Rot.

gleichen kostet schon was. Zum Zeitpunkt unseres Besuchs kurz vor Weihnachten 2007 hatten die lieben Freunde aus den Lüften gerade die gesamte Cabernet-Mitos-Eiswein-Ernte abgefressen. (Man denkt ein wenig an die Korngarben-Gaben für die Sperlinge bei Astrid Lindgren ...) Clauers achselzuckender Kommentar: „Fort is fort." Ein großes Herz scheint er zu haben, nicht nur für die zwitschernden Profiteure der neuen Heidelberger Öko-Kultur; auch das Städtische Theater weiß sich seiner Unterstützung sicher. Zwei Weine hat Clauer kreiert – „Theaterg'schwätz" und „Teatro nero" –, die der Bühne anteilig zugute kommen.

Auch wenn sie längst ausgedient haben, zu Dekozwecken sind alte Fässer immer noch zu gebrauchen.

Womöglich liegt dieser Zug zur munteren Selbstlosigkeit ja in der Familie. Vater Philipp Clauer hatte auch stets mehr im Kopf als den reinen wirtschaftlichen Profit. Eine eigene, melodienreiche Kollektion edelsüßer Premiumweine ist ihm gewidmet. Als gewandter Pianist konzertierte er u.a. mit Emil Mangelsdorf im legendären Cave – oder beglückte das Publikum der Alt-Heidelberger Studentenkneipe **Seppl** mit Schlagern, Jazz und Improvisationen. Bisweilen kommen Gäste des Dormenackerhofs noch in den Genuss von des Seniors Klavierspiel – dann nämlich, wenn private Feiern für zusätzliches Leben sorgen. Und das ist gar nicht so selten.

Es ist zutreffend, das Weingut Clauer als Hauslieferanten Heidelbergs zu titulieren. 180 Pakete pro Tag müssen die multitalentierten Winzer in der Vorweihnachtszeit packen, dazu kommen zahlreiche Auslieferungsfahrten, Gastronomieservice und und und. Reinem Lokalpatriotismus kann das nicht geschuldet sein; wie erwähnt, die Rohrbacher Qualitätsoffensive schlägt sich in bewundernswerten Erzeugnissen nieder. Welchen eigentlich?

Einem Organisten, heißt es, merke man schon beim Präludium an, ob er Orgel spielen könne. So überzeugt der 06er Grauburgunder bereits nach wenigen Takten. Klassischer Ausbau bei 12,5 % Alkohol, schmelzig, gelb und saftig im Duft: so ein richtiger Empfangswein für einen Erstbesuch im neuen Heidelberger Weinkosmos! „Wir wollen nicht zu breite Weine; der Boden ist prädestiniert für fruchtige, strukturbetonte Typen", erläutert Jörg Clauer. Und sein „Lippi" geheißener Kellermeister Thomas Lippert ergänzt: „Für mich hat Grauburgunder immer viel Spätburgunderart." Der aus Salem am Bodensee gebürtige Kompagnon bringt drei Jahre Südafrika-Erfahrung mit. Clauer bekennt: „Er ist wie ein Bruder zu mir." Harmonie in Weinberg, Keller und Verkauf – da muss ja was Gescheites bei rauskommen.

Eine doppelte Überraschung erlebt der Neuling, wenn er sich den Clauer'schen Rieslingen widmet. So etwas wie die 2005er Auslese von 34 Jahre alten Reben hätten wir hierorts nicht erwartet: Ende 2007 schon sehr reif, ungemein konzentriert, vielschichtig, für höchste Ansprüche approbiert. Ganz und gar überwältigt der Riesling von der Sonnenseite ob der Bruck. Ü-60-Reben zwischen handaufgesetzten Mauern hoch über Heidel-

Umrahmt von Riesling und Grauburgunder: Thomas „Lippi" Lippert, Clauers Kompagnon und Kellermeister vom Bodensee.

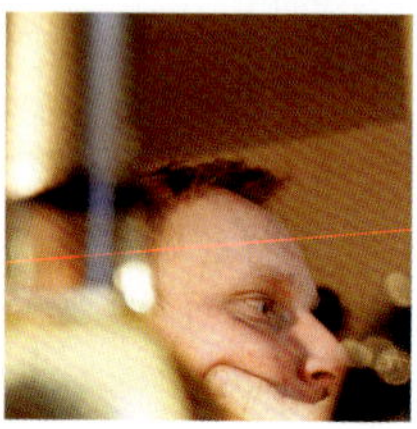

Gut ausgeschildert, der Dormenackerhof. Das ist auch notwendig, liegt er doch einsam in den Reben. Was wiederum Vorteile hat für die vielen Feierlustigen, die hier den Saal und die Terrasse mieten: beide mit lebhafter Aussicht!

berg, Handlese mit langem, steilem Anmarsch, Verhältnisse wie an der Mosel, kurz: „Eine Katastrophe!" Aber eine mit Happy End. Die halbtrockene Riesling Spätlese aus 2001 obsiegte sensationell bei „Best of Riesling." Der rüpelhaften Frage arrivierter Weinspezialisten „Gibt's euch denn überhaupt?" folgte Staunen, Schlürfen, Zunge Schnalzen. „Ein hartes Stück Arbeit, bis wir so weit gekommen sind", ächzt Jörg Clauer. „Der Sonnenseite-Riesling wird erst so richtig schön nach zwei, drei Jahren ..." Wer jetzt noch die Badische Bergstraße als zu vernachlässigenden Wurmfortsatz des badischen Anbaugebiets auffasst, hat sich schnöden Ignorantentums selbst überführt. Zurzeit hält ein Multitalent names „Ritchie" die Traditionslage in Schuss; direkt vor Ort stationiert, schneidet, hegt, pflegt dieser Mann mit der ganz eigenen Geschichte die wertvollen Rebstöcke ...

Spätestens wenn man Clauers „einfachere" Rote probiert, fällt einem ein, wo er u. a. gelernt hat: Der große rheinhessische Betrieb Schales bringt das Kunststück fertig, trotz exorbitanter Sortenvielfalt ausschließlich Hervorragendes von der Palette zu lassen. Nichts wird vernachlässigt, alles individuell und inspiriert ausgebaut. Dito Clauer: Schon der schwarzkirschige St. Laurent weckt Neugier und Begierde. Erfolgreich schon zur Primeur-Zeit: der „Junge Heidelberger", mit 5 Euro studentenfreundlich eingeschenkt. Doch welche Wonne bemächtigt sich des Genießers, öffnet er Mund und Herz für einen Spätburgunder trocken von 2003! Welch verschwenderische Düfte, welche Dichte, welch Arom! Man kommt sich vor wie Aladin vor der Wunderlampe, wenn dieser Wein unversehends ins Riesengroße wächst – und alle Wünsche erfüllt, die unsere Lippen stammeln. Für den Schwarzriesling aus demselben Jahrgang gelten vergleichbare Bedingungen; es wäre zu erwägen, ob die Einführung eines Weinführerscheins solche Erzeugnisse nicht vor missbräuchlichem Umgang schützen könnte. Denn die Vorstellung, ein solcher (wahrlich tiefschwarzer) Schwarzriesling von für unseren Kulturkreis noch vor kurzem unvorstellbaren Dimensionen träufle über unberufene Lippen, werde geschmeckt von unwürdigen Zungen ... kurzum, dergleichen sollte mit allem gebotenem Aufwand dringend verhindert werden.

Die Kooperationsfreudigkeit des Hauses Clauer macht übrigens auch vor der Kunstszene nicht Halt. Katja Hess entwarf die Etiketten für die Theaterweine. Von der „alten Wilden" Elvira Bach stammt die beeindruckende Lieselotte von der Pfalz für die Nepukadnezarflasche (6 Liter!), ein Gemeinschaftsprojekt mit der Galerie in der Pfaffengasse. Und damit nicht genug, bietet der edle Heidelberger Schreibwarenladen Knoblauch Clauer-Weine zum Schreiben an. Ein „Tintenkocher" zieht die Tannine heraus, macht die Sache geschmeidig ... und schon geht's los mit duftigen Liebesbriefen, Dramen und Sonetten. „Lippis" berechtigter Einspruch „Und was passiert, wann's einer sauft?" konnte zum Glück entkräftet werden; giftig ist die Rotwein-Tinte nicht. Dennoch, wir raten: Schreiben Sie lieber damit. Machen Sie zur Inspiration eine „Cuvée Gaudeamus" auf. Das bekommt Ihnen besser. Und vielleicht sogar dem Text.

Vino tinto?
Eingekocht und los-gelegt: Wein zum Schreiben, Rotwein-Tinte aus dem Hause Clauer.

Fest-Terrasse.
Clauer – das musische Weingut; meistbeliebt ist es bei vielen Heidelberger Hochzeitsgesellschaften.

Reg

Weingut Hans Winter
Heidelberg

Wir sind rechtsrheinische Pfalz. Aber der Kopf war hier!

Irgendetwas muss dran sein, wenn eines der renommiertesten Weinhandelshäuser der Kurpfalz sein Sortiment zu beträchtlichen Anteilen einem sehr jungen, sehr alten Weingut aus der Nachbarschaft widmet. Klären wir auf: In den Regalen des Weinhauses Fehser machen sich die wunderhübschen blau-weiß-silbernen Etiketten des Weinguts Winter nicht nur breit, sondern auch ausgesprochen gut. Zeichen einer Qualitätsinitiative: zwar gibt es die Winters schon lange, unglaublich lange im von Eichendorff gesegneten Dörfchen Rohrbach – beurkundet seit 1749, die Gewölbekeller weisen auf das 15./16. Jahrhundert hin – doch 1997 markiert einen der bedeutendsten Einschnitte. Seither hat die junge Generation im Keller das Sagen. Die Gebrüder Grimm hätten wohl den Titel das „Märchen vom doppelten Hans" ersonnen. Tatsache ist, dass Vater Hans Werner und Sohn Hans Christian immer noch Hand in Hand schaffen. Wie der Jüngere vom Umgangswissen des Älteren profitiert, so erweist sich der Reifere als erstaunlich flexibel, was die Akzeptanz neuer Verfahrensweisen anbetrifft, die der Stürmer und Dränger in den Betrieb einspeist. Hans Christian beschreibt die Generationenübergabe folgen-

Weingasse 2
Heidelberg
06221 336717
www.weingut-hanswinter.de

An der Basis –
und dann immer höher hinauf:
Hans Christian Winter.

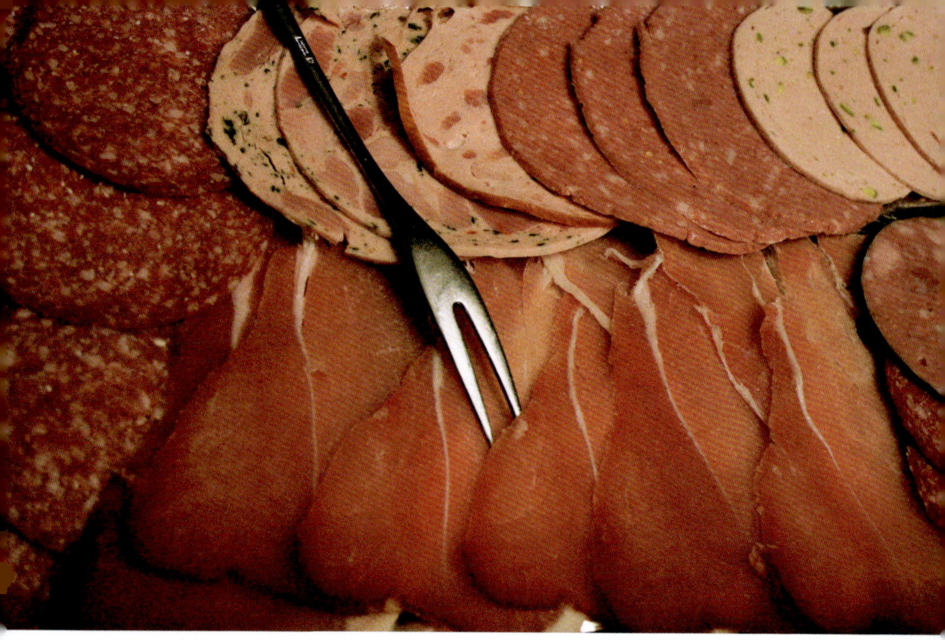

Satt aufgetragen. Aber sicher, kulinarische Weinproben gibt's bei den Winters ganzjährig.

dermaßen: „Das fand eigentlich an einem Nachmittag statt. Basta."

In Weinsberg hat der jüngste Spross des Hauses nicht nur die Durbacher Größe Andreas Laible kennengelernt. Mit Thomas Männle, ebenfalls dem wichtigsten Wein-Ort der Ortenau entstammend, sowie den Aufsteigern Enk aus Dorsheim und Busch aus Bretzheim-Dimbach bildet Hans Christian Winter eine überregionale Arbeitsgruppe. „Jedes Jahr treffen wir uns zur Jungweinprobe. Da passiert schon was ..." Die Einstufung des „Neuen Heidelberger Weins" betreffend, blicken die Winters allerdings mehr hinüber zur Mittelhaardt. „In diese Richtung können wir gehen, Böden und Klima sind vergleichbar. Wir haben halt ein paar Stunden Sonne mehr ..."

Eindeutiges Beglaubigungzeugnis dieser nicht allzu bescheidenen Orientierung, denken wir an den Pfälzer Boom der vergangenen Jahre, ist der Riesling „V", eine der schönsten Spielarten dieser Sorte an der Bergstraße. „V" steht hier nicht für Victory, könnte es aber. Namenspate war Ururur (...) großvater Valentin – bei Winters denkt man offenkundig in größeren historischen Zusammenhängen. „Alte Reben, da braucht man nicht mal großartig auszudünnen", äußerst späte Lese (manchmal erst im November), kühl vergoren, lange auf der Feinhefe gelegen ... „Möglichst viel Gärungskohlensäure drin lassen" will Hans Christian Winter – und das tut diesem zart moussierenden *master of elegance* wirklich gut. Ein Wein, mit dem man sich Abende lang beschäftigen kann. Verglichen mit den Mosbachers, Bassermanns, Bürklins und Buhls des Jahrgangs, fällt beim vor Extrakt schier berstenden 2005er die noch stärkere mineralische Prägung auf. Passende Vergleichsstücke fänden wir eher im Rheingau, vielleicht in der Wachau.

Dieselbe Liga bespielt auch der Riesling Spätlese „JG", noch so ein Vorfahr, Johann Georg mit Namen. Beide Rieslinge haben sich vom Herrenberg herab zu uns in die Niederungen begeben, um unser Herz zu erfreuen und den Verstand anzuregen. Im Gegensatz zur sandsteingeprägten „Heidelberger Burg" – übrigens *nicht* das Schloss, sondern ein längst abgerissener Kasten ist gemeint – entstrahlt dem Herrenberg lichter Muschelkalk. Wie wir wissen, hat es der Herrgott mit Heidelberg sowieso gut gemeint; weshalb er auch nicht umhin konnte, beide Reblagen mit einer satten Portion Löss auszustatten. Das macht die Weine saftig, gibt ihnen Kraft und Schmalz – zu aller Wohlgefallen.

Dass sich Winters Spätburgunder diese Chancen nicht entgehen lassen, haben wir uns ohnedies gedacht. „Jo, jetzt hammer schon ganz anständige Sachen", spielt Hans Christian Winter den Ball flach, bezugnehmend auf den herausragenden 2005er Heidelberger Herrenberg Spätburgunder trocken aus dem Barrique. Auch hier deutet sich energisch an, dass Heidelberg sich allmählich anschickt, dem Weltruf, den seine Weine genießen, Genüge zu tun. Die „kleineren" Varianten, Spätburgunder „S", mit seinen 14 % auch ganz gut im Futter, sowie der maischevergorene 2006er aus dem Holzfass

Einer, der begeistert: Hans Christian Winter, Winzer moderner Prägung.

Rohrbacher Tiefkeller im Weingut Winter. Verschlossen mit einem Tor, das allerlei erwarten lässt.

(13,5 %), zeigen auf tänzerische Weise, wie es mit dem Heidelberger Roten weitergehen könnte: beschwingt und grazil, aber keineswegs magersüchtig; gut gelaunt und stets zu Scherz und Spiel aufgelegt.

Der beinahe ausschließlich reinsortige Betrieb (Vater Hans Werner: „De Secco is unser einziche Cuvée!"), bewirtschaftet zurzeit 16 ha, wovon 5 ha in die eigene Produktion einfließen. „Wenn jemand was lernen will, soll er gleich Winzer lernen", empfiehlt der Junior-Chef im Hinblick auf das bedeutsame Erfordernis, nachrückende Generationen auszubilden. Das Berufsbild des Weinküfers sei nicht mehr zeitgemäß, bedenkt man die komplexen Erfordernisse der Branche. – Ein leichter Weißburgunder, Chardonnay und Grauburgunder auf der Kabinett-Stufe, sogar Dornfelder und Regent aus dem Barrique erfreuen sich beständig steigender Beliebtheit.

Sicherlich gewinnen die Winters zusätzliche Sympathiewerte, da sie – als einziges reines Rohrbacher Weingut – die Infrastruktur vor Ort nach Möglichkeit befördern. Im **Roten Ochsen**, Eichendorffs Stammkneipe, wo selbstverständlich auch Winter-Weine ausgeschenkt werden, kann man noch Selbstgeschlachtetes bestellen. Als letzte Ortsbäcker sind Rodemer und Tschakert der Unterstützung durch die Winters auch bei größeren Veranstaltungen gewiss. Schräg gegenüber vom Weingut liegt die beliebte Linde, wo ebenfalls dem neuen Winter-Kult gehuldigt wird. Weitere Anzeichen einer unaufhaltsamen Nobilitierung: **Oscar's**, **Prinz Carl** und selbst das **Renaissance-Hotel Ritter** am Marktplatz schenken heute original Rohrbacher Wein aus. Eine Re-Regionalisierung, an der viele Generationen Winter hingebungsvoll mitgewirkt haben.

Gleich um die Ecke:
die Rohrbacher Linde, offenbar ein tierfreundliches Gasthaus, wo natürlich auch Winter-Weine verkostet werden.

Heidelberger Dachsbuckel

Heidelberg

Beim Regent waren wir einer der Ersten.

So was hat nicht jeder. Das Tagwerk im Weinbaubetrieb Heidelberger Dachsbuckel beginnt mit einem erhabenen Moment. Wenn Werner und Ingrid Bauer in Begleitung des Stammvaters Heinrich vor die Tür treten, kucken sie der Pfalz auf den Frühstückstisch. Von Karlsruhe bis zum Hambacher Schloss reicht der Blick von der Terrasse, die sich als auch Hubschrauberlandeplatz nicht schlecht machen würde. Doch mit 7,5 ha sind die Rebflächen noch nicht so riesig, dass der Einsatz von Fluggeräten nötig wäre. Immerhin, einen eigenen Vollernter hat man sich angeschafft; denn es kommen noch einmal 9 ha dazu, die im Auftrag bewirtschaftet werden. Seit zwei Jahren wird das Terrain nach israelischer Methode tröpfchenbewässert.

Auch das hat nicht jeder: eine Einzellage im Alleinbesitz. Der Dachsbuckel, „das sind karge Buntsandsteinverwitterungsböden", wölbt sich in Südwestrichtung unter dem Königstuhl. Wozu er fähig ist, hat der alte Hügel bereits 1966 gezeigt. Da wurde eine Trockenbeerenauslese vom Müller-Thurgau mit sage und schreibe 247° Oechsle eingebracht. Deutlich leichter, mit einem guten Stück Butter, zeigt sich der Grauburgunder aus 2006. Auch der Riesling ist mehr ein sommerlicher Typ, kein Krachmacher, sondern ein freundlicher Kerl, der dem Weinfreund die Schulter tätschelt: Komm, nimm's nicht so schwer! Weißburgunder und Auxerrois vom Dachsbuckel sind derart beliebt, dass wir schlechterdings nichts mehr davon zu versuchen bekamen. Das Experiment mit dem Regent hat einen glückhaften Ausgang erlebt: Der schön gerundete 2005er gibt sich französisch leger, charmant und unaufdringlich. Ansonsten dominiert bei den Roten der Spätburgunder. Krönung der Bemühungen um die Paradesorte: die Barrique-Spätlese aus 2006. Lüftungsbedürftig und darum nur mit Geduld zu genießen, erläutert dieser Wein ausführlich, was es

Winzerhof Dachsbuckel
Heidelberg
06221 381931
www.heidelberger-dachsbuckel.de

Von der Mosel an den Neckar: Ingrid Bauer.

Reine Weiße. Grauburgunder und Riesling aus der Dachsbuckel-Lage, im Alleinbesitz der Bauers.

so auf sich hat mit dem Reben-Leben am Kleinen Odenwald. Wer genau zuhört, kann eine Menge lernen ...

Die Weißen werden meist erst im April oder Mai gefüllt. Das hat damit zu tun, dass der weitere Ausbau in den Hallen des Winzerkellers Wiesloch erfolgt. „Wir keltern aber selbst, das ist ein großer Vorteil", stellt Ingrid Bauer klar. Die Sprecherin der Dachsbuckel-Gemeinschaft stammt von der Mosel; ihren Gatten hat sie auf der Weinbautechnikerschule in Bad Kreuznach kennengelernt. Zwar bereitete ihr die Umstellung von Terrassen-Steillagen-Weinbau auf gemäßigte nordbadische Verhältnisse keine größeren Schwierigkeiten. Doch das eine oder andere Relikt aus der Heimat lugt noch da und dort hervor. So dürfte im Umkreis einmalig sein, was alljährlich am Wochenende vor dem ersten Advent auf dem Dachsbuckelhof vor sich geht. Ein Tresterbraten wird der lefzenleckenden Kundschaft serviert, aber ein richtiger! Im Leinensäckchen, eingehüllt in frischen Treber, ruht das

Maskottchen. Man könnte den Dachsbuckel glatt in Katzenbuckel umbenennen. Aber den gibt's ja schon, weiter hinten im Odenwald ...

Auf der Karriereleiter für Obst ganz oben: Brände, ein duftiger Schwerpunkt auf dem Dachsbuckelhof.

gute Stück, das während des Brennvorgangs gegart wird. Eine fundamentale Spezialität, die in hiesigen Breiten vollkommen unbekannt war. Bis Ingrid Bauer kam.

Wir haben richtig gehört: Es wird gebrannt bei den Bauers. Dossenheimer Birnen von der Biologischen Bundesanstalt verwandeln sich wie von Geisterhand in einen fröhlichen Willi. Trester vom Gewürztraminer, Weinbrand, Himbi aus Schwarzwälder Obst ... zum Glück hat die Familie Bauer Ferienwohnungen eingerichtet, wo man sich von den genussreichen Anstrengungen einer Brand-Probe kurieren kann. Bei Martin Bürgy in Leutershausen, an der Bergstraße einer der am höchsten gepriesenen Erzeuger, hat Werner Bauer die Kunst des Brennens erlernt.

Es wären weitere Anlässe aufzuzählen, warum man sich ab und an den steilen Dachsbuckel hinaufquälen sollte. Die Riesling- und Spätburgunder-Sekte des Hauses reifen mindestens neun Monate auf der Hefe. Das aufwändige Verfahren ist reine Handarbeit. – Viele aber, die dem Dachsbuckel die Ehre erweisen, wollen vorwiegend das eine: edelsüße Auslesen vom Müller-Thurgau, vom Ruländer oder vom Bacchus. Letzterer, an der Bergstraße wenig bekannt, geriet 2005 ausnehmend würzig-schlürfig, fast fränkisch im Charakter und trotz aller Opulenz nicht zu schwer. Der wäre doch der Rechte, um mit einem Glas davon auf die Abschussrampe vor dem Weingut hinauszutreten und den Sonnenuntergang über Vogesen und Pfälzer Wald zu observieren, zufrieden nach eines langen Tages Mühen, im Einklang mit Gott und der Welt und ausnahmsweise auch mal mit sich selber ...

Weinbau Spies
Heidelberg / Wiesloch

Ich hab immer was Besonderes gesucht.

(ohne Adressenangabe, zu beziehen über Fehser bzw. Wein Atrium)

Gerade einmal 14 Ar sind ausschlaggebend, dass wir den Weinbaubetrieb von Matthias Spies Heidelberg zuschlagen und nicht Wiesloch – obgleich er dortselbst beheimatet ist. Nun, 14 Ar, das klingt nicht nach viel; sie sind aber mitentscheidend für den Stellenwert des „Neuen Heidelberger Weins." (Nicht: des Heidelberger Neuen Weins ...) Das bisschen Riesling, Scheurebe und Spätburgunder sprosst und grünt nämlich auf der Sonnenseite ob der Bruck („auf der anderen Seite der Brücke"), ist demzufolge gewissermaßen Neckar-Kultur-Erbe mit dem Prädikat besonders wertvoll. – Es gibt noch zwei bis drei Gründe, das Spies'sche Weintreiben in Heidelberg zu verorten. Zum einen: Die Weine sind nur über den Heidelberger Fachhandel der Häuser Fehser und Wein Atrium zu beziehen. Zum anderen dürften die Spezialkenntnisse des Matthias Spies über den historischen Heidelberger Weinbau konkurrenzlos sein. Allerdings: Der Mann mit dem ungewöhnlichen Hobby ungewöhnliche Weinberge zu sammeln, besitzt noch ein paar Zeilen in Handschuhsheim und auch in Dossenheim. Insofern hätten wir ihn mit Fug auch in Route 3 stopfen können.

Mit numismatischer Akribie sucht sich Spies seit mehr denn anderthalb Jahrzehnten die allerverrücktesten, allerspannendsten, allerproblematischsten Lagen aus. Weinberge wie den Eberbacher Schollerbuckel, inzwischen unsensiblem Wirtschaftsdenken hingeopfert. Weinberge, die mehr zu erzählen haben als andere – viel mehr. Wie die Sonnenseite ob der Bruck. „Gewann Unter- und Oberlobenfeld" hieß dieses älteste Rebstück Heidelbergs einstens. Zwei Höhlen existieren noch unter Gebück und Gedörn, worinnen vom 12. Jahrhundert an Mönche des zwischen Kleinem Odenwald und Kraichgau gelegenen Klosters Lobenfeld übernachteten, wenn gelesen oder gepflanzt wurde. Nur noch wenige sepia-

Immer wieder, rauf und runter: die Sonnenseite ob der Bruck. Privilegiert, edel, arbeitsintensiv.

getönte Fotografien, noch weniger Zeichnungen und Gemälde geben einen Eindruck davon, wie es einmal zwischen Ziegelhausen und Neuenheim ausgesehen hat. Prächtig, zaubrisch nämlich: ein pastorales Gegenstück zur vitalen Altstadt auf der anderen Neckarseite.

Mit der Reblaus kam das vorläufige Ende für den Rebbau an Heiligenberg und Sonnenseite. Erst einem Manne mit opernwürdigem Schicksal ist es zu verdanken, dass heute überhaupt wieder ein wenig Weinbergidyll auf Augenhöhe zum Schloss herüberschimmert. Von 1950–55 legte der Leutershausener Karl Beck die Sonnenseite ob der Bruck neu an. Sein Ziel: Es sollte alles wieder so buntscheckig terrassendurchwimmelt werden wie früher! 1973 musste der engagierte Betreiber einer Weingaststätte in der Altstadt aufgeben. Übel ist ihm mitgespielt worden. Da es kein anderer tat, setzte er sich selbst einen Gedenkstein, mitten im Weinberg. Goldene Lettern hinter Gestrüpp künden von der erhabenen Vision dieses Mannes. Wir regen daher an, einen großen Spätburgunder von dort oben nach ihm zu benennen.

„Sieben Jahre lang hab ich die Butten hoch und runter getragen, eine Viertelstunde jeweils." Das erinnert verflucht an Fontanes Archibald Douglas. Nicht weniger balladesk geht es zu bei den halsbrecherischen Unter-

Matthias Spies. Ausdauernd und entschlossen sammelt der Wieslocher historische Weinberge. Ein nobles Hobby? Mit Sicherheit mehr als das ...

Wer suchet, der findet
manchmal im Weinhaus Fehser den einen oder anderen Spies-Wein.

nehmungen des Matthias Spies. Seine Parzellen sind mit Fahrzeugen nicht erreichbar. „Ich bin am längsten dabei, da oben!" Bereits als Student (zunächst Sprachen, dann Jura) hatte sich Spies, das Lagenpotenzial als Einziger ermessend, um eine Bewirtschaftung beworben. Inzwischen sind insgesamt bloß 1,5 von 4 ha im Anbau. Mensch Leute von der Stadtverwaltung: Bemüht Euch mal'n bisschen! Behutsam, doch beharrlich gehört diese Lage erschlossen, um dass mehr Weinfreunden die Freude zuteil werde, diesen gesegneten Getränken zu begegnen!

Wir nehmen immerhin an, dass auch die Sonnenseite-Weine von Matthias Spies überirdischen Gepräges sind. Ausgebaut werden sie nämlich bei Georg Benz in Elsenz, KennerInnen des Kraichgauer Weinlesebuchs in bester Erinnerung. Zu verkosten bekamen wir bei Spies leider nichts. Alles war all', verteilt unter ein paar Privatkunden und (in jeden Quäker beglückenden Minimaldosierungen) an den oben erwähnten Fachhandel. „Ich wollte groß in den Wein einsteigen", rekapituliert Spies, der Wählerische, seine Pläne, die noch lange nicht auf Eis gelegt scheinen. Doch wo er auch antrat, stieß Spies mit sicherem Gespür auf Hemmnisse, Unwägbarkeiten. – Ein neueres Projekt: „Vor zwei Jahren hab ich mitgekriegt, am Heiligenberg gibt es 8 Ar alte Reben. 75 Jahre alter Mischsatz! Weißer und roter Elbling und dergleichen ..." Klar, dass er sich die unter den Nagel reißen musste! Inzwischen arbeitet Matthias Spies ampelographisch mit dem Geilweilerhof und dem Weinbauinstitut Freiburg zusammen.

Auf die Frage, woher die Engerie komme, all diese sysiphosartigen Anstrengungen des Weines, des historisch beglaubigten, geschichtsgeschwängerten, musealen Weines wegen immer wieder auf sich zu nehmen, zuckt Matthias Spies die Achseln. „Ich weiß es nicht. Er schmeckt mir halt." Das erscheint ähnlich einleuchtend wie wenn Amundsen geäußert hätte, er habe den Südpol erschlittert, weil die Luft dort unten so frisch ist. Nein, wer weiß, am Ende hat Sheldrake doch recht. Dessen Theorie der morphogenetischen Felder besagt ja, dass bestimmte, aufgeladene Orte durchaus ihre Einflüsse haben auf menschliches Tun und Trachten. Spies' Elternhaus wurde errichtet auf dem ehemaligen Weinberg des Urgroßvaters. Das sollte zu denken geben.

Weingasse

Guerillawinzer im Nest des Zeisigs

Handschuhsheim – Dossenheim – Schriesheim

Als du die Peitsche, flammenden Gesichts,
Herab vom Riegel nahmst, ging ich hinaus,
Vor das bemooste Tor, und lagerte
Mich draußen, am zerfallnen Mauerring,
Wo in süßduftenden Holunderbüschen
Ein Zeisig zwitschernd sich das Nest gebaut.
(Kleist, Das Käthchen von Heilbronn)

Kleist in Schriesheim? Sonderbar ... was will der hier? Gehört der nicht weit rüber in den Osten? Nach Dresden? Nach Frankfurt an der Oder? – Vor hundert Jahren hätte das halbgebildete Bürgertum nicht so ignorant gefragt. Da lief die hiesige Reiseliteraturbranche nämlich auf Volldampf, und jeder Fühlende wusste präzise, was es mit der Strahlenburg auf sich hatte.

Die ganze Strahlburg, bei Eurem Einzug, als sie erfuhr, wer Ihr seid, schlug die Hände über dem Kopf zusammen ...

Schöne Geste ... Ob nun Burgen Hände über Köpfen zusammenschlagen können oder nicht – für die südwestdeutschen belesenen Stände stand fest: Die Strahlenburg, schroff über dem Terrassenweinberg Schriesheimer Schlossberg aufgetürmt, muss Kleist einst angeregt haben zu der Figur des Wetter vom Strahl; war gleichsam Schauplatz mehrerer Szenen des rittergrausen, dabei doch im Herzen bürgerlichen Schauspiels „Das Käthchen von Heilbronn".

Wie dem nicht anders sein kann: Unsere Zeit tickt anders. Man ist nicht so sehr darauf erpicht, die Dinge in gewaltsamer Harmonie zusammenzupferchen nach dem Wahlspruch „Passt schon, Hauptsache, es hält ..." Nein, man pfriemelt lieber auseinander, separiert und segregiert, sucht im Vertrauten das Fremde und schafft es schließlich, jedweden romantischen Schein mit dem Sandstrahler von den Dingen zu fräsen. Wir „wissen" also heute, dass Kleist mit der Niederschrift des Käth-

Die Strahlenburg, Strahlburg oder auch Burg Strahlenberg: markantester Punkt im Rebrevier der Badischen Bergstraße.

chens bereits begonnen hatte, bevor er 1808 durch die Vorträge des Naturphilosophen Schubert von der seltsamen Krankheitsgeschichte der Heilbronner Bürgerstochter Lisette Kornacher erfuhr, einer „magnetischen Schlafrednerin", wie ihr Arzt Gmelin diagnostizierte, welchselbiger die Ärmste übrigens in ihrem 18. Lebensjahre vom „Somnambulismus" (Schlafwandelei) heilen konnte. (Beachtlicherweise brachte es die berühmte Erkrankte noch zur „Hofrätin Klett"; diese Familie jedenfalls unternahm fortan alles Erdenkliche um zu belegen, dass ihr gutes Lisettchen tatsächlich das Urbild des Käthchens gewesen ist und niemand sonst!)

Heinrich von Kleist, der feinmotorische Anekdotenmonteur, hat behauptet, irgendwo in Schwaben ein Flugblatt mit einer Käthchen-Geschichte erstanden zu haben – vermutlich Nachbild der altenglischen Ballade „Heinrich und Käthchen." (Henry and Cathy? Klingt schwer nach Weltliteratur!) Wie dem auch sei, die Strahlenburg dürfte er tatsächlich mit eigenen Augen gesehen haben! Vielleicht sogar zweimal, 1801, auf Reisen nach Straßburg und in die Schweiz, während welcher er auch den „weinumblühten Neckar" schaute.

Am andern Morgen, als wir über die schöne Bergstraße nach Heidelberg gingen, ward unsre Wanderung heiterer. Denn da war alles so weit, so groß, so weit, und die Lüfte wehten da so warm ...

Tatsächlich schickte sich die Ruine der Strahlenburg zu dieser Zeit gerade an – gesetzt den Fall, Ruinen können sich überhaupt zu etwas anschicken –, nie gehabte Popularität zurückzugewinnen. Fohr hat sie gemalt. Eichendorff, Brentano, von Arnim sind hinaufgewandelt. Den letzten Schliff aber tat Kleist, durchaus ungewollt. Er, der niemals in den Genuss kam, auch nur eines seiner Dramen gescheit aufgeführt zu sehen (den „Zerbrochenen

Das Schriesheimer Altstädtchen, vom Schlossberg betrachtet. Hohe Lebensqualität, viel Grün im Rücken – und ganz schön viel los, da!

Bergsträßchen, immer den Hang entlang, nicht zu verfehlen. Zum Glück verzichten die Winzer auf Erhebung von Eintrittsgebühren für Spaziergänger.

Krug" in Weimar hat bekanntlich Goethe verhunst), der von jeglichem Publikumsbeifall zeitlebens Verschonte, ausgerechnet er wurde zum Begründer einer empfindsamen Gedenkstätte für eine Dramenfigur. Denn kaum hatte sein Käthchen die spätbiedermeierlichen Bühnen erobert, stand schon ein leibhaftiger Holunderbusch vor der Ruine der Strahlenburg (abgebrannt 1504), und ein bemoostes Bänklein fand sich auch davor, allwo sich gerührte Damen im Zeitgeistspiel der Treue-Pantomime ergehen konnten.

Weder wollen wir die verjährten Gefühlsübungen eines psychisch nicht mehr zu rekonstruierenden Jahrhunderts bespötteln noch uns in feuilletonistisch abgenudelten Scharfsinnsphrasen üben, wonach das Leben doch allzeit die Kunst imitiere. Vielmehr fassen wir kurz zusammen, worum es in dem Theater-Blockbuster überhaupt ging: Käthchen erblickt in der Werkstatt ihres Vaters den gerüsteten Grafen Wetter vom Strahl, verfällt und folgt ihm wie ein Hündchen, von Hunden weggejagt, wohin der Graf sich wendet. Schließlich und endlich eben auch auf die „Strahlburg" (seinerzeit eigentlich: Schloss Strahlenberg), und es bedarf schon des mehrmaligen Einsatzes eines „Cherubs", bis die beiden glückhaft zueinanderfinden.

Wahrscheinlich hat Kleist die „unbewusste magnetische Einwirkung" des Ritters auf das Ratsherrenkind in ganz anderer Weise interessiert, als wir uns das gemeinhin zusammenreimen. Enttäuscht von seiner eigenen An-

Grüner Weinberg.
Es hat sich jede Menge getan in der Bewirtschaftung der Rebhänge – auch und gerade in Schriesheim!

gebeteten, diente das Käthchen wohl nicht zuletzt dazu, eine ideale Vorstellung von dem zu geben, was Liebe zu bewirken imstande sein müsse. Abermals: Bitte nicht schmunzeln! Denn sieh an, das Käthchen kriegt ja am Ende, was und wen sie will; und in ihrer unerschütterlichen Entschlossenheit, in ihrem Glauben an die Wahrhaftigkeit ihres Gefühls, gewinnt sie eine Stärke, vor der unsere belanglos-wankelmütige Epoche sämtliche Hüte ziehen müsste. Wenn wir denn noch welche trügen.

Und wo der Zeisig sich das Nest gebaut,
Der zwitschernde, in dem Holunderstrauch,
Soll sich ein Sommersitz dir auferbaun
In heitern, weitverbreiteten Gemächern ...

Nunmehr dürfte auch der Nüchternste danach dürsten zu erfahren, was zu Füßen dieser weltliterarischen Fortifikation für idealische Weine wachsen. O ja, sie wachsen! Und immer mehr. Wobei: im Moment eigentlich eher weniger. Langsam. Selbstverständlich drängt sich sogleich die Winzergenossenschaft Schriesheim ins Bewusstsein, eine der versiertesten in Sachen Marketing im ganzen Lande. Aber auch kleinere und mittelgroße Winzer halten die Schlossruine nebst Umgebung weiterhin „weinumblüht": Da wäre das Weingut Bartsch zu nennen, dessen vornehmer Wein-Stil ausnehmend gut zum besuchenswerten gutseigenen Restaurant passt. – Ganze Reisegesellschaften machen sich periodisch gen Schriesheim auf, um sich im Weingut Wehweck am umfangreichen Sortiment zu delektieren; mit zahlreichen Sonderaktionen stehen die Wehwecks häufig im Zentrum des weinfreudigen Interesses. Und die nächste Generation lernt schon bei Freudenberg ... (!) – In Majers Weinscheuer, einem ausgesprochen weiblichen, inspirierten Betrieb, begegnen sich Theater, Wein und alle anderen Genüsse dieser Welt. Und im Weingut Bielig treffen wir die letzten aufrechten Privatwinzer Schriesheims an, die noch alles selbst in der Hand haben – einschließlich Reifelagerung in den Gewölben des von beispielhaftem Stilgefühl gekennzeichneten Neubaus in den Feldern.

Allgegenwärtig in Schriesheim: der zwiebelige Kirchturm und Harald Weiss, rühriger Geschäftsführer der Winzergenossenschaft.

In Sachen Gastronomie gebührt Schriesheim eine Sondererwähnung – nicht nur im „Bergstraße Weinlesebuch". (Vielleicht sollten wir dazu übergehen, bronzene Ehren-Schöpfkellen zu verteilen, die über dem jeweiligen

Zwei leckere Gründe für einen Abstecher nach Ladenburg: Sackpfeife und Zwiwwel.

Stadttor angebracht werden könnten ...) Allen voran wäre der besternte **Strahlenberger Hof** zu nennen; nicht genug, dass hier eines der wenigen internationalen Top-Restaurants ohne jegliches Snob-Handicap zu Tische lädt – das Ehepaar Schneider gibt sich überdies gut-patriotisch und eröffnet mit dem **Goldenen Hirschen** ein Weinrestaurant, worin all die deutschen Güter eine Chance bekommen, die dauerhaft zu überzeugen wissen. Hoch droben auf der Strahlenburg erfreut der **Burg-Gasthof** mit fabulösem Ausblick und entsprechender Verköstigung. Viele zieht es immer wieder nach Schriesheim, die einmal in **Montis Restaurant** gewesen sind; modern, anspruchsvoll und einprägsam hat sich hier ein Konzept durchgesetzt, wie man es sich öfter an der Bergstraße verwirklicht wünschte. Altberühmt und immer wieder gern mit Ausflügen verkoppelt, hat sich **Müller's Weinstube** ein getreues Publikum erobert. Gute Verpflegung mit Übernachtung bieten das **Hotel Scheid** in der Talstraße sowie das **Neue Ludwigstal**, wo wir sogar echte Schmidt-Weine kredenzt bekommen!

Die Weinbaugemeinschaft Schmidt – Huben – Faller hat zwar sämtliche Reben am Schriesheimer Hang stehen, baut aber – als letzte und einzige! – in Ladenburg aus, der ältesten Weinbaugemeinde Badens! 98 n. Chr. gegründet (nicht die Brille putzen, einfach glauben!), stellt die Römer-Stadt nach wie vor eines der schönsten Eingangsportale zur Bergstraße dar. **Sackpfeife** und **Zwiwwel** sind kulinarische Höhepunkte in dieser knuffigen, goldigen, mit größtmöglichem Fein-

sinn vorbildlich renovierten Altstadt. Am Marktplatz übrigens, in der **Bäckerei Knapp** (mit Café!) erleben wir hehrste Handwerkskunst; so ein ausgehobenes Bauernbrot, ja, das ist etwas, dafür würden Kenner aus brotarmen Zonen wie dem Ruhrgebiet auf den Ellenbogen herangerobbt kommen.

Mit Dossenheim, unter zu Kletterfelsen umgenutzten Steinbruchwänden schlummernd, hätten wir ein Phänomen ins Auge gefasst, das uns über Handschuhsheim, Neuenheim, gar bis Rohrbach nicht mehr verlassen wird. Auf winzigen Parzellchen nämlich, einstmals ausgedehnten Weinbergen zugehörig, fangen immer mehr Freizeit-, Hobby-, schöner: Guerillawinzer an, ein paar Rebstöcke zu hätscheln und zu päppeln. Und viele bauen das auch aus. Der Haustrunk ist wieder da, wie schön! Und was gibt's denn Erbaulicheres als an zarten Sommeraben-

DER SPAZIERGANG Machen wir's uns doch einmal bequem, kuscheln uns am Heidelberger Hauptbahnhof oder sonstwo in den Bus Richtung Wilhelmsfeld, lassen uns zum Langen Kirschbaum fahren und steigen da aus. Innig schnopernd, durchstöbern wir die Wälder, grölen lauthals O Täler weit, O Höhen ... und kehren im **Weißen Stein** auf einen Handkäs ein. Süß und ehrenvoll ist's, anschließend gewundene Waldwege hinunterzuwendeln, bis wir vollkommen erledigt das Siebenmühlental erreichen. Jetzt ist es noch ein ganzes Stück bis Handschuhsheim, aber das macht nix. Denn dorten erwarten uns Frohsinn, Frohsinn und noch einmal Frohsinn!

den, unweit der beseeltesten Stätte unseres Erdkreises (Heidelberg natürlich), die Ebene zu überblicken, ein Glas vom Selbstgebauten in der Hand und dabei Türmchen zu zählen ... von Ladenburg, Mannheim, Speyer, Worms ... was immer seine Haube, Kuppe, Spitze aus dem Dunst der Ferne reckt.

Am Brunnenrand berühren sich die Schatten,
Das erste Dunkel nistet im Geheg.
Noch fehlt uns viel: komm, fügen wir die Platten
Von hellem Schiefer in den neuen Weg,

Der bei den Fliederbüschen dort im Bogen
Zum Gitter führt! Bald werden wir ihn gehn
Und über flimmernden Getreidewogen
Das ferne Kuppelgrün der Stromstadt sehn.
(Hans Carossa, Gartentag)

In Dossenheim pflegt die **Hambacher Weinstube** Kurpfälzer Traditionen, indes der leckere **Löwe** seit Generationen auf der Lauer liegt. Eine der abenteuerlichsten Entdeckungen dieses Forschungsberichts: der **Dossema Weinhof**. Nächtlich unbehaust durch den Ortskern irrend, trafen wir unwissend auf diese weitum einzige, innig willkommenheißende Straußwirtschaft. Den Betreibern sei es zwiefach gedankt: Hier dürfen wir ihn wirklich kosten, den würzigen Dossenheimer Wein! Und die für den Kreis Heidelberg verblüffend uneitle Speisekarte holt ein Stück vom besten Odenwald an die Bergstraße herunter.

Unter den Gaststätten Handschuhsheims nennen wir ohne zu zögern das **Alt Hendesse** mit seinem Biedermeier-Gärtchen, den **Roten Ochsen** schräg gegenüber, **Gilberts Goldene Gans** (also eigentlich: Adler) oder den **Schwanen**. Und in der Pfarrgasse lässt sich's nicht nur wundervoll schmausen, sondern auch kuschelig schlafen. Und zwar im **Lamm**, Mitglied bei „Gast im Schloss", einer Genuss-Initiative für Heidelberg-Abhängige aus aller Welt. Doch Handschuhsheim wäre nicht (mehr) Handschuhsheim ohne seinen Stadtteilverein. Alljährlich wird das Oberlin- und Schofmainzelfest in der Tiefburg ausgerichtet. Und, nun ja, der Oberlin, das ist so eine Geschichte für sich. Ein Wein, der keiner werden sollte ...

Handkäsmaultaschen

Schnell und umstandslos einen Nudelteig aus 1 Ei, 100 g Mehl und 2 EL Öl produzieren. Ruhen lassen, fein ausrollen und maultaschengeeignete Stücke heraustrennen. In ein jedes ein Stück reifen Handkäses applizieren, gut verschließen und eher blanchieren als kochen. Was aber anfangen mit dem Endergebnis? Zum Beispiel als Zentrum einer Hessisch-Badischen Festtagstafel firmieren lassen, denn es handelt sich hierbei um die unüberbietbare Synthese. Aber wie? Nun, vielleicht als lauwarmes Salätchen? In einer säuerlichen Schnittlauchvinaigrette? Als Dreingabe zu einem Ebbelchesbraten? Hm? Na?

Zwei Unverzichtbare in Handschuhsheim: Alt Hendesse und Roter Ochse.

Apfelbrand
Apfelbrand
Tresterbrand
Tresterbrand
Traubenbrand
Weinbrand
Weinhefe
Williams-Christ
Kirsche
Zwetschgen
Sauerkirsche
Kornelkirsche
Wildpflaume
Weißdorn
Kupfer Felsenbirne
Mispel
Schlehenbrand
Heidelbeerbrand
6 S

Husaren-Destillerie

Handschuhsheim

Spezialisiert auf Wildfrucht-Brände, die selten vorkommen.

Gewann
Husarenäcker 12
Heidelberg
06221 472791
www.husaren-destillerie.de

Erlebt haben wir das alle schon einmal. Nach mehrgängigem Menü in gehobenem Hause hängt man erschlafft im Polster. Flach geht der Atem. Gesprächspausen dominieren die Unterhaltung. Perspektivlosigkeit breitet sich aus. Bis endlich irgendein Schlaukopf mit letzter Kraft den rettenden Einfall hervorstößt: „Ein Brand!" Und wenn man Glück hat (ganz selten), zwinkert einem der Ober so zu und bringt in riesigen gewärmten Gläsern etwas ganz und gar Unerhörtes, besser: Unerrochenes. Das ist dann meistens von Ziegler, Dirker oder Walz (s. Route 7). Und aasig teuer – was keinen, der je bei Ernte, Verarbeitung und Produktion zugegen war, wundernehmen kann.

„Edelbrennerei" heißt heute auch dergleichen. Eines scheint diesen Weihestätten der Erlesenheit gemeinsam zu sein: Sie liegen immer dort, wo sie keiner vermutet. Freudenberg am Main, Mömbris im Kahlgrund, Seidenbuch im hohen Odenwald ... Nun also das Handschuhsheimer Feld. Wer auf Erden käme um Gottes Willen auf den Gedanken, wenn er den hochwohllöblichen Gemüseladen der Schlicksupps (bitte nicht verwechseln!) passiert und zwischen Petersilien- und Lauchfeldern dahintrottet, dass ihn ein Offenbarungsereignis erwartet wie jene Wildpflaume, destilliert von einem anderen Schlicksupp, Heiner mit Vornamen, dazu angetan, sich als unvergesslich einzuprägen, sobald die Nase ihren Weg über das Gläschen gefunden hat? Intensiver, zärtlicher, verheißungsvoller kann nichts duften. Diese gebrannte Wildform der Pflaume und Mirabelle erinnert uns mit ihrem Mandel-Marzipan-Ton an edelste fränkische Schlehenwasser, auch wenn sie gattungstechnisch gar nichts damit zu tun hat ...

Heiner Schlicksupp, ein Virtuose aus dem Handschuhsheimer Feld.

Geben wir zu: Es lag an uns. Anscheinend waren wir die Einzigen, denen das mit der Top-Destille im Gemüseacker noch nicht aufgefallen war. **Jaber's Bistro**

Bleibende Eindrücke.
Schlicksupps Brände beweisen Nachhaltigkeit in jeder Hinsicht.

Handschuhsheimer Facetten.
Villa auf dem Weg nach Neuenheim und Einblick ins Siebenmühlental.

in Neckargemünd beispielsweise war da findiger; dort fanden schon ganze „Streuobst-Menüs" mit Husarenbränden statt. Slow-Food hat längst aufgemerkt. Und im Heidelberger **Ritter** kennt man den vielsortigen Betrieb ohnehin. Heiner Schlicksupp, früher selber Gastronom, hat die Brennerei vor 25 Jahren zu einem Lebenswerk ausgebaut. Der Erfolg scheint ihn im Innersten zu erfreuen: „Tolle Sache, dass sich die Verzehrgewohnheiten so ungeheuer gewandelt haben. Man muss die Leute sensibilisieren für Dinge, die es nicht im Supermarkt gibt."

Vogelbeere, Hagebutte, Weißdorn, Himbeer-, Erdbeerbrand; Heidelbeere, Felsenbirne ... außerdem drei reinsortige Apfelbrände – nebst Holzfassgereiftem auf

dem Niveau der besten Calvadosse! „Alle Früchte, die wir verarbeiten, stammen ausschließlich aus der Region." Also „Heidelberg schmecken" mal ganz anders. Spezialitäten gibt es da, von denen man bislang nicht einmal was gelesen hat: „Eibe ist eigentlich giftig. Aber wir verarbeiten nur das Fruchtfleisch. Riechen Sie mal: ein ganz leichter Waldtannenduft ..." Ja, riechen wir. Lange und hingegeben. Und lassen uns dabei berichten von der Zählung der Heidelberger Mispelbäume. 2.000 Stück gibt es noch innerhalb der Gemarkungsgrenzen! Anlass genug für den Frucht-Brenner von Handschuhsheim, einen – richtig geraten! – reinen Mispelbrand aufzulegen.

Bisweilen besucht Schlicksupp Seminare an der Universität Hohenheim. „Wissen ist Macht, Erfahrung koscht Geld." Eine einprägsame Alltagsweisheit. – Nun wollen Sie sicher noch wissen, wie Heiner Schlicksupp ausgerechnet auf den tollkühnen Namen für seine Brennerei gekommen ist. Am 24. September 1795, bevor die Bataille de Handschuhsheim ihren Lauf nahm, hatte die Cavallerie Aufstellung am gebogenen Feldweg genommen. Friedrich Rottmann, seineszeichens Universitätszeichenmeister, hat den Augenblick im Gemälde festgehalten. Ach, hätte es doch damals schon Schlicksupps Destillerie gegeben. Die Husaren, Ulanen, Artilleristen und Fußsoldaten, sie alle wären vermutlich mit Geistreicherem beschäftigt gewesen als einander mit Säbeln, Bajonetten oder Kugeln zu traktieren. Wahrscheinlich hätte man ganz heftig fraternisiert, so nach und nach ... bei Trester-, Quitten- und Hefebrand, ganz ohne Kaiser und Vaterland!

Aber wirklich verdient,
die Goldprämierung für die Wildpflaume!

Bühnen-Bild.
Zeitig im Vorfrühling breiten sich schützende Folien über das Handschuhsheimer Feld.

Die Tiefburg in Handschuhsheim, eine der (immerhin ein Stückchen) herausragenden Sehenswürdigkeiten der Badischen Bergstraße – vor allem im Spätherbst, wenn der rührige Stadtteilverein zum alljährlichen „Oberlin- und Schofmainzelfescht" läutet. Was bitte? Schofmainzel, tja, das sind die mausohrförmigen Feldsalatblättchen, die im Handschuhsheimer Feld so wunderbar gedeihen. – Und der Oberlin? Viel schwieriger. Oder eigentlich nicht. Denn dank Frau Dr. Maul vom Rebenforschungszentrum Geilweilerhof konnten wir aufklärendes Licht ins mythische Dunkel dieser Rebsorte bringen: Es war so um 1900, da Christian Oberlin (1831 – 1913) zu Colmar schwer damit beschäftigt war, im Kampf gegen Reblaus und falschen Mehltau resistente Sorten zu gewinnen. Am erfolgreichsten geriert die Kreuzung Riperia x Gamay mit der Zuchtnummer 595, genannt „Schwarzer Oberlin". Er wird als „raubauzig, adstringierend" beschrieben und kommt in vielen Kleingärten und alten Weinbergen immer noch vor. Halluzinogene, gar toxische Wirkung wurde ihm nachgesagt, wahrscheinlich um den Ärmsten als interspezifische Sorte (sprich: nicht vitis vinifera) zu diskreditieren. Der oft beschriebene „dicke Kopp" infolge Oberlin-Genusses mag vom hohen Alkoholgehalt herrühren. – Entgegen landläufiger Meinungen ist der Oberlin nicht mit der sogenannten Amerikanerrebe identisch. Die „Ammerrigganerrääb", ebenfalls wider die Reblaus – als Unterlagsrebe – eingeführt, gedeiht ebenfalls meist abseits des Profi-Weinbaus und ist in Formen wie Isabella (schmeckt nach überreifen Erdbeeren) oder Delaware erhalten. – Wir bemerken: Das Rebenleben gestaltet sich weitaus komplexer als dies gestrenge Orthodoxie definieren möchte. Bleiben wir multikulturell aufgeschlossen ... und schätzen die wilden Reben schon ihres schieren Vorhandenseins wegen!

Dossema Weinhof

Dossenheim

Der reinste Familienbetrieb!

Rathausstr. 45
Dossenheim
06221 7257617
www.dossema-weinhof.de

Erworben, um es zu besitzen: Hof-Erbe und Neugründer Thomas Mühlbauer.

Das hat Heidelberg gerade noch gefehlt. Andererseits, früher gab es Vergleichbares ja fast überall im Umkreis der Intellektuellenmühle. Noch zu Zeiten Hans-Georg Gadamers, des humanistischen Hermeneutikers, der den Geist des alten Heidelberg ins neue Jahrtausend hinübergerettet hat, existierten da und dort noch die urtümlichen Schenken der Weinhauer und Gelegenheitswinzer, nur den Eingeweihten bekannt, ganz versteckt in den Gartenlauben, Scheunen, Hinterhöfen Handschuhsheims, Dossenheims, Rohrbachs. Dann kam die kulinarische Gleichschaltung; was auch immer übriggeblieben war, wurde zugemacht oder diesem öde-verschrobenen Bistro-Stil angepasst, der seit den 80ern seine antiseptischen Freuden flächendeckend entfaltet.

Wir sind uns sicher: Gadamer wäre Stammgast geworden im Dossema Weinhof. Hätte sich dort zeitig am Abend am Viertele Roten gelabt, um den Heimweg anzutreten, bevor die Hauptwelle hereinschwemmt. Wobei, selbst wenn's im Weinhof der Mühlbauers einmal voll wird, bleibt es weiträumig genug, um Wohlgefühl und Entspannung zu garantieren. Das liegt nicht zuletzt an der enormen Höhe des gewölbten Rankgitters, alljährlich schattig überwuchert von einem mehr denn hun-

Dossenheimer Dorfstimmung zwischen Weinhof und Heimatmuseum.

Hoffnung für Dossenheim! Melanie Mühlbauer wird den Hof einmal übernehmen. So ein Glück, es geht weiter!

dertjährigen Portugieserstock. Schon der Vater von Thomas Mühlbauer, gebürtig im vorletzten Jahr des Ersten Weltkriegs, hat das Pflanzjahr der rüstigen Rebe weit, weit zurückdatiert: „Der hat schon immer hier gestanden." Warum aber diese basilikale Höhe? Der Sohn kann sich an den Grund noch gut erinnern: „Da mussten die hochbeladenen Heuwagen durch!" Früher nämlich grunzte, wieherte, rüsselte hier ein original „Dossema" Mischbetrieb.

Von wegen Heidelberg: Dossenheim hat stets sein eigenes Profil gehabt, ließ sich nur äußerlich anstecken von den kulturellen Aufgeregtheiten drüben im Ruinenschatten. In vielfacher Hinsicht wäre Heidi und Thomas

Hochgewölbter Portugieser aus urvordenklichen Zeiten. Im Sommer beschattet der Alte den Hof vollständig.

Mehr Wein als man denkt
wächst da und dort zwischen Wäldchen und Gärtchen auf Dossenheimer Gemarkung.

Mühlbauer zu danken für die aufwändige Unternehmung, mitten im alten Ort etwas zu rekonstruieren, was auf fröhlichste Art Auskunft gibt über die lokalen Eigenarten. „Viel umgebaut im alten Stil" hat die Familie. Natursteinernes wurde freigekratzt, Hölzernes restauriert oder ergänzt, Blühendes eingepflanzt. Zum Entzücken aller, die heute wie selbstverständlich in der kühlenden Riesenlaube oder im warmtonigen Besen-Innern Platz nehmen. Seit drei Jahren geht das jetzt so. „Es wurde immer mehr. Anfangs hatten wir nur die Partyfässer mit Wein. Flaschen füllen wir keine ab." Die Doppeldeutigkeit war sicher nicht beabsichtigt. Jedenfalls verdient auch die raffinierte Minimaltechnik der Weinkonservierung Beachtung: Der rote und weiße Haustrunk, Trollinger Rosé und Spätburgunder, Riesling und Müller-Thurgau werden immer wieder umgefüllt, von größeren Fässen in kleinere und noch kleinere. Bis auch die irgendwann leer sind. „Das ist der Trick!"

Vom Ölberg am Blütenweg, Richtung Schriesheim, stammen die Trauben, die Thomas Mühlbauer, einst in Staatsdiensten zu Darmstadt, Bonn, ja, eigentlich in der ganzen Welt tätig, nach Rezeptur seiner Vorfahren verarbeitet. Hinzu kommt eine Verfahrensweise, die sich der Ex-Beamte in Wien abgeguckt hat. „Heuriger, das sind mehrere Sorten, zusammen gelesen." Also jung getrunkener Mischsatz. 2007 waren das Silvaner und

Chardonnay (!) für den Weißen, Trollinger, Dornfelder und Schwarzriesling (!) für den Roten. Offen gesprochen: Das sind keine auf Gedeih und Verderb zusammengewürfelten Verschnittweine; das sind charakteristische Cuvées von ausgesprochen hohem Entdeckungswert! Im Henkelglas serviert, kühl und würzig, vermögen es diese Dossenheimer Heurigen von Schlückchen zu Schlückchen neu zu faszinieren.

Für den Anhauch des Odenwaldes, der die Speisekarte belebt, zeichnet Heidi Mühlbauer verantwortlich. In Fürth hat sie gelernt, wie man Kochkäse rührt, wie eine rechte Bratwurst schmecken muss, welches Brot dazu passt. Alles in allem ein gut Stück kulinarische Aufbauhilfe für Heidelberg, dessen Küchen sich nur zu oft in halbherzigem Crossover üben. Weitere Pluspunkte für den Dossema Weinhof sammelt die herzerfrischende Art, wie hier die Gäste willkommen geheißen werden. Einen wesentlichen Beitrag leisten dabei die Töchter Melanie und Sarina nebst aushelfenden Freundinnen. Auch auf diesem Sektor kann Heidelberg eigentlich einpacken. Wird man entlang der Hauptstraße vorwiegend als Devisenbringer kalkuliert (und demgemäß behandelt), erleben die vorwitzigen Näscher, die sich bis Dossenheim vorgewagt haben, was unter echter Gastfreundschaft zu verstehen ist. – Bleibt zum Wohl der Allgemeinheit nur noch zu hoffen, dass die besen-typische Beschränkung der Öffnungszeiten auf vier Monate im Jahr demnächst ein wenig ausgedehnt wird. Denn der Dossema Weinhof ist zu jeder Jahreszeit ein paar Besuche wert, ganz egal, von wo man anreist. Fragen Sie mal die Dossenheimer!

Historische Reminiszenzen werden von der Familie Mühlbauer mit Leidenschaft tradiert.

Schwere Entscheidung: Bleiben wir draußen oder setzen wir uns rein? Am besten eins nach dem anderen. Denn wunderhübsch ist der Dossema Weinhof überall!

Aufwand, aber Artenvielfalt.
Während woanders Terrassentrockenmauern zusammenbrechen, werden in Schriesheim neue errichtet.

WINZERGENOSSENSCHAFT

Winzergenossenschaft Schriesheim

Schriesheim

Immer mit offenen Augen unterwegs sein.

Es stimmt schon: Kein anderer Weinerzeuger ist derart häufig und auf so vielfältige Weise in der Rhein-Neckar-Öffentlichkeit präsent wie die erste „WG" nördlich Heidelberg. Phantasie und Marketinggeschick gehören dazu, um eine solche Varietät an Aktionen, Präsentationen, Events zu ersinnen. Unübersehbar auch die prominenten Lagen unterhalb der Strahlenburg, zurzeit (Frühjahr '08) umso deutlicher hervorgehoben durch eine der umfangreichsten „Rebflurneuordnungsmaßnahmen", die an der Bergstraße je durchgeführt wurden.

„Es geht um den Erhalt der Kulturlandschaft. Nach und nach sind immer mehr Rebflächen brachgefallen. Und es kann nicht sein, dass 1.200 Jahre Weinbau hier zu Ende gehen ..." So gesehen, muss man natürlich dankbar sein für die ungeheure Kraftanstrengung der Schriesheimer. Für Biodiversität wird also gesorgt sein; sogar attraktive Terrassentrockenmauern wurden neu aufgeschichtet. „Ich geh da öfter mal spazieren, abends", freut sich Geschäftsführer Harald Weiss über die jüngsten Entwicklungen.

Eingedenk des mitreißenden Aufbruchs, den die Schriesheimer Weingärtner mit Weiss' Eintritt am 1. Juli 1996 gestartet haben, kann die Leistung dieses Mannes nicht hoch genug veranschlagt werden. Der Qualitätsentwicklung an Kuh- und Rittersberg (es gibt noch ein paar Flächen in Leutershausen) lässt sich auf Genossenschaftsebene in Deutschland nicht viel zur Seite stellen. Exemplifizieren wir das doch einmal am Chardonnay. Freilich haben fast alle Weinbauvereinigungen versucht mit der Sorte etwas zu reißen, als die Popularitätswelle aus den USA herüberrollte – meist gerieten die Resultate breit, sauer, nichtssagend. Anders in Schriesheim. Hier schätzt man sich glücklich, einen so perfekten Chardonnay wie den 2006er Kuhberg trocken aus dem Barrique

Heidelberger Str. 3
Schriesheim
06203 61560
www.wg-schriesheim.de

Sachwalter einer großen Tradition: Geschäftsführer Harald Weiss. Unten: das Standardwerk zur WG „Vom Silvaner zum Schriesecco".

vorzulegen. (Kleine Pikanterie am Rande, dass die stärkste Nachfrage aus Württemberg kommt ...)

Eine Fassprobe vom Sauvignon blanc aus 2007, vierter Ertrag, beweist nachdrücklich, dass in Schriesheim jede Menge Know-how im Umgang mit internationalen Sorten gesammelt vorliegt. „Mir macht die Sorte Spass!" schnuppert Harald Weiss die sortentypisch grasigen, apfelgrünen Düfte auf. Viele Reisen und langjährige Weinbauerfahrungen u. a. in Neuseeland und in Zimbabwe (5 Jahre!) kommen ihm bei An- und Ausbau eindeutig zugute. „Den haben wir freitags im Hau-Ruck geholt und auch gleich das Trockeneis dazugepackt!" Schlank und kräftig, in seiner Art weitum konkurrenzlos, dürfte dieser Sauvignon für das Haus allerhand Ehre einlegen. – Und noch so eine Nachwirkung der Weltenbummelei: ein Spätburgunder Pinot blanc de noir von 2007. „Den hab ich auch in Afrika ausgebaut. Der hat, wie eigentlich alle von uns, eine klare Säure." Und einen Körper, geschmeidig wie ein jagender Gepard. Oder wie eine fliehende Gazelle, je nach dem.

Licht und modern gestaltet, der Verkaufsraum der Schriesheimer Winzergenossen.

Nur herein! Die WG nimmt in Schriesheim eine echte Mittelpunktsfunktion wahr.

Und wär mein Hüttlein noch so klein ... vor dem Rathäuschen hat das **Caféhaus** die Tische gedeckt.

„Es soll aber nicht so sein, dass wir unsere Hauptsorten vergessen," schränkt Harald Weiss die Euphorie ein wenig ein. „Wo wir herkommen, das ist der Silvaner." 60% von der Sorte gediehen noch in den 30ern auf Schriesheimer Gemarkung. Der heutige, ein trockener Kabinett vom Kuhberg, hat Leichtigkeit, ist spritzig ausgebaut – und dennoch alles andere als oberflächlich. Ein raffinierter mineralischer Nachhall, wie ihn auch der feinfruchtige Grauburgunder in sich trägt, ziert die meisten Schriesheimer Weißen. – Wie kann es anders sein an der Bergstraße: Bei den Roten kümmert man sich auffallend um den Spätburgunder. Die trockene Rittersberg Spätlese 2006, gezielt zur Holzfassreifung gelesen, muss einen jeden verblüffen, der immer noch Ressentiments gegen Winzergenossenschaften hegt. Nicht anders sieht es beim „St. Laurent No. 1" aus, bereits zum 1. Advent des Lesejahres im Verkauf.

„Wir sind ein kleiner Mitspieler auf dem Markt", schätzt Harald Weiss die Sachlage ein. Etwa 200 aktive Winzer, Vorstandschaft und Kellermeister arbeiten eng zusammen. 25 mal Gold und 10 mal Silber verlieh der Badische Weinbauverband allein 2007. Eine schöne Bestätiguntg. Es gibt also viel zu feiern unter der Strahlenburg. Zum Beispiel mit einem Schriesecco Rosé, einem jüngst kreierten Schäumling aus Spätburgundertrauben. Man wird ihm sowieso begegnen. Bei einer der zahllosen Veranstaltungen der WG.

Mit guten Beispielen voran: In Schriesheim widmet man sich dem St. Laurent mit Eifer – und dem Riesling ohnehin.

Weingut Bielig
Schriesheim

Frucht? Ja! Aber nicht zu Lasten der Haltbarkeit.

Aussiedlerhof 5 a
Schriesheim
06203 925198

Beste Prognosen:
Georg Bielig, Schriesheimer Vorbild.

Ein paar hundert Meter lang spielt die Bergstraße Mittelrhein. Zweimal sogar: bei Heppenheim – und bei Schriesheim. Stolz und kühn wie sich's gehört, prangen Burgruinen über fast senkrecht abfallenden Rebhängen. Während der Heppenheimer Schlossberg jedoch als eine der Renommierlagen der Hessischen Bergstraße in aller Munde ist, weiß kaum einer, was es mit dem Schriesheimer Rittersberg und Kuhberg so auf sich hat. Wenn wir zu entscheiden hätten, mit welchem Wein Neu-Schriesheimer zu begrüßen wären, es müsste der „Sommerwein" des Weinguts Bielig sein. Dieses Prachtgeschöpf hat immer gute Laune, die es freimütig auf all seine Genießer überträgt. Eine ganz und gar verspielte Spielart der hohen Kunst des Cuvetierens ist das, eine Komposition aus – Gaumen, erstaune! – rotem und gelbem Muskateller mit Müller-Thurgau. Wie von ferne her füreinander bestimmt, finden die Muskataromen zueinander, so selbstverständlich wie Frühlingselfen zum nächtlichen Cha-Cha-Cha. „Con fantasia" müsste dieser Wein in der Spielanweisung heißen, wenn er ein Musikstück geworden wäre. (Wahrscheinlich ein kleiner wilder Walzer nach Chopin'schem Schnittmuster ...)

Geglückt.
Der Neubau des Weinguts im Tale zeigt anschaulich, wie sich moderne Formensprache und traditionelle Stilelemente harmonisieren lassen.

Auf dem neuesten Stand.
Die Bieligs haben mächtig investiert – zu unser aller Frommen!

„Beim Grillen hält der sogar die Gewürze in den Schranken," schildert Georg Bielig die praktisch nutzbaren Genuss-Seiten seiner weißen Rasse-Cuvée. Noch habe er zu wenig Muskateller im Weinberg stehen (finden wir auch!!); aber „der auf 5 ha konzipierte Betrieb", gegründet 1994, zeigt jetzt schon zweierlei: Entwicklung und Entwicklung! Der 1976 geborene Winzer erzählt die Geschichte seines Weinguts im Collage-Verfahren: „Naja, der Vater war Landwirt, ist aus Sachsen geflüchtet, hat nach Schriese eingeheiratet. Da waren also schon Flächen vorhanden. Mit 18 hab ich das Weingut gegründet. Da kam von der Tante ein Weinberg dazu. Dann einer vom Onkel. Dann hat man sich mal einen vom Lehrlingsgeld gekauft ..."

Es ist immer nützlich und lehrreich, sich die Genese erfolgreicher junger Betriebe zu vergegenwärtigen, im Hinterkopf die stete Frage: Wie kann so etwas heute noch funktionieren? Es kann, so viel sehen wir. Im Falle Bielig liegt eine konsequent angewandte Patchwork-

Ein Kracher,
dieser Sommerwein aus Müller-Thurgau, Gelbem und Rotem (!) Muskateller.

So sieht's da öfters aus,
im Süden der Badischen Bergstraße: unten intensive Bebauung, oben Wald – und in der Mitte dann und wann ein Weinberg ...

Frisch eingewölbt: Bieligs Holzfasskeller, Grundschule u. a. für seinen seidigen Merlot.

Technik vor; zu dem mit Kennerschaft ausgewählten Flächen-Ensemble zählt auch ein Rebstück, worin sich eines der großen Abenteuer des Weinbaus unserer Zeit abspielt. Richtig gelesen?

Richtig gelesen. „Beim Spazierengehen hab ich das gesehen. Die Drähte waren schon raus, die 8 Ar sollten wohl aufgegeben werden. Das hat mir einfach keine Ruhe gelassen ..." Eilends macht Bielig die Besitzer des Handschuhsheimer Handtuch-Weinbergs ausfindig – und unterbreitet ihnen ein Angebot zur Rettung einer der weinhistorisch bedeutsamen Flächen. „Die alde Eigetümer hätte beinah geheult vor Glück ..." Und siehe, der Tatkräftige wird bisweilen doch belohnt! Mit 25–28 Rebsorten auf engstem Raum. Teilweise seit langem als ausgestorben geltend, nur noch dem Namen nach bekannt; raunend erwähnt in raren literarischen Zeugnissen des frühbürgerlichen Zeitalters. Putzschere. Heunisch. Bettlertraube. Ortlieber. Rosa Elbling. Blauer Elbling. Uralte Lemberger-Stöcke. Die Weinforschung springt jubelnd im Viereck! 80 Jahre und älter sind diese Reben. Zurzeit werden sie untersucht, auch um neue Klone daraus zu gewinnen. Selbstverständlich baut Bielig das Fundstück historisch-kritisch aus: als gemischten Satz. Wer eines der spärlichen Tröpfchen zu ergattern vermag, wird sein kunterbuntes Wunder erleben. Der Letzte aus dem Heiligenberg ... Titel für einen Wein-Roman.

Auf der Angebotsliste des Hauses findet sich diese altüberlieferte Cuvée mitnichten. Dafür aber eine in diesen Breiten höchst seltene Sorte, die oben bereits kurz erwähnt wurde: Lemberger! „Ein echter Luscht-Wei!" schnalzt Meister Bielig mit der Zunge. „Den hab ich für mich in Heilbronn entdeckt." 1992 war das, als er die Berufsschule im Schwobaländle absolvierte, gefolgt von der Ausbildung zum „Techniker". Ausgeschlafen frohgemut kommt uns Bieligs Schriesheimer Lemberger entgegen, mit 11 % Vol. vergleichsweise dezent, dabei ausgesprochen schmelzig und nuanciert. Ein dreiviertel Jahr hat der Gute in gebrauchten Barriques verbracht. Vielleicht doch mal zum Vaihinger Löwen einschicken??

„Im Nachhinein bombig!" trumpft der Spätburgunder aus 2006 auf. Er ist seinen eigenen Weg gegangen, gesprossen auf „metamorphen Verschmelzungsprodukten des Oberrheingrabens, auf schluffig-tonigen Böden mit Löss durchmischt", geerntet zum Zeitpunkt der Vollreife, streng ausgelesen, sodann durch alte Holzfässer hindurch und in die Long-Cap-Flasche hinein. „Mit dem habbe mir eigentlich kei Klimmzüg gemacht." Soso; dafür schmeckt er aber wirklich exzellent: dicht, doch schlank; extraktreich, doch vollkommen klar. – Da wir gerade beim Roten sind: So einen Merlot wie den 06er aus dem Holzfass haben wir von der Bergstraße auch noch nicht gehabt. „Erst hat er geschmeckt wie einer vom Gallo ..." So, wie Bielig dabei kuckt, scheint er kein Fan californischer Reagenzglasweine zu sein. Aber dann kam der Internationale, langsam, aber gewaltlos: ein Schmunzelmonster zum Liebhaben, mit feiner Cassis-Note, nichts zu wenig, nichts zu viel.

Ideen-Import.
Mit dem Lemberger kam der Badener Bielig in Heilbronn in Kontakt. Eine äußerst haltbare Verbindung.

Spazieren wir weiter durchs Bielig-Panorama. Sylvaner haben wir da – „eine der heimatverbundenen Sorten" –, Müller-Thurgau natürlich auch, „in Schriese ein Grundnahrungsmittel", Weiß- und Grauburgunder, Gewürztraminer und ... Riesling: Jawoll, so muss ein Schriesheimer schmecken, nicht anders haben wir uns das erträumt! Saftig, mit Pfeffer, strahlig, kristallen. „Ich hab die Rebfläche im Mittelhang. Da hab ich net nur de gude Bode, da hab ich auch's Wasser!" Na bitte, alle wunschlos glücklich. – Ferner im Angebot: Destillate. Hefe- und Tresterbrand. Brand aus Apfelquitten und aus schwarzen Johannisbeeren. Wieder einmal begegnen wir dem Namen Martin Bürgy. „Das war mein Mentor.

Toskana-Tisch. Gelassene Festlichkeit verströmt Bieligs neuer Probiersaal.

Der hat mich ausgebildet." Bielig nickt ein wenig vor sich hin; so sieht einer aus, der Dankbarkeit empfindet. Und ganz sicher weiß, dass sich die Mühen gelohnt haben.

Wenn man die beiden so dasitzen sieht, Eva und Georg Bielig, in diesem einzigartigen, zur Abendsonne ausgerichteten Verkostungsraum, beschleicht einen das Gefühl, das könne gar nicht anders sein und werde auch für alle Zeiten so bleiben. Dabei ist das alles noch so frisch hier unten in der Ebene. Und endlich mal ein Neubau mit Herz! „Das Degustationszimmer, das ..." Ja, was denn? „Das haben wir einfach geträumt!" Und dann genau so hingebaut: Eine Mauer aus Tigersandstein korrespondiert farblich mit dem mediterranen Gelb, dem toskanischen Langtisch, dem ausgefallenen Rebholzrahmenspiegel. „Wir sind zwar'n Baby-Betrieb, aber ganz schön schlagkräftig", plaudert Bielig munter drauflos. „Keinerlei Lohnkosten" fallen an; dafür versteht man's allerbestens, sich Freunde zu machen, Kontakte zu pflegen.

Einmal kam hier eine illustre, gleichwohl „lockere Weinrunde" zusammen, darunter die Herren Clauer (Route 2) und Markheiser (Sohn des Sinsheimer Küfers und Brenners, s. Kraichgauer Weinlesebuch). – Zum Schluss noch ein Hammer: „Ich trink eigentlich kaum eigne Wein. Bin sozusage Stumbetrinker von meine Gäst. Mir habbe aber so 'n Tauschring. Mir besuche uns, gehn gemeinsam auf die Jagd ... un trinke die Woi von enanner. Un des is grad so, wie ich's habbe will." Prima, gönnen wir ihm doch! Allerdings sehen wir uns verpflichtet, ab und an bei den Bieligs zur Probe vorbeizuschauen. Sonst kommt der gute Georg ja gar nicht dazu, seinen eigenen Wein zu verkosten. Jammerschade wär's!

Majers Weinscheuer
Schriesheim

Man kann sich immer weiterentwickeln. Es liegt an einem selbst!

Wollen wir das nicht alle? Eine wunderhübsche alte Sandsteinscheune zu einer Kulturbühne ausbauen, eigene Weinberge pflegen, tief im Süden feine Dinge einkaufen und hierzulande an die GenießerInnen bringen – und zu allem Überfluss: auch noch davon leben können? Der Unterscheid zwischen Christiane Majer und uns: Sie hat's einfach gemacht. Weit über Schriesheim hinaus ist der Ruf der Weinscheuer gedrungen; wobei der Name beinahe irreführend ist. Freilich gibt's hier Wein, guten, echten Schriesheimer Weinscheuer-Wein! Aber eben auch so viel anderes. Konzerte (etwa mit der Blue Note Jazz Company), Theater, Kabarett, „lukullische Gipfeltreffen", Weinbergsspaziergänge, Seminare mit Wein und Käse, Wein und Schoggi, Wein und ... Petra Mohr, der Sommeliere aus Gaiberg – alles organisiert, durchgeführt, begleitet von Christiane Majer.

Uff. Ganz schön viel, nicht wahr? „Das bewusste, legère, unkomplizierte Genießen" ist es, was die Schriesheimerin vermitteln möchte. Und wohl auch selber beherzigt, sonst wäre sie nicht so entspannt bei all der

Bismarckstr. 40
Schriesheim
06203 61240
www.majer-weingut.de

Multiplikatorin für Weinkultur:
Christiane Majer.

Umtriebigkeit. „Hier in Deutschland sind wir meistens viel zu fachbezogen." Majer meint wohl die verbohrt-verbissenen Wein-Priester, die lieber Zensuren verteilen als sich nichtsnutziger Genießwurzelei hinzugeben. Doch auch eine bürokratisierte Lebensauffassung muss kein Schicksal sein; ein Abend in der Weinscheur kann da bestimmt neue Perspektiven eröffnen.

Die Weine der Weinscheuer kommen aus den Schriesheimer Lagen Kuhberg (Einzellage) und Rittersberg (Großlage), mit 8 ha ein beträchtlicher Umfang. „Umweltschonend, nicht öko; individuell nach Jahrgängen" geht das vielgereiste Multitalent im Weinberg vor. Majer-Weine zeichnen sich durch einen schlanken, aber durchaus nicht bodenlosen Stil aus. Selbst der Spätburgunder 2006 aus dem Barrique hat gar nichts Schweres an sich; vollfruchtig, mit würzigen, schmelzigen Anteilen, gibt er Kunde von seiner Schriesheimer Prägung.

Scheuer, Fass und Rüttelpult, deutliche Signale, dass die Majer'schen Kultur-Ereignisse nichts für Asketen sind.

„Ein schöner Sommerwein" ist der St. Laurent. Wiederum sehr subtil, angenehm und für den Jahrgang erstaunlich ausgewogen. Leicht gekühlt nicht nur für heiße Tage – aber auch! „Bei uns ist immer noch alles Handlese." Diesen liebevollen Umgang mit den Träubchen schmeckt man den Weinen an. „Maischegärung, keine dominanten Barriques ... so läuft das bei uns." – Etwas ganz Ungewöhnliches: der Grauburgunder Rittersberg aus dem kleinen Eichenfass von 2005. Da kommt einem kein Marktschreier entgegen, nein gar nicht. Eher ein charmanter, hintergründiger, umgänglicher Sympathikus, den man gerne zum Essen einladen möchte. „Spritzige Weine für den Barrique-Bereich? Aber sicher!"

Christiane Majer interpretiert ihren Beruf sehr subjektiv. Eine echte Stärke – denn ihre Kreszenzen heben sich deutlich hervor unter den vielen anderen, die sie für die Weinscheuer ins Angebot genommen hat. Da wäre noch so eine Leidenschaft: „Die Rebsorte, die ich exemplarisch hervorhebe, ist der Riesling. Der macht Deutschland aus, das ist unser Potenzial." Mit dem 2006er Riesling Kabinett trocken aus dem Kuhberg ward ein faszinierender Beitrag zum Thema Qualität in Schriesheim geliefert. So stellen wir uns Weine von hier vor: Eingebunden mineralisch, leuchtend und eindringlich, dabei weder laut noch vorlaut. Hier lohnt es sich, besonders

Gleich ist es soweit!
Die bereitgestellte Gläser-Gruppe harrt des Weines wie der Gäste.

Spielerische Inszenierung. Christiane Majer schafft Entfaltungsspielräume. Raumgreifend auch der große Spätburgunder aus dem Barrique.

tief einzusteigen. Den Folgejahrgängen blicken wir mit gesteigertem Interesse entgegen.

„Südafrika ist sehr faszinierend. Eine immens hohe Technik ..." Ein Jahr lang hat Christiane Majer in den USA gelebt und auch dort jede Menge Weingüter besucht. So finden wir eben nicht nur Schriesheimer Eigengewächse auf der Karte. „Ich erlebe andere Regionen als Bereicherung." Vor-Ort-Kooperationen spielen eine immer größere Rolle. „Dieser Umbruch, dieses Miteinander hat erst in den letzten vier, fünf Jahren stattgefunden." Freut uns aufrichtig! Dabei fällt uns ein: Gibt's eigentlich keine Männer in der Weinscheuer-Welt? „Nein, nein. Ich mach das alleine. Wein ist zwar immer noch eine Männerwelt, aber es tut sich auch da was." Folgerichtig zählt Christiane Majer zu den Mitgliedern bei „Vinissima", der qualitätsfördernden Vereinigung von Winzerinnen, Sommelièren und Weinhändlerinnen. Vinissima bietet haufenweise „Möglichkeiten, sich ganz toll fortzubilden." Eine großartige Initiative, wahrhaftig! Von der sogar Männer mittelbar profitieren können. An einem Weinscheuer-Abend etwa.

Weingut und Weinhaus Bartsch
Schriesheim

Wie gottgegeben.

Gerade in Zeiten des Wandels (wann waren die eigentlich mal nicht?) bedarf der Mensch des Verlässlichen. Neben Kirche, Kleingarten, Hobbykeller gehört das Gasthaus unseres Vertrauens zu den fundamentalen Einrichtungen irdischen Seins. Es sei ex cathedra und ohne Umschweife verkündet: Wer in Schriesheim nichts falsch machen will, geht ins Weinhaus Bartsch. Zum Jahrtausendbeginn von Angela und Gerd Bartsch gegründet, macht es den Eindruck unverbrüchlicher Stabilität. Solide, überzeitlich elegant, in puncto Qualität über alle Zweifel erhaben. Einer Vorliebe des Betreibers entsprechend, verrät die Karte italienische Tendenzen. So gutes vitello tonnato bekommt man nur selten im Ristorante Venezia et al. Die hausgemachten Ravioli mit Ricotta-Spinat- und einer Walnuss-Sauce beweisen, dass Füllungen tatsächlich nach etwas schmecken können und nicht die üblichen Seetang-Sägespan-Assoziationen hervorrufen müssen. Schwertfisch-Lachs-Carpaccio, Mousse au choc auf warmen Beeren ... im dezent stilvoll eingerichteten Weinhaus Bartsch herrscht eben jene entspannte Gediegenheit, die dem Genusse allzumal zuträglich ist.

„Ich trinke auch gerne fremd", offenbart Gerd Bartsch, der Uniformitäten meidet wie ein guter Koch die Convenience-Soße. Und trägt dem üppig Rechnung auf der Weinkarte. Wiewohl immerhin 10 ha unter sei-

Schillerstr. 9-11
Schriesheim
06203 694414
www.weinhaus-bartsch.de

Lichtspiel-Haus. „Die Bartsch" hat sich in Schriesheim rasant und unmissverständlich etabliert.

Hoch hinaus
in Schriesheim:
Das Weingut Bartsch betreibt naturgetreuen Steillagen-Weinbau.

ner Ägide gedeihen, gibt er auch internationalen Weingütern und seinen Gästen die Gelegenheit, in seinem Hause zusammenzufinden. „Meine größte Angst: In zehn Jahren gibt es nur noch Coca-Cola-Weine. Ich selber bin kein Freund vom Entsäuern." Das ist den Bartsch-Weinen in jeden Tröpflein anzuspüren – wohlgemerkt, ohne dass unangenehme Härten oder allzu bissige Säure vorfindlich wären. Schönes Beispiel: der Riesling Kabinett von 2007 mit – selbstredend – 0 g Restsüße und 6,8 g Restsäure. Dominierend, elegant, anspruchsvoll, keine Fruchtbombe – dafür mit interessanten erdigen, nachhaltigen Noten, die, das Thema variierend, auch dem Bartsch'schen Grauburgunder eigen sind. Der Schwiegersohn aus dem Forster Haus Mosbacher hat übrigens mal bei Bartsch gearbeitet; ob hier subvinologische Verbindungslinien existieren? Bartsch ist kein Lokalpatriot im bornierten Sinne. Er hat „gute Kontakte in die Pfalz, aber auch nach Hessen." Eigentlich selbstverständlich? Da kennen Sie die Kurpfalz aber schlecht ...

„Italien gefällt mir viel besser. Da ist die Sortenfixiertheit nicht so hoch." Es zeichnet den Dialektiker Gerd Bartsch aus, dass sein Konzept bei aller Stringenz Überraschendes zulässt. So belässt er's im roten Bereich strikt beim Spätburgunder (der Großsachsener Sandrocken von 2005 wird den Kenner intensiv beschäftigen), widmet sich aber andererseits dem ausgefallenen Muskateller. Hier sind beträchtliche Flächen der akuten Schriesheimer Flurbereinigung zum Opfer gefallen. Zurzeit wird ein Muskateller-Sekt aufgelegt, welcher – so viel kann man guten Gewissens antizipieren – der feinen Küche des Weinhauses wohlanstehen wird.

„Ich wollte nie Weinbau machen, nie Gastronom werden", schmunzelt Bartsch über den eigenen Werdegang. Nach dem Abi hat er „in die Hotelerie hineingeschnuppert", danach in Mannheim BWL studiert. „Und dann brauchte mein Vater einen, der ihm hilft." 1992 begann Gerd Bartsch in Schriesheim seine vino-kulinarischen Talente zu entwickeln. „Damals hab ich gleich einen Antrag auf Zulassung von Cabernet Sauvignon und Sauvignon blanc gestellt. Der läuft immer noch ..." Äh, hallo? Was wird uns da verbaut von schwergängiger Bürokratie? Wenn einer im Geviert berufen scheint, einen knackigen Sauvignon blanc anzusetzen, dann dürfte es doch wohl „der trockene Bartsch" sein, oder?

Unaufgeregte Eindeutigkeit. Gerd Bartsch in seinem eleganten Weinhaus.

Andererseits, man weiß bei dem geistig regen Winzer wider Willen nie so recht, was kommen mag. „Ich war auch mal auf 'nem Cuvée-Trip. Die Weine wurden mir abgelehnt als nicht verkehrsfähig. Daraufhin hab ich drei Jahre lang keine mehr angestellt. Als deutsche Tafelweine liefen sie übrigens prima ..." Was geht mich mein Wein von gestern an! Das wäre zwar arg salopp formuliert, beschreibt aber einigermaßen treffend die ideelle Mobilität des Schriesheimers, der es positiv findet, „dort keine Wurzeln zu haben", die ihn etwa am Entwickeln neuer Projekte hindern könnten.

Noch ein Hinweis für fachgerechten Umgang mit Bartsch-Weinen. Vor kurzem (März 2008) haben wir einen Grauburgunder von 2001 aufgemacht. Der war so frisch wie eine Fassprobe im Februar! Selbst der im Weinhaus überaus beliebte Rosé vom Spätburgunder aus 2004 ließ zu derselben Zeit keinerlei Ermüdungsspuren erkennen. Nur Geduld also! Sagen wir's doch einmal rund heraus: Bartsch-Weine vom Laudenbacher Rittersberg, vom Schriesheimer Schlossberg oder aus hessischem Lagenbesitz sind etwas für Fortgeschrittene. Doch auch Süßreservefans und Antialkoholiker haben allen Grund, sich dem unfreiwilligen Seiteneinsteiger verpflichtet zu fühlen. Die klassische „Bergsträßer Fruchtfolge Tabak – Mais – Bauplatz" hat schon genug zur Zersiedelung beigetragen. Leute wie Gerd Bartsch sind es, die das Naturerlebnis Bergstraße heute noch möglich machen.

Wiedererkennbar in ihrem Stil sind die Bartsch-Weine allemal; es erscheint nicht übertrieben, ihnen höchste Lauterkeit zuzuerkennen.

Goldener Hirsch. Die Weinwirtschaft

Schriesheim

Nur deutsche Weine. Auch Schriesheimer!

Heidelberger Str. 3
Schriesheim
06203 692437
www.goldenerhirsch-schriesheim.de

„Schriesheim hat sich in den letzten Jahren enorm gemacht." So etwas hören wir immer gern. Vor allem natürlich, wenn es aus berufenem Munde kommt. Susanne Schneider gehört – gemeinsam mit ihrem Gatten Jürgen – zu den kulinarischen Pionieren der Bergstraße. Das klingt ein wenig seltsam, da dieser Landstrich doch seit gut 20 Jahrhunderten gelobt wird für Fruchtfülle und Gastlichkeit. Doch wie die meisten „Erholungsregionen" ging auch die Bergstraße ihrer küchenkulturellen Identität nach dem Kriege weitgehend verlustig; wo einst beschwingtes Durcheinander von hessischer, badischer, französischer Kochkunst herrschte, reduzierte sich das Angebot in den meisten Fällen auf Schnitzel mit oder ohne Pommes. Der sternenüberschimmerte „Strahlenberger Hof". Das Restaurant war und ist eines der deutlichsten Ausrufungszeichen des Genesungsprozesses an der via montana. „Der Goldene Hirsch. Die Weinwirtschaft" fungiert gewissermaßen als Verlängerung dieses Gedankens ins Vinophile hinein.

Viel bewegt unter der Strahlenburg: Susanne Schneider erscheint doppelt. Neben dem Goldenen Hirschen bespielt sie auch den Strahlenberger Hof.

2006 übernahmen die Schneiders das traditionelle Stammhaus der Winzergenossenschaft Schriesheim. Es versteht sich von selbst, dass auf der gut 250 Positionen umfassenden Weinkarte auch die Genossen vertreten sind. Wer jetzt gleich snobistisch „Äh, Winzergenossenweine ..." aufseufzt, sollte sich zur Aufgabe setzen, die Hirschen-Bedienung so lange zu beschwatzen, bis sie einen 1999er Spätburgunder aus dem Barrique herausrückt. Der zerstreut alle Vorausurteile, aber geschwinde! Ein phantastischer Roter, für Dandys und Connaisseure, aber auch für den ganz gewöhnlichen aufgeschlossenen Weinfreund und seine -freundin ein Höhen-Erlebnis!

Etwas „kulinarische Vorbildung" gehört schon dazu, will man sich auf den Wein- und Speisekarten des Goldenen Hirschen sicher bewegen. (Oder man fragt ein-

fach nach! Schon mal dran gedacht?) „Das Konzept ist vielleicht vom Gast etwas schwieriger zu verstehen. Alles ist hausgemacht. Alles." Sogar die (Enten-)Bratwurst, die Soßen, der Kuttel- und Ochsenmaulsalat, der geschmorte Rinderbraten in Spätburgunder ... Merke, das sind allesamt – teils verdrängte – regionale Größen, aber auf höchstmöglichem Niveau! Das Team ist nämlich dasselbe wie im gepriesenen Sternerestaurant: Im Strahlenberger Hof und im Hirschen rotieren die Köche und Kellnerinnen nicht nur bei Stress; sie wechseln tatsächlich immer wieder hin und her, zu Wohl und Frommen aller Gäste.

Susanne Schneider, Hotelfachfrau und Köchin, ist „als Frankfurterin natürlich mit Rheingauer Riesling aufgewachsen. Neben Ebbelwei." Inzwischen längst international aktiv (vor 10 Jahren haben sich die Schneiders gemeinsam mit Freunden ein kleines Weingut in Süd-Afrika angeschafft), weiß die Weinakademikerin sehr Wohl um die Bedeutung (nicht zuletzt) kulinarischer Wurzeln. „Mir sin eschde Sachsehäusern", fällt sie kurz in das liebenswerte Idiom ihrer Heimatstadt. „Im Moment bin ich Rheinhessen-Fan", gibt sie Einblick in aktuelle Vorlieben. Auf der Weinkarte macht sich das bemerkbar. Noch dominiert Süd-Baden. Doch Kraichgau und Bergstraße holen auf: „Klumpp – einer der besten Nachwuchswinzer!"

Zum Niederlassen.
„Ach, ist das schön hier!" lautet die Standardformel für Erstbesucher.

Blicke in und aus dem Festsaal. Im Parterre vermutet niemand, welche Pracht im ersten Stock zur Entfaltung kommt.

Klassenprimus. Zu den besten, schönsten, wichtigsten Restaurants in Süddeutschland gehört ohne Zweifel der Strahlenberger Hof, ebenfalls eine kulinarische Initiative der Schneiders.

Simon-Bürkle, Seitz und Clauer tummeln sich desselbigengleichen auf der weitläufigen Liste. Und gelegentlich auch mittelbar der Schriesheimer Originalwinzer Georg Bielig, der für die Schneiders den „klassischen gemischten Satz" Silvaner und Riesling aus einem 10 Ar kleinen eigenen Bergstraßen-Weinberg ausbaut, der interne „Hauswein" des Strahlenberger Hofes gewissermaßen.

Zurzeit sind die Schneiders damit beschäftigt, „erst mal die Wein-Wirtschaft richtig in Schwung zu bringen." Das sollte doch eigentlich kein Problem sein, denn die Region hat exakt auf das gewartet, was im Goldenen Hirschen permanent aufgefahren wird. Zudem erlebt man im stimmungsvollen Innern des Fachwerkhauses eben jene Atmosphäre aus Gelassenheit und verbindlicher Aufmerksamkeit, wie sie so furchtbar selten geworden ist. Und nur einen einzigen Nachteil hat: Man steht so ungern wieder auf.

Noch ein Hinweis für die Planer ausgedehnterer Feierlichkeiten: Einen Festsaal wie den im Hirschen gibt es an der Bergstraße kein zweites Mal! Wo früher saftstrotzende Ringer und anemische Tänzerinnen das Parkett auf unterschiedlichste Weise in Anspruch nahmen, erschimmert heute ein biedermeierlich geprägter Raum von einem geradezu rührenden Charme. Wenn man's nicht wüsste, man käme gar nicht auf die Idee, dort, im ersten Stock, nach dergleichen zu suchen ... Vielleicht, vielleicht haben wir, verwegenen Forschern gleich, in diesem historischen Festsaal den Sitz der Bergsträßer Seele entdeckt. Man müsste es einmal auf ein Experiment ankommen lassen: das Ding anmieten und eine Nacht lang feiern. Hinterher wird man's wissen.

Weinbau Schmidt

Ladenburg

… dass es für die jungen Leute Zukunft bedeutet.

Im Steg 22
Ladenburg
06203 14086

Geben wir es freimütig zu: Anfangs waren wir dem Schriesheimer Georg Bielig, einem der Protagonisten der Route 3, für seinen Tipp vor allem dankbar, da wir dadurch Gelegenheit fanden, das liebliche Ladenburg, dieses Tausendschönchen, dieses Schätzchen unter den deutschen Kleinstädtchen begründetermaßen unserem unersättlichen Buche einverleiben zu dürfen. Kaum, dass wir Reinhard und Matthias Schmidt nebst ihren Weinen jedoch kennenlernten, korrigierten wir räuspernd den Kausalnexus: Nicht allein seiner Niedlichkeit wegen, ja nicht einmal aufgrund der Tatsache, dass Ladenburg (gegründet 98 n. Chr. !!) zuerst auf Badener Terrain Weinbau betrieb, nehmen wir die alte Römersiedlung in Ehren auf ins „WLBB" – sondern einzig und vor allem, da hier ein Weingut, das, wie man früher so sagte, zu den schönsten Hoffnungen berechtigt, im Entstehen begriffen ist.

„Eines Tages kam der Andreas Huben zu mir und hat gefragt: Mensch, Reinhard, kann ich net mein' Wei bei dir ausbaue?" Reinhard Schmidt blickt auf die Anfänge der Weinbaugemeinschaft, zu der noch Peter Faller hinzuzählt, mit Schmunzeln zurück. Tja – so bescheiden ging das mal los! Inzwischen studiert die nächste Generation

Fährmann, hol über!
Noch immer tuckert die Neckarfähre zwischen Neckarhausen und der hinreißenden Römerstadt Ladenburg hin und her. Unten rechts der gut getarnte Eingang zum Weingut Schmidt.

Keller-Kooperation. Vater und Sohn Schmidt in Peter Fallers Keller, bestückt mit Originalen der Wiesenbacher Fass-Fabrik Schneider.

Es geht doch! Ein wundervoller Chardonnay vom Schriesheimer Kuhberg, ausgebaut im tiefsten Ladenburg.

(namens Matthias) schon in Weinsberg. Also genau so wünschen wir uns das für die Bergstraße. Ein Leitweingut aus Ladenburg? Abwarten. Noch befinden sich die Kelleranlagen inmitten eines Neubaugebiets, zu erreichen nur durch gewitzte Schwenkmanöver zwischen Baustellen und Ortsrandbebauung. Unsere Prognose? Das ist die längste Zeit so gewesen. Dieser Betrieb wird seinen Weg machen. Und wo nehmen wir diese Sicherheit her? Ist denn nicht alles völlig unwägbar geworden? Sollte man jungen Leuten nicht vom Wagnis einer selbstständigen Existenzgründung ernstlich-ängstlich abraten?

Themenwechsel. Lieben Sie deutschen Chardonnay? Ja? Dann dürfen Sie trotzdem weiterlesen. Nein? Dann wollen wir Sie nicht gerade als Banausen beschimpfen. Aber eigentlich doch. In beiden Fällen: Tun Sie mal einen Zug von dem vinologischen Sonderfall aus diesem noch gar nicht so furchtbar berühmten Weingut. Sie werden bemerken: Es geht doch! Und wie gut es geht: saftstrotzend, doch keineswegs plump; vollschmelzig, doch mit genug Rückgrat. So zumindest der 2006er. Meinherein, welche Ehre für Schriesheim, Geburtsort eines solchen Treffers zu sein, an dem kein Michel Rolland mehr etwas zu verbessern fände!

„Ich hab auf jeden Fall vor, das hier auszubauen. Man muss es lieben, sonst macht man es nicht unbedingt." Hier spricht die Zukunft, in Gestalt von Matthias Schmidt, der zwar von gelegentlichen Generationsstreitigkeiten (Thema Edelstahl) berichtet, sonst aber ganz glücklich scheint mit diesem Weinkollektiv eigener Prägung. Nach der Lehre war der junge Neuerer beim Freiherrn Heyl zu Herrnsheim tätig, hat in Frankreich reingeschnuppert und so mancherlei aufgesogen während der zahlreichen Exkursionen mit der Fachschule. – Auf 3 ½

Hektar Schriesheimer Lagen ist die Gesamtfläche projektiert, 2 ha wurden bereits neu angelegt. Frisch dazugekommen sind Cabernet Sauvignon und Merlot. Na denn mal los! Bis dieser Zweig vom Stamme Schmidt so richtig ausgebreitet ist, wenden wir uns dem bereits Vorfindlichen zu. Der 2007er Müller-Thurgau zeigt eine feine, hintergründige Würze. „War ein Genuss, solche Trauben zu lesen," stellt der Junior eindeutig klar, wem in Ladenburg die Deutungshoheit über den Rebbau zuwächst.

„Traditionelle Sorten, die wir vertreten", sind nach Reinhard Schmidts weiser Vorausplanung Riesling und Spätburgunder. Der Erstere, 2007, Anfang 2008 aus dem Fass gehoben, war noch allzu unruhig; wir zweifeln dennoch nicht, dass die Huben-Faller-Schmidt-Connection mit dieser Rebe noch für Furore sorgen wird. Da wir schon bei Fässern sind: Im Keller der Fallers liegen noch ein paar Exemplare aus der historischen Wiesenbacher Fassfabrik Schneider, immer noch dienlich zur Mikrooxidation und pfleglichen Lagerung. Heutzutage hätten die was zu tun! Schade, dem Odenwald stünden ein paar kernige Küfer gut zu Gesicht.

Falls sich der eine oder die andere davor scheut, Ladenburgs Neubaugebiete zu durchkurven, bis er die Schmidts findet – und trotzdem gerne Schmidt-Weine probieren möchte, kann er oder sie sich ganz einfach behelfen: Der Gartenbaubetrieb Huben, eine Art Texas-Ranch in Süddeutschland in Kleinstaatgröße mit Flächen voller Bäumchen, Blümchen und Büschlein, bietet das Sortiment in seinem Verkaufsraum feil.

Da noch nicht en detail festgelegt ist, wo es räumlich einmal hingehen soll mit der Weinbaugemeinschaft, übernimmt das **Café Schork** zu Ladenburg gewissermaßen Gutsschänken-Funktion. Verpachtet hat Reinhard Schmidt den Familienbesitz an die findigen Initiatoren des **Caféhauses Schriesheim**. „Auf die hab ich gerade gewartet", sieht der Retter der großen Ladenburger Weinbautradition dem Kommenden frohgemut entgegen. Dann gehört ein merkwürdiger Umstand vielleicht schon bald der vorzivilisatorischen Vergangenheit an: In diesem neben Heidelberg und Hirschhorn wohl beglückendsten Neckarstädtchen dominiert nämlich annoch gemeinhin der Pfälzer Wein. Ohne allzu sehr in Lokalchauvinismus verfallen zu wollen ... aber das hat die Bergstraße wirklich nicht (mehr) nötig.

Ja, auch der kann sich auf dem Feiertagstisch sehen lassen: der Schmidt'sche Barrique-Spätburgunder.

Haltbar. Wiesenbacher Wundertüten, nein: -fässer, nur noch in geringen Stückzahlen im Umlauf.

Der Mühlenhof
bei Hirschberg.

„Gummo do, die Ögg!"

Hirschberg – Leutershausen – Großsachsen – Hohensachsen – Lützelsachsen

Die Umgangsformen eines Sozialgefüges mit dem Kulturgut Tabak sind ein hervorragender Indikator für die jeweilige Entwicklungsstufe. Sei der Gebrauch ein kultischer wie ursprünglich bei den indigenen Völkern, da friedensstiftende Wirkungen durchaus schon und im wahrsten Sinne zum Zuge kamen; finde er statt in separierten Hinterzimmern wie einst im Alten Holland, wo speziell ausgebildete „Rauch-Mohren" den sechs Meter vom Raucher entfernten Tonpfeifenkopf am Glühen halten mussten oder in Old Britain, als an Zugehörigkeit zu einem aristokratischen Club ohne vollendete Handhabung von Rauchutensilien schlicht undenkbar war; vollziehe es sich in Kaminzimmern schallgedämpfter Grand Hotels, in Art-Déco-Speisewagen der Zwischenkriegszeit ... oder aber schnell, schnell an Bushaltestellen, in Uschi's Pils Pinte oder zur Vermeidung drohender postkoitaler Bindungen – immer bekommen wir ein Bild, einen tieferen Eindruck, gar ein Symbol für einen spezifischen gesellschaftlichen Zustand.

Obschon die mit schwerem Gerät und äußerster Verbiesterung geführten Anti-Raucherkampagnen ihren Ursprung nicht allein in kulturfeindlichen, Gelüste und Genüsse verachtenden Strömungen haben, sondern eben auch ein Reflex auf Abusus-Phänomene sind, muss dem mehr oder weniger unbefangenen Betrachter doch auffallen, wie wenig die einfachsten Umgangsregeln, die simpelsten Grundtatsachen menschlicher Lebensweisheit in diesem Zusammenhang eine Rolle spielen (dürfen). Die weitgehende Beschränkung des Fleischkonsums auf den Sonntagsbraten macht Massentierhaltung unnötig; der wohlverdiente Abendschoppen verursacht keine Lebertransplantationsnotwendigkeiten, sondern trägt eventuell zu einem längeren, mit Sicherheit zu einem freudevolleren Leben bei; die geruhsame Zigarre, geschmaucht zu besonderen Anlässen an dafür geeigneten Örtlichkeiten, erhöht das Krebsrisiko nur unwesentlich, trägt je-

Umwerfende Technik:
Folienzelte zur Anzucht von Tabakpflanzen. Maße: 6 x 50 m!

doch zu einer gelasseneren, bedachtsameren Gesamthaltung bei.

350 Jahre Tabakanbau auf der Ried-Seite der Bergstraße stehen kurz vor einem gewaltsamen Ende, verursacht von ökonomischem Unverstand, eurobürokratischer Kleingeisterei und einer erschreckenden Kulturferne von interstellaren Dimensionen. „Wenn man im Himmel nicht rauchen darf, gehe ich nicht hin", hat Mark Twain bekanntermaßen schon mal angekündigt. (Wir nehmen an, da muss er sich keine Sorgen machen.) Es steht also fest, dass die gegenwärtigen argarstrategischen Richtlinien keinesfalls himmlischen Ursprungs sein können. „Kerle naa, lasst die Leut doch pflanze!" schilt Tabakbauer Bach aus dem fliederüberblühten, zwischen Fernstraßen eingeschnürten Weiler Straßenheim zwischen Mannheim und Heddesheim. Es ist ja auch wahr: Auf den warmen, sandigen Böden des Rieds gedieh und gedeiht die Tabakpflanze immer prächtig. An der Bergstraße kommen Wein und Tabak schon lange in Tateinheit vor. So sind die Ortschaften noch immer geprägt von zahlreichen Tabakschobern mit ihren charakteristsichen Lattenaufbauten, woran die Blätter zum Trocknen hingen. – Die vorläufige Entscheidung, wie (und ob) es mit dem deutschen Tradtionstabak weitergeht, fällt 2009. Natürlich in Brüssel. Eine Bittprozession wäre angesagt.

Die Bergstraßenlandschaft zwischen Schries- und Weinheim, zusammengehalten durch das eiserne Band der OEG (Oberrheinische Eisenbahngesellschaft, im Volksmund die „Ögg"), kennt nicht diese ausgedehnten Weinbau-Flächen, wie sie ab Laudenbach, ins Hessi-

So sieht's halt auch manchmal aus,
wenn man sich Mannheim nähert. Zur herben Ästhetik von Industrielandschaften haben sich andere schon ausreichend geäußert.

sche hinein, vorfindlich sind. Neugiernasen werden hier besonders eifrig aufzuspüren trachten, wonach es ihnen allezeit gelüstet: Gibt es auch hier, ganz im Verborgenen zwischen Obsthainen und alten Waldbeständen, in den Nischen der verzwirbelten Wegführung des Burgen- und Blütenwegs, anspruchsvollen Weinbau? Gelingt es wieder mal einigen Wenigen, in aller Verschwiegenheit aussagekräftige, konkurrenzfähige Weine zu erzeugen? Oder gedeihen hier nur Vespertrünke, die man gerade mal hinunterbringt, wenn man zum Brotzeitspeck genügend Meerrettich raspelt?

Ganz ehrlich, wir haben es selber nicht gewusst. Einmal mehr sind wir schier fassungslos ob der Güte, der Eigenständigkeit, der starken Faszinationskraft, die Leutershausener oder Lützelsachsener Weinen eigen ist. Da wäre zu nennen das Weingut Teutsch, hoch über Leutershausen gelegen, eine der ganz großen Überraschungen dieses Weinlesebuchs. Nicht nur, aber auch der Premium-Riesling des Hauses reiht sich ein in erste Riege der Bergstraße – mit einer Selbstverständlichkeit, als würde Leutershausen seit alters her gleich mitgenannt, wenn irgendjemand von Kiedrich, Wehlen oder Forst erzählt.

Ein wenig Expeditionslust muss mitbringen, wer sich zum Weingut und Obsthof Schröder aufmachen will.

Pleroma
nannten die alten Griechen paradiesische Fülle. Ob der Obsthof Schröder griechischen Ursprungs ist, haben wir nachzufragen vergessen.

Richtungsweisend für die Kultur einer ganzen Region: das Kloster Lorsch; Blick aus der UNESCO-geschützten Königshalle aus karolingischen Tagen.

Der liegt mitten im Ried, im Heddesheimer Ortsteil Muckensturm, einem anschaulich einen Nebeneffekt dieser wasserreichen Landschaft illustrierenden Ortsnamen. Was wir dort zu probieren bekommen, piekst und juckt aber überhaupt nicht. Im Gegenteil, es ist ein Labsal für Geist und Nerven. Empfehlenswert etwa die höchsten Ansprüchen genügenden Grau- und Spätburgunder, aus-

DER SPAZIERGANG Hier nun bietet sich die Gelegenheit, das zu tun, was man überall an der Bergstraße tun kann. Mit dem Unterschied, dass man es ungefähr zwischen Leutershausen und Lützelsachsen besonders leicht und besonders schön tun kann. Was eigentlich? Ganz einfach. Wir suchen uns einen Zugang zum B. (Erinnern Sie sich noch an den Schlemihl aus der Sesamstraße? Als Geheimdienstler gewandet, schlurft er durch die Kulisse, um Ernie, Bert oder Bob diskret anzuflüstern: „He, brauchst'n „B"? Sodann öffnet er geheimnisvoll seinen Exhibitionistenmantel und zieht den entsprechenden Buchstaben hervor ...) In unserem Falle steht B für **Blütenweg, Burgenweg** sagen andere. Der läuft, windet, schlingelt die ganzen 60 Kilometer an der Bergstraße entlang und ist natürlich vor allem im Frühling, zur Anemonenzeit, äußerst begehenswert. In wunderbaren Wellen führt er von Wäldchen zu Wieschen, an Gärtchen vorbei, verbindet Tälchen um Tälchen – und stellt so recht eigentlich das dar, was wir uns unter einem Spazierweg vorstellen. Nun: Warum aber ausgerechnet in diesem Abschnitt? Weil der Zugang nicht ganz so steil ist, die Berge nicht ganz so hoch sind und der Weg hinunter in die Dörfer immer nahe liegt. Denn wir wollen uns ja erholen und kein kräftezehrendes Freeclimbing betreiben.

gebaut von einer der wichtigsten Winzerinnen im Gebiet: Judith Schmidt. – Leider nicht für die gemeine Weinfreundin und ihren -freund bestimmt, doch auf den besten, schwierigsten, mineralstoffreichsten Lagen gewachsen: die in jeder Hinsicht überzeugenden Weine des Weinguts Carl Freudenberg, ausgebaut von Georg Bielig, uns bereits bekannt aus Route 3.

Alteingesessene Gasthäuser, die mit regionaler Küche auftrumpften, sind in diesem Streckenabschnitt leider rar gesät. Natürlich, da wäre die **Krone** in Hirschberg. Und weithin duftet die **Rose** von Oberflockenbach her. Ansonsten lohnt sich von hier aus der Aufstieg in den Odenwald ganz besonders. Es warten dort hochwohllöbliche Gaststuben wie der **Jöste Andres**, näher beschrieben in Route 7. (Pst! Noch ein Sondertipp für die Freunde der hohen Metzgerskunst: Steidl heißt er ... in Lützelsachsen metzt er ...)

Rosenkohlsuppe mit Kochkäse

Dieses Rezept wurde vom Autor schon einmal veröffentlicht. Und zwar im Wein Gourmet unter der hübschen Bezeichnung „Rosenkohlcrèmesuppe Conde Guelmo" im Rahmen deutschlandweiter Weinwanderungen. Das Endergebnis zeichnet sich durch besonders innige Crèmigkeit aus; es kann auch anstatt einer Hauptmahlzeit gereicht werden.

Wir schwitzen Speck und Zwiebeln im Lieblingssuppentopf an, hiefen je eine Handvoll geputzter Rosenköhlchen und geschnitzelter Kartoffelstückchen hinein, rühren mehrfach um, löschen ab mit einem guten Schluck weißem Bergsträßer, gießen auf mit Gemüsebrühe und lassen's kesseln. Wenn alles schön weich geworden ist, kommen zwei, drei Schüsse süße Sahne hinzu, Pfeffer, evt. Salz, in jeden Fall Muskatnuss. Nun überlassen wir dem Pürrierstab das Feld. Erst wenn dieser fertig ist, hat der Kochkäs seinen Auftritt. Elegant und zähflüssig suppt er in die mitteldickflüssige Masse hinein, verbindet sich langsam und harmonisch und organisch – und verleiht diesem herrlichen Tieftellergericht eine unfassbare Schlupfigkeit. Aber Achtung: rechtzeitig runterschalten! Denn sobald der Kochkäs in der Suppe Platz genommen hat, brennt sie sehr gern an.

Ei wie spitz hier!
Alte Tabakscheuer in Heddesheim, zum Museum umgebaut.

Weingut Teutsch
Hirschberg-Leutershausen

Der gewisse Untergrund des Weines ...

Burgweg 50
Hirschberg-
Leutershausen
06201 51451

Dieser Riesling ist das Beste, was Leutershausen passieren konnte. Manchmal genügt ja ein Fingerzeig – und ein Dorf, ein Landstrich, eine ganze Region sind in aller Munde. Hier ist es gleich eine ganze Hand, die sich dem Fremdling zum Gruß entgegenstreckt: Diese Spätlese trocken aus 2006 katapultiert Leutershausen, ob es nun will oder nicht, hinauf unter die Nennenswerten, Gerngehörten, Preiswürdigen. Bei aller Wucht eine zärtliche Insistenz der Zwischentöne ... eine polyphon läutende Maiglöckchenwiese ... vielschichtig wie die Verwitterungsböden im Leutershausener Staudenberg. (Oder, wie Gerhard Teutsch es formuliert: „In diesen Böden ist alles drin.") Ein Riesling mit Überlänge, nicht monumental, aber mit bezwingender Inhaltsdichte. Ja, genau. Wegen solcher Weine haben wir uns aufgemacht, uns auf die Suche begeben, die Bergstraße hinauf und hinunter; und genau solche Weine bestätigen uns: Es hat sich gelohnt. Diese Weine zu entdecken ist aller Strapazen wert!

Stopp. Passt ein solch euphorischer Einstieg überhaupt zum Weingut Teutsch, wo man, wiewohl exponiert über Leutershausen im Rebhang gelegen, eher die Kunst der *modestia* pflegt, der bewussten, Sein und Dasein ins Verhältnis rückenden Bescheidenheit? Eigentlich überhaupt nicht. So wollen wir uns denn entschuldigen für allzu stürmischen Lobpreis. Und beginnen die Geschichte noch einmal von vorne.

„Es gibt mit Sicherheit eine leichte, beschwingte Art des Weines. Aber es gibt auch eine sehr ernsthafte Seite; hinter der stehe ich vielleicht ein bisschen mehr ..." Gerhard Teutsch gehört mit Sicherheit zu denjenigen, die ein wenig tiefer in die Materie eingedrungen sind; die mehr ahnen, wissen, erfahren haben als der heitere Tag für alle offen einsehbar bescheint. „Eine gewisse Religiosität, eine gewisse Leidenschaft" prägen den Zu-

gang Teutschs zum Wein – wesentlicher, geistiger Bestandteil einer Winzerexistenz, die davor gefeit scheint, sich an vorübergehende Popularitäten zu verschleudern. So relativiert denn auch der Spross eines Pfarrersohnes die eigene Leistung, schöner noch: Er gibt Ehre und Anerkennung sogleich weiter, wohin sie gehört: „Ohne meine Frau ist das Weingut nicht vorstellbar."

Johanna Teutsch, dem auch nicht gerade rebenarmen Lahr im Südbadischen entstammend, ist sich in der Hingabe an die Wunderwelt der Rebe mit ihrem Gatten einig: „Sogar wenn wir in Ferien gehen, landen wir immer im Weinberg." Auch ihr ist dieser selbstgewisse, unabgehobene Zugang zum Beruf der Weinerzeugung eigen. „Wir machen wenig Werbung. Die Leute kommen trotzdem." Woran das wohl liegen mag? Neben den sämtlich tadellosen Produkten aus dem 3 ha großen, steil geneigten Leutershausener Staudenberg plus 2 ha angrenzende Lagen ist es mit Sicherheit diese inspiriert-inspirierende Atmosphäre auf dem Weingut, die aus Kunden Freunde macht. Ein schöner Chagall im Probierzimmer signalisiert: Hier darf man auch einmal von Herzen unbanal sein. Bei den Teutschs lebt etwas anderes fort, von utilitaristisch-hektischen Zeitgeistern noch

Johanna und Gerhard Teutsch geben auch dem Silvaner eine Chance. Wohl getan!

Weinberge bei Leutershausen – Entdeckungen in jeder Hinsicht.

nicht angekränkelt, mit einem alten Wort: Dieses Weingut hat Seele.

Der Familie Krämer vom Märchen-Weingut „Goldene Gans" zu Dielheim (LeserInnen des Kraichgauer Weinlesebuchs werden sich erinnern) sind die Teutschs freundschaftlich verbunden. Überhaupt, man hat den Eindruck, dass menschliche Kontakte hier eine weitaus bedeutsamere Rolle spielen als den rein fachlichen Austausch zu befördern. „Der alte Oberdomänenrat Knapp hat mir immer viel erzählt ... Schon beim Elfjährigen hat er die Liebe zum Wein erweckt." Gerhard Teutsch bedauert es, wie „heute durch die Berufe die Familien zerrissen sind." Und zeigt sich dankbar, „dass wir so noch leben können."

1941 (!) gründeten die Eltern „einen landwirtschaftlichen Betrieb mit Obst und Wein". „Mit einer gewissen Zähigkeit und Ausdauer" ging der Vater zu Werke, der „immer Leute um sich herum gehabt hat, die noch was wussten." Die Mutter hingegen „hatte den besseren Sinn für das, was notwendig war." Kein Weinbaustudium, keine Weinweltreisen, keine Praktika bei Berühmtheiten der Szene: Gerhard Teutsch blieb zu Hause. „Ehrlicherweise muss ich sagen, hat mir das gefehlt; andererseits bin ich der Meinung: Vieles ist heute zu verschult." Was dem Autodidakten noch verwehrt blieb, wird nun dem

Sohne zuteil. Gegenwärtig studiert Johannes Teutsch in Geisenheim. Da kommt dann also wohl noch manches auf uns zu.

Es gibt ja so etwas wie geheime, subkutane, auf rätselhafte Weise sich erschließende Verwandtschaften – nicht nur bei Menschenkindern, auch bei Weinen. So erinnert uns der Grauburgunder Spätlese trocken (2006) aus dem Hause Teutsch sanft, doch nachdrücklich an zwei andere, uns wohlbekannte Geschöpfe dieser Sorte: und zwar an die ebenfalls enorm seidigen, geschmeidigen, hocheleganten Pinots gris' des Reichsgrafen und Marquis' zu Hoensbroech sowie vom Malscher Weingut Becker. „Bin ein großer Grauburgunder-Freund", bestätigt Gerhard Teutsch. „Damit hat das Weingut im Wesentlichen angefangen." Und die gerade Linie nie verloren, wie es aussieht.

Auf dem Bergsträßer Höhenkamm:
Gerhard Teutsch, ein starker Charakter.

Neben Weißburgunder, Silvaner, Gewürztraminer und dem in diesen Breiten, diesen Höhen fest etablierten Müller-Thurgau widmen sich die Teutschs der Pflege des hehren Spätburgunders. Sowohl die trockene Spätlese aus 2006 als auch die frankophile „Rotwein Komposition" zeichnen sich durch eine ausgesprochen zugängliche (man möchte ja nicht schwadronieren: verführerische) Zärtlichkeit aus. Es mag ein wenig albern klingen, aber wir fühlen uns an James Krüss' köstlichen „Sängerkrieg auf der Hasenheide" erinnert, worin das „wunderschöne seidenweiche Hasenfell" der Prinzessin meisterlich besungen wird. „Bis es fast Rosinen sind", gibt Johanna Teutsch kund und zu wissen, bleiben die in der Komposition enthaltenen Dunkelfelder-Trauben am Stock hängen.

Bezüglich eines geeigneten Schlussworts verlassen wir uns gern auf Gerhard Teutschs weinliterarisches Talent. „Bei Weinproben kommt das immer 'n bissel gut an", formuliert er in seiner unnachahmlich unauftrumpfenden Art. Über den Jahrgang 2006 schreibt der Leutershausener: „Wachsen, wachsen und gedeihen ist sein Element, als wollten sich die Reben am Himmel festranken. Hoch hinaus, die Blätter zum Dach gebildet, gefallen sich die Reben in ihrem satten Grün ..." Vorfreudig sehen wir dem entgegen, was Teutsch zu 2007, 2008 (...) alles einfällt.

Und keineswegs weniger interessiert uns, was dann seine Weine zu sagen haben.

Zur Mühle
Hirschberg

Die gelben Käschen in die Mitte, der Ästhetik wegen.

Talstr. 14
Hirschberg
06201 590652

„Manche sagen immer, ich wär'n Aussteiger. Find ich nicht. Ich mach einfach was andres." Sehr sympathisch, wie Klaus Gärtner so wenig Aufhebens macht um seine wahrlich nicht alltägliche Karriere. Andererseits verstehen wir auch die „manchen", denen dazu das ein wenig in die Jahre gekommene Etikett in den Sinn kommt. Denn ein Radio-Regenbogen-Redakteur, der sich nach 15 Jahren in der Szene Richtung Mittelgebirge absetzt und Brot backt, nun, in den Achtzigern war so einer halt mal der Inbegriff des Aussteigers ...

Eine Fortbildung in Achtsamkeitstraining mag von Vorteil sein, wenn man beim Vorbeirauschen auf der Talstraße schnell genug erfassen will, worum es sich bei den zwei, drei Hinweisschildern, bei diesem entzückend hergerichteten Mühlenhof im fränkischen Stil handelt. „Frisches Holzofenbrot" steht Donnerstag bis Samstag da draußen angeschrieben. Klingt erst mal noch ganz unverfänglich. Wenn aber zum ersten Mal ein Eckchen von dieser unvergleichlichen Getreide-Delikatesse, bestrichen mit selbstgestampfter Fassbutter, über die Lippen wandert, dann verdichten sich Gespür und Hoffung zu grandioser Gewissheit: Kaum zu glauben, aber man hat tat-

Mühlenromantik?
Aber sicher – keine 5 Minuten von der Bergstraße entfernt.

Umsteiger.
Klaus Gärtner, ein wahrer Heros des Holzofenbrots.

sächlich „so nebenbei" eine jener nicht mehr für möglich gehaltenen Entdeckungen gemacht, für die man ein Leben lang dankbar sein wird.

Gärtners Mühle ist der streng kontradiktorische Gegenentwurf zur „organisierten Verantwortungslosigkeit" unseres ach so populären Discounter-Konsums. Vieles von dem Wenigen, das der Mühlenbauer im Hofladen anbietet, stammt aus eigener Produktion. Selbstgerührt der intensiv-handkäsige Kochkäs, selbstgejagt die Wutzchen zum weitum einzigartigen Wildschweinschinken, selbstgefangen und (je nach Wunsch) -geräuchert die Forellen, deren Filet den Kauorganen etwa so viel Widerstand entgegensetzt wie Schlagsahne im August. Dazu noch der eine oder andere Heimat-Honig, Käse, Schinken ... kurzum, wer nicht weiter als 50 km entfernt zu Hause ist, wird kaum umhinkommen, wöchentlich in der Mühle reinzuschauen.

Ein Erlebnis ist die Hirschberger Mühle nicht nur in kulinarischer Hinsicht: Das riesige Mühlrad dreht sich noch immer und schaufelt kühlende Gischt aus dem Waldbach. Heute dient es der Stromerzeugung, auch nicht falsch. Das Brot kommt aber ohne aus, denn der ziegelsteinrote Ofen wird ausschließlich mit Holz beheizt. Und ganz wie früher im Dorfbackhaus: Wenn das Brot draußen ist, kommt der Kuchen rein. Dann sollte man spätestens in der Mühle eingetroffen sein. Sonst heißt's Schlange stehen. Und das nicht zu kurz!

Blickfang im Seitental:
die alte Hirschberger Kirche.

Weingut und Obsthof Schröder

Lützelsachsen / Heddesheim

Im Keller ist es passiert.

Muckensturm 28
Heddesheim-Muckensturm
06201 16766
www.weingut-schroeder.de

Obsthof Schröder ... das klingt erst mal mehr nach dem Namen einer neuen Punk-Band – oder eben ganz schlicht nach einem Plantagen-Betrieb. Wenn man dann auch noch Heddesheim-Muckensturm als Ortsnamen liest, schaut man sich – mit leicht debilem Ausdruck – den Empfehlungszettel genauer an. Da steht wirklich Weingut! Hm. Zwischen Tabak, Rüben, Kraut wird auch Riesling angebaut oder was? Neinnein, so kompliziert ist das gar nicht. Ersetzen wir einfach Verwirrung durch Information: Die Schröder'schen Weinberge befinden sich in Lützelsachsen und Weinheim, außerdem (welch logistischer Aufwand!) im Rheinhessischen nahe Guntersheim. Nur die Verarbeitungsstätte prangt mitten in der Rheinebene zwischen Mannheim und Schriesheim.

Es gibt aber noch andere Möglichkeiten, anfängliche Irritationen zu kurieren. Durch angewandte Forschung in Form von Grauburgunder zum Beispiel. Am 2007er braucht man nur schnüffeln, schlürfen, dann die Augen verdrehen – und der Länge nach hinschlagen. Nicht etwa eines überzogenen Alkoholgehalts wegen, der ist mit 13 % zwar nicht gerade geißelmönchisch ausgefallen, aber für einen solchen Pfundskerl durchaus im Rahmen. Die heftigen Reaktionen sind auf diese unerwartet üppige Supersaftigkeit zurückzuführen, auf diese birnige, wie mit Akazienhonig verfeinerte Rundheit, eher untypisch für die Bergstraße, doch umso willkommener auf der Aromenpalette der Region. „Der kam voll gut an bei de Leut, überhaupt – wir sind total begeistert vom Jahrgang!" Judith Schmidt, die energiesprühende Jungwinzerin mit dem ausgedehnten Aktionsradius, legt gleich noch einen Weißburgunder nach: „Ich mach den immer halbtrocken. Zu der Sorte passt das so, dann gibt's das halt so."

Ay, ay, Madam! Ganz wie Sie meinen. Wir lassen uns ja gern belehren, und das fällt bei diesen Ausbünden an Kraft und Wonne nun wirklich nicht schwer.

Kooperations-projekt.
Ein ganz feiner Spätburgunder für Weinheim.

Dirigiert das Flaschenorchester: Judith Schmidt, eine Winzerin mit Gespür.

Selbst dem heiklen St. Laurent gönnt die in Weinsheim ausgebildete Weinküferin und Wirtschafterin für Weinbau ein Quantum Restzucker mehr. Warum auch nicht! Stellt das Weingut samt Obsthof Schröder in seiner heutigen Gestalt doch tatsächlich eine Art Dépendance des Gartens Eden dar. Wo alles blüht, schwillt, reift und mundet, da kommt kein sündiger Gedanke an Askese auf. Erd-, Him-, Josta-, Stachel- und Johannisbeeren, Süß- und Sauerkirschen, Aprikosen, Quitten, Äpfel und Birnen aller Art umhegen den Hof mit einem lebendigen Erntekranz.

Nun, was unsereinen ob dieser pleromischen Überfülle schier umhaut, war für Judith Schmidt seit Kindertagen schlicht und einfach Gewohnheit. Obstbäuerin, Winzerin werden – sie? Nie und nimmermehr! Aber dann, während eines „bohrend langweiligen" Winzerpraktikums, entscheidet plötzlich der Chef: „Jetzt geht's in de Keller." Die inzwischen längst ihre Frau stehende Winzerin blickt ein wenig versonnen drein, fast ein bisschen gerührt ob der Erinnerung an jenen schicksalsentscheidenden Moment. „Ich war nur wenige Stunden da unten. Da isses passiert. Keller, Labor et cetera: suuuperinteressant!" 1995 hat sie bereits den ersten Jahrgang gelegt – profitierend von Weinbergen, die vom Vater, Großvater, Urgroßvater herstammen.

Freilich hat sie umgehend eine ganze Menge geändert. „Ich hab mit Cuvées angefangen. Und das gab bei Mundus Vini gleich gute Auszeichnungen." Den Löwenanteil hält noch immer der Spätburgunder. Ihm bekommt der reiche Lössboden, gepaart mit vorbildlicher Hangneigung, ganz ausgezeichnet. Schon im Pinot blanc de noir zeigt sich etwas ungewöhnlich karamellig Zartschmelzendes. Als Werbebotschaft für die Stadt Weinheim entstand ein hinreißender Spätburgunder vom dortigen Rittersberg, eigens beklebt mit einem Künstleretikett, allerdings schon für sich genommen ein echtes Kunstwerk. Kein plumper Dominator, kein rotes Wässerchen: vielmehr ein Multitalent voll Charme und Tiefe. Es geht noch höher hinauf: zur 2005er „Katharina", einem Barrique-Spätburgunder mit toller Säure und Lebendigkeit für mindestens ein Vierteljahrhundert. Ein prachtvoller Wein! – Auch zusammen mit Gevatter St. Laurent erklimmt der Pinot Noir steile Höhen; der 2006er, ebenfalls nicht so ganz trocken, wirft mit schwarz-roten Früchten nur so um sich. (Sind ja schließlich auf einem Obsthof.)

Aufbauseminar in puncto Wein und gute Laune: Judith Schmidt.

Ausnahmsweise männlich: die Collection Heinrich. Sonst heißen die Schröder'schen Weine mehr nach weiblichen Familienmitgliedern.

„Zwischendurch könntste auch mal zu Haus sein", schüttelte Judith Schmidts Vater während ihrer eifrigen Wanderjahre nicht selten den Kopf. Doch auch heute noch, längst verheiratet („Mein Mann macht's Büro und den Verkauf, ich will so Zeugs net ...") und mit Kindlein gesegnet, strömen Ideen und Entwürfe nur so aus ihr heraus. Wein in Kombination mit Schokolade, Literatur und Kabarett, Volkshochschul-Sensorik-Seminare, Wingertsbegehungen „mit Rucksack, Woi un weißem Käs", Kellerführungen, Kooperationen mit der spitzenmäßigen **Sackpfeife** in Ladenburg ... Judith Schmidt kann das, braucht das, muss das. Und viele, viele danken's ihr. Auffallend ist der Familiensinn, welcher sich nicht zuletzt in Wein-Namensgebungen niederschlägt; Marlene, Susanna, Margaretha, Luisa ... und seit neuestem auch eine „Collection Heinrich. Das war der Urgroßvater. Die Herren waren beleidigt, dass wir nur Mädchennamen genommen haben." – Wer weiß, wenn die Kinder heranwachsen, vielleicht haben sie dann auch erst mal keine Lust aufs Obstpflücken. Vielleicht gründen sie ja eine Punk Band! Den Namen hätten sie schon.

Tabakbau Alois und Christian Bach

Heddesheim-Straßenheim

Eine Kultur mit hohem Wert.

Hirschländerweg 4
Heddesheim-Straßenheim

In seiner ars fumandi (Kunst des Rauchens) entwirft Joaquin Verdaguer den kultivierten Tabakfreund als höchstentwickelte Form des homo sapiens. Der – verständige – Raucher sei ein Inbild „gesammelter Energie". Wer das weiß, wird Christian Bach, einem der Größeren im badischen Tabakanbau, mit einiger Verwunderung begegnen. Energisch, zupackend kommt einem der Mann durchaus vor. Doch wie wird einem, wenn der Tabakproduzent schmunzelnd eingesteht: „Ich bin selbst kein Raucher. Nie einer gewesen." Tja, das soll nicht der einzige Hinweis bleiben, mit dem uns der Straßenheimer in Verwirrung setzt.

„Seit 365 Jahren gibt es Tabak in Heddesheim. Doch es ist gewollt, dass der Tabakbau in Europa kaputtgeht." Ab 2009 wird dieser Traditionszweig der heimischen Landwirtschaft nicht mehr rentabel sein können, sollten sich gegenwärtig virulente EU-Strategien durchsetzen. Dabei ... „Mir hätte heut alles. Aber die Politik!" Was auch kaum ein Mensch weiß: Weltweit herrscht

Anzuchtkasten, schwimmend verlegt. In ein Folienzelt passen 500.000 (!) der frisch pilierten Pflänzchen.

heute Tabakmangel. Was immer Gesetze und Gehetze der Anti-Tabak-Front bislang zuwege gebracht haben, „des spüre mir gar net." China heißt einer der wichtigsten Export-Märkte. Und es gedeiht ja ein ganz besonderer Tabak auf Heddesheimer Gemarkung. Während dichter am Bergesrand fast ausschließlich der zigarettentaugliche Burley wächst, sprosst auf den „warmen, durchlässigen Sandböden um Heddesheim" der Badische Geudertheimer, eine für die Zigarrenproduktion bestens taugliche, eine legendäre Sorte.

Es ist faszinierend, die hunderttausende winziger, frisch pilierter Pflänzchen in den 6x50 Meter messenden Folienhäusern auf schwimmenden Anzucht-Styropor-Platten zu sehen; es ist faszinierend zu erleben, wie die Tabakblätter geerntet werden, von unten angefangen, mit den „Grumpen"; es ist faszinierend, durch so ein Tabakdorf zu streifen, im Herbst, wenn die Luft zittert im lieblichen Geruch des Tabaköls ... – Vor Jahren war es dem Verfasser vergönnt, eine sehr betagte Dame zu interviewen, damals längst umgesiedelt in einen Platten-

Historisches Relikt auf dem Tabakhof.

So war's früher. Hoffentlich geht's auch weiter mit dem Tabakbau an der Bergstraße ...

bau nach Oggersheim. Wie lebendig wurde sie, als sie von ihrer Arbeit als Zigarrenarbeiterin im Heddesheim der Vorkriegszeit erzählte! Über 300 ha wurden seinerzeit auf der Gemarkung angebaut. Obschon erblindet, beherrschte die noch in hohen Jahren Fingerfertige jeden Handgriff der Produktion – und stellte kichernd Mängel an einem nicht eben preisgünstigen honduranischen Exemplar fest, das ihr der Fragesteller zur Begutachtung offerierte. Wahrhaftig, nicht nur in Kuba gab es die Tradition, dass in Gruppen gewickelt wurde. Füllung – Umblatt – Deckblatt ... Füllung – Umblatt – Deckblatt ... immer so weiter. Das hält auf die Dauer keiner aus. Darum wechselte man auch in Heddesheim ab mit dem Vorlesen spannender, lehrreicher Sachbücher, Romane, Zeitungsberichte, unterdessen die anderen mit der Arbeit fortfuhren.

Richtige Idee zur besten Zeit: eine badische Zigarre, entwickelt analog zur seit 15 Jahren etablierten Pfalzzigarre.

Die schiere Omnipräsenz des Rauchens in den westlichen Gesellschaften zu Beginn des 20. Jahrhunderts, wie ihr etwa in Fritz Langs Meisterwerk „M – Eine Stadt sucht einen Mörder" gehuldigt wird (annähernd in jeder Szene dampft es, gern aus Zigarren mit Pappmundstück), hat sich längst verflüchtigt, lebt nur noch unkenntlich fort in zwei denkbar konträren Erscheinungsformen: im hektisch-süchtigen Verlegenheitsgequalme mit Streckstoffen versetzter minderwertiger Zigaretten – und in der neosnobistischen Selbstfeier jüngerer Eliten, ausgelagert in distinkte Etablissements. Wo bleibt die Natürlichkeit, ist man geneigt zu fragen? Wäre es nicht an der Zeit, die Festtagszigarre wieder einzuführen – in vollem Bewusstsein der Besonderheit dieses Kräutleins?

Der Landesverband baden-württembergischer Tabakpflanzer hat die Zeichen der Zeit erkannt und eine handgerollte Zigarre aus heimischen Tabaken neu aufgelegt. Bislang in zwei Größen erhältlich (zu beziehen nur über den Landesverband, s. Adressteil), verrät der „Rauchgenuss aus Baden-Württemberg" einiges über die Güteklasse des echten, reinen Badischen Geudertheimers. „Die Zigarren macht ein alter Mann, ganz allein", erläutert Bach. Kompliment, die macht er gut. Und hoffentlich noch lange! Für den Connaisseur ist es nicht ganz leicht, eine Einordnung vorzunehmen. Ja, tatsächlich, diese Corona erinnert ein bisschen an kubanische Mittelklasse-Zigarren. Aber trifft es das wirklich? Keinesfalls. Diese kleinen Kunstwerke, analog zur seit längerem etablierten Pfalz-Zigarre aus Herxheim-Hayna ent- und gewickelt, sollten zur Bergstraße gehören wie der Riesling, der Kochkäs und die gute Laune. Denn wozu guter Tabak fähig ist, erzählen wir zum Abschluss noch einmal frei nach Verdaguer.

Noch keine Sicherheiten. Der Tabakhof von Christian Bach ist abhängig von EU-Entscheidungen.

Es geht die Rede von einem Krieger der Buffalo-Indianer, welcher sich aufmachte, seinen verstorbenen Vater nach Sitte der Ahnen zu betrauern. Als er am offenen Grabe anlangte, erwischte er einen Kojoten, wie dieser von dem Leichnam naschte. Ohne einen Gedanken an gattungsmäßige oder kulturelle Differenz zu verschwenden, schwur der Indianer Rache. Angelegentlich zog sich der Kojote zurück, entkam auch glücklich – ward jedoch von diesem Tage an Parforce gejagt. Dass dies auf Dauer kein Zustand war, musste schließlich auch der Große Manitu erkennen. Um gute Einfälle nie verlegen, drückte er dem abgehetzten Kojoten eine Pfeife und etwas Tabak in die Hand (wahrscheinlich Geudertheimer). Auch der Kojote war nicht von Dummbach; er hielt inne, entzündete die Pfeife und harrte seines Verfolgers. Der ergrimmte Buffalo erkannte wohl die Gunst der Stunde – und tat einen folgenreichen Kulturfortschritt. Ermattet von Jagd und Rachedurst, ließ er sich nieder und rauchte mit dem Kojoten die erste Friedenspfeife der Weltgeschichte. Ganz nebenbei stifteten die beiden ein bis heute gültiges religiöses Ritual. – Was aus den sympathischen Protagonisten geworden ist, lässt sich heute nicht mehr rekonstruieren. Es heißt aber, sie hätten irgendwo in Amsterdam eine gut gehende Shisha-Bar aufgemacht. Zu gönnen wäre es ihnen.

Privatisierung und Vergemeinschaftung

Weinheim – Sulzbach – Hemsbach – Laudenbach

Als des Deutschen einigermaßen kundiger Wein-Freund aus fernen Landen würde ich nicht lange zögern: So banal es anmuten mag, rein vom Namen her besitzt Weinheim den besten Klang unter allen Wein produzierenden Gemeinden unserer Heimat. Geschätzt den Fall, ein Gast aus der weiten Welt wollte sich sogleich in einen Riesling vom Rittersberg stürzen und schlampampen nach Herzenslust – was würden wir ihm raten? Erst einmal kundig machen, werter Genosse! Weinheimer Wein liegt nicht ganz so auf oder in der Hand, wie es der Name verheißt. Ein Schlenker in die Geschichte hat zwar schon manchem geschadet, aber in diesem Falle kaum. Und wenn man sich erst den richtigen Durst angelesen hat, schlürft sich's hinterher dreimal so gut.

Vollkommen angemessen, darf sich Weinheim rühmen, Heimstatt einer der wichtigsten Weinforscher-Familien seit der Sumerer-Zeit zu sein. Lambert Joseph von Babo, 1790 in Mannheim zur Welt gekommen, erwarb

Unterer Marktplatz
mit berühmter Eisdiele und bunten Burschen.

Einer der schönsten in Deutschland. Der Weinheimer Marktplatz, Apotheose der Lebensqualität.

Viel für den Weinbau getan: die Familie von Babo, allen voran der gute Lambert. Das ehem. Herrenhaus wird heute von Freudenberg erhalten.

nach Studien der Jurisprudenz und der Landwirtschaft ein Gut in der Stadt unter der Windeck, und gründete einen „landwirtschaftlichen Vereinsgarten", wo er sich wissenschaftlich den gebräuchlichen Rebsorten und ihrer Veredelung widmete. Eines seiner Werke trägt den appetitlichen Titel „Die Wein- und Tafeltrauben des deutschen Weinbergs in Gärten" (1836). Indes ein Sohn aus erster Ehe, Lambert Heinrich von Babo, immerhin bei Justus von Liebig in Gießen dem Studium der Chemie oblag, vollendete sein Halbbruder August Wilhelm von Babo das weinige Wirken der Familie an der Bergstraße, indem er sich vollends den Beruf des Vinologen erkieste. 1827 zu Weinheim geboren, wurde er zum Leiter des Versuchsweingartens der Hochschule Karlsruhe berufen. Mit Leidenschaft mischte er in der Diskussion um die funktionabelste Methode zur Bekämpfung der Reblaus mit – und sprach sich, wie auch der emigrierte badische Revolutionsführer Hecker und dessen Briefpartner von Blankenhorn für die rettende Einführung amerikanischer Unterlagsreben aus (s. auch Route 3). Schließlich Direktor der Klosterneuburger Weinbauschule bei Wien, entwickelte August Wilhelm von Babo u.a. die heute noch im Gebrauche stehende Mostwaage. Weinheim und Wien: eine einst höchst bedeutsame europäische Wein-Verbindung, die vielleicht einmal reaktualisiert werden könnte ...

Stadt fröhlicher Gesellen,
An Weisheit schwer und Wein,
Klar ziehn des Stromes Wellen,
Blauäuglein blitzen drein...

Wenn wir schon einmal bei der Weinheimer Prominenz sind. Es wird angenommen, dass Joseph Victor von Scheffel (s. auch Route 2) hier sein „Alt-Heidelberg, du feine" gezimmert habe; es gilt als sicher, dass er 1853 in Weinheim den „Trompeter von Säckingen" ergänzt hat. Ob nun das im Drama enthaltene Liedlein tatsächlich in dem von Scheffel auch zeichnerisch geehrten Burgen-Städtchen entstand, sollen die Germanisten entscheiden. Immerhin, der Komponist des Liedes, Simon Anton Zimmermann, ist in Weinheim verstorben. Das ist doch auch schon was. Scheffel selbst weilte dann und wann im „Landhaus" in der Bahnhofstraße 14, im Hause der späteren geistvollen Gartenlauben-Autorin Rosalie Braun-Artaria. Unter Scheffels süffigen Saufliedern hebt Ludwig Fertig („Deutscher Süden") den „Willekumm" heraus, den wir hier nur schlückchenweise zitieren wollen:

Und als der Herr von Rodenstein
Zum Frankenstein sich wandte,
Empfing er seinen Ehrenwein,
So wie es Brauch im Lande.

...

Der Willkumm hat mir so gemund't,
Dass ich das Bett nicht finden kunnt',
Holliro, nicht nur der Stiefel,
's ging alles um!

Bezüglich der Windeck, genauer: der Windecks, tobt noch immer ein ehrenvoller Streit zwischen Heimatliebhabern – und Literaturwissenschaftlern zersetzenden Geistes. Es ist doch ganz eindeutig, dass Adelbert von Chamisso mit seinem „Burgfräulein von Windeck" nur die Ruine oberhalb von Weinheim und keineswegs jene Angeberburgen in der Ortenau, im Elsass oder im Schweizerlande gemeint haben kann. (In einem Ortenauer, Elsässer oder Schweizer Weinlesebuch würden wir, wendehälsisch wie Schreiberlinge nun einmal sind, unser Urteil vermutlich variieren.) Worum geht es? Ein

1. Mai und Spaß dabei!
Alljährlich kommen die Burschenschaften in Weinheim zum friedlichen Rencontre zusammen.

„verblendeter Rittersmann" galoppelt einem „luftigen Hirschen" (?) hinterher, als welcher sein Heil in den Burgruinen sucht. Klug gewählt – das Wild entkommt; den Ritter aber dürstet's. Und er keucht:

Wer brächte des köstlichen Weines
Mir nur ein Trinkhorn voll,
Den hier der verschüttete Keller
Verborgen noch hegen soll?

Und sogleich erfüllt ihm eine „herrliche Jungfrau" den Wunsch. (Das waren Zeiten!) Der Preis allerdings ist hoch. Was nämlich geschieht?

Er schlürfte mir gierigem Munde
Den würzig köstlichen Wein,
Er schlürfte verzehrende Flammen
In seinen Busen hinein.

Natürlich ist sie dann weg, die liebreizende Erscheinung, sobald er sie „um Minnesold" anfleht. Immer dasselbe. Jedenfalls, am Schluss der Ballade gibt es so eine Art Liebestod. Wir schlagen vor, die Sache als Oper auszuarbeiten und im Neo-Puccini-Stil zu vertonen. Das Libretto würden wir gegebenenfalls selber stiften.

Albert Ludwig Grimm, dem Heidelberger Wunderhorn-Kreis nahestehend, wirkte als „Poet, Pädagoge, Politiker" (L. Fertig) und Märchensammler (der dritte Grimm!) bis 1853 in Weinheim. Am 27. Juli 1817 hatte er u.a. Jean Paul, Frau Hegel und Heinrich Voß, den Sohn des Großdichters, zu einem „prächtigen Frühstück" zu Gast. Im Anschluss begab man sich zur Frau Rätin Falk, wo „herrliches Mittagmahl" und „wunderköstlicher Wein" (Voß) gereicht wurden. Auf der Rückfahrt nach Heidelberg, so wird berichtet, habe Jean Paul, bereits deutlich über fünfzig, von der Theologentochter „Mamsell Paulus" manches Küsschen geraubt. Wo er recht hat ... – Einer Erwähnung wert sollte uns auch eine kurzzeitige Beehrung Weinheims durch die Weltliteratur sein. Honoré de Balzac sah sich gezwungen, zwei oder mehrere Stündchen im Schlosspark zu „Wynkheim" zuzubringen, da er auf das Ende des Stelldicheins des ihn begleitenden Prinzen Schwarzenberg mit einer lebensfrohen Engländerin warten musste. So was kann eben manchmal dauern.

Medaillons in Handkässoße

Nicht zu dick geschnitten wollen sie werden, schwungvoll geklopft müssen sie sein, keineswegs zu scharf braten soll man sie: die zarten Medaillons vom Odenwälder Freilandschwein. Wer mag, kann ein paar Zwiebelringe beigesellen. Das wäre getan. Unter einer Handkässoße können sich die Wenigsten was vorstellen. Dabei ist es ganz leicht: Eine Kasserolle nach Schweizer Art mit einer Knoblauchzehe ausreiben, einen Klacks Butter hinein, nicht braun werden lassen, dafür ein Ideechen Mehl einrühren sowie ein Gemisch aus Handkässtückchen und süßer Sahne hineinlaufen lassen. Nur nicht wild aufkochen! Sondern sanft simmern, etwas Brühe hinzu, erwartungsgemäß Salz, schwarzen Pfeffer, Muskat (gar nicht schlecht macht sich ein Teelöffelchen voll edel-süßen Paprikas). Hat sich alles brav miteinander verbunden, richten wir die Medaillons auf einem warmen Teller an und gießen das Sößchen drumherum. Das ist aber was Feines! (Ausbaufähig zum Odenwälder Fondue: dann unbedingt einen lauten Schuss Apfelbrand abfeuern.)

Wenn am Abend sinkt die Sonnen,
ist dem Bürger es zu gonnen,
wenn er in sich geht und dönkt,
wo man einen Schoppen trönkt.

Adam Karillon, Weinheimer Arzt und Dichter, hat das Bergstraßen-Örtchen wohl am häufigsten und eindringlichsten gepriesen. Seine höchst autobiographische Schrift „Am Stammtisch Zum faulen Hobel" (wo gibt es schönere Namen für Wirtshäuser als an der Bergstraße?) hat er in „20 Abendschoppen" untergliedert. Das spricht von Geschmack und Genie. Kein Geringerer als Hesses Hermann hat denn auch die „geduldige und fröhliche Art des rechten Erzählers" preisend hervorgehoben – und zwar in der Besprechung von Karillons Roman „Michael Hely", einem immer noch äußerst lesenswerten Werk, dem etwas eigen ist, was in der deutschsprachigen Hochliteratur nicht allzu oft zu finden ist: ein subtiler Humor. – An dieser Stelle ergeht ein Aufruf an die Zwangsgemeinschaft Leser/Verleger, sich doch einmal wieder intensiv – lesend und verlegend – der Literatur der Bergstraße zuzuwenden. Eine nahezu vollständige Auflistung hat Ludwig Fertig zuwege gebracht, dessen Standardwerk „Deutscher Süden" im Bergstraße Weinlesebuch mehrfach Berücksichtigung gefunden hat.

Es folgt eine kleine Leseprobe des 1853 im märchenweit von der Bergstraße entfernten Waldmichelbach geborenen Adam Karillon, dem als Kassenarzt verschiedenartigste Einblicke in die Körper und Seelen seiner Patienten offenstanden, was er literarisch zu verarbeiten wusste wie ein paar Jahrzehnte später etwa Gottfried Benn. „Weinheim, ach Weinheim, du kleines Städtchen an der Bergstraße, wie mag es denn nur gekommen

Irgendeine(r) wartet immer. Schlosspark zu Weinheim, unfreiwilliger Aufenthalt für Honoré de Balzac.

DER SPAZIERGANG Weinheim hat es wirklich gut. Wohin auch immer man sich wendet, überall kann, will, soll man hinspazieren. Von der **Windeck** mit seinem begeisternden **Burgruinen-Restaurant** über die **Wachenburg** nach Buchklingen zum **Grünen Baum**. – Auf dem Blütenweg weiter nach Norden und in graziösen Windungen immer geradeaus, bis wir in Sulzbach dem **Schwarzen Ochsen** die Ehre erweisen und/oder gen Oberlaudenbach hinauftigern zum **Kaiserwirt**. – Oder aber es geht empor und hinüber nach Rittenweier zum **Jöse Andres**: Mit Sicherheit haben wir auf dem Marktplatz begonnen, beim Eis-Italiener einen Calimero geschlürft, im **Weinhaus Puppel** mit einem Viertele nachgelöscht, sind dann in den Schlosspark eingebogen (**Hutter im Schloss**!!), haben vielleicht unter der gewaltigen Libanon-Zeder am Rathaus ein Kurz-Picknick abgehalten und sind hernach durch den Exotenwald unaufhaltsam nach oben gestrebt. Hinter dem Berggrad stießen wir auf unverhoffte Rebvorkommen, haben uns bei **Kippenhans** in **Ritschweier** kurzerhand einer kleinen Weinprobe unterzogen (s. Route 7), mussten noch einmal steil hinauf ... und stehen jetzt vor dem **Jöste Andres**, dem purzeligsten Fachwerkgasthäuschen des gesamten Vorderen Odenwalds. Was bleibt noch zu tun? Richtig: Klinke runterdrücken, eintreten, Ebbelwei ordern. Und dazu einen hessisch-badischen Rohkostteller. Nein, das ist nichts allzu Vegetarisches. Vielmehr liegen da zwei naggische, also hautlose, also rohe Bratwürste im Rund, mit rohen Zwiebeln mittenmang und einem rohen Ei dabei. Daneben hockt ein Dibbe Paprika und einer mit Muskat. Wenn das mal keine Rohkost ist!

Von überall zu sehen: die Windeck, Burgrestaurant inklusive.

sein, dass du für meine Kinderseele der Inbegriff von allen Erdenherrlichkeiten werden konntest. Ach ja, ich erinnere mich dessen noch, von da her bezog der Blaufärber seinen Indigo, der Sargtischler die goldenen Beschläge für die Totenladen, der Krämer seinen löcherreichen Schweizerkäs, der Apotheker seine Feigen. Von Weinheim stammten auch die zuckersüßen Engelein, die man an die Christbäume hing, nachdem sie die unergründlich lange Reise ... in den Weidenkörben der Aufkäuferinnen zurückgelegt hatten. War's da ein Wunder, wenn meine Phantasie nichts Höheres kannte als diesen Ort, an dem der Sage nach die Trauben reiften, während eine Eisenbahn an seinen Hügeln vorbeirauschte?"

Frischauf! Solchermaßen eingeführt in die Unvergleichlichkeiten des Ortes, darf sich der weiter oben begrüßte Weinfreund endlich den Weinheimer Weinen widmen. Wobei sich leider zunächst ein kleines Problem auftut; den exklusivsten kriegt man nämlich nicht zu trinken. Für wirtschaftende Erzeuger kaum zu finanzieren, pflegt das der Familie zugehörige Weingut Carl Freudenberg KG die radikalst mögliche Auslese der Trauben. Es entstehen wahre Muster-Weine, beispielgebend für

O Calimero! Eine traumhafte Spezialität des Eis-Italieners am Marktplatz, bestehend aus Espresso und Zabaione.

die ganze Bergstraße. (Was natürlich etwas schwierig umzusetzen ist, wenn man sie nicht probiert hat ...) Doch getrost: Das frische, tirolerisch (!) geprägte Weingut Raffl entschädigt mit so manchem guten Tropfen, gewonnen aus den Weinbergen der „Sachsendörfer" Großsachsen, Hohensachsen, Lützelsachsen. Und in Hemsbach, da haben die Bergsträßer Winzer ihren Hauptsitz, Zulieferer nach Wiesloch in den Winzerkeller, mit verantwortlich für den Lagenerhalt in Lützelsachsen, Großsachsen und natürlich Hemsbach selbst.

Nichts wie hin, in den Baumschatten der gewaltigen Weinheimer Libanon-Zeder!

Weingut und Obsthof Raffl / Trögglestube

Weinheim-Hohensachsen

Wir sind ein typischer Mischbetrieb – mit Bergsträßer und Südtiroler Hausmannskost.

Unterer Viehweg 2
Weinheim-Hohensachsen
06201 52384
www.raffl-toerggelestube.de

Vielleicht ist unsere Zeit am wesentlichsten durch unsere Gewöhnung ans Überraschende geprägt. Libanesische Restaurants in Sachsenhausen, Schnitzelbuden an kanarischen Stränden ... alles kein Thema mehr, sondern längst, frei nach Tom Gerhards, „voll normal". Vor dem Hintergrund der Badischen Bergstraße aber auf eine original Südtiroler Törggelestube zu stoßen, na, da guckt man doch lieber zweimal hin. Die nächste Gelegenheit, echte Alpenküche zu genießen, dürfte wohl Kofler in Karlsruhe sein ... – Vor 30 Jahren, erzählt die Bergsträßerin Anneliese Raffl, hat sie ihre „Urlaubsbekanntschaft" aus Südtirol mitgebracht. Eine glänzende Idee, wirklich wahr. Da der Anton Raffl aus Tirol aber kein Mann ist für hektische Projekte, wurde „alles Stück für Stück hier aufgebaut."

Aus der Obstbauregion um Dorf Tirol herstammend, konnte Raffl seine genuinen Fachkenntnisse sogleich anwenden. Äpfel, Zwetschgen, Erdbeeren bietet der Obsthof feil, nebst einer Auswahl feiner Wässer: Quitte, Mirabelle, Pfirsich ... Erstaunlich, wenn der Umsiedler vom Bergland an die Bergstraße berichtet, dass in seiner vor Früchten schier überquellenden Heimat das Brennerwesen meist auf den Privatbereich beschränkt bleibt. Oder anders ausgedrückt: „Merr sagt net Schwarzbrenner, sondern für den Eigenbedarf."

„Ich hätt lieber uff'm Acker wie in der Küch geschafft", resümmiert Anneliese Raffl ihren den Notwendigkeiten gehorchenden beruflichen Werdegang. Als Köchin im Weinheimer Spaß-Bad Miramar hat sie gelernt mit beträchtlichen Mengen zu hantieren. Das kommt ihr immer wieder trefflich zupass, wenn in der Törggelestube zugelangt wird. „Donnerstag ist unser Knödeltag,

Familienwappen der Bergsträßer Tiroler Raffl.

Kein Galgen,
sondern Reberziehungsmethode aus Tirol.

Beliebt bei den Gästen
der Törggelestube: die Ziegen und der tolle Ausblick.

wo sie gemacht werden." Speckknödel, Kasknödel, Spinatknödel, „vegetarisch zum Salat, deftig zum Braten. Die Knödel sind wirklich hausgemacht. Aber's Rezept verrat ich net ..." Würde uns wahrscheinlich auch gar nichts helfen, Frau Raffl, da der klassische Tiroler Knödel sowieso ohne Mengenangabe gedreht wird. Längst hat sich ein vielschlundiger Knödel-Club aus der Umgegend gegründet, der weder vor Almkäse, Speck vom Brett'l, Vinschgerl noch vor den Bergsträßer Gerichten zurückschreckt. Eine kulturelle Synthese wurde mit den luftgetrockneten Kaminwurzen geschaffen: die fabriziert inzwischen Metzger Hufnagel in Oberflockenbach – selbstverständlich nach Alt-Tiroler Rezeptur.

„Das Einzige, was wir nicht haben, ist ein Törggelekeller", ergänzt Sohn Markus, mitzuständig für den gastronomischen Sektor. Sicher, der Name kommt von Torkel („Torggel"), der in Süd-Tirol teilweise noch immer in Gebrauch stehenden Traditionskelter. (Lasche Witzchen über die Bewegungsweise der Gäste beim Verlassen dieser Wein-Kult-Stätten verbieten sich von selbst.) „Bei

Die ganze Familie Raffl,
vereint in Weinbau und Gastronomie.

der Bauweise vom Hof" inklusive Speisestube wurde akribisch auf Werktreue geachtet. Alpenländischer Zierrat ist durchaus vorhanden, aber dezent. Da steigt doch gleich die Wissbegier des Weinforschers in einem auf: Gibt's hier etwa auch St. Magdalener und Konsorten? – „Ein paar Stöcke Grauvernatsch hatten wir mal; aber alles nicht erlaubt." Auch der Tiroler Raffl hat so seine Erfahrungen mit der badischen Bürokratie machen dürfen, scheint es.

„Was die andern nicht mehr bearbeiten wollen, bekommen wir. Das sind dann die 1er-Lagen, die so richtig aufwändig sind. Mit der Maschine (= Traubenvollernter) sind wir noch nie gefahren." Hören wir richtig, was Michael Raffl, der bei Müller in Leimen (s. Route 1) ausgebildete Weinküfer, da so nebenbei erzählt? Die Lese noch reine Handarbeit? Aber ja! Erst seit drei Jahren Selbstmarkter, hält das Weingut Raffl die Weinpreise im ausgesprochen moderaten Bereich – die vielen Arbeitsstunden bedenkend, die durch den bewussten Verzicht auf bodenverdichtende Maschinen anfallen. Mit voller Kraft voraus möchten wir empfehlen, auch der Top-Schiene des Hauses Respekt und Bewunderung zu zollen. Gerade mal ein Barrique'chen pro Jahr wird mit Spätburgunder befüllt. Der 2006er vom Lützelsachsener Stephansberg ist ein ganz eigensinniger Knabe: vergleichsweise leicht und zart, sehr sortentypisch, am Gaumen annähernd unvergänglich. Einer, mit dem man sich gern lange und ausgiebig beschäftigen möchte. „Wer Holzbomben haben will, kriegt bei uns keine", stellt Michael Raffl klar.

Neben Spätburgunder (auch Blanc de Noir!) immer noch von größter Bedeutung in und um Weinheim: der Müller-Thurgau, nicht zuletzt als Neuer Wein. „Da sind wir sehr stolz drauf!" Auch beim Riesling „ist die Nachfrage im Moment unheimlich hoch." Das erscheint nachvollziehbar, denn so fruchtig-elegant wie der 2007er Weinheimer Stephansberg Riesling Kabinett trocken plätschert einem nicht alle Tage jemand über die Lippe. Er scheint ebenso dem Gedanken der Klarheit verpflichtet wie der Hohensachsener Stephansberg Lemberger: ebenfalls kein aufdringlicher Brüller, sondern ein ausgereifter Charakter mit besten Manieren. Eine ganz angenehme Süße schmirgelt den Trunk. Pappig schmeckt er nicht.

„Flächenausweitung ist geplant, soll aber übersichtlich bleiben." Wir haben den Eindruck, die Raffls sind im Begriff, für die Bergstraße zwischen Weinheim und Heidelberg eine prominente Winzer-Adresse zu erschaffen. Unerachtet der höchst willkommenen Einflüsse aus dem südlichen Alpenraum, prägt die lokale Verwurzelung den engagierten Zugriff. Vom Erker der Törggelestube aus hat man den besten Überblick über die Rebhügel der Sachsendörfer. Eine insofern auf der Hand liegende Idee, endlich eine kombinierte Identifikationsmarke für die Groß-, Hohen- und Lützelsachsener zu kreieren: Seit kurzem sprudelt der „Saasecco" in Rot und Weiß. In der langen, langen Wärmeperiode hierzulande dürfte dieses „jüngste Produkt des Hauses" auf vielen Tischen, in vielen Gärten und in der Törggelestube sowieso für vorneweg und hinterher gesetzt sein.

Zwei aus dem Sortiment: Grauburgunder und Gewürztraminer aus Groß- bzw. Hohensachsen.

Genau da sollten wir uns mal verwöhnen lassen: mit Knödeln, Speck und Raffl-Weinen.

BRENNEREIANLAGEN
TIERGARTEN

Weingut Carl Freudenberg

Weinheim

Das leistet die Bergstraße.

Privatweingut. Es erfolgt keinerlei Vermarktung, daher keine Adressenangabe.

In diesem Punkte sind sich Kleist, Rilke und die antiken Ontologen einig: Zur conditio humana gehört eine Gespanntheit auf Ziele hin, der Tendenz nach auf unerreichbare. Verlöre aber der Mensch diesen Stachel der Unerfüllbarkeit aus dem Fleische, gewönne er tatsächlich paradiesische Fülle, so drohte ihm das Ende seiner Spannkraft: finales Erschlaffen. Einfacher: Könnten wir alles gewinnen, müssten wir alles verlieren. Ist dies ein Trost? Zuzeiten. – Werden wir deutlicher. Die Weine, welche wir im Folgenden mit rhapsodischem Überschwang besingen sollten (aus Gründen der Rücksichtnahme dimmen wir ein wenig ab), werden Sie aller Wahrscheinlichkeit niemals zu kosten kriegen. Dennoch ist es wichtig zu wissen, dass es sie gibt. Nicht nur kulturhistorisch erscheint es von Belang, die Erzeugnisse des nicht marktenden Weinguts Carl Freudenberg aufzuführen; sie dienen zugleich als unverkäufliches Muster der höchsten Möglichkeiten, die an der Bergstraße gegeben sind. – Doch so schnell geben wir wirklich nicht auf: Gibt es denn gar keine Chance, Herr Bielig?

„Nein. Absolut keine." Erst nach unerträglich insistentem Nachhaken nennt der Betriebsleiter des firmeninternen Weinguts drei Wege, wie zumindest einige zu

Kleine, feine Kollektion.
Drei gute Beispiele dafür. Nebenstehend das neueste „Hobby" der Freudenberger: eine phantastische Brennanlage.

Aus dem Vollen schöpfen: Betriebsleiter Georg Bielig.

dem einen oder anderen Schlückchen von den besten Weinheimer Lagen kommen könnten: 1) Heiraten Sie in die Familie Freudenberg ein. 2) Werden Sie Lieferant bedeutender Stoffe. 3) Versuchen Sie's als Großkunde. So ein paar Dutzend Simmerringe kann man doch immer gebrauchen! Dann ist die Firma großzügig: 20–30.000 Flaschen verschickt die Freudenberg Service KG allweihnachtlich in alle Welt. Der Rest bleibt Eigentum der ca. 300 Anteilseigner.

Ach ja, eine vierte Gelegenheit bietet sich noch: Werden Sie Nachfolger von Georg Bielig, wenn dieser sich in einigen Jahrzehnten mal zur Ruhe setzen sollte. Aber das kann noch dauern. Auf nachlassende Motivation braucht man gar nicht erst zu hoffen: „Bei Freudenberg ist ja das Schöne: Wir haben alle Möglichkeiten, Qualität zu erzeugen." Auf drei bis höchstens fünftausend Liter Ertrag pro Hektar ist die drakonsich selektierte Ausbeute angesetzt. „An der Grenze des Machbaren," präzisiert Bielig. Gelegentlich werden die Freudenberg-Weine zu Prämierungen gesandt; dann räumen sie ab, in sämtlichen Disziplinen, vom Gewürztraminer über den Weißburgunder bis zum Spätburgunder. Der Riesling wird oft nicht richtig verstanden.

Was nicht eben für die sensorische Vollreife der gestrengen Prüfer spricht. „Unsere Rieslinge setzen sich ab. 13, 14, 15 Prozent sind durchaus möglich." Aber, um Gottes Willen, was soll man denn machen, wenn 110°

Oechsle ohnehin zumeist erreicht werden! – Es gilt einen Weinberg zu feiern, der bislang eher ein Undercover-Dasein geführt hat, dem Potenzial nach jedoch in eine Kategorie mit Renommierlagen wie dem Forster Kirchenstück, dem Brauneberger Juffer oder dem Würzburger Stein gehört. Der Riesling vom Weinheimer Hubberg verschlingt all jene, die ihn zu trinken meinen, als wäre ihm eine Vakuumpumpe eingebaut worden. Schon die Spätlese trocken aus 2005 (14 % Alc.) bestürmt den unvorbereiteten Weinliebhaber mit heftig zupackender Leidenschaft, spinnt ihn ein in ein dichtes Netz wollüstiger Aromen – und lässt ihn nicht wieder frei, bis das Geständnis abgelegt ward: „Ja, du bist der Beste, den ich je hatte!"

1999, da war noch der Malscher Purist und Spitzenerzeuger Herbert Becker verantwortlich (Kraichgauer Weinlesebuch, Route 3), wurde am Hubberg ein Riesling gelesen, der noch neun Jahre später in voller Jugendkraft im Glase strotzt. So etwas heißt man einen Wein für bekennende Riesling-Liebhaber; so etwas heißt man Edelfirne! „Eine der seltenen Lagen ist der Hubberg, der von drei Seiten Sonne kriegt. Den ganzen Tag lang. Reine Verschmelzungsprodukte sind die Böden; das ergibt diese einzigartige Mineralität." Wenn Bielig über den Hubberg erzählt, klingt das wie wenn ein Trainer von seinem besten Stürmer schwärmt. „Der Hubberg ist eine Lage, die so was möglich macht. Das sind alles

So was haben wir auch noch nicht gesehen, geschweige denn getrunken: ein Weißburgunder wie aus 1001 Nacht ...

Gut investiert.
Bei Freudenberg ist alles auf dem neuesten Stand.

kleine Terrassen. Da sieht man mal, was unsre Weine leisten können!" Seltsam, aber der Hubberg ummisst weit mehr als die 3,5 ha im Besitz der Freudenberger. „Nur ein Bruchteil ist bewirtschaftet. Da sind eine Menge Parzellen, wo man dürfte – aber keiner will!" Was soll das denn? Hallo, Weinheim! Bitte kurz mal aufwachen! Hier ist was drin, wonach sich andere Kommunen vor Sehnsucht verzehren. Eine Spitzenlage, die kaum genutzt wird? Eins dürfte klar sein: So kann das nicht bleiben ...

Doch da sind ja noch weitere Rebstücke in Freudenbergischem Besitz, der Stephansberg etwa, zu Lützelsachsen, wo 2005 ein solitär anmutender Weißburgunder auserlesen wurde. Ein trockener Süßwein gewissermaßen, mit einer erschütternden Tieffarbigkeit und einer suchtgefährdenden Aromatik. „Den Süßweinen gehört hier meine Liebe", gibt Georg Bielig zu. Ohne viel Worte zu machen, signalisiert der Virtuose per Mimik, dass er durchaus damit einverstanden ist, was dem Holzfass und dem Edelstahltank entquollen ist. Da uns zu diesem jenseitigen Erzeugnis keinerlei Vergleiche einfallen wollen, leiten wir geschickt über zum Spätburgunder vom Weinheimer Rittersberg aus 2003. Auch da befinden wir uns in der Zwickmühle; diese Voluminosität zu beschreiben, ermangelt es uns an dichterischem Talent. Nur so viel sei verraten, dass wir kein Fläschchen davon, so wir denn eines besäßen, je gegen einen Ornellaia, Sassicaia oder Tignanello eintauschen würden. Zweieinhalb Jahre lang hat sich dieser Riese im Barrique geschickt versteckt gehalten. So gewaltig wie friedliebend, dürfte er keine Konkurrenz zu fürchten haben.

Zum Niederknien: die Spätburgunder Spätlese aus 2003 vom Weinheimer Rittersberg.

Mit verhaltenem Stolz blickt Georg Bielig in die Zukunft. „Wir haben jetzt Spätburgunder auch in einer Steillage im Stephansberg stehen. Neue Klone. Schon im Fass ganz hervorragend ..." Des Weiteren bebaut die Freudenberg Service KG im Auftrag der Unternehmensgruppe Freudenberg „ein ganzes Wiesental bei Sulzbach. Da haben wir Riesling stehen: das Klassische, was wir kennen. Stahlig. Mineralisch." – Vom Brenner Bürgy, einer Bergsträßer Zelebrität, wurde vor kurzem ein Brennrecht erworben. Und hernach eine Destille erbaut, die schon ästhetisch ein Sondervergnügen bereitet. „Die Brennerei ist unser neuestes Hobby. Wir sollen hier sehr viel Wert legen auf Tresterbrände. Gucken wir mal, was dabei herauskommt."

Bieligs Vorgesetzter Kronshage bestätigt den Eindruck, der sich schon nach flüchtigem Besuch aufdrängt: „In der Tat. Der Wein ist ein hohes Gut für Freudenberg." So mag es schon der Firmengründer gesehen haben. Carl Freudenberg, der 1849 mit der Gründung einer Gerberei den Grundstock schuf für den heute weltumspannend operierenden Konzern, war selbst Sohn eines Weinhändlers. Um die 35.000 Mitarbeiter sind für die Unternehmensgruppe tätig. Selbst im sozialen Bereich ist der Name Freudenberg hoch angesehen; eine Stiftung fördert zahlreiche Projekte im In- und Ausland. Traditionspflege im engeren Sinne wird mit der Unterhaltung des Hermannshofs betrieben, eines Schau- und Sichtungsgartens nahe dem Weinheimer Schloss, inmitten das Herrenhaus der Weinforscherfamilie von Babo.

Was uns freilich weiterhin interessieren muss: Wie geht es denn so einem wie Georg Bielig an einer derart exponierten, verborgenen Stelle wie der des Betriebsleiters bei Freudenberg? „Das macht natürlich alles Riesenspaß, auf so einem Niveau arbeiten zu dürfen. Manchmal fehlt's halt ein bisschen an Bestätigung und an Kritik. Das bringt das Profil halt so mit sich." Wohlan, bester Herr Bielig, liebe Freudenberger, wir strecken alle Waffen der zersetzenden Kritik und bestätigen punktum: Diese Weine gehören zum Nonplusultra all dessen, was wir in einem gesegneten Weinjournalistenleben verkosten durften. Höher, weiter, ausgereifter geht's mit den Trauben wohl nimmer und nirgends. Dieses Weingut ist der Melibokus unter den Betrieben der Region. Ein bestens getarnter, wohlverstanden ...

Zum Schwarzen Ochsen
Sulzbach

Jede Bratwurst in den Umbau gesteckt.

Nördliche Bergstr. 26
Weinheim-Sulzbach
06201 45365
www.zum-schwarzen-ochsen.de

Alle kamen hier vorbei. Alle mussten hier vorbei. Droben die Berge, drunten der Sumpf: Eine schmale Strecke blieb für die Kutschen, die hier zu Stoßzeiten A 5-artig vorüberholperten. Ende des 18. Jahrhunderts war der Ochse schon „ein geschlossenes System: mit eigener Bäckerei, Metzgerei, Schankstube, später auch Kolonialwarenladen." Adam Gassner hat ihn gerettet, den alten Ochsen. Fast wäre es dem ehrwürigen Gasthof so ergangen wie den meisten seiner Art: richtiger Zeitpunkt verpasst, Renovierung zu teuer, weg damit. „Als wir hier reinkamen, sind die Bäume im Hof gewachsen ..."

1996, sozusagen zum 200. Jubiläum der Schildgerechtigkeit des Ochsen, hat Gassner das Ensemble erworben. Das schönste Kompliment kam von den Alteingesessenen: „Ihr habt ja gar nix geschafft!" Sohn Roman Gassner amüsiert sich noch heute: „Das fiel denen gar nicht auf!" – Die Schenke selbst hat übrigens kein Fundament; sie wurde auf Granitfindlingen errichtet. „Versuchen Sie mal, ein Bild im rechten Winkel an der Wand aufzuhängen!" Keine Chance, die Gaststube folgt ihren eigenen Natur-Gesetzen. Darin kommt so ein Unsinn wie gerade Wände halt nicht vor. Waldi bleibt eisern: „Auf keinen Fall wird das hier auf modern getrimmt!" Na so ein Glück.

Restaurant-Restaurator:
Roman Gassner.

Dabei musste jedes Detail gereinigt, ergänzt, neu zusammengesetzt werden. Was Gassner gelang und was kaum einem gelingt: Auf diese aufwändigste aller Renovierungsweisen wurde die Aura des Gebäudes erhalten. Wer sich heute im Hof-Biergarten oder in einer der beiden originalen, originellen Bauernstuben niederlässt, kann meist gar nicht recht fassen, wie das zugegangen sein mag. Insofern, Herr Gassner: Sie haben eine aktive Museumspädagogik mit Erlebnisfaktor 1 im Angebot! Die alte Backstube und eine mit landwirtschaftlichen Geräten wohl dekorierte Wagenhalle komplettieren die Sulzbacher Sehenswürdigkeit. Und der herrliche Festsaal vom

Anfang des 20. Jahrhunderts dürfte im Raum Weinheim einzigartig sein – nicht nur aufgrund seiner handfesten Kirchendach-Konstruktion, sondern auch und gerade des hohen atmosphärischen Mehrwerts wegen.

Doch allzu museal geht es im Ochsen wirklich nicht zu, keine Bange. Dafür sorgt schon die von Roman Gassner selbst angeheizte Küche. Der Sohn eines „alteingesessenen Weinheimer Gastronomen macht alles, was kommt – von einfach bis Gala." Gewiss, das so geheißene „Schnitzelparadies" lockt eine ganz bestimmte Klientel nach Weinheim-Sulzbach. Warum denn auch nicht! Ein phantastisches Schnitzel brutzelt sich wirklich nicht leichter als ein Chateaubriand. Mittags sowie an Sonn- und Feiertagen werden die im Spektrum von „Italiano" bis Zwiebel angebotenen Hungertöter auch noch preisreduziert angeboten. Daneben laben das Kombisteak (halb Knobi, halb grüner Pfeffer), der Spanferkelrollbraten und natürlich auch der Kochkäs – mit und ohne Schnitzel – den zusammenbrechenden Bergstraßenwanderer. Pfungstädter Pils aus dem Steinkrug sowie Weinheimer

Freiluftmuseum Schwarzer Ochse
an, um und in der Wagenhalle.

Von drei Möglichkeiten
die mittelgroße. Gastraum im Ochsen.

Ein vielseitiger Ochse,
wahrhaftig. Und ein Kulturzentrum obendrein.

Festsaal
und alte Backstube.

Rittersberg Riesling und Spätburgunder kräftigen zu neuen Taten.

„Mein offizielles Leben hat aufgehört mit 22. Da war Ende mit Party ... Weshalb ich hergekommen bin?" Wie in Zeitlupe heben sich Roman Gassners Schultern. Auch wenn er den Grund für seinen Totaleinsatz heute nicht mehr rekonstruieren kann – ganz so grau und öde scheint sein Leben wahrhaftig nicht zu verlaufen. Verschiedenartigste musikalische Veranstaltungen mit Breitenwirkung, vom Bauchtanz bis zum Oldieabend mit „Nobby and the bobcats", Festivitäten und Banketts in rascher Folge beleben den Gasthof fundamental. Ganz Sulzbach profitiert davon; und vielleicht der Gastgeber sogar ein wenig selbst. Zumindest, wenn der größte Abendandrang vorbei ist, wird der Ochsen-Retter wohl manchmal selbst im Hof Platz nehmen, ein wenig den Kopf schütteln, wie das alles so gekommen ist ... und die prächtige Stimmung einfach mitgenießen. Grund dazu hat er wirklich.

Winzergenossenschaft Bergstraße
Hemsbach

Wir sind die Genossenschaft mit dem höchsten Spätburgunder-anteil im Winzerkeller Wiesloch.

Es wird viel geraunt und gemunkelt über Regionalisierung als Wirtschaftsstrategie, über die Stärkung von Standorten durch Intensivierung lokaler Netzwerkarbeit usf. Alles recht und schön. Doch tatsächlich und zuallermeist müssen Verbraucherentscheidungen für einen Konsum im Nahbereich als psychisches, als emotionales Phänomen begriffen werden. So kommt dem Erhalt identitätsstiftender Marken eine mehrdimensionale Bedeutung zu, soll heißen: Der reale Kulturwert eines solchen Erzeugnisses schlägt sich in Verkaufszahlen nur zu einem geringen Prozentsatz nieder.

Um endlich ganz furchtbar konkret zu werden: Dass die Lützelsachsener, Großsachsener, Hemsbacher heute noch „ihren", an den Hängen der Heimatdörfer gewachsenen Wein trinken dürfen, ist dem Engagement und dem Durchsetzungswillen einiger genossenschaftlich organisierter Winzer zu verdanken. Einer von ihnen, Kurt Pfliegensdörfer, der wohl umtriebigste im Bezirk, hat ein Gutteil seiner Schaffenskraft dem Erhalt und der Pflege jener unersetzlich wertvollen Lagen an der Bergstraße

Weingut im
Winzerkeller Wiesloch
Im Brühl 22
69502 Hemsbach

Kurt Pfliegensdörfer, oberster Weinsiegelbewahrer der Winzergenossen.

Typische Kleinlage
in Hemsbach –
und der berühmte
Lützelsachsener Rote.

gewidmet. Die Parzellen sind größtenteils klein, steil, untermischt von Hohlwegen, Hecken, Wäldchen ...

„Wir sind eine kleine Truppe, gerade mal hundert. Fünfzig davon liefern ab. Meine Winzer haben immer sehr diszipliniert gelesen; 2006 war das natürlich besonders von Vorteil." Das ist schon mehr als Stolz, wenn der Genossen-Zenturio (lat. Führer der Hundertschaft) von „seinen" Winzern erzählt. Es ist Reflex auf eine Entwicklung, wie sie heute nur den wenigsten zu erleben vergönnt ist: gemeinsam aus einer schwierigen Situation herausfinden und Lösungswege ebnen – und sogar die Früchte der neuen Zeit selbst ernten und schließlich genießen dürfen!

Wenn Pfliegensdörfer berichtet, die vereinigten Winzer aus Laudenbach, Hemsbach, Sulzbach, Weinheim, Lützelsachsen, Hirschberg seien eine „trockene Genossenschaft", meint er damit weder etwaige charakterbedingte Nüchternheit noch abstinenzlerische Tendenzen; „trocken" nennt man jene WGs, die den Wein nicht mehr selbst ausbauen. Bereits 1965 haben sich die Bergsträßer dem Winzerkeller Wiesloch angeschlossen. Gewiss kein leichter Schritt, für den Erhalt des Betriebs – und der Lagen! – gleichwohl alternativlos. 1971 wurde die alte Zehntscheuer verkauft und eine neue Kelterhalle errichtet.

Hauptsorte ist mit 75 % natürlich immer noch der Spätburgunder. Beredt gibt der 2003er Hemsbacher

Rittersberg Auskunft über die spezifische Rotwein-Tradition vor Ort. Eigentlich „lieblich" ausgebaut, dürfte die klare Struktur, der nicht üppige, sondern gut durchtrainierte Körper auch Freunde des Staubtrockenen überzeugen. 20 g Restsüße werden stabilisiert von ausreichend Säure. „Bei dem Wei hammer halt Glück gehabt", stellt Kurt Pfliegensdörfer das eigene Können ein wenig in den Schatten. „Eine Zeit lang war es verpönt, lieblichen Wein zu trinken. Das war ja uncool ..." Wie gut, dass es mit jedem Dogmatismus einmal sein Ende hat.

Rund und kräftig im Ausdruck, beweist der trockene Weißburgunder aus Großsachsen eine erstaunliche Vielseitigkeit. Freilich, an alteingesessenen Gastwirtschaften, wo er der Tafel Zierde wäre, fehlt es ein wenig; doch auf vielen Großsachsener Tischen ist er noch wie selbstverständlich zu finden. Vergleichbare Bedeutung hat für Lützelsachsen der meist trocken ausgebaute Spätburgunder. Gut vertreten im regionalen Einzelhandel, bleibt er immer eine Bank. Wie sein Kollege, der Weißburgunder, zeigt sich auch der Rote vom Rittersberg für allerlei Aufgaben gewappnet. Zum Vesper, zum Braten, zur Stunde am Kamin ein verlässlicher, sympathischer Partner.

Pfliegensdörfer ist es zu verdanken, dass die Winzergenossenschaft Bergstraße rechtzeitig den Weg der Qualitätsentwicklung eingeschlagen hat. „Initialzündung war, dass die Preise dermaßen in den Keller gegangen

Winterreste im Weinberg auf der Grenze zwischen Baden und Hessen. Und schwer geprüfter Wingertsknorze aus derselben Lage.

Aufstieg in den Hohlweg. Vorfrühlingsszene bei Laudenbach.

sind. Ausschlaggebend ist das Menge-Güte-Gesetz. Bei jeder passenden und unpassenden Gelegenheit sag ich das!" Gerade einmal 50 kg pro Ar sind keine Seltenheit mehr; das wäre in etwa die Erntemenge internationaler Spitzenwinzer. – Von wegen international: „Ich hab mir das gegönnt: Zum Ende meiner Arbeitszeit bin ich in den USA gewesen. Im Napa Valley haben die sogar goldne Türklinken. So ein Prunk. Da hab ich auch mit die teuerste Flasche Wein meines Lebens getrunken. 30 Dollar!" Nun, wir nehmen an, dass Kurt Pfliegensdörfer und die Seinen auch künftighin auf unnötige Vergoldungen verzichten werden. Der jährliche Medaillenschimmer bei zahlreichen Prämierungen schafft doch wahrlich Glanz genug.

Die Ente vom Brunnen und andere Märchen

Heppenheim

Die Bergbildung setzte ihn in Staunen. Es war so etwas ganz andres wie das, was sie daheim Berge nannten. Das waren nur schüchterne Erdhaufen dagegen. Und was den Peter noch so wunderte: die Wingerte an den Hängen. Also auch da gab's Wein! Und er musste sich noch belehren lassen, der hiesige sei recht gut. Da war er ganz still, das konnt' er gar nicht begreifen. Und ein Rheinhesse begreift nichts von seiner Nachbarprovinz Starkenburg …

Geben wir ruhig einmal ein wenig Entdecker-Ruhm an einen ab, der's verdient hat: Ludwig Fertig leistet mit seiner Sammel-Arbeit „Deutscher Süden. Dichter an der Bergstraße" nicht weniger für die Kulturerhaltung in dieser Landschaft als all die Winzer, Obstbauern und Naturschützer. Wir sind seinem profunden Werk erst begegnet, als die Recherchen fast abgeschlossen waren. Freimütig geben wir zu: Er war genauer, fleißiger als wir. Viele, die uns entgangen wären, hat er als geistiges Eigentum der Bergstraße zurückgegeben. Einer davon: der oben aus seinem Roman „Peter Nockler" zitierte Wilhelm Holzamer, den meisten, wenn überhaupt noch, als Dichter des Darmstädter Jugendstils geläufig.

Wahrgewordenes Märchen Heppenheim. Den Marienbrunnen auf dem Marktplatz gibt es wirklich. Und die Ente ebenso. Ab und zu kommt sie zum Schwimmen.

Zwischen Bensheim und Heppenheim sieht die Bergstraße aus wie ein richtiges großes Ausbaugebiet.

Sechzehnjährig kam Holzamer ans Bensheimer Lehrerseminar. Seine Furcht, in den finstren Odenwald versetzt zu werden, verlor er zwar, nachdem er für ein Jahrzehnt Anstellung an der Heppenheimer Realschule erhielt; aber so richtig heimisch wurde er hier doch nicht. „Frei sein muss der Poet" war seine zeittypische Überzeugung. Großherzog Ernst Ludwig holte ihn schließlich nach Darmstadt. Mit einer Schauspielerin ging er von dort aus nach Paris, seine inzwischen auf acht Köpfe angewachsene Familie sowie ein Landhaus im Metzendorf-Stil in Heppenheim zurücklassend. In Paris infizierte ihn eines seiner Kinder mit Diphterie. Holzamer starb mit 37. Eine große Portion Hass hatte er gegen die Heppenheimer Honoratiorenschaft angespeichert. Mit Sicherheit lässt sich in seinen Gedichten und Romanen („Der Entgleiste") dennoch mancherlei Lesenswertes über die Bergstraße aufstöbern.

Heppenheim – wie wäre dies anders möglich! – hat ganze Kohorten geistvoller, empfindsamer, für das Schöne begeisterter Leute an sich gezogen. Manche sind hier glücklicher geworden als der vergrübelte Holzamer. Paula und Martin Buber zum Beispiel. Vom Ersten Weltkrieg bis zur Emigration 1938 lebten sie in der Werléstraße 2. Bis heute ist das Haus ein Zentrum des Bergsträßer Geisteslebens geblieben. Werfel, Wolfskehl, Hesse, Kafka, Stefan und Arnold Zweig, Hofmannsthal und nicht zuletzt Rabindranath Tagore zählten zu Martin Bubers engen Kontakten. 1921 hatte Buber den synkretistisch-pazifistischen Dichter während der Tagore-Woche in Darmstadt, organisiert von der „Schule der Weisheit" des Grafen Keyserling, kennengelernt. Es ist interessant, dass es Martin Buber schon damals ähnlich erging wie noch heute abendländisch geprägten Geistmenschen, wenn sie mit den Wonnen der Esoterik konfrontiert werden: „Er kennt unsere Last nicht und meint, sie uns leicht machen zu können, indem er uns darlegt, wie leicht er es hat ..."

1930 besuchte Tagore auch Paul Geheeb, den Reformpädagogen und Gründer der im nahen Oberhambach gelegenen Odenwaldschule. Der Heppenheimer Wilhelm Mainzer schreibt, „dass die beiden Graubärtigen wie Zwillinge erschienen seien" (zit. nach Fertig, Ludwig, Deutscher Süden). Neben Wilhelm von Scholz und Felix Hartlaub war Klaus Mann sicherlich einer der berühmtesten Schüler des menschenfreundlichen Internats. Von hier aus wanderte der Hochbegabte weiter zum theosophischen Zirkel des Alexander von Bernus auf Stift Neuburg bei Ziegelhausen, wo Stefan George, gern in Begleitung von Friedrich Gundolf, Hof zu halten pflegte. – Um das Maß des Geistigen endgültig überlaufen zu lassen, sei nun auch noch Werner Bergengruen zitiert, dem nicht nur das „Buch Rodenstein" (s. Route 7), sondern auch eine „Deutsche Reise", die er 1934 an der Bergstraße entlang lenkte, zu verdanken ist:

Die Berge haben Teil an der Heiterkeit, sie sind ohne Schroffen; selbst der Malchen, der daneben den herzensdrol-

Schnitz und Schnitz

Ein veritables Herbst- und Wintergericht, früher auf dem Land weit verbreitet. 400 g gewürfelten Speck (Dörrfleisch) und 500 g geschälte, gestückelte Kartoffeln mit 500 g Hutzeln (getrocknete Birnen, Trockenpflaumen geben extra Würze) anschwitzen, aufgießen mit 1 l Wasser, salzen und köcheln, bis die Kartoffeln weich sind. Der Pampes schmeckt hervorragend, sieht aber nicht so dufte aus. Man könnte sagen: er hat Charakter. Bzgl. der Bedeutung der Birne für die Hessische Küche existiert ein einprägsamer, aussagekräftiger Reim, dazu angetan, die ungemeine kulinarische Vielfalt der goldenen Vergangenheit im Hessenlande zu illustrieren:

Mir esse Beern
un drinke Beern
un quetsche Beern
zum uffs Brot zu
schmeern.

Geschichten vom Rabbi Nachmann und von vielen anderen mehr: Martin Buber, ein erzählender Religionsphilosoph.

Geistiges Zentrum: das Buberhaus, bis heute ein Ort gelehrter Gespräche.

Dom der Bergstraße: beeindruckend überdimensioniert.

ligen Namen Melibokus führt, hat das Lächelnde, das Sanfte des Landes zu seinen Füßen. Lebhaft, zierlich, zutraulich sind die Städtchen, Seeheim, Jugenheim, Zwingenberg mit seiner hochgelegenen, ummauerten Kirche, Auerbach, Bensheim, Heppenheim, wo der schwere, hitzige Bergsträßer Wein wächst. Denn dies ist Weinland wie Obstland und ein rechtes südliches Paradies.

Tja, und mitten dahinein wollen wir uns jetzt stürzen! Zugegeben, normalerweise stürzt man sich nicht in Paradiese. Aber in dieses schon. Man kann einfach nicht anders. Denn vollkommen unvergleichlich, man kann es gar nicht anders sagen: Bis ins letzte Detail mythenschaffend ist dieses Heppenheim. Lässt sich's irgendwo erhabener

Im Kurmainzischen Amtshof wird Theater gespielt und manchmal eine Partei gegründet (FDP). Außerdem erwähnenswert: der Winzerkeller der Winzergenossenschaft.

Schon mal von einem solchen Marktplatz auf solche Steilhänge geguckt? Bestimmt nicht, wenn Sie noch in Heppenheim waren.

ein Gläschen leeren als auf dem Marktplatz vorm **Goldenen Engel** mit Blick auf die steile Starkenburg und den Schlossberg? Oder, vice versa, von der **Burgschänke** herunterspähend, in engem Kontakt mit einem Odenwälder Flammkuchen, gratiniert mit Hand- und Kochkäs und bestückt mit einem Schnitzelchen? Oder doch lieber vorm, hinterm oder im **A–Z**, dem alten Schulhaus im Domeck, einem der schnuffeligsten Fachwerkhäuschen Deutschlands, wo zum Kochkässchnitzel rotblondes Ducksteiner oder Apfelwein der Kelterei Horn fließt? Historiker werden sich wohl für den **Winzerkeller** im Kurmainzischen Amtshof entscheiden, Stammsitz der Winzergenossen, Gründungsstätte der FDP, als noch ein Theodor Heuss für humanistisches Gedankengut garantierte ...

A bis Z. Sprechender Name für das alte Schulhaus, vorne, hinten, in der Mitte eines der schönsten heute bekannten Gasthäuser.

Recht hat er –
Heppenheimer Lebensart wie aus dem Heimatbilderbuch.

Und was trinken wir da überall? Die Weine der Bergsträßer eG natürlich. Oder die von Freibergers, den wichtigsten Privatwinzern Heppenheims. Im **Hirschen** an der Siegfriedstraße liegt der Schwerpunkt auf heimischer Gastronomie und regionalen Weinen; ein paar selbstgekelterte gibt es allerdings auch. Dem Heppenheimer Schlossberg begegnen wir übrigens in mancher Route. Denn eine ganze Reihe Winzer verfügt hier heroben, im spektakulärsten Teilstück der Bergstraße, über einige Are. Gegenwärtig werden die Flächen arrondiert; man begründet dies freilich mit Wirtschaftlichkeit und Flächenerhalt. Es scheint, die Bauarbeiten fallen hier wirklich nicht so grobianisch aus wie andernorts; denn ausgerechnet diese Kleinteiligkeit, dieser prompte Wechsel zwischen Zwerg-Terrassen, halbverwilderten Hangstücken, Wald und ausgedehnteren Wingerten prägt ja den Charakter des Schlossbergs. Seien wir also hoffnungsfroh oder – mit Georg Kreisler: Fürchten wir das Beste!

Bricolage.
In nächster Nähe zu Dom und A–Z gibt es Heppenheim noch einmal. Im Kleinen. Erschaffen von einen Freiluftspieleisenbahner.

DER SPAZIERGANG Eigentlich würde es reichen, in Heppenheim herumzuschlendern; vom Wormser Tor zum Marktplatz mit dem Marienbrunnen, wo zuzeiten eine weiße Märchen-Ente ihre Kreise schwimmt, hoch zum Bergsträßer Dom, Treppen runter und zum Marktplatz zurück. Das Ganze drei bis fünf Mal, zu unterschiedlichen Tages- und Nachtzeiten, den Laternenweg entlang. Und zwischendurch immer mal da und dort einkehren. Aber es geht auch anstrengender. Hinter St. Peter, dem Dömchen, führt eine Steintreppe in die Höhe. Oben angekommen, wenden wir uns jappsend nach links, bis das Freilichttheater erreicht ist. Den Platz würdevoll überschreiten, alsdann in den Wald eindringen und den Wegbiegungen folgen. Wir können nun immer tiefer in den Odenwald hineinwandern, bis wir über Sonderbach zum **Steigkopf** gelangt sind, wo wir rechtschaffene Atzung zu gewärtigen haben. Oder wir überklettern den Klippengrad Richtung Erbach. Und setzen uns beim **Jäger** mitten in den rasigen Garten. Und genießen Ruhe, Waldluft, Ebbelwei und alles, was der Wirt uns zu vertilgen gibt.

Starkenburg
SCHLOSSBERG
STEILLAGEN
WEIN
HEPPENHEIM
Bk
8
F
SEPP
1
FEURIGER
DARMSTADT
RAUCHEN
DER
SEPP

Bergstraße, du machst einen fertig!
Wie heißt es so schön in Mahlers Rückert-Vertonung?
„Liebst du um Liebe, o ja, mich liebe!"

Bergsträßer Winzer eG
Heppenheim

Wir sind die einzigen Genossen in Deutschland, die zwei Anbaugebiete bewirtschaften.

Darmstädter Str. 56
Heppenheim
06252 79940
www.bergstraesser winzer.de
www.erlebnispfad weinundstein.de

Zu Gast beim Tycoon der Bergstraße, beim über Länder-, Sorten- und Traditionsgrenzen hinweg operierenden, mitglieds- und flächenstärksten Betrieb des gesamten Anbaugebiets! Nun gut, Tycoon mag ein wenig hoch gegriffen sein eingedenk der Tatsache, dass die Hessische Bergstraße vor noch gar nicht langer Zeit das mit Abstand kleinste Anbaugebiet in Deutschland war. Doch immerhin 17 Einzellagen (!), verteilt auf 263 ha (!!), bewirtschaftet von 501 Winzerfamilien (!!!), verschaffen dem Interessierten den denkbar größten Überblick zum Thema. Wohlgemerkt, die Lagen befinden sich in Hessen *und* in Baden; ob die Bergsträßer Winzer eG für diesen nicht gering zu achtenden Beitrag zur Völkerverständigung je gebührend gewürdigt wurde, konnten wir nicht in Erfahrung bringen.

Geschäftsführer Otto Guthier gehört mit Sicherheit zu den meistgefragten Persönlichkeiten der Region. Unterstützt vom Vorstandsvorsitzenden Reinhard Antes, zugleich wichtigster Rebveredler Südhessens, kooperiert das Leitungsteam aufs Engste mit den Arbeitern im Weinberg. An mitentscheidender Stelle (im Keller) tätig: Gerhard Weiß und Dirk Herdner. Innendienstleiter und Mediengestalter Adriano Einberger, seit 16 Jahren mit von der Partie, erwähnt gleich zu Beginn einen gewichtigen Kooperationspartner: den Geo Naturpark Bergstraße-Odenwald. Resultat: eine 6,9 km lange, wissenschaftlich aufbereitete Wanderstrecke durch die Lagen Steinkopf und Stemmler. Hier ist die Bergsträßer Winzer eG federführend.

Adriano Einberger, Mediengestalter aus der Mitte des Weines.

Da wir schon einmal bei hymnisch gepriesenen Lagen sind: „Die Bergstraße ist bekannt für ihren Stemmler", schenkt Adriano Einberger vom schraubverschlussten Liter-Riesling schwungvoll nach, einem klassischen „Theaterwein" für den Pausendurst. Bei den Heppenheimer Festspielen, inzwischen unter der Intendanz von Hans Richters Sohn Thomas, hat dieser impulsive Einsteiger schon die Fülle heftig beklatschter Auftritte gehabt.

Eine der nahe liegendsten, sprich brillantesten Ideen kam den DLG-zertifizierten Winzergenossen mit der „Blütenserie". Das ist genau das, was wir uns unter Bergstraße vorstellen, oder? Eine zierliche Mandelblüte schmückt die zarten Kabinett-Weine der Sorten Weiß-, Grau- und Spätburgunder (auch Rosé!), Dornfelder, Rivaner und Riesling. Vorbildlich: In der Liste finden sich sämtliche Analysedaten ohne falsche Scheu ausgebreitet! „Die Blütenserie ist ja ins Leben gerufen worden, um klassische Bergsträßer Sorten zu repräsentieren." Medienexperte Einberger hat die Verbraucher-Zielgruppe natürlich fest im Auge: „Jung und frisch getrunken, sprechen die Weine genau dieses Publikum an!" Auch in der Vermarktung hat sich der Generationswechsel überdeutlich bemerkbar gemacht. Allerlei wurde modernisiert – bis hin zur Außendarstellung durch ein „Vinokino": ein umgebautes Fass, worin in Permanenz Weinfilme laufen.

„Nicht am meisten getrunken, aber sehr begehrt" und in jeder Weise hervorzuheben ist die Premiumlinie „Terra Starkenburg". – „Damit haben wir den Top-Level unserer Qualitätspyramide erreicht." Über die „wertige" Flaschengestaltung freut sich Einberger besonders. „Naja, das Auge trinkt mit, schenkt mit ..." Auf der Suche nach Bergsträßer Vorzeige-Rieslingen sind wir hier einmal wieder fündig geworden. Im Heppenheimer Stemmler Riesling Spätlese trocken von 2007 offenbart sich einiges von den Spielmöglichkeiten zwischen grundierendem Mineral und dem ganzen Zitrusspektrum, von der Grapefruit bis zur Limette. Probierenswert auch der „neue" Sauvignon blanc vom Steinkopf; man erfährt dabei, dass die Heppenheimer Winzergenossen ganz schön in der Welt herumgekommen sein müssen.

Anlässlich des 100-jährigen Bestehens 2004 wurde eine Spätburgunder-Merlot-Cuvée mit dem treffenden Namen „Centurio" aufgelegt. „Es kommen extreme Anfragen", verrät Einberger. Durchaus frankophil im Charakter, dabei weder schwer noch süßlich – eine tiefrote Bereicherung für die Bergstraße! – Nach Privatmeinung vieler kommt der Pinot Noir-Spätlese aus dem Barrique von 2005 leitweinartige Bedeutung zu. „Das ist jetzt'n

Moderator der Bergstraße:
Otto Guthier, Bergsträßer Ober-Winzer, hat alles im Blick.

Geselligkeit wie gemalt.
Was für ein Fest auch immer: Die Weine der Bergsträßer Winzer eG sind immer dabei, genau beobachtet von einem passionierten Publikum.

Aus- und einladend: der Verkaufsraum der Winzer eG.

Hinreißender Gedanke, die Blütenserie. Wer das Etikett betrachtet, trinkt den Wein mit speziellen Erwartungen ...

Hemsbacher, 'n badischer ..." Und zwar vom Herrnwingert. Schöner, klarer, reifer hat man es bei einem hiesigen Spätburgunder noch selten erlebt, wie sich die Waldfrucht genüsslich ins Holz einkuschelt. Wir erlauben uns zu erwähnen, dass der Preis noch immer knapp unter 10 Euro liegt. Das dürfte sich (schätzungsweise schon bald) ändern ...

Freilich, zwischen Blütenträumen und Höhenräuschen wurden noch ein paar Stufen eingezogen. Die Lagenweine zum Beispiel, nicht nur für Lokalpatrioten ein Muss, sondern für alle Schnuppernasen interessant, die es lieben herauszufinden, wie sich etwa ein Bensheimer Hemsberg Riesling von einem aus der Zwingenberger Alte Burg-Lage unterscheidet, dieser wiederum von einem Heppenheimer Maiberg, von einem Auerbacher Rott, einem Weinheimer Rittersberg, Heppenheimer Eckweg oder Bensheimer Streichling. Ein wahrlich abendfüllendes Programm! Es folgen die Spätlesen: goldbedresst die Rieslinge vom Heppenheimer Schlossberg und Steinkopf. Na, und was die Eisweine der Bergsträßer Winzer anbetrifft, da ergatterte man nicht nur 1998 in der Londoner Wine and Spirit Competition die Trophäe für den besten Eiswein der Welt; nach wie vor werden in dieser edelsüßen Luxusklasse bezahlbare Modelle aufgelegt, deren überirdischer Glanz den Namen Bergstraße Jahr um Jahr und mehr und mehr vergoldet.

Weingut Freiberger
Heppenheim

Man muss für sich selbst einen Weg finden, wie man's richtig macht.

Gastwirte können manchmal sehr ungerecht sein. Nicht unbedingt zu ihren Gästen, von denen leben sie ja. Vielmehr ist es die Auswahl der Getränke, der Weine zumal, wodurch häufig unzutreffende, verzerrte Bilder der jeweiligen Güter vermittelt werden ... Wir tun Abbitte: Oft schon sind wir durch die Staunen machende Altstadt Heppenheims gewandelt, als Durchreisende; dann und wann wurde da und dort ein „Heimischer" geschlotzt. Ergebnis: ordentliche Jausenweine, meist von den Winzergenossen oder aus dem Hause Freiberger. Aha, dachten wir naiv, verkürzend, bequem wie der Mensch manchmal ist: wird halt so ein Weingütchen sein, das immerhin saubere Schoppen produziert. Warum auch nicht?

Noch einmal: um Vergebung! Denn Jahre mussten ins Land gehen, bis wir das bekamen, was wir hier erleben wollen. Einen Wein nämlich, der all das wiederzugeben in der Lage ist, was wir empfinden, wenn wir vom Marktplatz aus offenen Munds zu den Rebhängen unter der Starkenburg hinaufgaffen ... Es handelt sich um einen Heppenheimer Maiberg Riesling Selection 2005 aus dem zentralen Steilhang des Schlossbergs. Dieser Riesling erzählt alles, was wir zu erfahren dürsten. Von Dürre und Brand, Sturm und Starkregen, von verwittertem Gestein, angewehter und wieder weggepusteter Erde, von Generationen und Abergenerationen schuftender, feixender, lachender Winzer, von gestrengen Burgherren und herben bis lieblichen Ritterfräulein ...

„Herrlich!" – „Ergreifend!" hieß es im Rund. „Von welchem Weingut ist der eigentlich?" Es fiel der Name Freiberger. Und in die Begeisterung mischte sich schlechtes Gewissen, den Betrieb so lange verkannt zu haben – so wie der glühende Wunsch nach Rehalibitierung! Was hierzulande allerdings gar nicht nötig ist. Denn es hat

Hermannstr. 16/
Lehrstr. 15
Heppenheim
06252 2457

Gut beraten ist, wer bei Freiberger Wein kauft. Ein echter „local hero".

Selbstverständlich, der Riesling.
Hauptsorte an der Bergstraße, Hauptsorte im Weingut Freiberger.

sich in Heppenheim und Umland längst herumgesprochen, dass die Freibergers eine breite, gewichtige Palette auf Lager haben, von spritzig-süffig bis hochexquisit. „Es kost auch Geld, so'n Wein zu ernten", erinnert Heinz Freiberger an die pekuniäre Seite des qualitätsorientierten Steillagen-Weinbaus. „Des hat nix mehr zu tun mit dene dicke Beere von früher; da konnt merr'n Fasshahn neihaue ..." Und Gattin Elisabeth beschreibt den Selection-Riesling mit dem Schmetterling auf dem Etikett genau so, wie wir ihn erleben: „Einerseits sehr filigran, andererseits ganz wuchtig; für mich ist es immer toll zu sehen, was man aus einer Sorte machen kann."

Ja, es hat sich einiges getan, seit Elisabeth und Heinz Freiberger das Gut in dritter Generation bewirtschaften. Noch so ein „Geisenheimer Paar", angetreten, um auch in Heppenheim Tradition mit neuen Erkenntnissen zu amalgamieren. „Gegenwärtig gibt es eine Rückbesinnung auf die klassischen Sorten: also uns freut's!" Die Hälfte der 16 ha entfällt auf Riesling. Für die 2003er Trockenbeerenauslese gab's mehrfach Gold, u.a. bei Best of Riesling. – „Des war schon e mords Sach!" – Auch der 2000er Heppenheimer Steinkopf („Buntsandstein – unsere Renommierlage!") bekam Gold bei der Landesweinprämierung. Einprägsam der zarte Süßstich; Aprikosen, Pfirsich liegen im Rachenraum herum wie in der Obstschale auf Mutters Sideboard.

Als aufwändig, doch qualitätsfördernd erweist sich die Einbringung von Strohabdeckungen im südgeneigten Weinberg. „Frisch gepresst, ist es ja nicht so schwer", kontert Heinz Freiberger die ungläubigen Blicke. Der Boden wird geschützt, bleibt feucht, auch in Sommern wie 2003. Die Plackerei wiederholt sich alle drei Jahre

– im regelmäßigen Turnus an verschiedenen Stellen. – Man lernt so einiges, wenn man den Freibergers lauscht. Freilich nehmen sie die Aufgaben ebenso ernst, die ihnen von den übrigen Sorten gestellt werden. Mit Chardonnay-Anklängen reizt der 2006er Grauburgunder Kabinett trocken den Gaumen: mundig, im Duft eher verhalten, quellbachfrisch, erquickend. – Auffallend umfangreich ist die Auswahl an Sekten und Bränden.

„Bisher haben wir für jeden Barrique Gold gekriegt. Kammer schon'n bisschen stolz sein, oder?" Na klar! Wer die Spätburgunder Spätlese trocken aus 2005 probiert, kann nicht umhin, hier einen der ganz starken roten Bergsträßer auszurufen: weichste Vanilletöne, eingebundenes Holz. „Ich stell mir am liebsten 'ne Tafel Schokolade dazu vor", gibt Elisabeth Freiberger Einblick in ihre Vorlieben. Ehemann Heinz nickt zufrieden: „Tja, das können wir mittlerweile richtig gut." Bei der 2003er Spätburgunder Selection verschlägt es einem erst einmal die Sprache. 14%, klassisch ausgebaut, ohne Barrique, vollreif gelesen mit 116° Oechsle. „Die Beer'n habbe Wasser abgegebbe und sich aufkonzentriert." War eine gute Idee von den Beeren, wirklich. Lange wird es die Halbliterfläschchen wohl leider nicht mehr geben ...

Bei aller Freude über ihre gelungenen Produkte, die den Freibergers aus den Augen strahlt, reflektieren sie ungeschönt die Situation der hiesigen Weinwirtschaftspolitik. „600 Winzer auf 400 ha – und bei dem Aufwand!" Kein Wunder, „dass die meisten Jungen lieber ins Fitness-Studio gehen." Elisabeth und Heinz Freiberger gehen lieber in den Weinberg. Sie strahlen etwas aus, was kein Fitness-Studio geben könnte, nicht einmal mit integrierter Thai-Aroma-Yoga-Massage: die ruhige Selbstgewissheit, dass das eigene Tun ein gesegnetes ist.

Verpackungskunst.
Elisabeth Freiberger bei einer sattsam geübten Tätigkeit.

Weinbau Gehrig
Zum Hirsch
Heppenheim

Ich bin hier die letzte Weinstube im herkömmlichen Sinn.

Jedem Odenwaldfahrer ist es schon einmal aufgefallen, das nostalgisch beleuchtete Fachwerkhäuschen an der Heppenheimer Hauptroute ins gelobte (Ebbelwei-)Land zwischen Mittershausen und Lindenfels. Dass es sich bei Gehrigs Hirsch um ein schützenswertes Kulturgut handelt, das auf die Liste bedrohter Arten gehört, erschließt sich erst bei näherer Recherche. In vierter Generation betreibt Walter Gehrig diesen klassischen Hepprumer Gutsausschank: eine einstmals bergrückendeckend verbreitete Einrichtung, welche das Freizeitvergnügungsbedürfnis der Stadtbevölkerung vollauf zu befriedigen angetan war.

Mit 1,8 ha hat der Winzer und Gastronom in Tateinheit 1986 den Betrieb von den Eltern übernommen und – zwischenzeitlich – auf 3,5 ha ausgedehnt. „Früher gab's nur Masse, Menge", blickt Gehrig auf ein Stück selbst erlebte Weinbaugeschichte zurück. Erstaunlich optimistisch beurteilt er die Zukunftsaussichten an der via montana: „Es kommen viele talentierte Winzer nach, viele Geschulte, wo früher Weinbau auf Wochenendgrundstücken geschah."

„Bergsträßer Wein, in einem Bergsträßer Lokal vermarktet", eine naheliegende Perspektive, die Walter Gehrig gefällt. „Bedeutende Stammtische" honorieren Aura und Kontinuität im Hirschen nachhaltig. Nikolaus Schilling, bekannter Erz-Mime und Hirsch-Gemeindemitglied, formuliert seine Leidenschaft für den nach Gehrigs Enkelin benannten „Leonie-Wein" in gediegen dithyramischer Manier: „Wir trinken ihn, und wir trinken ihn hemmungslos!" Der anhängliche Prominente nahm Wohnung am Rand der Lage Steinkopf „extra wegen des Weines." So wäre von vielen zu erzählen, die sich im Hirschen kannibalisch wohlfühlen und – fühlten, von Malern, Maurern und Beamten, insgesamt die rechte Kompagnie für ein Heppenheimer Volksstück in Datterich-Manier.

Siegfriedstr. 8
Heppenheim
06252 77101

Soziale Einbindung.
Der Hirsch zu Heppenheim ist bekannt für seine Stammtisch-Dichte. Doch unbesorgt: Auch Nicht-Assoziierte fühlen sich wohl.

Leonie.
Die Namensgeberin für den Glasinhalt im Kreise ihrer Anhänger – einschließlich Staatsschauspieler Nikolaus Schilling (2.v.r.)

38 Meter lang mit 8 Metern Erdauflage wurde einst ein Eiskeller in den Berg getrieben. Walter Gehrig nutzt ihn – selbstredend – zur Lagerung seiner Weine. Neben dem Riesling bezeugt der Traminer besonders auffällig die Differenzierungs- und Anpassungsfähigkeit Bergsträßer Trünke. Nicht nur zur traditionellen Hirsch-Küche gesellt sich diese zart-zurückhaltende, hintergründig-bedächtige Spielart der sonst so auftrumpfenden Sorte gern; auch zum internationalen Experiment am heimischen Herd zeigt er sich aufgelegt – zumal, wenn die Würzrichtung fernöstlich weist.

Walter Gehrig, der in der örtlichen Genossenschaft gelernt und in Veitshöchheim seinen Techniker gemacht hat, pflegt eine gelassene Umgangsweise mit seinem

Lang, tief, eisig:
Walter Gehrigs Holzfasskeller.

Wein: „Wenn er all is, is er all …" Wählerisch greift er zurück auf die Produkte seiner Bergsträßer Nachbarn – wobei er sich keineswegs auf einen einzigen festlegen will. Im Gegensatz zu heute üblichen makroökonomischen Verfahrensweisen wird im Hirschen aufs Sensibelste Rücksicht auf Minderheitenwünsche genommen. Nachdrücklicher Gästeprotest führte dazu, dass die Bratwurst (ebenfalls roh erhältlich!) auch weiterhin von Gehrig selbst verfertigt wird. Hand- und Kochkäs, Schwartemagen mit Musik gehören zur untadeligen Basisausstattung des Gasthauses. „Was besonders zu erwähnen ist", hebt der Gastronom nicht ohne Selbstbewusstsein hervor: „Das Rumpsteak mit Röstzwiebeln. Seit Generationen ein Faktor!"

„Warum kann es denn nu' nich' immer so sein?" möchte man mit Walter Kempowski sehnsuchtsvoll ausrufen, wenn man die Hirschler so frohgemut in ihrem idyllischen Raucher-Eckchen beisammen plotzen sieht. Die Frage hat ihre Berechtigung. Denn die Zukunft des Gasthauses an der Siegfriedstraße ist zurzeit keineswegs gesichert. Walter Gehrig zuckt die Schultern: „Ich hab zwar 'n Sohn. Aber der is' Gourmet-Koch …" So kann es gehen, wenn man der Jugend die beste Ausbildung zukommen lässt! Nun, wer weiß: Schon mancher hat sich gen Heimat orientiert, wenn die Welt da draußen gar zu geschäftig braust. Junge! rufen wir (der chorischen Unterstützung aller Hirsch-Freunde gewiss), komm' nach Hause, komm' nach Hause zurück … Ein urzeitliches Lokal mit festen kulinarischen Fundamenten, bereichert durch multilaterale Küchenbeziehungen, so etwas kann die Bergstraße eigentlich immer brauchen!

Schee bundisch, das Etikett, fest zupackend der Wein: ein Riesling vom Steinkopf.

Partystimmung, nostalgisch. Dieser Hirsch röhrt bei Nacht noch mal so schön!

Urlaub jetzt!
Was wäre der Odenwald
ohne seine Herden?
Was wären wir
ohne den Odenwald?

Hinten im Oberland

Ritschweier – Gronau – Zell –
Fürth – Mossantal

Jetzt sitzt der Herr von Rodenstein im Sattel wie ein Träumender, er winkt nur und nickt den wohlbekannten Gesichtern zu, die überall auftauchen am Wege, zwischen Obst- und Nussbäumen, hinter Hecken und Hofmauern. Von oben kommt Hornruf ... Der Herr von Rodenstein hält an und wendet sich um. Und da liegt unter ihm das weite Land in der gelben Nachmittagssonne, mit den blauen Bergketten im Westen, an deren waldigen Hang sich die rodensteinische Stammburg lehnt ... Und davor sieht er die hellgrünen Wiesentäler mit den hohen schwärzlichen Pappeln und Erlen an den Bachläufen und den breiten, dunklen Nuss- und Fruchtbäumen an den geschlängelten Wegen, auf den Äckern und Wiesen, die weißen Dorfhäuser mit dem rotbraunen Fachwerk und die einförmig grauen, deren Dächer und Wände mit hölzernen Schindeln verkleidet sind. In den Bauerngärten leuchtet es weiß und rot und blau, Vögel rufen in den Lüften, purpurn flammen die Beerenbüschel an den Ebereschenbäumen ...

Als Werner Bergengruen in den Zwanzigern zu Lindenfels weilte, um sich von den Bauern der umliegenden Ortschaften all das erzählen zu lassen, was sie „vom Rodensteiner", vom mythischen Umzug in den Lüften – Schnellerts – Rodenstein und retour – zeit ihres Lebens gehört hatten, sah das Land noch ziemlich genau so aus wie zu Zeiten, da der Morgenlandfahrer und Türkenbesieger, der Reichstreue und Verfluchte, der untote Verfolger vorwitziger Nachtwanderer noch auf Erden weilte. Seit den fünfziger Jahren des 20. Jahrhunderts wurden Gersprenz- und Weschnitztal weitgehend zugebaut, mit ausgelagerten Billigmärkten zugekleistert und über überdimensionierte Kraftfahrstraßen erschlossen. Aber in den Seitentälern, zwischen Fürth und Bensheim, zwischen Fränkisch-Crumbach und Zwingenberg, da findet man sie noch, die unverstellte Odenwaldlandschaft, ganz so, wie sie Bergengruen in seinem literarisch nicht hoch genug einzuschätzenden „Buch Rodenstein" beschrieben hat.

Janz weit draußen (jwd)
Sicherheitsbedürfnisse auf einem Friedhof hinter Bensheim.

„Ei, Herr Nonens, mache se doch voll!" Ebbelwei-Seligkeit im tiefsten Odenwald.

Ja, es genügt sogar, von Heidelberg-Ziegelhausen ein wenig heraufzugondeln, gen Wilhelmsfeld – und schon breiten sie sich aus, diese voralpenlandartigen Löwenzahnmatten, bestanden mit uralten Obst- und Nussbäumen, umsäumt von nur bedingt erschlossenen Laubwäldern, die man für Stunden nicht mehr verlassen muss, selbst bei rüstigem Wandertempo. – Und noch etwas findet man hier, im Hessischen häufiger als im Badischen, aber da auch: Traditionsgaststätten ohne Schnickschnack, weitgehend auf den sterilen Zierrat der

Ganz, ganz wichtig für Jäger, Wanderer und alle, die es da dürstet: die Hohe Straße vor Hilsenhain.

Einer, der's geblickt hat: Dieter Walz, Hochleistungsbrenner und Naturschätzer.

60er-/70er-Jahre verzichtend. Sicher, man widmet sich dieserorts eher dem Ebbelwei als den normalerweise für Weinlesebücher zugelassenen Sorten; andererseits, Apfelwein, ist ja auch Wein, kann in Einzelfällen aromatisch sogar aufschließen zum Kollegium der Traubenweine. Nicht nur bei Treusch im Schwanen in Reichelsheim oder – in Champagner-Form! – beim Seidenbuchener Dieter Walz kann man solche Geschmackswunder erleben; auch mancher Selbstkelterer bringt gelegentlich phantastische Trünke, ob sie nun Moscht oder Ebbelwei heißen wollen, in den Bembel bzw. ins Krügle. Zudem: Bergsträßer Wein offeriert jeder der genannten Gasthöfe, wenn auch selten die höheren Qualitäten. Was soll's, Hauptsache, er passt zum Handkäs!

Kehren wir kurz zurück nach Wilhelmsfeld. Von dort ist es nämlich gar nicht weit zu den Vorposten mainfränkischer Apfelweinkultur. In der auch für verwöhnte Heidelberger geeigneten **Bärsbacher Hofschänke**, beim durch und durch rustikalen **Heiß** zu Lampenheim, vor allem aber in der gern von Jägern besuchten (und mit Wildpret bestückten) **Hohen Straße** am Ortseingang zum Dörfchen Hilsenhain treffen wir schon alles an, was wir uns unter Odenwälder Gastlichkeit erträumt haben. Beim **Jöste Andres** in Rittenweier bei Ritschweier neben Rippenweier handelt es sich um ein so formidables Fachwerkgasthäuschen, dass den rechten Hessen der Verlauf der hiesigen Landesgrenze von Herzen

Von unschätzbarem Wert, der Jöste Andres und seine Teufelsgeiger.

Semmede

Inspiration:
K. Schwinn, Speis und Trank im Odenwald

Eines jener Gerichte, das man als immer noch leidlich verwöhnter Mitteleuropäer mit tendenziell schlechtem Gewissen zubereitet. Denn es spricht aus ihm die schiere Not, welche an seiner Erfindung einst maßgeblich mitgewirkt hat.
200 g Buchweizenmehl („Heidenkorn", da eingeführt aus dem mehr oder weniger Nahen Osten) in kochendes Salzwasser (220 ml) einrühren, am besten mit einer Gabel, das gibt prima Krümel. Das Wasser muss vollständig verschwunden sein, was etwa 10 Minuten in Anspruch nehmen sollte. In heißer Butter braten wir die Semmede, bis sie in der Pfanne „rascheln", „rappeln" oder auch hoppeln. Manche gießen Butter- oder Sauermilch drüber. Zu Kaffee oder Kompott wurde diese Art Sterz ebenfalls gereicht. Wir bevorzugen Kochkäse. Auch als Beilage zum Odenwälder Sonntagsbraten machen sich die Semmede gut. Womit dann aber jegliche Erinnerung an gar nicht so ferne Notzeiten getilgt wäre ...

Unvergleichlich wundervoll: das Seidenbacher Eck, auf wiesiger Höh' gelegen.

grämen muss. (In seinem Dialektstück „Woinem" schildert der Verfasser, wie hessische Dragoner den Jöste Andres vorm Morgengrauen im Handstreich nehmen ...) Auf gleicher Höhe, bereits im Hessischen gelegen, rangiert das **Seidenbacher Eck**, für frisches Brot und Kochkäs-Schnitzel gleichermaßen zu lobpreisen. Schlierbach unterhalb von Lindenfels, das wahrscheinlich besterhaltene Odenwalddörfchen, beherbergt gleich drei ausgezeichnete Ebbelweilokale: **Krone**, **Bauernstube** und **Römischer Kaiser**, wovon letzterer historisch und auch sonst den Vogel abschießt. Man kann dort sogar schlafen, nicht nur auf der Ebbelweibank.

Auch das eindrucksvoll gelegene Scheuerberg bietet drei der gesuchten gastronomsichen Betriebe auf, den **Landgasthof Schäfer**, das **Steinschlösschen** und das **Pfalzbachtal**. Etwas tiefer gelegt, im Mittershäuser Tal, sammelt der **Linden**-Wirt nicht nur historische Traktoren, sondern auch Gäste aus Nah und

Landgasthaus
Zur Linde

Fern. In einer vielbesuchten Parade werden sie einmal pro Jahr ausgefahren. (Also die Traktoren.) – Um wieder ins Rodensteiner Land, sprich ins Innere des Odenwalds zurückzukehren: Hier finden wir in nächster Nähe die fachwerkerne Linde und die **Laudenauer Freiheit**, beide ausgesprochen besuchenswert. Von der Freiheit sind es nur ein paar hundert Meter zum gefährlichen Wildweibchenstein. Bei einer privaten Untersuchung im Herbst 2005 konnten übersinnliche Erscheinungen zweifelsfrei nachgewiesen werden. Näheres hierzu wiederum bei Werner Bergengruen. Wer sich tatsächlich wagen sollte, die Ruine der Burg Rodenstein des Nachts aufzusuchen, findet im vorgelagerten **Hofgut** Obdach und Bedarfsmittel. Hier spielt Bergengruens „Kirschwassergeschichte" – sie wurde nicht grundlos so benannt ...

Lustige Geschichte. Da hämmern und meißeln sich – vorwiegend italienische – Steinmetze die Fingerkuppen platt ... und dann ist das Ding zu schwer für den Transport. So liegt die sog. „Suppenschüssel", ursprünglich für den Brunnen des Mannheimer Wasserturms gedacht, eben immer noch in Steinklingen (sic!) herum. Das Gasthaus gegenüber wurde nach ihr benannt.

Nun könnte geargwöhnt werden, vorgenannte Ausflüge ins Landesinnere hätten mit einem Bergsträßer Weinlesebuch so gut wie nichts zu schaffen, seien bloß Ornament bzw. eine weitere Möglichkeit für den Verfasser, mit wohlfeilen Rechercheergebnissen zu prunken. Doch zum Verständnis der Bergstraße ist die Kenntnis des bergigen Hinterlands unerlässlich. Was ist denn das schon wieder für eine verschmockte Behauptung? Mal langsam. Bis auf den Wein, der sich in zu schildernden Einzelfällen ganz schön weit ins Odenwaldige hineinwagt, kommt so gut wie alles, woran wir uns an den Bergsträßen-Futterkrippen delektieren, aus dem früher so kargen, ärmlichen Mittelgebirge. Koch- und Handkäs, Wildpret und Holzofenbrot, Steaks, Schnitzel, Kartoffeln,

Nicht von ungefähr
wird der Odenwald gern und häufig mit dem Voralpenland verglichen ...

Pilze ... es scheint geboten, von einer wechselseitigen Abhängigkeit, sollen wir sagen: Interdependenz von Zentrum und Peripherie zu salbadern. Wahrhaftig, der Austausch war und ist lebhaft und intensiv, nicht nur materiell, nein, auch geistig. Immer schon haben sich Bergsträßer aufgemacht, um das Oberland zu erkunden, gar zu besiedeln. Und bis in die fernsten Odenwaldtäler hinein existiert seit jeher eine Sehnsucht nach der Weite und Helligkeit der kultivierteren Bergstraße. Adam Karillon hat es geschildert. Er war und bleibt nicht der Einzige.

Käseologisch unverzichtet für Bergstraße, Vorderen wie Hinteren Odenwald ist die Hüttenthaler Molkerei. Vertreten auf nahezu allen Wochenmärkten, hervorduftend aus sämtlichen Feinkostläden, variabel kombiniert im Angebot der besseren bis besten Gasthäuser der Region, haben die Hüttenthaler Milchprodukte einen solchen Stellenwert erlangt, dass wir – trotz einigen Abstands zur Bergstraße – gar nicht umhin konnten, die Odenwälder Alchemisten des Weißen Goldes mit aufzunehmen. – In diesem Zusammenhang erscheint es geboten, auf eine kulinarische Offensive aufmerksam zu machen, die sich „Odenwald-Gasthaus" nennt. „Unsere Heimat kann man schmecken!" lautet die Zentralaussage der sieben gastronomischen Betriebe, die hier in aller Gehobenheit kooperieren. Zuvörderst wäre einmal mehr

DER SPAZIERGANG Das ist jetzt aber schwer. Eine Empfehlung, hier hinten, oben, versteckt im Odenwald spazieren zu gehen, erscheint ähnlich sinnreich wie der Hinweis, dass man in einem Restaurant etwas essen kann. Denn überall können wir starten – und finden sogleich, wonach die quirligen Füße verlangen. – Wenn schon eine Entscheidung gefällt werden muss, so falle sie denn aufs Gronauer Tal. Wie bereits 2005 im Wein Gourmet empfohlen, starten wir bedenkenlos bei Götzinger in Zell, durchwandeln Gronau, besuchen die weinbauenden Dingeldeys ... und befinden uns auf einmal – O deutsches Wunder! – in einem Tal ohne Straße. Vor uns: nur noch Koppeln und Waldeshöhen. Mit besonderer Betonung auf Höhen. Einmal am Talende angekommen, geht es nur noch nach oben. „Da muscht ganz schö stampfe", beschreibt die Wirtin unseres kulinarischen Hauptziels dieser Wanderung, des Gasthauses **Zum Odenwald** in Schannenbach, die Mühen des Aufstiegs. Aber man kann sich ja Zeit lassen. Die plötzliche Stille wahrnehmen, durchmurmelt einzig von herabrieselnden Bächelchen. Noch zwei, drei Steilstücke, dann sind sie da, die lichten Streuobstwiesen. Die Fachwerkhöfe. Die erleuchteten Fenster des Wirtshauses. Wo Ebbelwei und Handkäs, Streußelkuchen und Kaffee, Bauernbrot und selbstgemachte Marmeladen alles wieder gut machen, was wir zuvor gelitten haben.

Armin Treusch (mitsamt seinem **Schwanen**) in Reichelsheim zu nennen, der sich nicht zuletzt um Wein und Apfelwein verdient gemacht hat. Der **Kreiswald** ist über einen traumwandlerischen Spazierweg von der Juhöhe aus erreichbar; es wird sogar eine eigene Brennerei vorgehalten. Im Brombachtal empfängt das **Gasthaus zum Löwen**, und im Annelsbachtal hat sich das **Dornröschen** versteckt. (Also da!) Die Erbacher **Mümlingstube**, das **Gasthaus zum Hirsch** in Bad König sowie das **Landgasthaus zum Schützenhof** im Reichelsheimer Ortsteil Gumpen haben sich ebenfalls der Initiative angeschlossen. (Bevor wir's vergessen: noch ein Metzgertipp ... vom Brenner Walz: Hornung ... im Lautertal ... Apfelbrandschinken, Nibelungenschinken ... aaah!)

Ausgesprochen luzide
wandert sich's rings um den Krehberg. Vorbildlich hoch ist hier die Dichte an guten Gaststuben zu nennen.

Weinbau
Karl Friedrich Kippenhan
Ritschweier

Weinbau hab ich mir selbst beigebracht.

Hohensachsenerstr. 2
Weinheim
06201 507091
od. 959155

Im deutschen Hausmärchen des Bergsträßer Weines gibt der Betrieb des Karl Friedrich Kippenhan das Schneewittchen. Wer es nicht vorher weiß, verfiele nie auf den Gedanken, dort hinten, oben, weit im Odenwald nach einem Weinberg zu suchen. Gewiss kein Jäger – und böse Stiefmütter schon gar nicht ... – Moderner sozialisierte Mythenforscher fühlen sich vielleicht ein bisschen an Indiana Jones erinnert, kurz vor der Entdeckung der Maya-Stadt, wenn sie im dichten Waldgezweig voranpirschen – und auf einmal die knorzeligen Reben des Ritschweierer Stephansbergs vor sich auftauchen sehen. Jawohl: Ritschweierer Stephansberg! So wollen wir diese in Waldeseinsamkeit versunkene Einzellage nennen, den 1971er-Bürokratenunfug ignorierend. Damals wurde der ganze Landstrich zum Rittersberg umgetauft: welch ein Unsinn bei der extremen Unterschiedlichkeit der Bodenverhältnisse! Außerdem, die Bergstraße selbst ist gefühlte drei Tagesmärsche weit entfernt. In einem bestimmten Winkel, von der Hochstraße aus, kann man es leise schimmern sehen. Das ist dann die Ebene, das Rheintal, Mannheim ...

Runter vom Sofa, rauf in die Einzellage! Oder doch besser umgekehrt; in Ritschweier haben die Kippenhans ein annähernd autarkes Biotop geschaffen ...

„Sehr verbunden mit Hohensachsen" sind die Ritschweierer seit jeher, zumal die Weinbauern vom Schulzen-

hof. 1972 war's, da Norbert Kippenhan den Müller-Thurgau in das Granitverwitterungsgestein des Stephansbergs rammte, mit 285 Metern ü. M. die höchste Lage des Anbaugebiets Badische Bergstraße. „Vegetationsmäßig sind die anderthalb Hektar gut anderthalb Wochen hinter der Bergstraße her. Im Lauf des Jahres gleicht sich das wieder aus", hegt Norbert Kippenhans Sohn Karl Friedrich keinerlei Bedenken. Noch einmal 1 ½ ha gedeihen unten in Großsachsen, darunter ein 2006 mit 9 % Vol. ausgesprochen legerer Spätburgunder.

Doch nun zum Stephansberg! Wie schmeckt so ein alter Müller aus dem tiefen Odenwalde? Zunächst einmal: recht wohlgerundet. Sodann: kräuterwürzig, mineralisch angehaucht. Schließlich: sonnig, weich, verspielt. Ein guter Kumpel für den Nachmittag, speziell geeignet für Wanderer, die von Weinheim heraufgekeucht kommen und nach kräftigendem Trunke lechzen. Alle Freunde rechtschaffener Vesper kommen bei diesem freundlichen Hinterwäldler auf ihre Kosten. Dem **Jöste Andres**, unvermeidlich-unverwüstliche gastronomische Zufluchtsstätte mit enormem Einzugsgebiet, empfehlen wir nachdrücklich, diesen fröhlichen Nachbarn auf die Karte zu nehmen!

„In vorigen Jahrhunderten gab's hier ja schon mal Weinbau ..." Norbert Kippenhan, inzwischen mehrfacher Großvater und -onkel, rekapituliert die Geschichte der bis 1972 kleinsten Gemeinde Badens. Er selbst packt natürlich noch ordentlich mit zu, wie der Sohn schwer nickend bestätigt. Sein „fideles Altenteil" beschreibt der Senior allerdings feixend demütig: „Ich bin jetzt ja nur noch Hilfsarbeiter. Krieg aber jeden Tag mein Viertel." – Ja, es lässt sich wohl leben in Ritschweier, wo es allenthalben von Basen, Vettern und vor allem vor kleinen Nichten und Neffen wimmelt. Zentrum des Dorfgeschehens ist zweifellos Kippenhans ehemaliger Kuhstall, in Kreuzgewölbebauweise errichtet, was sich die Ahnen „beim badischen Herzog abgekuckt" haben. „Schon manche Feier" sei darin gestiegen; niemand wird dies bezweifeln, so einladend stehen Schanktisch, Probeflaschen und Loriot-Sofa in freier Anordnung herum.

Früher haben hier die Mitglieder des Singvereins noch den Morgen herbeigesungen. Heute brummt der Stall vor allem während der Lese. „Alles Freunde und Bekannte!" freut sich Karl Friedrich schon auf die nächs-

Von der Tante gezeichnet. Eigenhändig. Ritschweierer Etiketten.

Rückenstärkung. Vater und Sohn Kippenhan.

te Kampagne. Dann gibt es auch wieder den „Herbstkäs", ein Gemisch aus Weißem Käse und Limburger, wozu selbstgebackenes Brot geschmaust wird. Das ist dann auch die Zeit, da steigenweise Odenwälder Äpfel unterschiedlichster Sorten angeboten werden: Der Ab-Hof-Verkauf stellt auf dem Schulzenhof einen echten Wirtschaftsfaktor dar.

„Im Schnaps ist ja was Himmlisches und was Teuflisches", rekapituliert Karl Friedrich Kippenhan, hauptberuflich in der Steuerberatung für den Landesbauernverband tätig, die dialektischen Grundtatsachen des Brennerwesens – und lobt das von der Patentante gestaltete Etikett. Von keinem Geringeren als dem Bergsträßer Brenner-Vater Bürgy hat Kippenhan die Ausstattung gebraucht gekauft. „Da und dort ein paar Tipps bekommen", selber weitergeforscht, experimentiert, Obstsorten ausgewählt, gepflanzt, studiert, schließlich den Weg der hohen Qualitäten eingeschlagen – „KFK" erfreut sich zurecht der Aufmerksamkeit eines wachsenden Kreises anspruchsvoller Spirituosenliebhaber. Neben Pfirsich, Aprikose, Williamsbirne und all den anderen Sorten hat er etwas im Angebot, wovon selbst gestandene Schwarzwälder träumen: einen reinen Sauerkirschbrand. „Mir schmeckt er, meiner Frau schmeckt er net", gibt Kippenhan offenherzig zu. Den Geschmack der umtriebigen, gastfreiene Frau Kippenhan in Ehren – in diesem Falle schließen wir uns ihrem Gatten an. Sehr trocken, enorm volles Aroma mit großem Nachhall ... Das ist nicht einfach ein guter Schnaps, das grenzt, so ungewohnt es einen zunächst ankömmt, ganz schlicht an Perfektion.

Weingut Volker Dingeldey
Gronau

Es is e warmes Eck hier hinne!

Hintergasse 28
Bensheim-Gronau
06251 39816

So geschickt er sich auch im Verborgenen hält, die Wein-Welt kennt ihn: Volker Dingeldey.

Wenn sich einer aufmachte von Osten, vom Main aus, beginnend etwa in Klingenberg, um den gesamten Odenwald spazierend, wandernd zu durchmessen – Zuckmayer und Schiebelhuth, die haben so was noch gemacht! – und träfe irgendwann, nach Tagen, von Schannenbach heruntersteigend, wo er vielleicht in der Bäckerei-Gaststätte **Zum Odenwald** übernachtet hätte, im Gronauer Tal auf die ersten Reben, so müsste er doppelt erstaunen. Einmal, dass so tief im Tale, kilometerweit im Rücken der Bergstraße, überhaupt noch dem Traubenbau gefrönt wird; zum anderen, von welch außerordentlicher Güte der Böden und der Weinbereitung dieser östlichste Bergsträßer doch zeugt. Denn von Osten gesehen, macht Volker Dingeldeys trockener Riesling den wahrhaft empfangstauglichen Apero zum festlichen Menü der Bergstraße.

„Hinter den Zäunen" heißt dieses Gewann seit alters, verwaltungstechnisch längst aufgegangen in der Großlage Hemsberg, doch im Ortsbewusstsein der Gronauer noch gut verankert. Es empfiehlt sich, nein, es gebietet der Anstand, dass man die paar Meter aus dem Tal emporklimmt, um unvermittelt in einen Traubenhag von berückender Lieblichkeit zu geraten. Durchsetzt von

Gleich geht's nicht mehr weiter, es sei denn, man quält sich zu Fuß nach Schannenbach hinauf; das verwunschene Gronauer Tal.

Büschen aller Art, geschützt von dunklen Waldeskuppen, erschlossen nur über wenige, altüberkommene Wirtschaftswege, öffnet sich diese sehr entlegene Rebenwelt dem Gast auf eine anheimelnd-einnehmende Weise. Es ist, als würde man von einer unsichtbaren Gestalt bei der Hand genommen und auf den höchsten Punkt geleitet. Da, schau, scheint sie zu sagen, und vergiss es nicht: So war es ursprünglich gemeint. So lässt es sich leben, nicht wahr?

Hinter den Zäunen.
Wohl dem Örtchen, das einen solchen Weinberg sein eigen nennen darf!

Wenn der Verfasser sich einmal anschicken sollte, ein deutsches Kunstmärchen zu schreiben, dann wird er sich dieses Besuchs erinnern. Und er wird sich ungefragt bei diesem Namen bedienen, der aus fernen Zeiten auf uns gekommen ist: Dingeldey ... In Bergengruens „Buch Rodenstein" kommt er vor – und tatsächlich, die Vorfah-

Dorf-Idyll?
Ja, wirklich. Es hat schon seinen Sinn, dass Gronau sich so weit ins Tal zurückgezogen hat.

Moderne Gastlichkeit, trotz aller Weltabgeschiedenheit. Gerade junge Genießer(innen) zieht es immer wieder zu Volker Dingeldey.

ren des Winzers sind aus dem Lindenfelser Land eingewandert. Allerlei Sagen wären auch von Gronau zu erzählen, verbunden teils mit alten Flurnamen. Volker Dingeldey weiß vom „Weinloch" zu berichten, was sich dort einst für eine neckische Geschichte zugetragen hat:

Den Grafen Erbach zu Schönberg mussten Jahr für Jahr gewaltige Fuhren Weins zugebracht werden. Einmal aber waren's die Gronauer Weinbauern leid. Sie füllten die Fässer mit Wasser – und ließen sie allesamt in die späterhin Weinloch geheißene Bodenvertiefung plumpsen. In Schönberg wurde gemeldet, der Wein sei dieses Jahr „leider verunglückt". Zerborstene Fassdauben am Unglücksort legten Zeugnis ab. Offensichtlich war die kriminologische Untersuchungstechnik noch nicht so weit entwickelt, um stichhaltige Bodenanalysen vorzunehmen ...

„Früher hat hier jeder e Schlägelsche Wingert gehabt." Die breite Streuung ist einer Konzentration auf wenige Produktive gewichen, was hinsichtlich der Qualitäten nun kein ganz falscher Weg sein dürfte. So weltabgeschieden Gronau mit seinen Rebstückchen auch anmuten mag, Volker Dingeldey ist in der weiten Wein-Welt kein Unbekannter. Joel Payne hat schon vor Jahren auf den Riesling von Hemsberg und Streichling aufmerksam gemacht, ja, der Verfasser dieser Zeilen selbst ließ sich's nicht nehmen, für den Wein Gourmet über Dingeldeys Weinwerkstatt zu schreiben. „Ich weiß auch net, irgendwie is' des so entstande ..." wundert

sich der Kellermeister des Weinguts der Stadt Bensheim noch immer ein wenig über seinen florierenden 2-Hektar-Betrieb. Konkrete Vorbilder hatte er keine; allerdings war ein Gespür für die Böden und wessen sie bedürfen sein bestes Kapital, das er inverstierte in einen schlanken, trockenen Stil ohne Zugeständnisse an Geschmacksmoden, vorfindlich im Riesling (80 %) wie im Grauburgunder. „Die meisten sind begeistert." Und sie kommen von immer weiter her, angelockt vom ganz Besonderen, von einer durch die Bank niveauvollen Kollektion mit Entdeckerbonus.

„Merr sin auch noch e bissje am Experimentiern", was die Weiterentwicklung der Rotweine anbetrifft. Neben dem wirklich ulkigen, einprägsamen Rotling aus Dornfelder und Müller-Thurgau (!) ist es vor allem der St. Laurent vom Bensheimer Streichling aus dem Barrique, der uns intensiv beschäftigt. Der 2005er wurde Dingeldey fast abgelehnt: „Da liegt der e ganzes Jahr im Barrique und schmeckt überhaupt net danach ..." Unverschämtheit! Beim 2006er sieht das aber ganz anders aus. Da herrscht lautere Harmonie, da schwirrt und funkelt es von sonnigen Aromen, da türmt sich eine bislang unbekannte Erscheinung auf im östlichsten Wein-Tal der Bergstraße: ein großer Roter, einem bis vor kurzem bestenfalls dem reinen Schoppenwein huldigenden Landstrich entwachsen. Wie man so sagt: ein Fundstück, das man ausgiebig zu bewundern sich einen ganzen Abend lang Zeit lassen sollte.

Jedes Jahr eine andere Spezialität ...
auch mal ein ungewöhnlicher Rotling aus Müller-Thurgau und Dornfelder.

Weinbau und Straußwirtschaft Dingeldey

Gronau

... dass die ganze Familie im Einsatz ist!

Märkerwaldstr. 124
Bensheim-Gronau
06251 69246

Vorwort: Eigentlich seltsam, warum es die meisten jungen Leute so schwer haben, miteinander glücklich zu werden. Gerade die Älteren mokieren sich gerne: Ihr habt doch alles! Nahrung, Wohnung, Kleidung, finanzielle Grundausstattung in einem Maß wie nie zuvor ... und dennoch, und dennoch. Der Hauptgrund für die moderne Unfähigkeit, sich länger als einen Sommer lang aneinander zu erfreuen, liegt wohl in dem Zwiespalt zwischen mediengenerierten Selbstentwürfen und innerer Prägung. Denn, ob wir es es wissen oder nicht, die Grundmuster unserer Beziehungen sind schlicht und einfach abgepaust beim Deutschen Hausbuch von Ludwig Richter. Es ist nicht zu ändern: Irgendwann meldet sich von ganz alleine so eine sonderbare Sehnsucht nach etwas Heimeligem, furchtbar Harmonischem – die umso schlimmer wird, je weniger man sie sich eingesteht. Ich kann im schicksten Loft in der angesagtesten Metropole residieren, mich jeden Tag von meinem Persönlichkeitsdesigner frisch einnorden lassen, über den ganzen romantischen Kram mit professionell trainierter Coolness parlieren wie über ein absonderliches Plastinat ... doch im Geheimkabinett meiner gar nicht so stylishen Seele steht immer noch das alte Ölbild, das merkwürdigerweise ziemlich genau so ausschaut wie das Etikett auf den Flaschen des Weinbaubetriebs von Elke und Frank Dingeldey. Berg, Dorf, Kirche. Sonntagsfriede. Und in den Häusern und im Hof? Die Familie, was sonst! Jeder weiß, dass es da nichts zu idealisieren gibt. Doch wenn die Sache funktioniert, ist das Modell unschlagbar. Nach wie vor. Vorwort Ende.

Es stimmt!
Die Dorfansicht auf dem Flaschenetikett ist nicht idealisiert wiedergegeben.

Sanft verregneter Nachmittag im April 2008. Auf dem Hof der Dingeldeys finden sich Verwandte, Freunde, lauter Leute aus dem Dorf ein. Auch Volker Dingeldey nebst Gattin, sozusagen doppelte Familienmitglieder, einmal qua Abstammung, einmal verbunden durch den

Wein, schieben sich seitwärts heran. Der Anlass? Scheint nicht unbedingt ausschlaggebend. Klar, irgendein Onkel feiert Geburtstag; aber Hauptsache, man kommt zusammen, feiert zusammen, lebt zusammen! Es macht prachtvolle Laune, wenn man die fünf Dingeldeys aus der Märkerwaldstraße in ihren grünen Straußen-Hemden so durcheinanderwuseln sieht. Trotz aller Geschäftigkeit nehmen sie sich Zeit, den unzeitigen Journalisten-Besuch aufs Gastfreundlichste zu regalieren. Mit Kochkäs von der Oma, hausgemanschtem Spundekäs und allen, allen Weinen, die der Betrieb hervorbringt.

„Wir sind fast komplett auf dem Steinförst. Ideale Rieslinglage. Der Riesling-Sekt ist ratz-fatz ausverkauft. Eigentlich sind alle bei uns nach einem Jahr ausgetrunken." Mit Wohlgefallen begutachtet Frank Dingeldey die Spiegelungen des feinherben Rieslings im Glase. Auf „feinherb" wäre man nicht sogleich gekommen; der Charakter ist durchaus trocken-kernig. Allenfalls diese pralle Saftigkeit, die einem entgegenblüht wie ein frisch aufgesprossener Ginsterbusch, deutet in die restsüße Richtung. Wunderbar: Wenn die Straußwirtschaft geöffnet hat, gibt's Riesling, Rivaner, Dornfelder auch aus dem Bembel. Ein „Bembel Spätburgunder" hört sich für Adoranten dieser Nobelsorte doch ein wenig despektierlich an, oder? „Ach was, merr soll doch de Spätburgunder lasse, wie er is!" Ja, wie ist er denn bei Dingeldeys? Hellrot eben, ungeschönt und unverschnitten, an die Machart der Rotweine in den Südalpen erinnernd, also haargenau richtig, um aus dem kühlenden Bembel zu rauschen; zum Beispiel, wenn man sich gerade Speckknödel mit Kraut und Pilzsoße bestellt hat ...

So sieht das aus, wenn bei Dingeldeys die Korken aus der Flasche fliegen ...

Zurückgeschnitten auf einen Trieb wurde dieser Gronauer Rebstock. Von wegen Menge – Güte – Relation: der alte Kerl würde wohl ähnlich vor sich hinwuchern wie manche Wildrebe. Weinforscher Bronner hat mal 300m^2 Einzugsbereich für ein einziges solches Rankgewächs gemessen.

„Die Küche ist hessisch-fränkisch", erklärt Elke Dingeldey die zu Hunger-Halluzinationen anregende Speisekarte. (Um niemanden unnötig zu quälen, erwähnen wir nur knapp, dass hier ziemlich virtuos mit Bratwürsten jongliert wird, dass die Schnitzel mit Pfefferrahmsoße oder Gronauer Kochkäs brutal schmackhaft sind, dass auch Leberknödel und Flammkuchen jede Menge Freunde gewonnen haben.) In Wicker, dem Rheingauer Ostzipfel, hat Elke Dingeldey beim Weingut Flick gelernt; ihre fränkische Prägung schlägt glücklicherweise immer wieder durch, nicht nur, aber auch in der Küche. „Ich koch im Großen wie ich's für uns im Kleinen mach. Das wissen die Leute mittlerweile zu schätzen." Auch im Weinbau wurde mancherlei unternommen, um den Ansprüchen der neuen Zeit gerecht zu werden. „Habbe die Dingeldeys e Krankheit im Wingert?" hieß es, als mit der qualitätssteigernden Selektionierung begonnen wurde. Seit 1982 wird im Eigenausbau gewirtschaftet.

Bis 1973 war Gronau noch selbstständig. „Mir warn die Letzte, die ihr Eigenständigkeit verlore habbe." Bis 1988 klapperten und klangen im Dörfchen noch 7 Straußen. „Da is die Wohnstubb noch ausgeräumt worden ..." Umso bedeutsamer, was die Dingeldeys hier am Laufen halten. Mit dem Ökohof Röder aus Oberhambach wird prima kooperiert; von dort stammt das phantastische Holzofenbrot. Tja, und da wollen wir doch nicht vergessen, wer hier noch so für Unterstützung sorgt. 7, 13 und 16 Jahre zählen die drei Söhne, von denen der älteste, Matthias, schon mal die Fühler Richtung Staatsweingut ausgestreckt hat. Von Volker Hörr kann er gewiss das eine oder andere profitieren; wer weiß, welche Karriere da gerade im tiefsten Odenwald startet!

Es fällt auf, dass die Winzer in Zell und „Grune" sehr positiv übereinander reden. So würdigt Frank Dingeldey die Leistung von Ernst Peter Götzinger, einem regionalen Vorreiter, mit gebotenem Humor: „Neid muss man sich hart erarbeiten. Ich bewunder' das sehr." – Bleibt nur noch darauf hinzuweisen, dass man sich vor einem Besuch der Dingeldey'schen Strauße genauestens über die Öffnungszeiten informieren sollte. Und dann kann man ja seinerseits ausreichend Lob und Bewunderung zollen, so zwischen Bembelriesling und Hausmacher Wurstplatte, zwischen Schmalzbrot und WIBI (Williams mit Birne) und Handkäs und Sekt ...

Weingut und Weinschänke Götzinger
Zell

Merr mache eigentlich alles.

Sogar vermeintliche Konstanten wie die Masse-Qualitäts-Relation sind abhängig von historischen Bedingungen. Einem Renaissancemenschen wäre die aktuelle Konsum-Faustregel „lieber wenig, aber gut" absurd, geradezu widernatürlich erschienen. Seinerzeit galt die Stufenfolge: „schlecht und wenig" (Bauernstand) – „viel und bestens" (aufstrebendes Bürgertum) – „unmäßig und vorzüglich" (Adel und Kirchenobere). – Einen Nachklapp hat hierzulande die Nachkriegszeit geliefert; die damalige Devise im Umgang mit Trank und Speise ließe sich wohl am ehesten mit „viel, aber reichlich" wiedergeben ...

Warum der vielen umständlichen Worte? Weil heute unter dem Einfluss aggressiv asketischer Strömungen

Gronauer Str. 152
Bensheim-Zell
06251 68714

Im tiefen Tal
von Zell bis Gronau finden sich Eckchen, wie wir sie eher im Elsass oder im Schwarzwald vermutet hätten.

Immer kontaktbereit: Ernst Peter Götzinger (r.), Gründerfigur im Zellertaler Weinbau.

Vielen gar nicht mehr verständlich ist, dass zumindest beim Verzehr zwischen Menge und Qualität kein Widerspruch bestehen muss. Gelegentlich kommt es – etwa angesichts der Portionsgrößen und Speisenvielfalt in der Weinschänke Götzinger – zu prekären Dreisätzen: Rustikale Einrichtung – randvolle Teller – aha, Massenabfütterung. Nee, nee, Freunde, weit gefehlt! Zur Erklärung: Es ist anzunehmen, dass es sich im Falle Ernst Peter Götzinger um einen der letzten wahren Renaissancemenschen handelt, dazu ausersehen, unsere kargen Tage mit Exerzitien der Üppigkeit zu beseelen.

Noch einmal für Zuspätgekommene. Was wir bekommen in der gut 30 Jahre alten Weinschänke, ist nicht nur massig viel, sondern auch erlesen. In möglichster Deutlichkeit wollen wir hervorheben: Dies gilt auch für die Weine des Hauses Götzinger, insbesondere für die Premium-Linie, gekrönt von einem hinreißend charmanten „Roten Riesling". Schon mal getrunken? Nö? Wir auch nicht. Ab jetzt aber öfter. Wie kommt es dazu, dass uns eine solche Klassesorte normalerweise vorenthalten wird? Zu dieser Thematik könnte E. P. Götzinger weit ausholen. Auch darin einer renaissancemäßigen Grundhaltung verpflichtet, dass er Konflikten – und sei es mit waffenstarrender Obrigkeit – durchaus nicht aus dem Weg geht, hat er so manche Sorte durchgesetzt, so manches Strafgeld bezahlt – und es am Ende doch vermocht, im Zeller Tal ein Genusspanorama zu schaffen, welches selbst den einstigen Widersachern Respekt abnötigt.

Temperamentvoll und ausladend, dabei außerordentlich intensiv und mit allen Früchten dieser Erde um sich werfend, ein Karnevalszug der Lebensfreude, so ziehen der Chardonnay, der Auxerrois, der Regent, der Schwarzriesling und der St. Laurent und ... ja, auch der Müller-Thurgau an uns vorüber. Letzterer „is en Wei, wo widder unheimlich gut bei uns leeft. De Grauburgunder leeft aa gut." Oh ja, das tut er, auch er kein Blässling, sondern ein gutgebauter Knabe mit kräftigen Armen und roten Wangen. Götzinger könnte ganz woanders hin, wenn er wollte. Selten geschieht es, dass er, einer Stimmung folgend oder ein bestimmtes Projekt im Auge, seine Weine bei Prämierungen anstellt. 2006 war es mal wieder so weit. 45 Weine wurden zur Landesweinprämierung eingeschickt, 43 Medaillen hat es gehagelt. Das erinnert ein bisschen an die Olympischen Spiele und die ehemalige Sowjetunion. Ernst Peter Götzinger ehrt die Ehrungen auf seine eigene Weise. „Ich bau alles gern", verkündet der passionierte Bastler und zeigt die neuen Lampen für den Keller vor: silberne Gebilde, worin die Medaillen als triumphaler Schmuck eingelassen wurden.

Im alten Weinkeller, vor 1900 erbaut, „da hab ich angefangen. Es war alles ganz annerschder wie heut." Von 1972–92 lief die Sache als Strauße, dann kam die Vollkonzessionierung. „Wann ich ehrlich bin, hab ich's mit de Preise gemacht. Qualität nadierlich auch. Werbung mache merr keine." Früh war der Vater verstorben, der Weinbau allein garantierte kein Auskommen. „Innerhalb von e paar Jahr hatt ich 10 ha Wingert. Fast

Geregelte Zuständigkeit: Kerstin Götzinger beherrscht die Gefilde des Lukull ...

alles Streichling, das ist die Zeller Lage." Viele aus dem Frankfurter Raum, die es da hungert und dürstet, kommen zum Götzinger. Viele beginnen klassisch mit einem trockenen Hemsberg-Riesling; für einen echten Hessen ist das wie Heimkommen. „Die Kundschaft musste merr uffbaue." Gut ausgebildete Ausbildungshelfer waren und sind das pfundige Hacksteak, das Schnitzel, der Winzerteller, natürlich der Handkäs ... „un de Kochkäs, den mache merr selber. Un die Metzgerei sowieso." Weitläufig sind die Räumlichkeiten. Für jeden Geschmack ist etwas dabei, wobei durchaus auffällt, dass die Stammgäste die ebenerdige Weinstube und die Terrasse bevorzugen, indessen sich Gesangsvereine im 1992 gegrabenen Keller austoben; den alten Gewölbekeller bevölkern Liebespaare und alle anderen, die es ein wenig ruhiger haben möchten.

... indessen Walter Götzinger sich als Bacchus-Jünger verdingt. An Selbstbewusstsein wird's ihm gewiss nicht mangeln.

Nach alter Väter Sitte hat Ernst Peter Götzinger dafür Sorge getragen, dass die Ausbildung des Nachwuchses selbigem nicht nur eine gesicherte Zukunft ermöglicht, sondern auch dem Betrieb zugute kommt. Kerstin Götzinger hat im Darmstädter Maritim gelernt; mit voller Tatkraft voraus ist sie mittlerweile in der Weinschänke gestartet. – Sohn Walter war in Weinsberg, beherrscht das Winzerhandwerk von Grund auf. Von ihm gibt es eine Geschichte zu erzählen, die etwas davon andeutet, was wir in puncto Einfallsreichtum und selbstbewusster Zielstrebigkeit noch alles zu erwarten haben. Mit vierzehn Jahren bereits fragte Walter Götzinger um ein Praktikum beim allgewaltigen Robert Weill in Kiedrich an. Der Rheingauer Riesling-Fürst ließ den jungen Zellertaler noch einmal allein ins Sekretariat zurückeilen, um seine Unterlagen zu holen. Zum Vater gewandt, meinte Weill: „Passen Sie auf, der kommt mit leeren Händen zurück. Der traut sich nicht, der ist noch viel zu jung." Nach einer Weile kehrte der Zögling wieder, mit leeren Händen. „Na, was hab ich gesagt!" triumphierte Weill vorschnell. Doch auf die Frage, wo er denn die Dokumente gelassen habe, gab Walter Götzinger zur Antwort: „Ei, ich hab de Sekretärin gesacht, sie soll se gleich eihefte, dasse net verlore gehn." Die Anekdote könnte auch bei Niebergall oder Stoltze stehen. Unwillkürlich denkt man an den pfiffigen Lehrbub aus Wolf Schmitts „Firma Hesselbach" ... Wie war das noch mit Stamm und Apfel?

Apfelwalzer Dieter Walz Edelbrennerei

Seidenbuch / Fürth

Mit Ebbelwei hat's angefange.

Vor einigen Jahren hat der Analytiker John Kotre den Konstruktionsprozessen des Gedächtnisses neurobiologisch nachgespürt. In seinem verstörenden Werk „Weiße Handschuhe" folgt er den Spuren frühkindlicher Erinnerung. Kotres Großvater war Jazzsaxophonist. Er trug, wie der kleine John sich einprägte, beim Musizieren grundsätzlich weiße Handschuhe. Neben allerlei Erstaunlichem, was wir vielleicht lieber gar nicht wissen wollten (um so lapidare Dinge wie Exaktheit scheint sich unser Gehirn wenig zu scheren ...), fördert Kotre unmissverständlich zutage, wie sehr unsere vermeintlich autonomen Entscheidungen geprägt sind von lange zurückliegenden, kaum mehr bewussten Ereignissen. Dabei spielen Erlebnisse, die mit unseren Großeltern in Zusammenhang stehen, offensichtlich eine Hauptrolle. Indessen die Beziehung zu Mutter und Vater verständlicherweise viel Reibung, Auseinandersetzung mit sich bringt, erfolgt

Tucholskyweg 6
Fürth / Odenwald
06253 23280
www.apfelwalzer.de

Ein Brandforscher in seinem Laboratorium: Dieter Walz, Brenner-Primus, sine pares.

Apfelwalzer, Johanniswalzer, Walz'sche Neuentwicklungen, die sich im transregionalen Genießerbewusstsein festgeprickelt haben.

die emotionale Selbstverortung häufig als Reflex auf Erfahrungen der Behaustheit, die mit der Generation davor, wofern verfügbar oder in Familiengeschichten präsent, in Verbindung stehen.

„Ich bin zwar net mit Ebbelwei gedaaft worn, aber de Obba hat mich zum Ebbel-Lese mitgenomme. Mir hadde kei Wies, aber immer Ebbel gehabt. Für 100 Liter Ebbelwei hat's immer gereicht." Das ist nun wirklich mal ein schönes Bild, wenn man sich vorstellt, wie der große Walz, einer der bedeutendsten Brenner unserer Zeit, vor manchem Jahre, als er noch ein kleiner Dieter war, neben seinem Großvater einhergetappselt ist, immer die Landstraße lang, um die Früchte der Alleebäume in den Leiterwagen zu lesen. Auf seine Frage, ob denn all diese wunderschönen Bäume dem Großvater gehörten, bekam er die ausweichende Antwort, sie seien „halt von der Gemeinde gepachtet". Ganz unabhängig davon, ob der ehrwürdige Großpapa hier ein wenig die Realitäten modifiziert hat oder nicht, dieser Mann pflanzte zweifellos etwas schicksalhaft Eindrucksvolles in die Empfindungswelt des Enkels ein: Liebe zum Apfel, Bezug zur Natur, Beharrlichkeit des Pflückers – was immer es auch in der Hauptsache gewesen sein mag ... wir sollten dem Mann mit dem Handwagen Dankbarkeit zollen.

Denn solche Geschmackserlebnisse, wie sie uns Dieter Walz beschert, waren noch vor kurzem völlig unvorstellbar. Als der Maschinenbauer nach 20 Jahren Dienstzeit in Weinheim entlassen wurde und seine Abfindung umgehend „komplett in Edelstahl" investierte, war man allgemein dabei, all das zu vergessen, was jahrhundertealtes Umgangswissen in der Landwirtschaft zuwege gebracht hatte. Statt artenreicher, das Auge entzückender Streuobstwiesen wurden, wenn überhaupt noch Obstbau stattfand, triste Plantagen angelegt. (Der Begriff Biodiversität war wahrscheinlich noch nicht einmal geprägt worden.) Die altüberlieferten Sorten drohten zu verschwinden. Da schaffte Dieter Walz die Wende. Zunächst als Akt der Bewusstwerdung, sodann, in praxi, in Form einer Existenzgründung. Von Anfang an widmete sich der „Brenner auf dem zweiten Bildungsweg" den heimischen Frucht-Schätzen. „Der Rheinische Bohnapfel, das ist der Riesling unter den Äpfeln. An zweiter Stelle:

Sortenpflegend angelegt.
Walz'sche Obstwiese bei Glattbach.

Kulturen erhalten. Ob die Bienen Dieter Walz besonders dankbar sind für die schönen Streuobstwiesen, konnten wir nicht herausfinden. Wir nehmen es aber stark an.

die Goldparmäne, gefolgt von Odenwälder Schafsnase, Brettacher, Boskoop, Kaiser Wilhelm, Winterrambur ... das sind hier so ziemlich die wichtigsten."

Nicht nur, dass Walz Streuobstwiesen rettete, wo immer noch eine zu retten war, indem er hegte, pflegte und erntete: nach und nach begründete er neue, pflanzte an, sichtete, vermehrte bedrohte Arten. Wer's heute oberhalb von Glattbach an den Hängen des Krehbergs blühen und grünen sieht, kann sich gar nicht mehr vorstellen, dass dort vor ein paar Jahren kein Bäumchen mehr stand. Von dort stammen die sortenreinen Topas- und Pinova-Brände, auch der Glockenapfel läutet reintönig über dem Tale. „Der Pinova, des is 'n Abbel ... da kannste Ende Januar noch reinbeiße und meinst, der käm frisch vom Baam!" Mag der Apfel in seiner paradiesischen Vielfalt auch Hauptaktionär sein in der Brennerei Walz – die einfühlsame Betreuung anderer Gattungen liegt Dieter Walz ebenfalls sehr am Herzen und auf der Zunge. Da wäre – ebenfalls zu Glattbach – die Mollebusch-Birne zu nennen, die Nägelesbirne sowie, nicht zuletzt, „Jessicas Geheimnis". Was ist denn das? „Da weiß nur mei Tochter de Name." Na dann ... In nächster Nachbarschaft gedeihen Löhr- und Haferpflaume nebst Bellamira, das ist eine hoch aromatische Mirabelle, ebenfalls dazu ausersehen, zu Wasser zu werden.

Noch mal für Unaufmerksame: Ein Geist, so nennt sich jenes Produkt, das aus Früchten entstanden ist, die von reinem Alkohol den Geschmack entzogen bekamen. (Kann übrigens auch ganz prima schmecken, wie die Walz'schen Erdbeer-, Waldbrombeer- und Nussgeister beweisen ...) Ein Brand bzw. Wasser entsteht ganz allein aus der Fruchtmaische, ohne Zusatz von Fremdalkohol, Zucker oder gar Aromastoffen (bei Walz ohnehin ein Fremdwort). „Bei Steinobst nennt man's Wasser, bei Beeren und Kernobst Brand. So hat sich's eingebürgert." Wieder was gelernt. Was der Meister gar nicht hören mag, ist das Wort Schnaps. „Schnaps kommt von schnabbe und weg demit. Da hammer hier nix mit zu dun. Nein, ich sammle die wertvollen Aromen aus den Früchten des Odenwalds un binde sie in Alkohol." Zur Illustration dieses Lehrsatzes diene ein Tröpfchen vom Himbeerbrand: eine neue Metaphorik der Weichheit wäre zu entwickeln. Das ist ein Pfingsterlebnis, ein in die letzten Poren der Wahrnehmungsfähigkeit zärtlich eindringender Balsam. Wahrscheinlich könnte man auch aufgesprungene Lippen damit eincrèmen.

„Des Fass, wo mei Aldersversorgung drin liegt", beinhaltet einen gleichfalls jedweder Bissigkeit entbehrenden Apfelbrand. Die Brand-Probe kommt in die hohle Hand. Bascus heißt einer der Apfelweinbrände aus dem Eichenfass. „Den besonderen Produkten geb ich immer gerne eigne Namen." Dergleichen geht vor sich in Seidenbuch im Keller des Elternhauses, dessen geglückte Neugestaltung ein typisches Walz-Produkt ist: mit seinen taubenblauen Gefachen wirklich ganz einzigartig, doch ins Gesamtbild des Örtchens harmonisch integriert. – Dieter Walz wohnt heute im Odenwald-Städtchen Fürth. Auch dort macht er keinerlei Sonderrechte für sich geltend, sondern kooperiert leidenschaftlich mit dem kulinarischen Dorf-Kollegium. Zum Beispiel beim jährlichen Apfelblütenfest, wenn der **Rebstock**, das knusprige

Perfekter Ort für eine Rast: Weit oben, zwischen Seidenbuch und Seidenbach – mit Fernsicht auf das kurige Lindenfels (mit Ritterburg und Altstädtchen!).

Gasthaus am Ortsende, Brot, Kochkäs und Bratwurst beisteuert. Den Ebbelwei liefert inzwischen Reinhard Bitsch aus Glattbach. Auch die Verbindungsarbeit mit anderen Brennmeistern gehört für Walz zum wohlverstandenen Handwerk. „Wie e Netzwerk is des mittlerweile." Natürlich zählt Treusch aus Reichelsheim dazu, auch Krenzer und sogar Stier.

Es wurde bereits angedeutet, dass Dieter Walz mit nationalen wie internationalen Ehrungen periodisch gewissermaßen flambiert wird. „20 Brände hab ich de Pälzer gebbe, 19 habbe se mir prämiert." So geschehen zu Neustadt an der Weinstraße, bei der Landwirtschaftskammer. Dabei kam es auch zu einer skurrilen Brandverschickung. Ein „Blaufränkisch", gewachsen bei Kaubs an den Hängen der Haardt, wanderte in Traubenform zunächst zu Walz in den Odenwald, um hernach, zu Brand geworden, in seiner Heimat die Medaillen abzuräumen. „Nächst Jahr derf ich trotzdem widder mitmache." – Selbst bei der Welt-Ebbelwei-Messe „Sider" in Asturien erfreut sich Walz des durstigsten Interesses der Fachkundschaft. Mal zum Vergleich: „Der gewöhnliche Deutsche der trinkt ja kaum 1 Liter Ebbelwei pro Jahr. (Schlimm!) Der Hesse immerhin 11. In Asturien sind's aber 54. Des is dort noch mehr wie's Bier für die Bayern."

Risiko gespielt und weite Wege gegangen: Dieter Walz, der Gebenedeite.

Jetzt wird es aber höchste Zeit, den ursprünglichen Namensgeber der Brennerei mit allem Pomp einzuführen. Der „Apfelwalzer", ein mit Champagnerhefen vergorener Apfel-Schäumling, hat Walz berühmt gemacht. Es war die Zeit der beruflichen Neuorientierung. Der Haus-Schobbe war mal wieder umgekippt. Und ein Gast erzählte, dass und wie er zu Hause Champagner herstelle. Eine entscheidende Anregung. Die ersten Versuche mit Apfel- statt Traubenmost im Hause Walz waren allerdings hochexplosiv. „Ich bin nur noch mit de Taucherbrill und 'm dicke Parka von meim Sohn in de Keller. Die letzte zwaa Flasche hab ich mit 'm Luftgewehr erschosse." In der weiteren Entwicklung erwuchs dieser hochedle, ausgesprochen trockene Apfelchampagner (so darf er natürlich nicht heißen), der die Spitzen-Konkurrenz aus England, der Bretagne und der Normandie seit seinen ersten Tagen nie zu fürchten brauchte. Was aber tun mit der zurückbleibenden Edel-Hefe? Brennen natürlich! Endergebnis: ein Apfelhefe-Brand ... So etwas nennt man wohl organische Entwicklung.

Seit damals hat sich die Zahl der – teils an Frankreich angelehnten – Neuentwicklungen stetig vermehrt. Vom Fleck weg hochdekoriert wurde etwa die „Bohnelle", ein Aperitif aus Saft und Brand vom Bohnapfel, habituell aus der Hand des hessischen Ministerpräsidenten bei Staatsbesuchen überreicht. – Doch auch die Ebene soll teilhaben am Alternativkonzept blühende Landschaften: Im Naturschutzgebiet Biedensand bei Lampertheim sind jene Äpfelchen gewachsen, die mit Trauben und Kohlensäure zu einem Hochsommer-Perlwein namens Odenwälder Massik vereint werden. – Und jetzt der neueste Clou: Johanniswalzer! Nicht nur weibliche Wesen und Süßreservisten tanzen da gern mit. „Ich hab auf meiner Obstwiese weiße, rote und schwarze Johannisbeeren zwische die Bäum gepflanzt. Da könne se im Internet gucke: so was finde se net noch emaa ..." Wir sparen uns den Blick ins Virtuelle und erfreuen uns lieber am Reellen, nicht nur nach Cassis, sondern tatsächlich nach allen Nuancen der deutschen Gartenjohannisbeere schmeckenden Frucht-Sekt gemäß der méthode champagnoise. „Im erste Jahr hatt ich nur 200 Flasche. Beim Apfelblüdefest hab ich gesagt: Leut, ich hab was Neues! 100 Gläser hab ich verschenkt. E halb Stund später war nix mehr da."

So hat sich das der liebe Gott
mit uns wohl vorgestellt: Dieter Walz in seinem Garten Eden.

Molkerei Hüttenthal

Mossautal-Hüttenthal

Unsere Stärke ist die Regionalität.

Molkereiweg 1
Mossautal
06062 26650
www.molkerei-huettenthal.de

Was für ein erquickliches Bild! Drei weißhaarige Herren unternehmen einen Frühlingsausflug. In hellen Sommeranzügen kommen sie dahergeschlendert, durch das satte Grün des Odenwalds. Ihr Ziel: der „Milchgarten", eingerichtet von der Molkerei Hüttenthal, direkt vor dem Hauptgebäude, mit beruhigendem Blick über den Talgrund. Ab und an büchst eine der Weideziegen aus und gesellt sich zu den Sommerfrischlern, die auf weißen Bänken Platz genommen haben und sich an kühler Buttermilch delektieren. Grün und weiß, die Farben der Primavera. Die Hüttenthaler Molkerei, ein köstliches Sinnbild für die Erneuerungskräfte der Natur, ein Jungbrunnen, dem Milch entströmt. Der Milchgarten – eine Novelle, die Hermann Hesse verpasst hat.

2000 wurde 100-jähriges Jubiläum gefeiert. Der zu diesem Anlass errichtete Ziegenfelsen ist heute ein äußerst beliebtes Kletterziel für die Milchgarten-Kinder. Hält ihn jemand besetzt, dann gibt es ja immer noch die Kuhschaukel ... Schon beim Erstbesuch bekommt man den Eindruck des Lebendigen, Florierenden, dass

Im Zeichen der Ziege. Bekletterbare Gebrauchskunst im Milchgarten.

man gar nicht glauben mag: Bei der Molkerei Hüttenthal handelt es sich um den letzten Rest einer üppigen Kultur. Noch in den 30ern gab es 7 Molkereien im Umkreis; zur Stunde sind es gerade mal noch 4 in ganz Hessen. „Wir vertreiben 90% regional", erklärt Kurt Kohlhage die Betriebsausrichtung. Doch auch von weiter her, aus Mannheim, Darmstadt, Offenbach – und seit kurzem auch aus dem fernen Frankfurt finden Freunde heimischer Käsesorten ins Mossautal. „Ganz stark: die Bergstraße, von dort beziehen wir auch ein gutes Drittel unserer Milch."

In Weihenstephan hat der Molkereifachmann ein Studium der Agrarwissenschaften mit Schwerpunkt Milch absolviert. In dritter Generation in der Produktion tätig, hat er die dramatische Entwicklung der hiesigen Milchwirtschaft aus nächster Nähe mitverfolgt. Und es ist nicht einfacher geworden, durchaus nicht. Regionalisierungstrend hin, Genießerbewusstsein her – das Einfachste, Naheliegendste hat es heute am schwersten, da sich die Brüsseler Spitzen-Kräfte in monopolistischen Absurditäten periodisch überbieten. Jüngst war es der Streit um die niedrigen Milchpreise, der den Molkereibetreibern schwer zusetzte. „Völlig erschöpft vom Lieferboykott", lässt sich Britta Kohlhage auf der Milchbank nieder. „Was wir da erlebt haben, die letzten Wochen ..." Die aus Frankfurt gebürtige Betriebswirtin lobt zwar „die abwechslungsreiche Arbeit", doch auch sie konstatiert nicht ohne Sorge: „Der Umschwung ist noch lange nicht geschafft."

Die Milch macht's nicht allein:
Britta und Kurt Kohlhage. Frühstückskäse pflastern ihren Weg.

Was heißt das? Zum Beispiel die Odenwälder Weideherden als prägendes, nährendes, beglückendes Element einer Landschaftskultur, die höchstens mit dem Voralpenland zu vergleichen wäre: Noch in den 70ern hat es überall gebimmelt und gemuht. Und heute? Da und dort mal ein paar versprengte Kühe, noch seltener zwei, drei Schafe. Soll das so weitergehen? Dann malt die nächste Generation nicht mal mehr lila Kühe, sondern wähnt die Produktionsstätte des weißen Goldes in den Chemielabors der Discounterketten. – Dabei geben die Hüttenthaler doch das beste Beispiel, wie es anders, besser gehen kann. Mit Phantasie und Nachdruck haben sie eine Produktpalette aufgelegt, die sich kein Mensch, der bei Sinnen ist, aus den Regalen und von den Wochenmärkten der Region mehr wegdenken kann.

Vorwitz und Nachsicht.
Kleine Fluchten aus dem Gehege können Kurt Kohlhage nicht aus der Ruhe bringen.

Neben dieser ausgezeichneten Hüttenthaler Butter, dem Quark und Frischkäse ist es vor allem der Odenwälder Frühstückskäse, eine von nur 4 Sorten mit geschützter Ursprungsbezeichnung in Deutschland, dessen Ruhm durch alle Folien dringt. „Der Hüttenthaler entwickelt sich sehr schön; langsam, aber kontinuierlich", freuen sich die Kohlhages über einen gelungenen Coup. Gar der berühmte Treusch aus Reichelsheim hat dem zärtlichen Weichkäse ein Rezept gewidmet: Mit (bei Treusch zu erwarten) Äpfeln und Nüssen und einer passenden Musik schwingt sich der Goldgelbe zu einem Gourmet-Ereignis auf. – Eine glänzende Idee war auch die Anschaffung einer Ziegenherde. Natur- und Kräuter-Zickli, Ziegenfrischkäse und der Ziegenschnittkäse haben sich längst eine Fan-Gemeinde erworben, die es manchmal fast nicht mehr erwarten kann ... denn von Dezember bis Februar muss die Produktion ruhen.

Nun wird es aber Zeit für einen kleinen Fortbildungskurs in Milchologie. Das geht gar nicht anders, wenn man Britta und Kurt Kohlhage besucht. Wer's gleich aufschreibt und ergo nicht vergessen kann, ist hernach käsetechnisch um einiges schlauer. Also, aufgepasst:

Unterschied zwischen Odenwälder und Mainzer (Wetterauer) Handkäs: Während der aus Sauermilchquark gewonnene, in Frankfurt-Sachsenhausen rasend geliebte Handkäs so gut wie gar kein Fett erhält, bringt es der Odenwälder Labkäse immerhin auf 10%. Er gehört zur Gruppe der Weichkäse aus frischer Milch, welchselbiger Lab-Enzyme zugesetzt werden. Vergleichbar ist er eher mit einem mageren Münster.

Wie war das noch mal mit dem Fett? Käse verliert mit der Zeit Wasser. Was übrigbliebe ohne Wasser hieße Trockenmasse, so ungefähr jedenfalls. Beim Odenwälder Frühstückskäse sind das 35%. Und davon – nur davon! – sind 10% Fett. Also alles in allem eine immer noch diättaugliche Angelegenheit.

Wieso gibt es bei uns keinen Bergkäse? „Die Täler haben die kleineren Käse", stellt Britta Kohlhage klar. Und erklärt sogleich warum: „Bergkäse ist aus der Entfernung zum Kunden entstanden." In flacheren Lagen, näher zum Konsumenten, entfällt/entfiel die Notwendigkeit, derartig aufwändig zu verarbeiten, wie dies beim Bergkäse geschieht. Vielen Dank, wieder was gelernt!

Zum Abschluss noch ein Exkurs in die Odenwälder Sagenwelt. Wir haben nachgeforscht und herausgefunden, warum der Karrierist unter den Heimat-Käsen, der Frühstückskäse, früher Lindlkäse hieß (gemampft traditionell übrigens wirklich zum – zweiten! – Frühstück). In nächster Nähe zur Molkerei plätscherte einst der Lindelbrunnen vor sich hin. Unzweifelhaft der Ort unter den 723 Mitbewerbern, wo Siegfried von Hagen ... Sie wissen schon. Könnte es nicht sein, dass es kein Lindenblatt war, das dem Delinquenten beim Drachblutbaden auf die Schulter fiel – sondern ein Frühstückskäse, dem Käsekorb einer vorüberstolpernden Käsemagd auf dem Weg zum Käsemarkt entglitten? Bedenken Sie doch mal: Ein Lindenblatt verrutscht, verweht, verhuscht ganz leicht. Indessen die Haftwirkungskräfte eines echten, saftigen, wunderbar schmierigen Hüttenthalers ganz unbestritten sind. Hätte er das Käschen mal schön zwischen den Schultern hängen lassen, unser aller Siegfried! Ob Hagens spitziger Speer da hindurchgedrungen wäre, das erscheint uns doch sehr zweifelhaft.

Muss ja wohl sein. Hagen und Siegfried, diesmal in Alu, am (versiegten) Lindelbrunnen.

Viel Bergstraße auf einmal.
Süd-Blicke vom Kirchberghäuschen über die Starkenburg bis ins Badische hinein.

In Hessisch-Hellas

Bensheim

Wenn man, am besten in einer Montgolfière, auf jeden Fall aber in einem gediegenen Luftschiff, schräg hinter dem alten Malchen, dem Melibokus, hervorschwebte, links um die Ecke böge und, nachdem man das Auerbacher Schloss passiert hätte, auf Augenhöhe am Bensheimer **Kirchberghäuschen** entlanglitte, so wäre einem, als passierte man Monemvassia, Kap Matapan oder Kythera. Sonderbar entlegen, unvermutet, dabei ausnehmend wohlproportioniert mutet dieses Lusthäuschen aus der Mitte des 19. Jahrhunderts an. Dass es wie ein transplantierter Dionysos-Tempel aussieht, verdankt das Kirchberghäuschen einem unserer Epoche sehr vertrauten Umstand: Sparmaßnahmen. Denn ursprünglich hatte Kreisbaumeister Mittermayer einen das Gebäude überragenden Turm hinter dem klassizistischen „eingeschossigen Bau mit Satteldach und dreieckigem Giebel auf vier dorischen Säulen" vorgesehen gehabt. Bereits 1845 erfolgt die lakonische Notiz: „Das Thürmchen wird vor der Hand nicht gebaut."

Ausgesprochen lesenswert, informiert die von Kirchberg-Wirt Philipp W. Paul in Zusammenarbeit mit dem Stadtarchiv Bensheim herausgegebene Broschüre „Kirchberghäuschen" über die Geschichte des als Gutsausschank des Städtischen Weinguts firmierenden „Balkons der Bergstraße". Am Anfang stand die Initiativkraft eines Komitées, angeregt von Bürgermeister Traupel, das am 15. März 1846 zur „Berathung über die Ausführung der Anlage" im „Saale des Gastwirts van Gries" zusammenkam. Im demselben Jahr wurde auch die Main-Neckar-Eisenbahn von Frankfurt nach Heidelberg in Betrieb genommen – mit deutlich rascherem Fortschrittstempo gesegnet als das elysische Projekt der Bensheimer Baugesellschaft ... Dem Heppenheimer Steinhauermeister Johann Hänlein oblag die reizvolle Aufgabe, jene vier dorischen Säulen auf den Gipfel zu karren; ähnlich herbe Mühen erforderte nachfolgend die Eintreibung des Salärs. Merke: Pünktliche Bezahlung wird von Kommunen gemeinhin gern eingefordert, jedoch nur in Ausnahmefällen selbst geleistet.

Beinahe Zypressen. Selbst zusammengewickelte Sonnenschirme entwickeln etwas Attisches, wenn sie am Kirchberg-Tempel über Bensheim stehen.

Niemand hat das, außer uns: Zwischen Basel und Rotterdam gibt es nichts, was sich mit dem Kirchberghäuschen auch nur annähernd vergleichen ließe!

Inzwischen wehte der Geist der 48er-Revolution auch durch Bensheim. Es kam zu einer Menge (zunächst) ulkiger Szenen. So zogen vier demokratische Diogenesse mit Laternen durch das Städtchen, um nach den abwesenden Gemeinderäten von Bensheim zu suchen. Am Faschingsdienstag 1849 wurde eine saftige Parodie auf den Gemeinderat öffentlich aufgeführt. Wie es sich für eine ordentliche Behörde gehört, ließ sich selbige vom humorigen Treiben keineswegs anstecken. Im Gegenteil, man verlegte sich mehr aufs Logistische und nutzte die neu geschaffene Eisenbahn, um Soldaten aus Darmstadt herbeizubeordern. Einhundert Infanteristen, drei Offiziere und eine berittene Eliteeinheit à sechzig Mann zeigten wenig Empfindlichkeiten im Umgang mit der knurrenden Zivilbevölkerung; die Aufrührer wurden nach Darmstadt verbracht, das hessische Mini-Heer blieb noch ein Weilchen vor Ort, bis die verschnarchte Sonntagsruhe des Vormärz wieder über den Dächern der Bergstraße lag.

Beinahe ein Jahrzehnt ließ man sich hernach Zeit, bis das Kirchberghäuschen ordnungsgemäß eingeweiht wurde. Ein Festzug wälzte sich vom Marktplatz herauf; Feuerwerk, Musik und ellenlange Reden standen am Beginn der rekreativen Nutzung des graecophilen Gebäudes. Ab 1858 erfolgte Verpachtung an ortsansässige Wirte, worunter Philipp W. Paul mit Sicherheit als

eine der prägendsten Gestalten zu nennen ist. – Noch ein Detail: In den allermeisten Bereichen haben die zwölf Jahre des Tausendjährigen Reiches entsetzlich lange gedauert; um das Kirchberghäuschen (das man sich 1939 in zeittypischer Bescheidenheit unterfing mit dem Brandenburger Tor, der Münchner Frauenkirche oder gar dem Frankfurter Römer zu vergleichen) durch gewaltsame Anbauten zu entstellen, langte die Zeit einfach nicht zu. – Hoffen wir inständig, dass nicht irgendein Verschönerungsverein auf die Idee kommt, das ursprünglich vorgesehene Türmlein doch noch aufzuführen – am besten in Glas und Chrom oder als Lumi-Bär …

Zu Füßen des Kirchbergs kauert das für diese Lage maßgebliche Weingut der Stadt Bensheim, ein sympathisch dimensioniertes Häuslein an der B 3. – Weitaus pompöser wirken da der ehemalige Rebmuttergarten des Staatsweinguts oberhalb der Landstraße zwischen Bens- und Heppenheim sowie der Komplex der Domäne Bergstraße in der Grieselstraße. Die Entwicklung dieses Leitweinguts geht auf eine der bedeutendsten Gestalten der hessischen Landesgeschichte zurück. Wer sich mit Ernst Ludwig, Großherzog von Hessen und bei Rhein (1868–1937), Enkel der Queen Victoria, Vetter der Großfürstin Elisabeth von Russland, vorurteilslos beschäftigt, konvertiert unversehens zum Royalismus. „Mein Hessenland blühe – und in ihm die Kunst!" Das war keine

Hoch über dem weinigen Bensheim schwebt der (preußische) Adler des Staatsweinguts. Abgebildeter Weißburgunder wächst ein Stück weiter hinten, im Herrnweingut, zwischen Schönberg und Auerbach.

In der Bensheimer Gerbergasse befindet sich ein kulinarisches Biotop: Toni Comos „Brot- und Backkultur" sowie „Käse Mühlum."

Stehengeblieben: das Rinnentor, Teilstück der Stadtbefestigung, immer noch ganz schön mittelalterlich.

Phrase im Sinne zeitgenössischer Motivationsparolen; dem Hessisch-Darmstädtischen Landesherrn war es wahrhaftig ernst damit. Wenn es irgendwann in unseren Breiten einen Mäzen mit Gespür und Wagemut gegeben hat, dann diesen späten Spross des Hauses Brabant.

In allen nur irgend denkbaren Bereichen hat er die Besten angezogen und verschwenderisch subventioniert: Garten- und Baukunst (Mathildenhöhe, Darmstädter Jugendstil ...), Musik (Max Reger ...), Musiktheater (Erich Kleiber ...), Schauspiel (u. a. Paul Eger, dessen reizender Leitsatz „Tradition ist Schlamperei" neu zu interpretieren wäre), Tanzkunst (Isadora Duncan ...), Wirtschaft und Industrie (Opel-Werke ...) – er, der selber Dichter, Maler, Komponist gewesen ist, verfolgte seine Projekte mit einer Verve und Hingabe, die uns Heutigen staunendes Kopfschütteln abnötigt. Vicki Baum hat ihn als „die unköniglichste Königliche Hoheit, die man sich denken kann" charakterisiert. Es soll nicht unerwähnt bleiben, dass es den Revolutionären von 1918 sichtlich peinlich war, ausgerechnet ihn, der caritative Einrichtungen, Arbeiterbildung und Vereinswesen mit anderswo kaum vorstellbarer Insistenz mitfinanziert hatte, für immer ins Privatleben zu transmittieren. Wahrscheinlich hatten es die meisten mit einer gewissen Bangigkeit gefühlt: Etwas Besseres kommt selten nach. Und richtig, kaum war die Revolution mehr oder weniger operettenhaft vollzogen und das von keinem gewollte Chaos ward inthronisiert, wurde dem Ex-Regenten die Präsidentschaft angetragen. Ernst Ludwig hat abgelehnt.

Eine Andeutung dessen, was im Seelenleben des volksnächsten großhessischen Aristokraten, der sich um die Verhinderung des Ersten Weltkriegs bemüht hat, so vorging, sei hier eines seiner überraschend schlichten, traumwandlerisch präzisen Gedichte wiedergegeben:

Mein Kind

Lasse den Tau
liebender Menschen
ganz dich durchdringen.
Lebe davon
und gib ihnen wieder
dein Herz.

Selbstredend hat der multipel Hochbegabte auch die Wein-Kunst nicht vergessen, die er ab 1902 in Rheinhessen und an der Bergstraße (später erst im Rheingau) auf den avanciertesten Stand zu bringen gedachte. Zwar hatte es die Bensheimer Filiation immer etwas schwer, sich gegenüber den flächenmäßig Bedeutenderen zu behaupten; ohne die genialisch wirksame Unterstützung des praktizierenden Ästheten Ernst Ludwig jedoch wäre der heutige Stand nicht denkbar: „Die Weinbaudomänen sind meine persönliche Erfindung. Ich war geleitet durch die Gedanken, dass Vorträge, Schulen, Versammlungen etc. nicht so helfen wie die Praxis. Deshalb vom Staat aus schlechte Weinberge ankaufen und den Beweis liefern, wie ein tüchtiges rationelles Arbeiten sich rentiert. Es hat geholfen, und das Resultat ist besser geworden als ich es selbst glaubte, so sehr, dass später die Weinbauern sagten, der Staat mache ihnen Konkurrenz und bereichere sich auf ihre Kosten. Aber sie haben doch gelernt, intensiver zu arbeiten ..."

Nun, „schlechte Weinberge" gibt es nicht mehr im Besitz der staatlichen „Domäne Bergstraße", wo Volker Hörr ein effektives, doch sehr menschliches Qualitätsmanagement etabliert hat. Unweit der immer mehr Profil gewinnenden Unterabteilung der Staatsweingüter exis-

Kochkässchnitzel

Inspiration:
Philipp W. Paul,
Kirchberghäuschen,
Bensheim

Und hier ist er: Der Beitrag Hessens zum kulinarischen Weltkulturerbe! Das Kochkässchnitzel. Manche Hampel sind der Auffassung, es handle sich hierbei um in Paniermehl gewälzten Kochkäs, kunstvoll ausgebacken in Biskin ... und am Ende noch mit Johannisbeergelee gemampft oder was? Keine Sorge, die Schnitzel sind echt, perfekt paniert und in Butterschmalz gebacken. Nebenbei erköcheln wir eine dunkle Zwiebelsoße. Verschiedentlich wird das für unnötig erklärt. Aber nicht in Route 8. Uffgebasst: ein paar handvoll feingehackter Zwiebeln in Butter, Schmalz oder Butterschmalz scharf anbraten. Ablöschen mit was man hat, z.B. Ebbelwei. Süße Sahne dran, aufgießen mit dunklem Fond. Pfeffern, muskatieren, salzen. Einköcheln.

Nächstfolgender Vorgang erfordert etwas artistisches Geschick: Auf das Schnitzel platzieren wir einen Schwupp Kochkäs (nehmen Sie den Lörzenbacher, oder besser noch Rettigs Mitlecherner. Nein, nicht selber herstellen, das schaffen Sie eh nicht); fast in demselben Moment folgt dann ein Schwapp Zwiebelsoße, auf dass der gekochte Käse zart zerlaufe. Rasch noch rösches Roggenbrot dazu drapiert – und auf geht's, hinaus zu den Hungrigen.

Eines der hübschesten
unter vielen Hübschen: das Mühlstein, eine gehobene Adresse.

tiert mit dem Weingut Mohr ein Bensheimer Traditionsbetrieb, der nach Jahren mit Schwerpunkt auf kulinarisch-touristischen Aktivitäten eifrig sein Gütesiegel poliert. Jäger und Hillenbrandt heißen zwei weitere Bensheimer Weingüter, beide im Schatten des mittelalterlichen Rinnentors gelegen, die durch gastronomisches Engagement auffallen. Während bei Jägers soeben die nächste Generation ans Ruder tritt, scheinen bei Hillenbrandts – Gott sei's geklagt – die Tage gezählt.

Von Rechts wegen hätte Bensheim eine eigene kulinarische Route verdient. Neben den unten näher besprochenen Wein-Örtlichkeiten **Walderdorffer Hof** und **Kirchberghäuschen** erfreuen sich drei weitere im Erscheinungsbild höchst konträre Etablissements begeisterten Zuspruchs: der krachledern-urige **Bierkeller**, das heimelige **Weinhaus zur Hahnmühle** und das **Mühlstein**, eine pittoreske Schönheit, der es noch ein wenig am Sinn für den hehren heimatlichen Weinbau gebricht.

Süffig.
Der Bierkeller in der Grieselstraße und das Weinhaus zur Hahnmühle, unbedingt zu nennen unter den 10 wichtigsten Bergsträßer Adressen!

DER SPAZIERGANG Alles andere wäre Wahnsinn. Wir begeben uns durch die stellenweise hübsch fachwerkige Altstadt Bensheims zum Fuße des **Kirchbergs** (die himmelschreienden Bausünden sollen offenbar schwerere Kriegsschäden simulieren als tatsächlich vorgekommen). Nun tief Luft geholt und das mit vier Knoten versehene Taschentuch über die Glatze gestülpt. Denn der Aufstieg ist heiß. Immer. Bei jeder Witterung. Mitten durch den Weinberg geht's empor. Doch was heißt empor! Anfangs ist es ganz schön steil, bis wir erkennen müssen, dass das noch flach war. Das Schlimmste kommt zum Schluss. Also rasch noch einen Abstecher in den Brunnenweg gemacht, wo des lyrischen „Waldpfarrers" und Cheforganisators des Bergsträßer Literaturlebens, Karl Ernst Knodt, auf einem Gedenkstein gedacht wird. „Und ewig behalten die Quellen das Wort" – der Mörike-Vers spielt auf Knodts Erzählung „Fontes Melusinae" an. Hermann Hesse, neben Lulu von Strauß, Gustav Falke, dem Prinzen von Schönaich-Carolath, Hans Bethge (...) einer der zahlreichen literarischen Trostsucher im Pfarrhaus, schreibt über die Besuchswelle: „Aber er schonte, wenn einer von uns angewandert kam, nicht das Huhn auf dem Hofe noch den Wein im Keller ... Er saß mit uns Jungen abends beim Wein, lief mit uns in seine Wälder ... – Wer Karl Ernst Knodt ist? ... darum muss man nur uns junge Dichter fragen; wir kennen ihn fast alle."

Und weiter geht's, in schwindelerregende Höhen hinan ... Den hohntriefenden Blicken der bereits Abgekühlten ausgesetzt, die Platz genommen haben unterm dorischen Säulengiebel des **Kirchberghäuschens**, hangeln, robben, torkeln wir das letzte Stückchen hinauf. Erquickung tut not, nicht zuletzt in Form von Fassriesling, Ebbelwei oder Waldmeisterbrause. Sodann flanieren wir ebenmäßig Richtung Wald, erfreuen uns des seltsam unverbauten Anblicks der Odenwaldhöhen – bis hinüber zum Krehberg, zur Starkenburg –, passieren die Waldlage Herrnwingert, vergessen auch nimmermehr das Türmlein der Schönberger Kirche von ferne zu bewundern ... und steigen gemessenen Schritts hernieder in den **Staatspark Fürstenlager**. Von dort aus ist es nicht mehr weit ins Dörfchen, zur **Alten Dorfmühle**, zum **Blauen Aff** ...

Nicht über's Riesengebirge, aber immerhin am Rande des Odenwalds darf der bronzene Rübenzahl umherblicken. Eine rührige Gemeinde Heimatvertriebener hat sich in Bensheim angesiedelt.

Hessische Staatsweingüter, Domäne Bergstraße

Bensheim

Unsere Geschichte ist eine andere als die im Rheingau.

Grieselstr. 34-36
Bensheim
06251 3107
www.weingut-kloster-eberbach.de

„Wir haben natürlich einen Ruf, was Edelsüße betrifft ..." Keine Umschweife, nennen wir's direkt beim Namen: Das Staatsweingut an der Bergstraße wird seit dem Aufkommen jener vielbeachteten Weinbewertungsführer vor allem für seine Eisweine und Trockenbeerenauslesen dekoriert. Daran ist auch erst mal gar nichts falsch; andererseits gerät dabei aus dem Blick, welch überragende Qualitäten die Bergsträßer Domäne gerade bei den mineralischen Trockenen erzielt – zwar vor allem, aber nicht nur beim Riesling. „Das Problem ist bei den Edelsüßen", so sinniert Betriebsleiter Hörr, „sie machen so schnell satt."

Ganz anders der trockene Domänen-Riesling, etwa der von der Kalkgasse; sogar 2006 enorm dicht und wohl geraten, bananig am Gaumen, ein Kabinett, der eine Spätlese wurde! „Das Fordernde der Säure ... fordernd in dem Sinne, dass man den nächsten Schluck nimmt!" Dergleichen kann einem genauso beim Centgericht passieren, der Stammlage zwischen Bensheim und Heppenheim, landschaftlicher Höhepunkt der Bergstraße, worinnen die Jugendstilvilla des „Rebmuttergartens" prunkt. Bedingt durch dickere Lössauflage, vermittelt sich eine andere Aromenstruktur. Reifer Apfel, bestens eingebundene, mineralisch abgepufferte Säure, eindringliche Saftigkeit. „Mit dem Riesling kammer alles mache; er bleibt immer interessant, pikant und hat Spiel ..." Knapp 70% der staatsweingütlichen Anstrengungen sind der Königsrebe gewidmet.

Volker Hörr ist ein Ur-Bergsträßer. Schon sein Praktikum hat er im Staatsweingut gemacht. Nach dem standesgemäßen Studium zu Geisenheim wieder zurückgekehrt nach Bensheim, hat sich dieser Grundpfeiler des Betriebs, der in seinem jovialen Charme von ferne her an den rheinland-pfälzischen Landesvater Kurt Beck er-

Hoch dekoriert, vollkommen zurecht. Volker Hörr und das Staatsweingut.

innert, einem hehren Projekt verschrieben: Er will „die Leute an den Wein heranführen" – und zwar am besten mittendrin. Einen Pavillon des Rebmuttergarten-Gebäudes von 1927–29 hält er in der warmen Jahreszeit für Erfahrungsdurstige geöffnet. „Den Wein dort zu genießen, wo er wächst – " was kann es Einleuchtenderes geben! Kleine Speisen werden dazu gereicht ... und die Bergstraße hat wieder einen Ort geschenkt bekommen, wo Genuss und Wohlgelauntheit zusammen an einem Tische sitzen.

Nach Süden ausgerichtet, tief im Hambacher Tal, gewissermaßen der Hauswein der Odenwaldschule, wächst der Heppenheimer Steinkopf auf Buntsandstein. Die Riesling Spätlese trocken aus 2006, mit 13,5 % Alkohol nun wahrlich kein Schmächtling, offenbart jede Menge von dem, was immer wieder als „Potenzial" raunend angemahnt wird. Hier ist es existenziell geworden: exotisch, tiefgründig, mindestens bis 2010 in steter Steigerung begriffen. – Noch so ein Steinkopf, aber diesmal kein Riesling, ist eine in Umkehrerziehung gewonnene 2005er Barrique-Granate: „Mit dem Chardonnay müssen sie in die besten Riesling-Lagen!" Puristen des Filigranen mögen vor solcher Wucht zurückschrecken; unserer Meinung nach erweitert dieser Wein das Bergsträßer Spektrum um eine phantasievolle Nuance. Präsent von der Attaque bis zum Finish, lässt hier einer keine Zweifel an der pompösen Berechtigung seines Vorhandenseins. Zu diesem so noch nie dagewesenen Bergsträßer Chardonnay fällt uns Franz Werfels Eröffnung der „Troerinnen des Euripides" ein:

Weit mehr als nur ein Experiment: der fulminante Chardonnay aus dem Barriquefass.

Wo der Kellermeister am häufigsten vorkommt ... Sehr beeindruckend, was und wie es dort unten liegt ...

Ich, Gott Poseidon, trete herrlich her,
Emporgetaucht aus meinem Inselmeer,
Wo um den flutgelabten Busen wallt
Der Nereiden süße Tanzgestalt ...

Da wir schon einmal beim Thema Ekstase sind: Wenn Volker Hörr verkündet, er schaue noch einmal „in meim Räumsche" nach, dann gilt es achtgepasst und strammgestanden und die Schädeldecke festgezurrt. Meine Damen und Herren, wir widmen uns nunmehr dem Trinken von Kunstwerken! Und da lässt sich's einfach nicht mehr vermeiden – warum denn auch ... wir verkosten einen 2002er Heppenheimer Centgericht Riesling Eiswein. Was heißt verkosten! Wir inhalieren ihn, adorieren ihn, versinken in ihm und in Ehrfurcht. 260 g Restzucker, 173 ° Oechsle ... Mirabellen, Zitrus ... kaum zu schildernde Komplexität ... Vergleiche mit Kracher, Löwenstein drängen sich auf ... Da tut es wohl, wenn Hörr die Geschichte auf seine Art plaudernd kontrastiert: „Jaja, e ordentliches Stöffsche. Deswege gibt's bei uns so viel Eiswein, weil de Betriebsleiter mitte im Weinberg wohnt. Ich bin ja schon dauße, wenn die annern noch gar net wisse, dass es Eiswein gibt."

1987, erinnert sich Hörr, wurde ein Eiswein mit 225 ° Oechsle gelesen. Die Trauben waren so hart gefroren,

„mir habbe all gedacht: Was is dann des?" Erst nach einer halben Stunde ölten die ersten Tröpfchen aus der Presse. Haltbar sind solche Weine potenziell unbegrenzt. Immer gut, wenn man das Glück hat, so ein „Räumsche" sein eigen zu nennen. Noch besser, wenn man einen Oheim oder eine Muhme an der Bergstraße wohnen hätte, der Sammelleidenschaft edelster Heimatgewächse verfallen, selbst jedoch am Trinken vollkommen uninteressiert ...

Wir wollen die Bergsträßer Domäne, die einen Großteil über die Zentralstelle der Hessischen Staatsweingüter in Eltville abwickelt, keineswegs verlassen, ohne in ein weiteres Kapitel hineinzulesen. „Lob den Burgundern" könnte die Überschrift heißen. Denn es ist Volker Hörr zu verdanken, dass in dieser Richtung Wegweisendes unternommen wurde. Schon der Grauburgunder – 2003 eine Wuchtbrumme, 2006 ätherisch, verspielt, beinahe zärtlich – überzeugt und nimmt gefangen. Aber der Weißburgunder aus dem Schönberger Herrnwingert (2006), der kommt nun ganz und gar von der Bergstraße, besser: Er ist die Bergstraße. „E subber Sach, die sehr gut bei den Kunden ankommt." Elegant, reif und traubig – aber was sagt das schon ... Wer einmal an einem Vorfrühlingstag den Bergsträßer Blütenweg entlanggeschlendert ist und plötzlich den ersten Hauch des jüngst erwachten Weißdorns in die Nase bekommen hat, voller Erinnerungen, Seltsamkeiten, wehmütiger Süße, der weiß, was dieser Weißburgunder von uns will. Oder umgekehrt: ein Schlücken von diesem Weißburgunder, und wir wissen plötzlich um das Bergsträßer Geheimnis, das anfängt, wo der erste Weißdorn seinen Duft auf die Reise schickt.

Bevorzugtes Jagdgebiet der Domäne Bergstraße: die Bensheimer Kalkgasse und ihre Nachbarhänge.

Weingut der Stadt Bensheim

Bensheim

BSA bei allen Weinen.

Darmstädter Str. 6
Bensheim
06251 580017
www.weingut-der-stadt-bensheim.de

Wenn man mit Stadtverwaltungen länger zu tun gehabt hat, in welcher Form auch immer, wird man zumindest eines nicht wieder vergessen können: diese nach der Seite abgeschrägte Körperhaltung der emsig durch die Gänge schnürenden Aktenträger, welche, wie Kafka fand, „mit öder Betriebsamkeit" immer gleichen Zielen zustreben. Es ist eine ganz eigene Atmosphäre, die man von früh auf gewöhnt sein muss, um sich darin zurechtzufinden, genauer: nur wer Teil dieses sich selbst perpetuierenden Systems ist, kann sich auf Dauer vor der Empfindung des Surrealen schützen. Ja, es scheint, dass Stadtverwaltungen familienähnliche Strukturen ausprägen, worin manch einer sein ureigenes Element, sein Nährmedium findet. Was aber geschieht, wenn diese behördliche Sphäre auf die Außenwelt trifft, gar mit einer auf Offenheit, Frohsinn und Lebensfestlichkeit gründenden Disziplin wie dem Weinbau koaliert? Nun, auch solche Zweckbündnisse können ein paar Jahrhunderte halten – mit gar löblichen Ergebnissen! Gegenwärtig, ob in Frankfurt, Bensheim, Lahr ... werden die städtischen Weingüter zumeist „outgesourct", verpachtet, auf Eigenständigkeit getrimmt.

Axel Seiberth hat die verwaltungsinternen Abläufe die längste Zeit mitgemacht: „Rechnung ins Rathaus tra-

Dem netten Häuschen an der Hauptstraße traut man den hirschgeweihgezierten Festraum im 1. Stock gar nicht zu.

gen, zweimal abzeichnen lassen, wieder raustragen, nächste Rechnung ins Rathaus tragen …" Et ad infinitum. Nicht ganz: Denn im Jahre 2000 hat er selbst das Weingut von der Stadt gepachtet. „Die Person ist ja dieselbe geblieben, und die Zusammenarbeit blieb sehr eng." Eine ganz schön weit zurückreichende Tradition schreibt Seiberth da fort, zuvor bereits zehn Jahre lang für die Staatsstelle der Domäne Bergstraße als Kellermeister in Amt und Würden. Bereits 1504 verzeichnen die Gemeindebücher die Besoldung eines Küfers. „Die Bevölkerung trinkt hier schon ihren Wein, eigentlich seit jeher", überblickt der gebürtige Pfälzer das weinige Geschehen an der Bergstraße. Und rechnet einen klassischen Dreisatz vor: „Wir füllen 100.000 Flaschen im Jahr. Bensheim hat 40.000 Einwohner. Wenn jeder nur drei Flaschen trinkt, hemmer schon nix mehr."

Lokalmathador und exklusive Spezialität der Kirchberg-Riesling und der Rotberger Rosé-Sekt.

Mit zur Mannschaft gehört Volker Dingeldey (s. Route 7), der nebenberuflich tief im Gronauer Tal einen eigenen feinen Weinbaubetrieb führt, im Weingut der Stadt Bensheim aber zusätzlich den Posten eines Kellermeisters versieht. Und noch ein Bekannter aus dem Odenwald ist in die Kooperation eingebunden: Dieter Walz (dieselbe Route), zur Crème de la Crème des deutschen Brennerwesens gehörig, destilliert beste Brände für die Bensheimer. Nach einem ganz raffinierten Verfahren wird die „Chardonelle" produziert, ein Weinaperitif aus Chardonnay-Trauben, die in der von sanften Winden überhauchten Lage Streichling gedeihen. Ebenfalls gleich mehrere Empfehlungen wert: der Bensheimer Chardonnay Traubenbrand sowie die Spätburgunder Tresterbrände mal mit, mal ohne Barrique. Damit des Zusammenwirkens noch kein Ende: Axel Seiberth zählt zu dem Duo, das von der einst mit Schwung vorangetriebenen Gemeinschaftsaktion „Via Montana" übrig blieb. Früher wehte der Bergsträßer Geist der reichen Synergien bis hinüber nach Groß-Umstadt; heute ist mit Hanno Rothweiler immerhin einer der entscheidenden Winzer der Region noch mit im losen Bunde. Ergebnis der Bemühungen: eine kraftvolle, gleichwohl elegante Cuvée aus Dornfelder, Spätburgunder, St. Laurent und Regent namens Via Montana Rot.

Es nötigt einem Bewunderung ab, wie individuell Axel Seiberth die Weine des Städtischen Weinguts interpretiert. Da gönnt er doch tatsächlich allen Weinen –

Eine zarte Angelegenheit, so ein Weinchen aus den Händen Axel Seiberths ...

einschließlich Riesling! – die malolaktische Gärung (BSA), was dazu führt, dass sie allesamt „früher zugänglich, auf dezente Art fruchtig" sind. Der Schweizer Stil ist nicht zuletzt bei denjenigen beliebt, die über (Magen-) Probleme mit der Säure klagen; zu diesen gehört nämlich auch Seiberth selbst: „Ich kann doch kein' Wein mache, den ich net trinke kann!" Passend dazu: die mason-grünen Flaschen, ins Bläuliche spielend – eine Andeutung von Zartheit und Stilbewusstsein. Keine Frage, Riesling überwiegt auf den 13 ha Anbaufläche. „Qualität fängt bei uns in der Literflasche an." Tja, so ein paar Liter vom halbtrockenen 2007er Bensheimer Streichling möchte man schon im Keller haben, wenn die Tage länger werden! Seiberth hätte auch „Bergsträßer Frühling" draufschreiben können. Aber da pflegt er lieber ein bisschen Understatement. Zu den bemerkenswerten Bergsträßer Rieslingen ist die trockene Kirchberg-Spätlese zu rechnen. Der ist unzweifelhaft von hier, vom Duft über

Hübsches Türmchen, direkt gegenüber vom Städtischen Weingut, im rebennahen Stadtpark.

Einen idealen Pächter hat das Städtische Weingut bekommen: Axel Seiberth gibt den Weinen Profil.

Kirchberg-Kunst, wohlgerahmt studierbar im Fest- und Verkostungsraum des Städtischen Weinguts.

den Schluck bis zum Nachhall. Bekömmlich, weich, doch von raffinierter Mineralität. Einer, der weder satt noch sitt macht, auch nicht bei der zweiten Flasche.

„Wie ein guter Freund, den man beim Wiedersehen umarmt", erfreut laut Fotograf Steinheimer der Graue Burgunder trocken 2007 aus der Bensheimer Kalkgasse. In dieser Premium-Lage herrscht ein besonderer Granit vor. Eine „Marmorlinse" zieht sich durch den Weinberg; noch zeugt eine struppig grünende Senke vom einstigen Carrara der Bergstraße. „Plump sind die Weine hier nicht", untertreibt Axel Seiberth mal wieder listig. Und zaubert noch eine Kalkgässer Besonderheit aus dem Kühlschrank: einen Rotberger, „für Rosés meines Erachtens besser geeignet als jeder Spätburgunder!" Zumal in seiner im Hause selbst versekteten Form kommt die den meisten unbekannt gebliebene Rebe zu sich selber. Diese Kreuzung aus Trollinger und Riesling perlt unglaublich fein und crèmig den Rachen hinunter, einprägsam und vollmundig ... unentschlossenen Winzern zum Anbau dringend anzuempfehlen.

Da wir schon einmal bei den Roten sind ... Man weiß ja nie, ob man dem Wein und seinem Gut einen Gefallen tut, wenn man dergleichen ausplaudert. Na gut, weil Ihr's seid: Die 2005er Bensheimer Kalkgasse Spätburgunder trocken aus dem Barrique gehört zu den eminenten Rotweinen in Deutschland. Ganz ehrlich, eingeschmuggelt als Piratin in welche Verkostung auch immer: einigermaßen kundige Verkoster vorausgesetzt, wird sie stets verführen, überzeugen, überraschen. Eine waldbeerige Rauschhaftigkeit zeichnet diesen Pinot aus, eine Perfektion im Umgang mit dem kleinen Holzfass, ein höchst musikalisches Säurespiel ... Eieiei, was für eine Entdeckung! Einmal mehr mahnt Seiberth zu ruhigem Blut: „Wir werden uns nicht verzetteln. 10–15% Rotwein, das reicht ... Und nicht vergessen, es gibt immer einen optimalen Zeitpunkt: zum Lesen, zum Füllen und zum Trinken." Letzteres sollte im Falle dieser Spätburgunder-Epiphanie sogar noch ein wenig hinausgezögert werden. Dafür gibt es ja die Kalkgasse-Cuvée mit dem extravaganten Namen „Rotwein", prägnant gemischelt aus Dornfelder (Kraft), Spätburgunder (Tiefe) und Regent (Seidigkeit). Den kann, soll, muss man jetzt schon trinken. Aufs Wohl der Stadt Bensheim und ihres treuen Wein-Bevollmächtigten!

Kirchberghäuschen
Bensheim

Der letzte Gast muss noch sein Essen lieben.

Außerhalb 2
Bensheim
06251 3267
www.kirchberghaeuschen.de

Offenheit gegen Offenheit: Über keine Lokalität dieser Erde hat der Verfasser so oft die Ehre gehabt schreiben zu dürfen wie über das graecophile Kirchberghäuschen auf dem Hausberg Bensheims. (Und dies aus gutem Grund.) Da darf man schon einmal ein bisschen persönlich werden. Darum seien in die allgemeine und besondere Darstellung ein paar modifizierte Erinnerungen eingeflochten – sicherlich ein wenig zur Selbsterheiterung, aber eben auch, weil darin, so steht zu hoffen, ein wenig von dem aufscheint, was diesen Ort so erstrebens-, ersteigens-, erkletternswert macht. Leicht nämlich könnte die Sache ausgedehnt werden; so ein Büchlein („Geschichten vom kleinen Tempel") würde schnell die Seitenstärke des gesamten Weinlesebuches erreichen. Und fasste man erst die Anekdoten aller Lebendigen zusammen, denen auf dem Kirchberg Bemerkenswertes widerfahren ist, so käme man wahrscheinlich alsbald dem Umfang der encyklopaedia britannica gleich.

Familienwanderung von Lindenfels nach Bensheim. Noch nahe den Welten der Kindheit, erspäht der Knabe allerhand Märchenhaftes. Seltsame Pilzformationen hu-

Da müssen Sie mal im Winter sitzen: Kuscheliges Interieur des Kirchberghäuschens, allwo der Fassriesling gezapft wird.

Oja, er ist steil, steiler als auf diesem Bild erkennbar. Wer die Prozession zum Kirchberg-Tempel auf sich nimmt, dürfte, oben angekommen, aller Sünden ledig sein.

schen durch Waldesdämmer, wie Toastbrotscheiben fällt Licht durch Tannennadeln, knorzelige Bauern mit Pfeifenstümpfen im Mund ruhen in Obstgärten. Dann wieder die Pilze. Das geht so, Stunde um Stunde. Auf einmal bricht der Wald auseinander. Die Ebene –. Alles beginnt sich zu drehen. Die Abendsonne, die fernen Berge der Haardt, die fremdartigen Säulengebilde. Schließlich der erste Kochkäs mit Musik in diesem Leben, dem seinerzeit gestrengen Vegetarier unter Zureichung eines Kümmelstreuers serviert. – Eins war nun klar: Wenn dies die Welt war, dann musste sie entdeckt werden. Das sollte sich doch lohnen.

„Wo die Säulen sind, da sind die besten Plätze", fasst Philipp W. Paul die Aufenthaltsgewohnheiten seiner Gäste zusammen. Er weiß wohl um die emotional aufgeladenen Geschichten, die dieser Ort stiftet. Paul ruhte nicht noch rastete er, bis er ein prekär günstiges Büchlein zur Historie des Kirchberghäuschens herausgebracht hatte, der sorgsamen Mühewaltung des Bensheimer Stadtarchivars Berg gewiss. – Pauls substantielle Devise: „De Kaffee muss heiß un's Bier muss kalt sei. Wammer des beherzigt, kann eigentlich nix passiern. Aber denke muss merr debei!" Denn bisweilen ist das scheinbar Banale am schwersten zu erzielen. Viel Geld hat der gelernte Koch und Absolvent der Hotelfachschule Heidelberg in das Tempelchen gesteckt. „Die Stärke ist der kurze Weg hoch. Merr hat des Gefühl, merr hätt was gedan ..." Kenner ersinnen Namen für jedes Teilstück des Anstiegs

durch den Weinberg: Elendsklamm. Col de Pfaffenschlick. Grindhügel. Tal der dürstenden Schakale ...

Aufbruchsstimmung im Kirchberg, heftig abfallend zur Kalkgasse.

Es gab Zeiten, da dominierte der Frankfurter Fußball – zumindest in technischer Fußfertigkeit – weite Teile Europas. Als Hölzenbein, Grabowski, Nickel schon abgetreten waren, schwangen sich noch einmal die Herren Bein, Yeboah, Weber auf, die unzweifelhaft verdiente Meisterschale an den Main zu holen. Zu diesem behufe begaben sich die Kicker am letzten Spieltag in die seither nur noch so geheißene „Stadt mit R." (...) – Zur gleichen Zeit (Handys waren noch keineswegs gebräuchlich) versteckten sich einige Getreue, die es nicht mehr aushielten, am Felsenmeer, einem der Hauptausflugsziele Südhessens. Als die Stunde herangekommen war, da sich das Schicksal der Eintracht vollenden sollte, nahten die Kameraden dem Kirchberghäuschen in Erwartung tobender Glückseligkeit. Was aber tobte, war der Kummer eines versprengten Fans, der sich über einen Baumstumpf geworfen hatte. Seine Worte: „Merr habbe verlore!" begründeten die intensive Vertrautheit der im Innersten Verheerten mit dem inspirierenden Fassriesling vom Kirchberg. Nach einigen Stunden war man sich einig: Das Spiel würde ohnehin annuliert werden und die Eintracht ewig Deutscher Meister sein.

„Immer im November hab ich so'n Tick un fahr mit'm Fahrrad nach Düsseldorf." Philipp W. Paul liebt skurrile Unternehmungen, kommt auch mit jenen klar, die neben

Welch ein Gastgeber!
Philipp W. Paul, Vollblutgastronom, Fahrrad-Langstreckler und Tempelherr.

der Stromlinie schwimmen. Keiner muss sich ausgeschlossen fühlen, keiner braucht Touristenpreise zu fürchten. Die erhabne Örtlichkeit ließ und lässt der Tempel-Wirt so unberührt wie möglich: „Die Leut solle e bissje den Eidruck habbe, merr komme hier morjens nuffgeschlappt mit'm Körbsche überm Arm, un da is de Ring Worscht drin." Ganz so neckisch geht's denn doch nicht zu auf dem Kirchberg. In der Mini-Küche muss es flutschen. „Anfangs wollte die Leut immer Salat. Des geht hier einfach net. Stattdessen hammer im Sommer Ofenkartoffel mit Garnitur. Was glaube se, wie die geht!" Dazu ganze Fleischkäschen mit braunen Zwiebeln, Bratwurst, Wurstplatte, Bauernbrot ... alles von eindrucksvollster Güte.

Gründungswanderung des legendären SOV (Speyerling Odenwald Verein). Umschlurft von Pfälzern, Siegerländern und Kroaten, erklimmt der Autor den steilen Weinberg, zugleich begafft von all denen, die es bereits hinter sich haben und droben bei Weizenbier und Odenwälder Ebbelwei die Neuankömmlinge mit Blicken drangsalieren. Mit der ersten Rundsicht von unterm Giebel auf die Jahrtausendkulisse des Rheintals (Biblis inbegriffen) werden die Fremden zu Freunden des Kirchberghäuschens, des Odenwalds, des herrlichen Hessenlandes. Und es geschieht noch etwas: Eingeführt durch Philipp W. Paul, verlieben sich sämtliche Beteiligte in das Kochkässchnitzel. Was wiederum beweist, dass wahre Liebe nicht primär mit dem Aussehen zu tun haben muss.

„Kochkäs-Schnitzel? Naa, die Erfinder sin mir net unbedingt. Wir ham's gepflegt, wir ham's gemacht. Einer unserer Schlager, gar kei Frag!" Paul hat droben über den Reben ein Dream-Team um sich versammelt, das auch im Feiertagstrubel nicht die gute Stimmung einbüßt. Und das will was heißen. Für die Bensheimer und ihre Besucher gehören sie längst zur erweiterten Verwandtschaft: „Alexandra Skrzypek ist schon seit 24 Jahren bei mir. Die Leut wundern sich immer: Sie kennt alle Kinder beim Namen! – Die Lisa Wagner ... ja, des sin auch schon mittlerweile 12 Jahre. Un de Ralf Weiß hält's auch schon vier Jahr bei uns aus. Nee, bin sehr zufrieden. Mir schaffe subber zusamme. Sogar am erste Mai, wenn hier Ausnahmszustand is."

Auch schon 5 Jahre in der Mannschaft: Ralf Weiß, ein umsichtig servierender Tempelritter.

Familienwanderung am 1. Mai. Zwangsweise sind heute alle eine Familie, die sich zwischen Zwingenberg und Weinheim lückenlos hin- und herschiebt. Tag des Offenen Weinbergs! Nach einem rieslingreichen Picknick in der Lage Kalkgasse Aufstieg zum Kirchberghäuschen. Bald werden die selbstgemachten Waldmeisterlimonaden in überglücklichen Händchen funkeln. Assistiert von Schülerinnen und Studenten, vollzieht die Kochkästempel-Mannschaft die orgiastische Frühlingsfeier. Tabletts voll kunstvoll gestapelter Speise- und Trankopfer schweben über Hunderten von Köpfen, die sich bücken, nach weggewehten Küchenbons spähen und ungefragt wieder hochschnellen. Dann das Gewitter. Eins von der Bergsträßer Sorte. Schnell da. Kräftig. Und schnell wieder weg. Manche stürzen sich in den Weinberg. (Man wird sie nie wieder sehen.) Andere haben es besser, suchen Obdach im Tempelinnern. Und schreien sogleich nach neuen Apfelweinschorlen, Obstweinen, Blechkuchen. Und mittendrin in diesem Aberwitz steht dieser Philipp W. Paul und lacht sich kaputt über einen Witz, den ihm gerade ein Pommes-Abholer erzählt hat. Flachst mit den auf vielerlei Weise befeuchteten Leuten, verschenkt Kirchberg-Schirmmützen an die Kinder, hieft Kochkäse übers Schnitzel und Zwiebelsoße obendrauf. All dies bei haltbarster Maienlaune. Fürwahr: ein Wirt, der steil geht, ein Laufwunder, ein Energiebündel. – Der letzte Handkäs dieses Tages ging übrigens an uns. Er war so saftig, sauber dekoriert und zum Verlieben goldgelb wie sein Kollege am Vormittag. Philipp W. Paul hat nicht zu viel versprochen. Wir haben's ausprobiert.

Weingut und Weinstube Mohr
Bensheim

Wir Bergsträßer sind die ältesten Jungwinzer Deutschlands!

Grieselstr. 51-59
Bensheim
06251 2299
www.mohr-weingut.de

„Wir wollen keine Einzeltische. Wein soll die Leut zusammeschmeiße!" Die Linie wäre also schon mal klar: Bei den Mohrs ist Weinbau kein Nischenprodukt für neue Eliten. Und so sieht die Gastwirtschaft in der Grieselstraße, dem bescheidensten Genuss-Boulevard der Welt, auch aus. Vollholz, rustikale Schnitzereien, dicke Tische. Und voll ist es. Ganz schön voll. Angenehm voll! Denn das gehört hier dazu: zusammenrücken, bis alle Platz haben. Und dann hinein mit dem Wolfsmagen in die durstig gelachte Kehle! Ja, saftig geht es zu herinnen. Offensichtlich weiß ein jedes, was ihm blüht, wenn es die Gutsschänke betritt. Die gehört nicht umsonst zu den bekanntesten an der Bergstraße. Was heißt bekannt! Mag sein, dass „Mohr" das zweite bis dritte Wort ist, das Bensheimer Babys für gewöhnlich herausbringen. Damit hätten sie schon einmal etwas Wesentliches erfasst, einen verlässlichen Richtwert mitbekommen.

1983 wurde der Neubau des traditionsreichen Familienunternehmens bezogen. Und so sieht er auch aus: ein Paradebeispiel der Bergsträßer Postmoderne.

Volle Lotte wieder mal!
Die Weinstube Mohr: Zentrum Bergsträßer Lebendigkeit.

Nicht mehr so nüchtern wie vorher, verspielte Fachwerk-Elemente, sogar ein Türmchen ziert das ausgedehnte Anwesen. Immerhin: 15,5 ha werden hier verarbeitet, gereift, gefüllt und in jeglicher Form an den Menschen gebracht. „Wemmer komplett sin, simmer 22", berechnet Christa Guth, Hauptzuständige für Weinausbau im Familienrat, die Gesamtzahl der aktiven Familienmitglieder. Das ist beeindruckend; gewöhnlich findet man solchen Zusammenhalt nur noch in Asturien, Apulien oder Anatolien. Bruder Josef Mohr zeichnet verantwortlich für die Speisekarte des Gasthauses. Und die ist ... nun ja ... einfach olàlà!

Sagen Sie mir irgendein Odenwälder Gericht und ich zeig's Ihnen auf der Karte. Bei den Mohrs hat eben alles Hand- und Kochkäs (aus Lörzenbach). Nein, natürlich nicht alles, Unsinn. Es gibt noch so einfache Sächelchen wie Salzbrezel mit Butter, geräucherte getrocknete Bratwurst oder Edamer Käsbrot. Rühreier mit Blutwurst, Spiegeleier mit Bratkartoffeln und Schinken, gebackene Bratwurstscheiben mit Zwiebeln ... hat jemand behauptet, die gute, wahre deutsche Hausmannskost stürbe aus? Selbst so selten erhältliche entwicklungspsychologische Indikatoren aus der frühen Prägungsphase wie Kotelett mit Kartoffelsalat, Bäckelchen mit Kraut oder Winzersteak mit Zwiebeln werden hier gnadenlos aufgefahren. Dicht nebenan verzehrt die 94-jährige Stammgästin ihre Sülze mit Bratkartoffeln, assistiert von ihrem ebenfalls nicht mehr in der Jugendabteilung aktiven Sohn. Das gibt es alles noch bei Mohr: Austausch, Ausgleich, Miteinander der Generationen, Ineinander, Durcheinander – und alles im Rahmen einer höheren Ordnung.

„Die Mutter ist die Geschäftsinhaberin", stellt Christa Guth unmissverständlich klar. Wie so oft an der Bergstraße: Die Jüngeren haben die Steilvorlage der Älteren verwandelt und die Geschichte mit dem Wein professionalisiert. In Herrnsheim und Geisenheim hat sich die Fortbildungsbegeisterte gerne herumgetrieben; sie kann sich's getrost auf die Fahnen schreiben, den Betrieb geöffnet und um innovative Elemente bereichert zu haben. „Mein Steckenpferd ist Schokolade und Wein!" So, wie sie von der Kombination Papua Unami und Riesling schwärmt, erscheint Christa Guth als wahre Prophetin in dieser Sache. Sie pflegt den inspirierenden Kontakt zu

Wirt, Wein Wirtshausschild. Ansichten des Unternehmens Mohr.

Größen der Szene wie Schell aus Gundelsheim. Wer die zahlreichen Aktionen im Weingut oder mitten im Weinberg verpasst oder das Gelernte intensivieren will, der kann drei CDs erwerben, besprochen von der Expertin. Da geht's dann auch um Käse. Und um Wein sowieso.

Schreibt und bespricht auch Wein CDs: Christa Guth.

Keine Frage, die „Zechwein-Qualitäten" des Hauses sind unbestritten. Der 06er Riesling Wolfsmagen hat exakt die zarte Säure, wie es die Bergsträßer Küche liebt. Im 07er Heppenheimer Stemmler Spätburgunder Rosé aus Saftabzug kommt das Vollschlanke dieses Jahrgangs fundamental zur Geltung. „Voll subber: Die Sibbener sin seit langem maa widder, was merr gebraucht habbe!" Freilich bemüht sich Christa Guth, neue, positive Tendenzen auch in die Öffentlichkeitsarbeit miteinzubeziehen: „Wir gehen überwiegend auf feinherb. Das habbe die Verbraucher schneller kapiert." In dieser Kategorie: der vollbirnige Gewürztraminer (hess.: Gewüäzdraminä).

Seit über 50 Jahren wird der ach so gern unterschätzte Portugieser angebaut. Wer den St. Laurent mal richtig kennenlernen möchte, wende sich der exquisiten „Edition Paulus" zu, benannt nach der begünstigten Bensheimer Lage. Dieser 2005er aus dem Barrique weist den Weg in eine weitere richtige Richtung. Extraktgeladen, vollfruchtig, schmelzig ausbalanciert: das sind Qualitäten, die das Kapitel „der neue Bergsträßer Wein" einläuten. Auf derselben Ebene: ein feinherber Riesling Kabinett mit „eleganter Pfirsichnote" sowie die rote Barrique-Cuvée „Josef". Gemeint ist diesmal nicht der Bruder, sondern der Vater. Bleibt ja alles in der Familie.

Probe-Gläschen. Man braucht eine ganze Weile, bis man sich durch die Mohr-Palette durchgesüffelt hat ...

Weinbau und Weinstube Jäger

Bensheim

Bis Zwotausend stande hier die Küh noch drin.

Von Zeit zu Zeit da widmen sich kulturwissenschaftlich gepimpte Museumseventmanager gern jenen Welt-Versammlungsprojekten zentralistischer Fürsten, von einem rabiat neugierigen Zeitalter „Wunderkammern" geheißen, die den Sinn hatten, alles von überallher darin zu verstauen, was Phantasie, Erfahrungshunger und Deutungsfuror irgend zu reizen vermochten. – Beim Eintritt in Jägers Weinstube fühlt man sich mitten hineinversetzt in eine dieser Wunderkammer-Welten. „Grüne Grotte" könnte man die Bensheimer Institution am Rinnentor begründetermaßen nennen, zumal im Nebenraum, dem ehemaligen Kuhstall des einstigen Landwirtschaftsbetriebs, ein mit Bühnenbildnergeschick gestalteter Laubbaum die Sitzbänke überkront. An Wänden, auf Gesimsen, an der Decke findet sich eine solche Unzahl Alltagsdevotionalien, dass man sich schlechterdings kein Detail zu merken im Stande ist.

Nach dem Kriege mit Fleiß und Leidenschaft auferbaut, entwickelt sich die Weinstube rapide zu einer regionalen Sammelstätte für Erbauungsbedürftige. Seit Jäger junior die Lehre beim Staatsweingut abgeschlos-

Am Rinnentor 40
Bensheim
06251 62762

Geschwungene Leuchtschrift, Vorahnung des beschwingten Innenlebens

Heimat, die ich meine:
Meister Jäger mitten in der grünen Grotte.

sen, seinen Meister in Oppenheim gemacht hat und zwei Jahre lang mit dem Moped nach Geisenheim (!) getuckert ist, hat es ein End mit den klassischen „Drei-Männer-Weinen". Sauber und erquickend sind die Weißen; ungewöhnlich kräftig-kernig geraten: der Weißburgunder. Dieses Kraftpaket nimmt es sogar mit dem Spundekäs nach Mutters Geheimrezept auf. Dazu in schönem Kontraste steht der Spätburgunder, 2006 am Bensheimer Hemsberg gelesen. Den sollte man solo genießen; aber erst, nachdem man sich dem Festnahrungsangebot der Bensheimer Besen-Variante ausgiebig gewidmet hat.

Wir sind in Hessen. Und in Hessen zollt man der Rindswurst mehr Neigung, Lieb', Anbetung, Wahnsinn als dies in irgendeiner anderen Region der Welt der Fall sein könnte. Sie ist genauso günstig, frisch und ohne Fehl und Tadel wie alles, was die Jägers aus der Küche schaufeln: geräucherte Bratwürste, Flammkuchen, Winzerplatten ... Der unabdingbaren Mithilfe von Vater und Mutter kann sich der Juniorchef sicher sein. Er bezeugt einen „Zwei-Schichten-Betrieb" für die Gastwirtschaft: Von vier bis sieben dominieren die Senioren, sodann gefolgt von nachrückenden Generationen.

Als altersvariables Zusatzangebot hält Weinbau Jäger geführte Wanderungen in die Weinberge vor. Auf Kalkgasse, Streichling, Hemsberg und Paulus sind die 5 ha verteilt. „Uff's Stück wechseln manchmal drei-, viermal die Böden." Elf Sorten wachsen darauf – und werden im alten Weinberghäuschen verkostet. „Es wird so bissche was gemacht", wenn die Interessengemeinschaften dort droben in jeder Hinsicht zum Zuge kommen. Was nichts anderes heißen kann, als dass wieder einmal schlaraffisch geaast wird. Das kann nun mal nicht anders sein. Wo Jäger draufsteht ...

Walderdorffer Hof
Bensheim

Wammer nix hat,
muss merr ewe was erfinde!

Obergasse 30
Bensheim
06251 4888
www.knapps.de

So hatten sie's in Träumen wohl gesehen ... Nein, diesmal ist nicht Heidelberg gemeint. Eichendorffs Sehnsuchtsvers beziehen wir ausnahmsweise auf ein Gasthaus an der Bergstraße. Von jeder Region existieren ja gewisse Urbilder in unserem Vorbewusstsein; nähmen wir alles, was wir von der Bergstraße erhoffen, erwarten, erheischen zusammen und malten daraus ein Traum-Bild ... es müsste der Walderdorffer Hof dabei herauskommen. Ingredienzien: a) ein Fachwerkhaus (das älteste Südhessens!), b) ein lindenübergrünter Hof mit Ritterburgmauer, c) ein Speiseplan, der vom Handkäs-Steak über den Oald Bensemer Beidel (mit Camembert und Salami gefülltes Schnitzel) bis zum Lewwerworscht-schnitzel Phantastisches und Hausmachernes harmonisiert, d) eine exemplarische Bergsträßer Weinkarte und e) ein Wirt, ein Original, ein Gastgeber von hohen Graden: Heinz Knapp.

Ja, es ist auffällig, um wieviel ausgefallener sich das Speisenangebot „präsentiert", als es die hehre regionale Handkäs-, Kochkäs- und Schnitzelküche gemeinhin zulässt. „Was de Gast will, verkaufe merr – abber gut!"

Alte Lampen, alte Balken ...
Aber die Zutaten der Walderdorffer Hof-Küche sind allesamt frisch, versprochen!

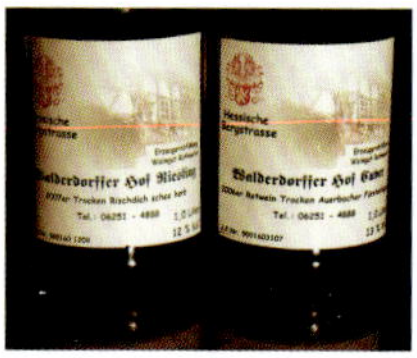

Viel herum und schließlich angekommen: Heinz Knapp, der sich von seinem Spezi Hanno Rothweiler immer mal wieder ein paar Extra-Weine keltern lässt.

Scheinbar erlebt „de Gast" Vertrautes gern inspiriert durch die schöpferische Einbildungskraft des Hausherrn. Knowwlich-Supp, Sekt mit Holunder, Schmeerkäs (Kräuterquark mit Kadoffel), Hackklotzdeller (200 g gebratenes Hackflaasch mit Kadoffelspalde), Spundekäs mit Soalzgebäck und Brout – es ist auffällig: Heinz Knapp verehelicht nicht nur gern Entferntes mit Naheliegendem, er nimmt auch die sprachliche Ausgestaltung der Karte sehr ernst. Als Mitglied und Pächter des löblichen, regsamen „Oald Bensum"-Heimatvereins entwickelt der gelernte Lebensmittelkaufmann erstaunliche volkssprachliche Talente. Wer weiß, ob wir nicht bald einen Einakter zu sehen kriegen ... Themen liegen ja nahe. Der Walderdorffer Hof zum Beispiel in seiner Geschichte ab ca. 1390!

Noch viel zu wenig bekannt ist ein weiteres phantastisches Angebot des WADO-Wirts. Weingüter haben ja die unangenehme Eigenschaft, relativ frühzeitig am Abend die Tore zu verrammeln. Und was tut man da bei leergeräumtem Keller, wenn Gäste eintrudeln? Oder man selbst eines besseren Quantums bedarf? Klar, man schaut noch einmal bei Heinz Knapp vorbei! Denn der Walderdorffer Hof firmiert inzwischen als Vinothek, wo eine prachtvolle Auswahl Bensheimer Weine zum Hof-Preis eingeladen werden dürfen. Verständlich und begrüßenswert die Kooperation mit dem Bensheim-Auerbacher Steillagen-Weingut Rothweiler (s. Route 9): „Der Hanno" hat sogar einen Exklusiv-Riesling sowie eine 1a rote Cuvée für seinen Freund Heinz geschaffen. Im Übrigen erfreuen sich die Bergsträßer Winzergenossenschaft, die Weingüter Seitz, Mohr und das Weingut der Stadt Bensheim adäquater Berücksichtigung.

„Des trinkt aach de Wert": gemeint ist eine „Alte Williamsbirne", ein Brand, der auf bestem Niveau abrundet, was zuvor den lüsternen Schlünden zugeführt worden ist. Früher war Heinz Knapp „skatmääßisch viel unnerwegs", bis hinauf zu den nordamerikanischen Meisterschaften. Er ist rumgekommen, kennt sich aus, hat einiges ausprobiert. Es scheint, der Walderdorffer Hof und er haben lange aufeinander gelauert. Jetzt haben sie sich gefunden. Und – kein Wunder – inzwischen kommen die Leute bis aus dem Langener Raum, seit neuestem auch aus Heidelberg und Mannheim angereist. Mit seinem ureigenen, mehrbödigen Humor trägt Knapp selbst nicht unwesentlich zur hedonistisch-verschmitzten Stimmung im Hause bei. – Andernorts in unserem stets um wissenschaftliche Exaktheit und Kargheit bemühten Buche undenkbar, wollen wir an dieser Stelle – gewissermaßen ein Tribut – mit einem Witz aus der Speisekarten-Zeitung des Walderdorffer Hofes enden:

Ein Mann kommt spät nachts nach Hause. Seine Frau wacht auf und fragt, was er für einen Lärm macht. Er antwortet: „Die Schuhe sind umgefallen." – „Aber das macht doch nicht so einen Krach!" – „Doch. Ich stand noch drin."

Walderdorffer Hof, ältestes Fachwerkhaus der Region, ein Hort variantenreichster Gastlichkeit.

Ziküth!
Stamm-Gast im Auerbacher Waldschlösschen.

Mehr Bergstraße geht nicht

Auerbach

Auf heutige Gäste des Fürstenlagers, zumal wenn sie der Zweckagglomeration Mannheim-Ludwigshafen entstammen, wirkt das liebliche Ineinander von Landschaftsgarten und künstlichem Dörfchen wie ein Schock. Die Empfindung einer unbestimmten Sehnsucht, die der anmutige Anblick evoziert, liegt vielleicht gar nicht so weit weg von dem, was die Landgräfinnen und -grafen von Hessen-Darmstadt dereinst bewogen haben mag, sich zurückzubauen in einen Zustand des Menschengemäßen, Naturharmonischen, Versunken-Spielerischen. Keine Prachtvillen: Klassizistische Häuschen lehnen am grünen Hang; moosbärtige Brünnlein lullen vor sich hin, Hochzeitskapellchen, Herrenhaus (ein vorzügliches Hotel-Restaurant mit ergiebiger Bergsträßer Weinkarte!), Kavalliersbau und Gesundbrunnen, unterbrochen von Rasen, Blumen und Kies, scheinen so absichtlos-heiter verstreut worden zu sein, dass wir gar nicht mehr wissen, wohin mit all unserem Ernst, unserer geradlinigen Wichtigkeit und unserer Gewöhnung ans Monströse.

Die Frage des Ortes war beinahe zweitrangig. Hauptsache, es wurde endlich ein angemessenes Spielfeld eröffnet für die empfindsamen Erfordernisse der neuen Zeit! Wer sich heute die Mühe macht, in Rousseaus „Emile" oder Voltaires „Candide" etwas tiefer hineinzulesen, wird, verwirrt über so viel Modernität, einen Hau-

Zeugen empfindsamer Tage ...
Direkt gegenüber vom Parkhotel Herrenhaus liegt der Freundschaftstempel, wiedererrichtet von Ortsvorsteher Karl-Wilfried Hamel.

Voll anmutiger Details,
galanter Neckereien steckt das Fürstenlager, inzwischen zum Staatspark erklärt.

fen Parallelen ausmachen zwischen den Tagen zu Beginn und am Ende der Industrialisierung. – 1730 gelang dem Amtsphysikus Dr. Johann Daniel Heyland der Nachweis, dass die Quellen im Roßbachtal eisenhaltig seien. Motor der neuen Wasser-Bewegung war der Auerbacher Pfarrer Zickwolf. Der Barbier und Oberschultheiß Georg Nikolaus Gerst beförderte das vermutlich gewinnträchtige Unternehmen nach Kräften. Und Landgraf Ludwig VIII. gab seinen fürstlichen Segen dazu, nicht zuletzt in Form von Investitionskapital. Bereits 1739, im „Auerbacher Pastoralprotokoll", lesen wir, es kämen „die Leute aus Darmstadt, Frankfurt, Heidelberg, Mannheim (...) in großen Scharen, um in Krügen und Fässern das Wasser allhier zu holen ..." Zur Popularität des Örtchens und seiner Quellen trugen die damaligen Promis erheblich bei. So schreibt die späterhin so be- wie gerühmte Landgräfin Caroline von Hessen an Caroline von Baden: „Unser teurer Landgraf weilt seit zehn Tagen an den Wassern von Auerbach und trinkt jeden Tag vier bis sechs Gläser (was?) und fühlt sich sehr wohl dabei ..."

Hofmedicus und Badearzt Lichtenberg, ein Cousin des vielzitierten satirischen Aphoristikers, wurde die dankbare Aufgabe zuteil, dreißig Krankengeschichten zum Auerbacher Gesundbrunnen zu sammeln – darunter die Wunderheilung des gehörlosen Präzeptors Rizert. Ab 1783 zog es immer mehr Fürsten und ihre kunstschaffenden Appendices hinter Auerbach die Allee hinan.

Seit 1790 ist das Fürstenlager Sommerresidenz des Darmstädter Hofes; tagelange Schäferspiele erfreuen die für Naturreize empfänglich gewordenen Gemüter. Schriftzeugnisse, von der Verwunderung der Landbevölkerung angesichts des als Diana und Aktäon verkleideten gräflichen Paares kündend, entbehren nicht einer gewissen Ridikülität. – Doch erheben wir uns nicht; die empfindsamen Bedürfnisse der Adelskaste und des gebildeten Bürgertums fanden immerhin Ausdruck in ganz Europa befruchtenden Kulturbewegungen, vom Sturm und Drang bis zur Romantik. (Welche sind noch mal die unvergänglichen literarischen Hauptwerke der Ökobewegung?)

Und gerade hier liegt ein Problem für die Reputation des Fürstenlagers. Es verfügt über einige Zelebrität, gehört aber doch nicht zu den Top Acts in Deutschland. Warum? Wir wissen zwar, dass der europäische Hochadel des 19. Jahrhunderts, von den Romanows bis zum englischen Königshaus, auf Einladung der hessen-darmstädtischen Verwandten zu Auerbach weilte. Doch die immer wieder gehörten Hinweise, auch ... ja genau, ausgerechnet die beiden ..., also selbst Schiller und Goethe hätten hier gelebt oder gelesen, nun, bislang konnte dies noch nicht aktenkundig gemacht werden. – Für den Marbacher Räuber-Dramatiker lässt sich nachweisen, dass er, auf Vermittlung der Charlotte von Kalb, tatsächlich am zweiten Weihnachtsfeiertag 1784 dem

Gemeinsam mit dem Weingut Simon-Bürkle hat Dolf Patzelt ein Rebstück im Fürstenlager angelegt. Noch kann man sich um Patenschaften bewerben.

Darmstädter Hof den ersten Akt des Don Carlos las. Also nicht gerade die Zeit, da man in soeben erst entstehenden Sommerresidenzen weilte. Die Stelle mit der Gedankenfreiheit kann es auch nicht gewesen sein, die steht im dritten Akt, aber immerhin: welche Aufgeklärtheit! Schon am nächsten Tag kam es zur Audienz beim gleichfalls anwesenden, uns aus naheliegenden Zusammenhängen vertrauten Carl August von Sachsen-Weimar, welchselbiger geruhte, dem Furchtlosen den Titel eines „Weimarischen Rates" zu verleihen. – Übrigens,

Ist das alles wirklich wahr?
Aber sicher! Zentrum des Spieldörfchens ist und bleibt das Herrenhaus, wo sich's aasig gut speisen lässt.

bezüglich der Schäferspiele und so ... Just zu diesem Zeitpunkt tat Friedrich Schiller die bedenkliche Bemerkung: „Ich bekenne gern, dass mir das schöne Geschlecht von Seiten des Umgangs gar nicht zuwider ist." Na, so was aber auch.

Den anderen Dioskuren betreffend, muss eingeräumt werden, dass bei ihm ja eigentlich immer alles möglich ist – so auch ein Besuch im Fürstenlager. Warum denn nicht! Mehrmals in seiner bis in die Krümel durchwühlten Biographie hätte Goethe die Gelegenheit gehabt ... Als Associé des Darmstädter Musenhofs der Landgräfin Caroline (s. Route 11); auf dem Weg nach Italien; gemeinsam mit Marianne von Willemer, mit den Boisserées oder – naheliegend – auf der Schweizer Reise mit den Grafen Stolberg. Hier nun unsere literaturhistorisch mit Sicherheit Furore machende Theorie: Bekanntlich hat Goethe in „Dichtung und Wahrheit" den Besuch bei Klopstock am Hofe des Markgrafen von Baden in Karlsruhe gefaket (womit dem armen nordbadischen Residenzstädtchen gewissermaßen der Teppich der Hochkultur unter den Füßen weggezogen wäre); stattdessen wird der Olympier mit seinen Kumpane im Fürstenlager gehaust haben! Und mal wieder nicht allzu rühmlich aufgefallen sein – so wie kurz zuvor beim Nacktbaden in Darmstadt. Die meisten Auerbacher jedenfalls sind nach wie vor überzeugt, das Kraftgenie habe sich an Wein und Mägden weidlich delektiert. Lassen wir ihnen doch die Freud! – Beiseite, einen lieblichen Nachklang der Auerbacher High-

Gaasekäs

Inspiration:
Alte Dorfmühle, Auerbach

Hier fängt der Gaase (nicht Gasse)-käs an, Italienisch zu lernen! Wenn wir einen jungen Ziegenmünster bekommen, am besten natürlich aus Hüttenthal, dann sind wir schon einmal froh. Aber wir beißen nicht gleich schnöde hinein, neinnein: wir marinieren ihn. In einer Vinaigrette aus Frühlingszwiebelchen, Olivenöl, Rotwein und dunklem Balsamico, gewürzt mit etwas Dijon-Senf, südlichen Kräutern (frisch!), Knoblauch, Salz und schwarzem Pfeffer. Wie lange wir das Kerlchen ziehen lassen, bleibt nun Entscheidungssache unserer Genusssucht. Wer's morbide liebt, der lässt ein paar Käschen ein paar Tage lang mit Vinaigrette in einem verschließbaren Gefäß ziehen. Wichtig, dass wir gutes, saugfähiges Brot dazu reichen, wie es in der 700 Jahre alten Auerbacher Dorfmühle gebacken wird.

Eingeschleppt. Mammutbäume waren absolut in im 18./19. Jahrhundert. Das höchste Überbleibsel steht im Fürstenlager.

Auerbacher Villen im Metzendorf-Stil.

Society-Festspiele finden wir bei Ernst Pasquet, in der für Bergstraßenadoranten verpflichtenden Idyllendichtung „Es steht ein Baum im Odenwald". Da heiratet Landgraf Friedrich ein einfaches Bauernmädchen. Morganatisch, naturellement. Aber immerhin. Vielleicht ein Stoff für den Neuen Bergsträßer Heimatfilm?

Doch der Luftkurort Bensheim-Auerbach geht nicht im Fürstenlager auf. Beileibe nicht. Die Bachgasse – leider immer noch von reichlich Autoverkehr gepeinigt – heißt zurecht so, da ein Wässerchen die Straße hinuntereilt. Nahe beisammen liegen die Ur-Bergsträßer Weinstuben **Kaltwasser** (Kochkäs mit Bratkartoffeln!) und **Blauer Aff'.** An der Biegung Richtung Fürstenlager breitet sich die eindrucksvolle Vorderfront der **Alten Dorfmühle**

Die goldige Weinstube Kaltwasser und die leckeren Poststuben, nebst Auerbacher Schloss.

aus. Mit Rothweiler, Seitz und Steinmüller verfügt Auerbach über drei hervorragend kooperierende, extrem zu Entdeckungen animierende Weingüter von Ruf und Rang. – Der ganze Ort macht einfach Freude. Landhäuser aus dem Umkreis von Heinrich Metzendorf, des „Baumeisters der Bergstraße", bestimmen die Atmosphäre. Überall zieht es den Blick hinauf in den Wald, so vom Garten der **Poststuben** aus. Und auf dem Weg zum **Auerbacher Schloss** entzückt und erquickt das **Waldschlösschen** mit seinem Garten (Verwunschenheitsstufe 1!) und dem himmelstürmenden Ausblick aus dem ersten Stock. – Vor über hundert Jahren erstand in Auerbach übrigens die deutschlandweit bedeutende Korkenfabrik Sanner – sollte man auch mal erwähnen, denn von offenen Flaschen hat man auf Dauer nicht viel. Heute hat sich der Weltkonzern auf die Produktion von Kunststoffen verlegt.

DER SPAZIERGANG Beginnen wir ganz weit oben. So rum ist es bedeutend leichter. Wie Sie hinaufkommen auf den Melibokus, ist Ihre Sache, jedenfalls begeben wir uns nach reiflicher Würdigung dieses in fernen Tagen (und vor allem Nächten) kultisch arg in Anspruch genommenen Berges gemächlich schlappsend hinunter zum **Auerbacher Schloss**. Von dessen Restaurant-Terrasse wir heute noch einen Schwindel erregenden Blick haben. Andreas Pietralla hat hier die regionale Mittelalterwelle gestartet; sein Restaurant kommt aber auch neuzeitlichen Schlemmerkatzen entgegen. – Im 17. Jahrhundert war der Schlosshof Schauplatz eines in seiner Widerlichkeit nicht zu schildernden Massakers. Vor Turenne, dem Berufsschlächter im Auftrag des finstren Sonnenkönigs, und seinem Invasionsheer hatten sich die Bergsträßer hinter die Burgmauern geflüchtet. Was den Söldnern ausreichend Gelegenheit bot, ihr Handwerk an Wehrlosen zu verüben. – Erwägend, inwieweit eine Entschädigungsklage das deutsch-fanzösische Verhältnis belasten könnte, flüchten wir den Berg hinab ins liebliche **Waldschlösschen** und verbergen uns in seinem bunt wuchernden hortus conclusus vor allen Unbilden der Welt. Ob wir das Abendessen später im Dörfchen in der **Alten Dorfmühle**, im **Blauen Aff'** oder in der **Weinstube Kaltwasser** einnehmen, das ... ja das bleibt jedem selber überlassen.

Zwei Magnete: Auerbacher Schloss und Blauer Aff'.

Steinmüller
Steinmüller

Weingut Steinmmüller-Amann

Auerbach

Schon beim ersten Spontanvergärer hab ich gewusst: Das isses!

Irgendwann hab ich als Weinfreund so ziemlich alles durch. Nach den üblichen Anfängen mit alkoholisierter Babyflüssignahrung aus Rheinhessen oder Californien, wenn ich die ersten verwirrenden Geschmackserlebnisse mit leidlich ausgebauten Riojas und Chiantis hinter mich gebracht und unsichere Besuche bei diversen Degustationsseminaren gewagt habe, wird es langsam gut und teuer: Burgund hält mich umfangen, schließlich Bordeaux ... bis ich zu ahnen beginne, was an Rhein, Ahr und Mosel für fabelhafte Schätze zu heben sind. Naja, und dann? Ist dann alles vorbei? Zehn Jahre Weinpilgerschaft liegen hinter mir; wohin soll ich mich wenden, da ich doch bereist, erkundet, erschmeckt zu haben glaube, was Gottes Erde mir gebeut? Soll ich jetzt hoffen, dass die auf der Venus bald Muskateller anbauen oder was?

Nur langsam. Es gibt ja immer noch Winzer wie Rolf Steinmüller. Er gehört zu den ganz Wenigen, die so gut wie alles anders machen. Zwar nicht das Rad, aber den Wein hat er noch einmal neu erfunden (fast). Und dies auf die denkbar natürlichste Weise: „Ich hatte zwei Fässer. Eins hab ich irgendwie vergessen. Das hat dann von alleine angefangen zu gären. Und da hatte ich den direkten Vergleich." Ergebnis: „Nie wieder Reinzuchthefen! Die machen so einen Einheitston ..." Damit hatte Rolf Steinmüller die Tür aufgestoßen zu einer ganz anderen Welt: die der Spontanvergärer. Womit jetzt nicht die Winzer gemeint sind, die selbiges wagen, sondern diese höchst eigenwilligen, charakterstarken Weine – mit ungleich höherem Alterungspotenzial.

„Neulich hab ich einen 96er aufgemacht. Ich hab gedacht: Nanu? Noch viel zu jung!" So kann es gehen. Beim Hineinriechen muss sich der Novize erst einmal neu orientieren; diese naturgegebene Stilistik ist man wirklich nicht gewohnt. Anflüge von Milchsäure können dabei

Bachgasse 73
Bensheim-Auerbach
06251 787697

I do it my way ...
Rolf Steinmüllers Weg kann man nur fasziniert bestaunen.

Selbstgeschaffen, ohne Anleitung. Die Atmosphäre in Steinmüllers Fasskeller ist nahezu gefährlich. Hier kommt man so schnell nicht mehr raus. Will man auch gar nicht!

sein – wie beim 2006er Spätburgunder, gefüllt Ende 2007. Alle Steinmüller-Weine haben das: diese zum Hineinschlüpfen dichte Seidigkeit. Ansonsten gilt lüften, lüften, lüften, wenn man ihnen nicht unrecht tun will. Beim 06er Lemberger spürt man den Granit unter den Füßen. Voll und prägnant steht er da, tieffarben und anspruchsvoll.

Selten wird mehr geerntet als 30 hl auf den Hektar, das sind bei 2,7 ha ... ach, rechnen Sie's doch selber aus. Höchste Konzentration in jeder Hinsicht bei der Lese ist geboten. 10 Sorten Rote (!) hat Steinmüller im Angebot: Sogar ein erster Bergsträßer Tempranillo ist dabei. Eine weitere Spezialität ist der Dunkelfelder; spielend kommt er über 100° Oechsle; von der Farbe soll hier nichts weiter verraten werden. Nur so viel: Sie erinnert an die legendären Versuche der Blumenzüchter, endlich einmal eine schwarze Rose hervorzubringen ...

Selbst der Grauburgunder will bei Steinmüller einen leichten Rotstich haben. „Grauburgunder Rosé" darf er zwar nicht heißen, sieht aber so aus. Ein elbisches Wesen, das. Fotograf Steinheimer prägte das Prädikat: „Ein höflicher Wein." – Bedenkenswerte Worte zur Bergsträßer Qualitätsdiskussion spricht der Riesling trocken aus 2005. Da sind Mineralität, kernige Säure, lange nachklingende Fruchtaromen. „Ja, wir haben hier schon Superlagen. Das Weinklima ist schon unglaublich." Realitiv hohe Nie-

Logisch, auch er ganz anders als man's gewohnt ist: Steinmüllers Riesling.

Auch ganz wichtig im Weingut Steinmüller: ausgefallene Käsesorten!

derschläge, intensive Sonneneinstrahlung ... „nur Bio, ich weiß nicht, ob das hier geht. Es ist so feucht hier." Inzwischen sieht es doch so aus, dass man sich erkühnt, den streng ökologischen Weg einzuschlagen. Gerne erinnert sich Rolf Steinmüller an die Aufbruchszeit vor 20 Jahren. „Da haben eine ganze Reihe neue Leute hier angefangen." So auch die begabte Winzerin Margit Esber aus Bensheim, die durch einen Stromschlag ums Leben kam.

Für die Zukunft plant Steinmüller so mancherlei. Der am Staatsweingut in Oppenheim und Graubünden (!) ausgebildete Weinerzeuger bietet Proben etwa für Berufsschulklassen an. „Die kann man so begeistern! Junge Leute, die Interesse haben." Wenn da mal nichts draus wird ... Denn die Atmosphäre auf dem Auerbacher Weingut stimmt einen unvermittelt positiv und hoffnungsvoll. Da kommt der dicke Hund Molli vorbeigeschlappt, da sitzen ein paar Freaks im Garten herum und schwadronieren, da gibt es Jazz-Sessions, Käseproben, jede Menge Party ... Und die Lese wird sowieso zum sozialdynamischen Gruppenereignis, weniger verschroben ausgedrückt: Der Herbst im Weingut Steinmüller ist ein wochenlanges Fest! Und das macht ja auch Spaß: ohne Leistungsdruck sich den Freuden der Lese hingeben, wenn ein anderer die Verantwortung trägt: Rolf Steinmüller eben. Es scheint ihm nichts auszumachen.

2008 wurde ein weiterer bedeutsamer Schritt getan. Markus Amann, Spross einer renommierten Alsbacher Winzerfamilie, stieß zum Weingut hinzu, das seither einen Doppelnamen trägt. „Wir kennen uns seit 25 Jahren, haben das erste Lehrjahr zusammen gemacht." Nach Zeiten in der Schweiz, im Piemont und in der Toskana zog es Amann an die Bergstraße zurück. Zwei Ziele werden mittelfristig anvisiert: Vergrößerung auf 6 ha und – wie oben angedeutet – komplette Umstellung auf ökologischen Weinbau. „Das ist uns eine Herzensangelegenheit!" – Schwer zu sagen, ob die neue Wein-Partnerschaft schon jetzt erste Geschmacksmarken setzt; jedenfalls machen es „der rosa Burgunder" und der Portugieser aus 2007 den interessierten Kreisen etwas leichter als die hintergründigen, manchmal geradezu grüblerischen Fass-Geschöpfe aus Steinmüllers faszinierender Eigenbaugrotte. Eine frische, sehr bergsträßerische Leichtigkeit hüpft einem hier jugendlich entgegen. Vielleicht liegt's ja auch an dem zweiten Neuankömmling in der Bachgasse. Denn auch der Hof-Hund hat Gesellschaft bekommen: Lilli heißt das schwarze Wusel, das inzwischen auf dem Gut hin- und herbraust. So haben Rolf und Molli gegenwärtig ganz ähnliche Problemstellungen zu bewältigen; wo sie eben noch ganz allein entscheiden durften, ist jetzt Dialog, Kommunikation angesagt. Wie es scheint, klappt die Integration der Neuen ganz ausgezeichnet.

Noch mehr Elan mit neuem Wein-Partner und Zusatzhund. Rolf Steinmüller versteht es, sich Freunde zu machen.

Weingut Seitz
Auerbach

Handwerk erhalten.

„Mir stecke Stöcksche in die Erd. Merr muss des mit Bewusstsein mache; mir habbe defir zu sorje, dass de Wei ohne Firlefanz in die Flasche kommt." Peter Schott ist das präzise Gegenteil eines Schnöselwinzers. Vielleicht sollte er Renaturierungsseminare für Weinmacher anbieten, denen vor lauter „F"s und Punkten und Sternchen ein Mühlenrad im Kopf herumgeht. „Des Tralala un Brimborium, was da getribbe wird", geht ihm gehörig auf die Nerven. 90% Stamm- und Privatkunden honorieren die urehrliche, blitzsaubere Arbeit. Der Rest geht in die Gastronomie – in den schräg gegenüberliegenden **Blauen Aff** etwa. „Mir habbe da noch kei Pipeline liege, aber fast."

Der gelernte Chemielaborant Peter Schott hat in den 1960 auf Wein spezialisierten Betrieb Seitz eingeheiratet. Mit zwanzig die Winzerlehre im Staatsweingut, schließlich Weinbaustudium in Geisenheim. Während heute alle Welt in Geisenheim Trost, Rat, Anregung und Bestätigung sucht, bleibt Schott gelassen: „Wär vielleicht gar net nötig gewese ..."

Weidgasse 8
Bensheim-Auerbach
06251 75825

So ziemlich genau diesen Blick genießt Peter Schott, wenn er sich vor dem Weingut niederlässt.

Geschadet hat es bestimmt nicht. Der vielseitig Interessierte kennt sich aus mit den Bodenbeschaffenheiten im Umkreis. Die „Urlage" Rott (kommt von Rod-Berg) prägt mit Felsenkies-Granitverwitterungsböden die Weine mineralisch; hier werden Rebstöcke unter Mithilfe des Kompressors gesetzt, so hart ist der Untergrund. Ums Auerbacher Fürstenlager dominieren weichere Löss-Lehmböden. Bei aller Freigiebigkeit verbindet Schott eine tiefe Liebe zu seinen Geschöpfen; ein wenig erinnert er an die „Maler von den alten Tagen", die sich bisweilen nur schwer von ihren Bildern zu trennen vermochten, wenn er sich manchen seiner Sprösslinge im Klimaschrank kühl kalkulierender Weinsammler vorstellt. „Am End trinkt den noch einer, den ich nie hab leide könne!"

Selbstredend, es dominiert der Riesling im Weingut Seitz. Der trockene Kabinettwein aus der Rott-Lage tritt erwartungsgemäß säurekräftig-mineralbetont auf, indessen der Kollege aus dem Fürstenlager bei aller Trockenheit etwas gelber, schmelziger daherplätschert. Dann und wann geschieht so etwas wie die 2004er Auslese aus dem Fürstenlager mit 14 %: Halali, da wallt uns aber uralter Adel entgegen! Grüßen wir ihn höflich dankend. – Überraschend an der Bergstraße: ein Dornfelder aus dem Fürstenlager, der sich dort ziemlich wohl zu fühlen scheint; absolut kein Nektar aus Fruchtsaftkonzentrat, wie wir das von der Sorte kennen und – nicht lieben. Sondern einer, der selbst hartgesoffene Blindprüfer vor die Glaubenskommission ziehen lassen würde. – Abgerundet, mit sonnigem Süßstich, bleibt der Spätburgunder aus 2005 durchaus im Lande; er simuliert kein Franzosentum, sondern hält es mit der Tradition.

Spezialisiert auf Riesling: säurekräftig, mineralbetont, antochton.

Damit wäre über Peter Schott, auch als Weinprüfer unterwegs für die DLG, noch lange nicht alles gesagt. „Es gibt auch noch andere Interessen" als Weinbau. Siehe da – Leidenschaften fürs Meer, Tischtennis, Wandern ... Alles zusammen ergibt: „Net viel Schlaf." Bewandert ist Schott nicht nur in Bergsträßer Lagen – sondern auch in Fragen der Heimatgeschichte. Für das Weinlesebuch da verdanken wir ihm jede Menge Anregungen. Vom Stammhaus Seitz erzählt er, auch dies sei einmal ein Gasthaus gewesen. Mit dem treffenden Namen „Zur Atzel" (für Nicht-Hessen: Elster). Warum treffend? Weil die Dorfgesellen dort auf wundersame Weise ihr Geld aus der Tasche gezogen bekamen ...

Ei, so isses halt eima …
Peter Schott, Winzer ohne Schnickschnack- und Kryptholiterat.

Wenn man ihn so sitzen sieht vor seinem Weingut in Auerbachs Mitten, kann man sich ganz gut vorstellen, wie er sich hin und wieder in aller Behaglichkeit in die Welten der Literatur vertieft. Eichendorff, Donna Leon, Heinz Ehrhardt … da gibt es kein Halten. Sogar Heinrich Leuthold ist im hauseigenen Foto-Kultur-Erinnerungsband vertreten: „Hebt die Becher, lasst das Schelten …" Welch aktuelles Motto! Daneben Goethe, vom Schlaraffenlande träumend: „Das wär mir ein schönes Gartengelände, / wo man den Weinstock mit Würsten bände."

Ganz so weit ist es noch nicht an der Bergstraße. Aber beinahe! Weiterhin verblüfft Peter Schott mit einer sehr spezifischen Kompetenz: Er sammelt Grabinschriften, zumeist auf der Kippe zwischen Burleske und Galgenhumor. Etwa so: „Hier liegt der Lehrer Gustav Klug, / der Kinder, Weib und Orgel schlug." Nach umfangreichen Bohrungen ist der literarische Winzer endlich bereit, eine Miniatur aus der eigenen Schreibwerkstatt ans Licht der Welt zu lassen: ein jokoser, drastisch-gelungener Epitaph in eigener Sache (der Herr möge noch mehrere Jahrzehnte Geduld walten lassen): „Hier ruht in Gott / der Peter Schott, / der so gern gesoffe hot. / Drum Wandrer, gehe fort von hier, / sonst steht er uff und säuft mit dir." Auf Ehre, Herr Schott: Das jagt uns keine Angst ein!

Weingut und Weinkellerei Rothweiler

Auerbach

*Es macht so'n Spaß,
in Auerbach Wein zu machen.
Wir haben so verschiedene Böden.*

Neuer Weg 21
Bensheim-Auerbach
06251 76569
www.weingut-rothweiler.de

Schade, dass man Hanno Rothweiler nicht klonen darf. Er ist genau das, was die Bergstraße noch ein paar Mal bräuchte: klein anfangen. Terrain sondieren. Die Balance halten zwischen Bewährtem und Experiment. Wissen, wann Schluss ist. So kann es gehen, so hat er's bewiesen; er, der eigentlich Gartenbauarchitektur studieren wollte (Fürstenlager!), schließlich in der Küche des **Blauen Aff'** gelandet ist – um sogleich in den Genuss gut haltbarer Auerbacher Netzwerke zu kommen. „Lern einen anständigen Beruf!" hatte ihm der Affen-Wirt fest ans Herz gelegt. Der alte Winzer Seitz war zugegen: „Kannst morgen anfangen bei mir", war sein nüchterner Kommentar. Rothweiler fing an. Lernte alles, was man über den Weinbau zu Auerbach bis dato in Erfahrung gebracht hatte. Entwickelte weiter. Machte sich selbstständig. Und muss heute ein Gutteil seiner Energie aufwenden, um sich allzu stürmische Bewunderer vom Leib zu halten. So kann es gehen.

Sicherlich, die Funktion von Leitbildern muss stets kritisch hinterfragt werden. Noch einmal: Gäbe es eines vor Ort, so käme vor allem Hanno Rothweiler in Frage. Warum? Natürlich vor allem der Weine wegen, begonnen beim „Schoppenwein", eigentlich einem Gutsriesling, der sich so munter wie informativ verbreitet über Landschaft und Böden, bis hin zum großen Dakapo, zum St. Laurent aus dem Barrique, mit dem Rothweiler wahrhaftig einen Mythos geschaffen hat. Sodann: Die Stimmung im Weingut ist einfach klasse! Trotz hoher Ehren denkbar weit entfernt von Wein-Verkultung und Schnüffel-Snobismus, kommt man hier ganz von alleine an die Ursprünge der ganzen Angelegenheit: Der Wein erfreue des Menschen Herz! Das tut er umso mehr, wenn

Adoriert und subskribiert:
Hanno Rothweilers unglaublicher St. Laurent aus dem Barrique.

Auf ihn hat die Bergstraße gewartet: Hanno Rothweiler, Prophet der Qualität.

Rothweiler selbst ins Erzählen kommt; es sind gewissermaßen Familiengeschichten, die er da zum Besten gibt. Die Weine: Brüder, Vettern und Cousinen, je nach Temperament. – Ferner: Selbst in der Preisgestaltung bleibt Rothweiler bodennah. Er könnte, wenn er wollte, ganz nach oben greifen. Die Auftragsbücher sind voll – selbst für noch nicht einmal im Keim ersprossene Träublein. Was aber nicht heißen soll, der Weinfreund werde durstig nach Haus geschickt. Im Gegenteil, dies eine weitere Stärke des Betriebs: die Vielfalt, das Überraschende! Man verkostet und verkostet und denkt: Jetzt kann nichts mehr kommen. Und dann kommt ganz bestimmt noch was.

Zum Beispiel die „aus Versehen entstandene Riesling-Cuvée" aus der Löss-Lehm-reichen Fürstenlager-Lage. Endlich ein Wein, der in Geschmack und Ausstattung dem wie einem Tagtraum entschlüpften Ensemble des Staatsparks in ebenbürtiger Entsprechung die Ehre gibt. Wie eine Himmelspforte schimmert das Fürstenlager-Tor auf dem azurenen Etikett. „Ein königlicher Wein, oder?" tastet sich Rothweiler vorsichtig an das Außerordentliche heran, was er geschaffen hat. Anlässlich einer Weinprobe bei einem Freund hatte der Winzer selbst beim Einschenken das Glas verwechselt – und auf diese Weise zusammengebracht, was zusammengehört. Zwei

Hier sind wir richtig, wo Rothweilers Flaschenkinder Spalier stehen.

Rieslinge, ein Wein. Also bitte: genau so was wollen wir, unbescheiden, wie wir sind, von der Bergstraße haben! Ein Temperamentsbolzen ist das, der einen, wenn's sein muss, an den Schultern packt: Hallo, aufwachen! Du lebst, hast du das schon bemerkt? Draußen ist Frühling! Also tummel dich und spiel nicht länger den Beleidigten! – Dieselbe Stufe erklimmt der 2006er Zwingenberger Steingeröll; hier treffen Frucht und Mineral am Gipfelkreuz aufeinander. Aus 2007 wurden Steinkopf und Eckweg („eine sehr gute Lage!") probiert: Ohne Zweifel standen die beiden zu diesem Zeitpunkt am Anfang einer großen Karriere.

„Man soll ja mit Superlativen vorsichtig umgehen... aber Riesling von Rheingau und Bergstraße, das gibt's sonst nirgendwo auf der Welt." 2004 war's, da bekam Rothweiler einen Rappel und las einen Riesling wie Rotwein, ließ ihn auf der Maische vergären, gönnte ihm gar 7 Wochen Maischestandzeit – „völlig ab der Norm!" Keine BSA, die Säure wurde stehen gelassen. Ein Jahr lang kam das robuste Versuchskaninchen in „strong toasted" Barriques. Was da herauskam, „war nicht nur schön, sondern auch üppig." Nichts für miesepetrige Riesling-Puristen natürlich; bisweilen provozieren Rothweilers Weine eben, ohne dergleichen publizitätsmäßig angestrebt zu haben.

Wer so viel Freude sowohl am herkömmlich Guten wie am Niegewagten hat, findet natürlich auch im Cuvetieren einen herrlichen Spielplatz. Da wäre „Rothweilers Rot". 25% St. Laurent, 75% Dornfelder. Das ist doch mal ein Wort! Intensiv, vollsaftig, überhaupt kein bisschen mumpfig-marmeladig, wie es der zwischenzeitlich so populären Helfensteiner-Herdoldsrebe-Kreuzung so gern nachgesagt wird. „Ich hab den Dornfelder Barrique immer gern gemacht, ich hab ihn geliebt – doch er war immer sehr beratungsintensiv ...“ Manchmal muss man den gewitztesten Etikettentrinker eben ein wenig gegen seinen Willen bekehren. Es ist ja zu seinem Besten, nicht wahr? Rothweilers Merlot und Syrah kommen sortentypisch, dabei für deutsche Verhältnisse gut ausgereift daher. Und die „Via Montana“-Kooperation mit dem Weingut der Stadt Bensheim erweist sich als dunkelrotbeerige, Richtung Bordeaux weisende Bergsträßer Spitzencuvée. Leider wurde die überregionale Zusammenarbeit mit den Odenwälder Wein-Insulanern vor zwei Jahren aufgesteckt.

Nun aber doch noch einmal zum Thema St. Laurent. Ja, es gibt Leute, die fahren die ganze Bergstraße einschließlich Vorderen Odenwald ab, um irgendwo, in irgendwelchen Gasthöfen, an irgendwelchen Wein-Bezugs-Quellen doch noch ein Halbliter-Fläschchen des Barrique-Wunders anzuzapfen. Wie gesagt, er ist schon verkauft, bevor er gewachsen ist. Einen viel schöneren Roten als den 2005er hat es hierzulande kaum je gegeben. Doch gemach! Was sagt der Erzeuger selbst dazu? „Ich denk mal, der ist ganz gut.“ Punkt. Und wer unbedingt wissen will, was ein Rothweiler mit der austrophilen Sorte so anstellt, kann noch zwei weniger Holzbetonte – aus dem Alsbacher Schöntal oder aus dem Fürstenlager – probieren. Aber Achtung: Auch die wollen gründlich dekantiert werden. Man will sich ja selbst keine Vorwürfe machen. Dafür hat man schließlich die andern.

Rothweilers Weingut hat sich als ein Kontaktzentrum der Vinophilen und der Kulinariker der Region etabliert. Etwas Einladendes, Aufmunterndes, wenn wir so sagen dürfen: Gottgewolltes strahlt von dem Hof ab auf Freunde, Kollegen, Interessenten. Da ist es kein Wunder, dass auch die zuliefernden Kleinwinzer sich um beste Qualität bemühen. „Ich hab da 'n jungen Mann, der liefert hier Trauben ab: wie gemalt!“ Natürlich würde es Hanno Rothweiler allzu gern sehen, wenn die Jüngeren mit ähnlich freudigem Eifer nachstreben würden, wie es seinerzeit bei ihm selbst der Fall gewesen ist. „Grad der Rolf (Steinmüller) und ich, wir haben 25 Jahre lang gepowert.

Zum Niedersetzen!
Wer noch nie im Weingut Rothweiler war, braucht ein bisschen, um hinzufinden. Aber dann ... aber dann!

Wäre schön, wenn sich die Jungwinzer-Geschichte noch mal wiederholen würde."

Sonstige Eigenheiten des Betriebs gefällig? Die Fässer sind fast alle aus kanadischer Weißeiche („Ich mag's halt!"). Inzwischen werden auch Versuche mit Produkten eines Küfer-Komplizen aus dem Spessart unternommen. Außerdem: „Seit 14 Jahren sind wir absolut insektizidfrei im Ertragsweinbau. Schon im eigenen Interesse. Spritzen müssen wir nur gegen Pilze." – Abrundend drei weitere weiße Empfehlungen: Wer mal wieder so einen richtig fetzigen Grauburgunder trinken möchte – Rothweiler holt einen solchen aus dem Fürstenlager. Der Holz-Fass-Pinot-Grigio kann eigentlich auf allen Positionen spielen; am liebsten kommt er über die Außen, geht steil und vollstreckt auch selbst.

Selbstbewusst, mit weit ausgebreiteten Armen, tritt der Chardonnay aus dem Barrique auf. Aber man muss sich von ihm nicht einschüchtern lassen; er meint es gut mit einem, lässt alle gern teilhaben an seiner naturgegebenen Lebensfreude. Ein bisschen erinnert er an den ausladenden Mijnheer Peeperkorn aus Thomas Manns Zauberberg. Es soll übrigens Leute geben, die ein schlechtes Gewissen haben, wenn sie ihn kaufen: in Burgund wäre er fünfmal so teuer. – Schließlich eine Sorte, die nur noch manischen Sammlern und berufsmäßigen Ampelographen bekannt sein dürfte: der Ehrenfelser. Im Charakter vielleicht am ehesten vergleichbar mit dem Nobling oder dem steirischen Muskat-Silvaner (Sauvignon blanc), ist ihm etwas eigen, was wir nun schon des Öfteren im Zusammenhang mit dem Weingut Rothweiler erwähnt haben: das Animierende, Mitreißende, aber auch Ungewöhnliche, Ausgepichte, Originelle.

Aus dem Fass geкloppt: ein Stück Weinstein, gar nix Schlimmes, wie manche immer noch glauben.

Weinhaus Blauer Aff

Auerbach

Dieses Haus ist der älteste Weinbaubetrieb der Bergstraße.

Kappengasse 2
Bensheim-Auerbach
06251 72958
www.blauer-aff.de

Zahlreiche Dissertationen widmen sich den Wanderungsbewegungen von der Medizin hinüber zur Literatur; schriftstellernde Ärzte, das ist längst ein klassischer Topos. Wie viele edle Töchter und Söhne die Jurisprudenz jedoch an die Gastronomie (mitsamt dem Weinbau) inzwischen verloren hat, darüber liegt nicht ausreichend Fachliteratur vor. „Mangelnde Intelligenz" gibt Peter M. Poth als Begründung für seinen persönlichen Disziplinwechsel vor 31 Jahren an. (Wir glauben ihm natürlich alles.) Auf jeden Fall rekognostiziert jeder halbwegs wache Besucher unmittelbar, dass da einer seinen rechten Platz gefunden hat: Poth und der Blaue Aff, dieses Duo erinnert an die unzertrennlichen Traumpaare der Kinogeschichte. „Wir wollen halt einfach was Nettes machen. Die netten Dinge im Leben zu haben, darauf kommt's doch an", untertreibt der Vollblutwirt. Denn es herrscht kein Zweifel: Der Blaue Aff ist *das* Gasthaus an der Bergstraße.

Nein, so etwas gibt es nicht mehr oft. Was die Assmannshäuser Krone für den Rheingau, das Weiße Rössl für den Wolfgangsee, das Tantris für München waren und sind, das ist, war, bleibt der Blaue Aff für die Bergstraße. Wer hier einen Abend zubringt, lernt allerhand

Spiegelung?
Der Blaue Aff ist nicht einfach ein Gasthaus; vielmehr handelt es sich um eine Verkörperung – und zwar des reinsten echtesten Bergsträßertums.

Angewandte Toleranz.
Der Wein-Wirt beim Biere: Peter M. Poth.

über das Bergsträßer Lebensgefühl, die Bergsträßer Küche, die Bergsträßer Weine. Nicht in Franken und nicht im Breisgau, nicht an der Mosel und schon gar nicht in der Pfalz könnte dieser Affe existieren; er ist ein Produkt des Bergsträßer Biotops. Schon wie er aussieht, blau natürlich, hutzeliges Fachwerk, Kern im Dorfkern, signalisiert er Unverwechselbarkeit. Seit 130 Jahren. Es spricht sehr für Poth, dass aus diesem Identifikationsobjekt für einen ganzen Landstrich weder ein Anlaufpunkt für Busunternehmen noch eine abgeschirmte Snobberia geworden ist. „Wir machen ganz konservativ alles so weiter. Wir machen gar nichts. Nichts!"

Inspiriert wurde Peter M. Poth von der norddeutschen Weinhaus-Kultur. Nicht unbedingt naheliegend, aber diese Selbstverständlichkeit in Stil und Service deutet auf hanseatische Soigniertheit hin. Dunkles Holz in den Gasträumen, helllichte Kuscheligkeit im Höfchen. „Crossover und regional" orientiert sich die Küche. Auch das passt wieder ganz prima. Denn es gibt noch das schmausige halbe Hähnchen, aber genauso den Spargelsalat mit Krebsschwänzen; natürlich lieben die Affen-Freunde ihren Auerbacher Saumagen mit Wirsing und BK (Bratkartoffeln), wenden sich zuzeiten aber auch ganz gerne einem auf der Haut gebratenen Zander zu; was dem einen sein Kochkäs, ist dem andern seine Crème brulée.

Freilich, Weinbau betreibt der Blaue Aff schon länger nicht mehr. Immerhin wird noch ein „Sekt des Hauses" aufgelegt, produziert beim Top-Aufsteiger der Branche „Am Turm" in Speyer. Ansonsten haben wir in Peter

Märchenhaftes Interieur
im Blauen Aff
zu Auerbach.

M. Poth einen kritisch-anregenden, anteilnehmenden Wein-Geist, den die Entwicklung der Bergsträßer Qualitäten durchaus nicht zu Preisliedern animiert. „Die Kehrtwende ist hier noch nicht geschafft. In der Spitze schlafen unsere Winzer zum Teil noch den Schlaf des Gerechten. Es ist natürlich auch geil, wenn ich jedes Jahr 500.000 Euro für'n Weinberg krieg, der mal wieder Bauland geworden ist ..." Der Förderer und Forderer des deutschen Weines schaut ganz genau hin: „Das ist ja kein Weinbau, das ist doch Spaß, wenn die Kühlkette dauernd abreißt und bei 30° gelesen wird! Tja, wenn wir Frankfurt mehr bieten könnten, hätten wir hier ganz andere Chancen. Aber diese Billig-Tour, die ist fatal."

Das ist alles kein Gemäkel, sondern Kritik auf angemessenem Niveau, nicht verhätschelnd noch kaschierend, sondern Bestes fordernd, wo die Voraussetzungen unschlagbare sind. In der Tat gibt Poth selbst so gut wie alles, was in seiner Macht steht: „Wir sind noch nicht ganz fertig, aber wir bereiten eine rein deutsche Weinkarte vor. In erster Linie: die Bergstraße. Wir werden auch die anderen Anbaugebiete berücksichtigen. Aber nur in der Spitze." Und Poth hat auch einen Vorschlag, wie man's besser machen könnte. „Du musst dem Sohn mit 25 'n Porsche schenken und sagen: So, jetzt fang an!" Ein echter Motivationsstratege, dieser Peter M. Poth. Vielleicht hat ja der eine oder andere zugehört. Zu wünschen wäre es den echten Fans, den Winzern natürlich auch. Und nicht zuletzt dem mit vollem Recht so anspruchsvollen Blauen Affen.

Alte Dorfmühle

Auerbach

Weil wir halt alles selber machen …

Bachgasse 71
Bensheim-Auerbach
06251 788496
www.alte-dorfmuehle.de

Beginnen wir ausnahmsweise einmal außerhalb der alten Mühle, in einer Dachbehausung in Heidelberg. (Wenn man zum vierten Mal ein Gasthaus schriftlich zu preisen gedenkt, darf man schon einmal etwas abschweifen, oder?) Alsdann: Beschreibung eines unfreiwilligen Selbstversuchs. – Wir hatten ein Weißbrot mitgenommen aus der Dorfmühle, es war das letzte, das in dem wohlbekannten Korb am Ausgang zu finden gewesen war. (Schon die eigentümlich rotgoldene Färbung, das ungewöhliche Gewicht hätten uns zu denken geben sollen …) Naja, zum Parma-Schinken mit Parmesan würde es bestimmt ganz gut passen. Ein Stück Hüttenthaler Münster war auch noch da – voilà, was sollte da schiefgehen! Schon nach kurzer Zeit wurde der Parma vernachlässigt, auch der hervorragende Käse fand kaum mehr Zuspruch. Vielmehr, die Brotscheiben wurden immer dünner geschnitten, bestenfalls in Öl wollte man

Eine der zahlreichen Kuschelecken in der Alten Dorfmühle. Hinten: Astrid Como. An der Decke der längste Schal Europas.

dieses zarteste Gewebe, seit es Bäcker gibt, noch tauchen. Auch das unterblieb alsbald. Langsam kauend, wurden wir zu Zeugen eines Brot-Wunders, wie es sich in besagter Dachlandschaft noch nie ereignet hatte. Und am Ende war uns allen klar: Dieses übersinnliche Back-Kunstwerk kann bestenfalls mit Alba-Trüffeln aufgewogen werden! Mit den besten, versteht sich.

Vor 700 (warum nicht gleich vor 7.000?) Jahren wurde in der Dorfmühle zum ersten Mal mit Mehl hantiert. Das scheint man den Kornendprodukten aus den Händen des gelernten Konditors Toni Como durchaus anzuschmecken. Dunkles gibt es auch, körnerreiches, mit „faulem Teig" Gebackenes ... und ja! die Butter dazu stammt auch aus bestem Hause, Hüttenthal, was sonst. Die „Wiederentdeckung des Butterbrotes" vollzieht sich allabendlich mehrfach, vor allem dann, wenn Erstbesucher in der vor wohliger Heimeligkeit geradezu grunzenden Dorfmühle beglückt den ersten Gang zwischen die Zähne nehmen. Das beschreibt eigentlich schon ausreichend, worum es Astrid und Anton Como seit 1987 zu tun ist. „Wir gucken halt, dass wir möglichst in der Gegend bleiben". Anders ausgedrückt: von allem nur das Beste. Aber aus der Nähe. Und: ökologisch an- und ausgebaut!

„So'n bisschen in der alternativen Ecke" sieht die gelernte Krankenschwester Astrid Como das breitfrontige Fachwerkwirtshaus noch immer. Eine urwüchsige Kreativität breitet sich über beide Räume aus – und macht

Richtig, ein(e) Vesper!
Was Produktionswahl, Geschmack und Präsentationen anbetrifft, sind wir hier bei 99 Punkten angekommen.

Bergsträßer Orientalistik ...
in den Toilettenanlagen der Dorfmühle.

auch vor dem benachbarten Weingut des Rolf Steinmüller nicht Halt. Brettspiele stehen oder liegen auf schweren Holztischen herum, Bücher gibt es, arabische Klosettmalereien ... Das bäuerliche Interieur ohne Rustikal-Kitsch erinnert an die Mühlenvergangenheit. „Das war schon skurril: Wir wollten nie 'ne Gaststätte machen." Eine „sehr intensive Freundschaft zum Vermieter" trug dazu bei, das Ungeplante an Ort und Stelle zu verwirklichen. Es laufe aber nicht immer alles so glatt in der Dorfmühle, das gibt Astrid Como gern zu. Klar, es sei „auch für die Gäste manchmal sehr anstrengend"; was aber ein echter Mühlengesell ist, der kommt wieder, selbst wenn er sonntags mal nicht eingelassen wird ...

Wie es nicht anders sein kann, geben die Comos nicht nur naturverträglich wirtschaftenden Zulieferern eine Chance: Anspruchsvolle Keramik und Glaskeramik zweier Kunsthandwerkerinnen aus der Gegend werden ausgestellt. Eine Initiative für Kinder in Bolivien erfährt vielfältige Unterstützung. Dabei halten sich Mühlen-Wirtin und -wirt fern von muffigem Dogmatismus; es ist eine zupackend-lebensbejahende Art, die das Kleinklima bestimmt. Gefragt nach ihrem kulinarischen Konzept, kann Astrid Como nur kichern. Abwinkend: „Doch, ich hab eins: Worauf ich jetzt Lust hab, das koch ich!"

Und wie! Und wie gut! Handkäs und Kochkäs (der Beste: vom Mitlechterner Rettig!) sind obligatorisch. Ebenso das klassische Kochkäs-Schnitzel. Von inspirierten Gästen wurde die Variante „Odenwälder Raclette" übernommen: Kochkäs mit La-Ratte-Kartoffeln in der

Pelle. Kräuter-Nackensteak und Hausmacher Wurstplatte gemahnen an die Zeiten, da das Vieh noch vor Wonne jubilierte, wenn es geschlachtet werden sollte. Saft von der Süßmosterei Fries aus Jugenheim oder vom Demeter-Obsthof Michel, Weinheimer Hausbrauer-Bier, Ebbelwei von der Kelterei Horn und Wein von allen guten Auerbacher Winzern: Nichts ist dem Zufall überlassen, nichts ohne Bedacht ins Programm aufgenommen. Den „Gaasekäs" aus der Molkerei Hüttenthal gibt's leider nicht mehr. Wenn die Odenwälder Ziegen aber Lust und Laune hatten und die Kohlhages liefern konnten, dann badete sich der Schatz in einer wundersamen Auerbacher Vinaigrette und stieg, gar wohlig duftend, den lefzenleckenden Gästen auf den Teller und in die Nase.

Pechvögel, die am Ausgang kein Brot zum Mitnehmen mehr finden, wenden sich getrost an die „Brot-und Backkultur" in der Bensheimer Gerbergasse 11. Die hat Anton Como vor gar nicht so langer Zeit „eröffnen müssen." Der Brot-Druck der Gäste war einfach zu groß geworden. Manchmal bringt es eben doch noch was, wenn politisch erwachsene Citoyens sich engagieren! Unsre Hoffnung heißt Freiheit. Freiheit zunächst einmal von grobianischen Back-Fabrik-Ketten für autodestruktive Genuss-Amöben. Doch wer weiß, wenn das mit dem Expansionsdrang der Comos so weitergeht ... im Geiste sieht man das Firmenschild „Auerback" schon vor sich: Monopolbetrieb für Individualisten, die endlich wieder gelernt haben, dass man das Backen am besten den Bäckern überlässt. Und nicht zielzeitoptimiert werkelnden Chemiedesignern.

Heimstadt
des Bergsträßer
Gefühls: die alte
Alte Dorfmühle

Parkhotel Herrenhaus
Auerbach Fürstenlager

Sie sitzen hier auf den Wurzeln des Englischen Königshauses.

Im Staatspark
Fürstenlager
Bensheim-Auerbach
06251 70900
www.parkhotel-herrenhaus.de

Zum ritalinresistent hyperaktiven Weltstädtchen Frankfurt bildet das neun Jahre ältere Auerbach mit seinem Fürstenlager den exakten Kontrapunkt. Wahrscheinlich wäre das eine ohne das andere nicht dermaßen umwerfend; altgediente Frankfurter jedenfalls, wenn sie, einem dunklen Drange folgend, die Allee durch den Englischen Landschaftsgarten hinaufstacksen, brauchen schon ein gutes Weilchen, bis ihnen dieses entzückend debile „Was'n hier los?" aus der Mimik rutscht. Durchaus, Ihr Guten, hier ist es grün, hier ist es still. Was Euch aber noch fremder anmutet, ist diese realpräsente historische Kontinuität. Geschichtsvergessenheit war schon immer Grundbedingung für rabiat-rentable Dynamiken. Schon Vater Stoltze hat einst nur noch „de Kopp geschiddelt" über den Frankfurter Habitus, nahezu jegliches architektonisches Relikt als „aales Gelärsch" zu diffamieren, um es desto eilfertiger eliminieren zu können – bevor es sich etwa anschickte zu uns reden zu wollen ...

Dies schmale Tälchen vereinigt so viele Herrlichkeiten. Blick über die Fürstenlager-Lage zum Auerbacher Schloss.

Aus der Perspektive des Fürstenlagers betrachtet, erscheint die psychologische Notwendigkeit evident, warum dieses gnadenlos vitale Frankfurt sich seine Altstadt gegenwärtig wiederbeschaffen muss (natürlich wiederum ein wenig gewaltsam, natürlich als Stückwerk). Auf Dauer hält es einfach keiner aus, ohne Überlieferung zu sein; das wird umso augenfälliger, wo sie selbstverständlich ist. – Zu Dolf Patzelt, Pächter des Herrenhauses und Karl-Wilfried Hamel, Heimatforscher, Ortsvorsteher und Vorsitzender des Kur- und Verkehrsvereins des einzigen Luftkurorts der Bergstraße, sprechen die Steine und Bäume des Staatsparks mit besonderer Vertraulichkeit. Die lokalgeschichtlichen Kenntnisse der beiden sind schlicht abgründig, die Aktivitäten zahllos, die Verbindungen weitreichend. Begeben wir uns mit den beiden auf eine kleine Rundreise durch die Wein- und Ortsgeschichte. Eines sei schon jetzt versprochen: Pauschaltourismus wird das keiner.

Vorfrühlingstag im Fürstenlager. Ein wenig Blütenweiß mischt sich bereits ins aufgehellte Grün der Matten. Hamel und Patzelt haben sich's vorm Herrenhaus bequem gemacht, den Freundschaftstempel sinnigerweise in der Blickachse. „Den hab ich auch mal wiederaufgebaut", erinnert sich Karl-Wilfried Hamel an eine seiner vielen Aktionen zur geschichtsbewussten Ortsverschönerung. Zehn Jahre lang hat er geforscht für sein mit Hin-

Unter treuen Mammutbäumen, direkt dem Herrenhaus gegenüber, hat Ortsvorsteher Karl-Wilfried Hamel den Freundschaftstempel wiedererrichtet.

tergrundinformationen gesättigtes Buch über das „Auerbacher Schloss". Bis nach Portugal haben ihn die Recherchen geführt, immer auf den Spuren der Grafen von Katzenellenbogen, einem für Auerbach herausragend wichtigen Geschlecht, das sich u. a. um die Verbreitung des Rieslings verdient gemacht hat.

Dergleichen Höchstleistungen können nicht unbegossen bleiben. Dolf Patzelts Blick gleitet über Damenbau, Prinzenbau, Stallbau und Fremdenbau hin ... bis er auf der türmchenbemützten Wache haften bleibt. Dorthin lenkt der Hausherr im Herrenhaus seinen Schritt, um aus dem ehemaligen Gewölbekeller Ernst Ludwigs von Hessen-Darmstadt und bei Rhein eine 1995er Heppenheimer Centgericht Riesling Spätlese herauszufischen. „Kaan so gudes Jahr. Aber immer noch unglaublich frisch. Odder net?" (Aber sicher!) Angefangen hat's bei Patzelt mit dem Wein 1955. Bereits als Sechzehnjähriger übernahm er im elterlichen Gastronomiebetrieb zu Seligenstadt den Einkauf für die Fassenacht. „Da kame die Winzer immer mit Flasche im Korb. Ich hab se geeschenanner ausgespielt un de Preis gedrickt. Da war ich erfolgreich, da hab ich Blut geleckt."

Was ist schon ein Jahrhundert im Herrenhaus! Historische Neufolge von 1904, bei Gelegenheit neu interpretiert von der Patzelt-Equipe.

Weingeschichten anderer Art könnte Karl-Wilfried Hamel erzählen. Und er erzählt sie. Gerne, fundiert und praxisnah. Plötzlich liegen drei historische Rebmesser auf dem Tisch. „Griechische Rebmesser!" Na und? mag der Ahnungslose einwenden, heißen die halt so ... Aber Hamel sammelt nicht nur eindrucksvolle Gerätschaften, er belegt auch, wo sie her kommen. In vorrömischer Zeit nämlich hat es in unseren Breiten bereits Weinbau gegeben. Es existieren Zeugnisse, worin römische Kolonisatoren ihr Erstaunen über die Qualität keltogermanischer Weine äußern. Von der griechischen Gründung Marseille aus sei der Weinbau die Rhone hinaufgewandert und über die Burgundische Pforte schließlich an den Rhein gelangt. Damit natürlich Kenntnisse, Praktiken, Werkzeuge. Eigentlich ein unglaublicher Tatbestand, dass das griechische Rebmesser, bei Auerbacher Winzern heute zum Teil noch in Verwendung, auf solch scheinbar ferneliegende Ereignisse zurückzuführen ist!

„Ich hab auch e Buch geschribbe", meldet sich Dolf Patzelt wieder zu Wort. Und wuchtet die Weinkarte des Herrenhauses auf den Tisch. An der Bergstraße hat sie nicht ihresgleichen. Nach Lagen geordnet, findet sich

alles und jeder, womit hiesiger Spitzenweinbau in Verbindung gebracht werden könnte. (Es ist ein ganz eigenes Vergnügen, bewehrt mit einem Gläschen, ein gutes Stündchen Studium zu betreiben, bis man die Weinfolge für den Abend festgelegt hat ...) Auch Patzelt vermag's den Bogen weit zu spannen. En detail zeigt er sich informiert, welche Tipps für Winzer bereits Vergil parat hatte. – „Ich hab auch den besten Riesling der Welt im Keller," lässt der Maitre in unnachahmlicher Bescheidenheit einfließen. Wahrhaftig, es ist ein Bergsträßer, was sonst. Ein Eiswein vom Staatsweingut aus 1987. Gemeinsam mit dem Weingut Simon-Bürkle hat Patzelt einen „Geburtstagsweinberg" in der Ur-Lage Fürstenlager angelegt. 300 „Paten" erfreuen sich inzwischen exklusiver Naturalzahlungen für ihr Engagement.

Wiederum erinnert Hamel, der zum 450. Bestehen der Kirchengemeinde eine Denkschrift zum Thema „Wein und Wasser in Auerbach" verfasst hat, an vermeintlich lang verklungene Geschehnisse, die im Bewusstsein der Ortsbevölkerung gleichwohl immer noch ihren Platz haben. Zur Zeit des korsischen Imperators (Säkularisation – na, in der Schule aufgepasst?) waren die Besitzungen der Kirche an den Landgrafen übergegangen. Selbiger hatte für Napoleons Russlandfeldzug 10.000 Soldaten zu stellen. Nach langwierigen Strategiegesprächen, geprägt von „hessischem Verhandlungs-

Drollige Wache und klassische Bank ...
Man braucht lange, um alle Reize des Fürstenlagers zu kennen. Sehr lange!

geschick", wurden schließlich 3000 daraus. Da die „verkauften Hessen" – eine bittere Tradition – absichtsvoll in andere Uniformen gesteckt wurden als die französischen Kombattanten, kam es, zumindest in Auseinandersetzungen mit preußischen Einheiten, zu „modifizierten Kampfhandlungen". Schließlich war man auch mit diesem Fürstenhaus eng verbandelt. Das Ende vom garstigen Lied: die hessischen Einheiten brachten sogar die Kriegskasse wieder mit nach Hause. Die der Landgraf tatsächlich (welch unerhörter Fall in der Geschichte!) seinen Landeskindern zurückerstattete. Dafür stellte man ihn als „langen Ludwig" mitten in Darmstadt, für jedermann sichtbar, auf eine angemessen hohe Säule. „Ein' Schritt noch, un isch fall runner", kolportiert der Volksmund, lasse sich die Körpersprache der Statue in etwa übersetzen.

Dolf Patzelt, spiritus rector und Patron des Herrenhauses. Sein hintergründiger Humor hat schon manchem zu denken gegeben ...

Queen Victoria, schräg überm Hügel im Schloss Schönberg häufig zu Gast, gehörte zu den ständigen Besucherinnen des Darmstädter Hofs; freilich sah sich auch das Fürstenlager durch ihre Anwesenheit mehrfach geehrt. Eine spätere Verwandte, die in Hessen annoch bewunderte „Prinzessin Margret", kam, zumal mit englischen Gästen, häufig ins Herrenhaus. Dolf Patzelt zollt der Historie Reverenz; an jedem 1. Mittwoch im Monat wird eine „British Teatime" ausgerichtet. Auf Margrets Engagement ist es übrigens zurückzuführen, dass im Herrenhaus wieder die ursprünglichen Ölgemälde hängen. – Wer sich oder seinen Lieben wirklich einmal etwas Gutes tun will, sollte in den Gemächern des Herrenhauses seine Ferien verbringen. Grandiose Ausflugsmöglichkeiten weitum, dazu die umsichtig-entspannte Gastgeberschaft der Familie Patzelt: eine strategisch klug gewählte Ausgangsposition! – „Wir ändern die Karte ständig nach Marktlage." Ein echter Mit-Genießer, schwärmt der Senior-Chef von der hauseigenen Brennessel-Suppe. 120 kg Bärlauch werden jedes Jahr verarbeitet. Bis hin zur Wiederbelebung historischer Menüs, darunter jenes vom 25. Juni 1894 für Großherzog Ernst Ludwig, welchselbiger sich zum „Protektor des Kur- und Verkehrsvereins Auerbach 1866 e. V." aufschwang, wird im Herrenhaus kein Aufwand gescheut, um der privilegierten Örtlichkeit kulinarisch gerecht zu werden.

Nun, wir haben lange genug gewartet. Werden wir doch endlich einmal indiskret: Was ist denn nun eigentlich passiert, damals, als die verkleideten Nixen und Nymphen, Satyrn und Faune des Darmstädter Hofes ihr kollektives Zurück-zur-Natur im Fürstenlager aufführten? Kurze Pause. Dolf Patzelt findet die trockene Formel: „Genetisches Outsourcing, würd ich sagen." Nicht nur die hohen Herren gaben sich in der Sommerfrische griechisch-libertinär, gern auch über Standesgrenzen hinweg. Die hofprotokollarisch vorgeschriebene Fürstenhaus-Inzucht im Bewusstsein, „haben die Damen schon dafür gesorgt, dass sie gesunde Kinder kriegen. Das war gar net so wichtig, wer da de Babba war." Das klingt nun schon fast so beschwingt wie die berühmte Hessen-Hymne der Rodgau Monotones vom Ende des vorigen Jahrtausends. Wie hieß die LP noch? Volle Lotte wieder mal! So ungefähr wird's wohl auch im Fürstenlager gewesen sein.

Wie sie da so sitzen, die beiden Auerbacher Wein-Zeit-Zeugen, lèger gelehnt in ihre Lehrstühle für angewandte asymmetrische Geschichte, möchte man den Geisenheimern, Weinsbergern, Oppenheimern ans Herz legen, im Fürstenlager eine interdisziplinäre Außenstelle einzurichten. Studierende aus aller Welt könnten hier erfahren, was alles dazugehört an Lebenserfahrung, Wissbegierde, Leidenschaft fürs Detail wie fürs große Ganze, um dem Menschheitsthema Wein gerecht zu werden. Und (womöglich nicht weniger erlebenswert!) sie würden noch einen kennenlernen, der in allen Ecken, an allen Enden herumspukt und doch so schwer zu fassen ist: den locus amoenus der Bergstraße. Patzelt und Hamel, da sind wir uns sicher, haben längst Duzbrüderschaft mit ihm getrunken.

Karl-Wilfried Hamel, spiritus rector und Patron des Fürstenlagers. Von seinen Aufbauenergien wird die bedeutendste Sehenswürdigkeit Südhessens noch Jahrzehnte zehren.

Mondnacht oder Sonnenfinsternis? Im Fürstenlager fließen die Zeiten ineinander ...

Waldschlösschen

Auerbach

Seit gestern rauschen die Pappeln wieder.

Burgstraße 36
Bensheim
06251 71324
www.waldschloess-chen-auerbach.de

Fünfter Akt. Offene Gegend.
Wandrer.
Ja! Sie sind's, die dunkeln Linden,
Dort, in ihres Alters Kraft.
Und ich soll sie wieder finden
Nach so langer Wanderschaft!

Es gibt sie wirklich, Philemon und Baucis. Jeder kann in die Rolle des Wanderers aus Goethes zweitem Faust schlüpfen und sich aufmachen, um die einfach-echte Gastlichkeit der beiden an erhabenem Orte zu erfahren. – Wie war das noch im Mythos? Richtig: Zeus und Hermes, in allen Lastern olympischer Urbanität erprobte Gottheiten auf gelegentlicher irdischer Lustreise, finden bei Philemon (Betonung auf der zweiten Silbe) und Baucis Aufnahme, nachdem kein anderer das Gastrecht an

Selten, dass man Gestalten aus der Sagenwelt begegnet: Elfriede und Erich Neting gibt's aber wirklich – und sie haben sich's so schön gemacht rings ums Waldschlösschen, dass sich die Wanderfüße wie von selbst dorthin bewegen.

Kein Märchen
und dennoch eines; das Waldschlösschen oberhalb Auerbach, auf dem steilsten Wege Richtung Schloss.

ihnen verüben mochte. Die gewieften Himmlischen sind richtig verwirrt, fühlen sich selbst beinahe beschämt ob der ungekünstelten Herzlichkeit der beiden, die ein Leben lang einander zugetan blieben. Zum Dank für Speis' und Herberg', mehr noch für die bei den Göttern schier in Vergessenheit geratene Güte und Selbstlosigkeit, vollziehen sich zwei Metamorphosen. Zuerst wird das Häuschen in einen Tempel verwandelt und auf die Höhe entrückt. Schließlich verwandelt sich Philemon in eine Eiche und Baucis in eine Linde, fürderhin koexistierend in vegetabiler Eintracht.

Man muss ja nicht immer übertreiben, aber ein Besuch bei Elfriede und Erich Neting im (oder noch besser: vorm) Waldschlösschen oberhalb Auerbach setzt Phantasien idyllischster Beschaffenheit frei. Dergleichen findet man in Hessen nicht wieder, in ganz Europa vielleicht ein, zwei Dutzend Male. Da steht, im schlanksten Bergsträßer Spätjugendstil errichtet, das weit hinausschauende Waldschlösschen zwischen Wald und Garten, inmitten umgrünter Stille. 32 Vögelchen hat Elfriede Neting bei der täglichen Fütterung gezählt, verschiedenste Arten – und alle dürfen hier in Frieden leben. Selbst die Hauskatzen wirken heroben so gelassen-meditativ, dass die bunten Flötenvirtuosen ohne Vorsichtsmaßregeln um die Raubtierchen herumflattern.

Die quicke Herrin des ausnehmend unaristokratischen Schlössleins lässt wachsen und gedeihen, was

O dieser Garten! Aus heimlichem Winkel die ganze Welt überblicken. Zwischen Bergsträßer und Pfungstädter ab und zu mal ein Schlückchen Odenwald-Quelle ist auch nicht schlecht. Der größte Sprudelmacher der Region.

immer dem terrassenartig angelegten Garten zukömmlich ist. „Ich bin ein Opfer des Hauses. Und das seit 74 Jahren. Hier bin ich auf die Welt gekommen." Assistiert vom Gatten Erich und Sohn Uwe, umhegt sie nebst Pflanzen und Tierchen auch die (zum Glück nicht immer zahlreichen) Gäste. Bei unserem Besuch am 2. Mai 2008 wirkten die Wirtsleute noch ein wenig erschöpft vom Trubel tags zuvor. „Viermal hammer abgebutzt gestern mittaach!" Jaja, die Niederschläge an der Bergstraße hatten schon immer ihre eigenen Launen; ob darunter rechtschaffene Leute wie die Netings zu leiden haben, kümmert sie wenig.

Kochkäs, Handkäs, Kuchen. Bier, Wasser, Kaffee. Und ein paar Bergsträßer Weine. Das ist das kulinarische Angebot. Hat jemand gesagt: Schade, könnte man mehr draus machen? In den Orkus hinab mit ihm! Denn so, wie es ist, ist es richtig. Viel wichtiger als aufgedonnerte Speisekarten ist die Wahrhaftigkeit, Sorgsamkeit, liebreizende Verwunschenheit dieses Örtchens.

Baucis.
Lieber Kömmling! Leise! Leise!
Ruhe! lass den Gatten ruhn! ...

Philemon.
Eile nur, den Tisch zu decken,
Wo's im Gärtchen munter blüht ...

Elfriede alias Baucis Neting muss die Gäste gar nicht erst ermahnen, auf der Waldschlösschen-Terrasse nicht zu lärmen. Man wird von selber ruhig, schaut versonnen zum 30 Kilometer entfernten Donnersberg hinüber und begrübelt, wie ausgerechnet am Ufer des Rheingrabens so ein gesegneter Flecken hat bestehen können ... – Noch einmal zur Erinnerung: Der Sage nach fluten Zeus und Hermes das ungastliche Flachland und lassen nur Philemon und Baucis am Leben. Goethe kehrt die Geschichte um. Die Flut wurde umgeleitet, die neidvolle Geschäftigkeit des Nachbarn bedroht das Zuhause des mythischen Paares. Am Ende will man sie gar umsiedeln.

Philemon.
Hat er uns doch angeboten
Schönes Gut im neuen Land!

Baucis.
Traue nicht dem Wasserboden,
Halt auf deiner Höhe Stand!

Philemon.
Lasst uns zur Kapelle treten.
Letzten Sonnenblick zu schaun!
Lasst uns läuten, knieen, beten
Und dem alten Gott vertraun.

Da wollen wir uns gerne anschließen. Und in die Fürbitten miteinbegreifen, dass kein Investor, kein Eventgastronom diese Friedlichkeit zu stören wage. Sonst kommen am Ende noch Hermes und Gevatter Zeus zurück und lassen zur Vergeltung das ganze Rheintal absaufen.

Mit Freuden erleben die Netings Jahr für Jahr, wenn der Lauben-Weinstock neu ergrünt.

Dickes Ding.
Der Bergfried des
Alsbacher Schlosses.

Von Magier zu Magier

Zwingenberg – Alsbach –
Seeheim-Jugenheim – Frankenstein

Nicht wenige sind der Auffassung, unsere Zeit sei gekennzeichnet durch pseudopragmatische Aneinanderreihungen von Banalitäten, Monstrositäten und Obszönitäten; niemand mehr folge höheren Zielen, geschweige denn, dass überhaupt noch einer den Mut aufbrächte, solche zu benennen. Kurzfristige Lustmaximierung (ist das nicht ein Widerspruch?) präge das Handeln der vielen, wofern Überleben nicht alles bedeute. Im Jahreskreis der kulturellen Entwicklung, wird behauptet, befinden wir uns etwa Mitte November. Kein Advent in Sicht. Unbarmherzig schließt sich die Kneifzange der Finsternis, bis wir abgeschnitten sind von der letzten Erinnerung an etwas, dessen Buchstabierung allein die meisten aktuellen Abiturienten vor unlösbare Probleme stelle: Zivilisation.

Gemach. Noch sind da manche, die nimmermüd hehren Visionen nachstreben, die sich selbst – und die menschliche Zivilgesellschaft – nicht aufgegeben haben. Da gibt es solche, die sich auf die Suche begeben nach dem Rotwein ihres Lebens; niemals nachlassend im Glauben, trinken sie sich durch Californien, Süd-Afrika, Australien, bis sie über Spanien, Bordeaux, Burgund endlich im Kraichgau oder an der Bergstraße landen. Andere wiederum widmen sich der Erforschung der perfekten Cuvée; sie pflanzen Neuzüchtungen, mediterrane, überseeische Reben; sie ernten wenig bis gar nichts, vertikulieren, mostkonzentrieren, polymerisieren (in diesem Fall die Weine, nicht die Winzer) ..., um hernach eventuell zurückzukehren zur Produktion eines reinsortigen Spätburgunders oder eines St. Laurent aus dem Barrique.

Wieder andere stellen sich die womöglich umfassendste Aufgabe, die heute noch vorstellbar ist: Sie schaffen einen Wein, der alles von dem Lande weiß, worauf, worin, wodurch er gewachsen ist. „Alle Freuden, alle Pein ...“ Einen Wein, der die Tiefen des Gesteins auslotet, unverwechselbar und nicht zu übertreffen. Natürlich reden wir vom Weingut Simon-Bürkle. Seit

Der große Pan
lebt immer noch! Und zwar unter dem Schutz des Weinguts Simon-Bürkle.

Jahren überraschen uns immer wieder Zwingenberger Lagen-Weine mit individuellem Gepräge; doch das war Wilfried Bürkle nicht genug. Er ging daran, im Gestein wurzelnde Riesling-Reben zusammenzufassen unter dem einzig passenden Namen: „Granit". Schließlich, im Riesling „Diorit", erschafft er die derzeit gültigste Exegese des Grund und Bodens der Hessischen Bergstraße. Es ist ein Abenteuer eigener Art, dieses verflüssigte Forschungsprojekt (Schiefer-) Kollegen von der Mosel gegenüberzustellen ...

Der ist der Herr der Erde,
der ihre Tiefen misst...
(Novalis)

Wahrhaftig, die Bergstraße ist reich an geologischen Eigenheiten. Dies durfte auch die Familie Gärtner feststellen, als man anlässlich der Übersiedlung hinunter ins Ried bei Ausschachtungsarbeiten plötzlich auf das alte Bett des alten Neckar stieß. Bitte wer? Was hat der denn hier oben zu suchen? Nun, so ganz leicht haben er und die anderen Flüsse und Ströme sichs in unseren Breiten nie gemacht. Bedenken wir, es gab nicht nur Eiszeiten. Die Steppenlandschaft, welche über lange Zeit unsere Gegend bestimmte, war von Dünen geprägt (das für die weitere Entwicklung überaus bedeutende Kloster Lorsch steht auf einer solchen). Irgendwann schaffte es der Neckar nicht mehr, sogleich nach Austritt aus dem Gebirge Richtung Rhein abzufließen; beleidigt

Fruchtbare Ebenen bieten sich dem schauervollen Auge dar. Warum schauervoll? Im Rücken des Fotografen finstert die Ruine Frankenstein vor sich hin.

wandte er sich nach Norden, gondelte ein wenig an der Bergstraße herum – und entschloss sich endlich doch noch, bei Trebur seinen alten Kumpel aufzusuchen.

Überhaupt, das waren Zustände damals! Auch „Vater" Rhein: durchaus kein Vorbild an Stetigkeit; eher einer dieser semihedonistischen Tunichtgute, die mal hier ein Nebenflüsschen, mal da ein Mittelgebirglein umarmen, „allen hold und keiner treu ..." Ursprünglich den Vogesen (!) entquollen, floss er guten Muts zunächst hinunter ins Mittelmeer. Auch später, als er endlich seine Bestimmung gefunden zu haben glaubte und Richtung Nordsee unterwegs war, kürzte er behende ab und erfreute das wellige Zentral-Rheinhessen mit seiner – vorübergehenden – Anwesenheit. Munter tauschten die Flüsse ihre Betten, woran sich Gevatter Main hemmungslos beteiligte, so dass es schließlich dem Menschen überlassen blieb, endgültig Ordnung zu schaffen. Zu Beginn des 19. Jahrhunderts schob der heute noch verehrte von Tulla dem Rhein die Riegel der Begradigung vor (nein, nicht Tulla allein, er hatte mindestens einen Koch dabei), auf dass dieser Strom-Chaot die Landschaft fürderhin nicht mehr versumpfe. Die schnakengepeinigten Bewohner hegten allesamt greuliche Krankheiten wie Malaria. Eine unschöne Pointe, dass ausgerechnet dieser Pionier der Volksgesundheit am Sumpffieber verstarb. – Wer eine Ahnung bekommen möchte vom damaligen Leben in der Ebene, lese Elisabeth Langgässers „Gang durchs Ried". Doch er verabsäume es nicht, einen steifen Grog dabei zu trinken. Einen sehr steifen.

Das Original.
Noch immer vermag die Burg Frankenstein den Gast zu schröcken – auch ganz ohne Mittelalter-Media-Events, die es freilich dort auch gibt.

Drei Geologen widmeten sich bis 2006 der exakten Untersuchung des Bergsträßer Gesteins. „Stein und Wein" lautet der Titel dieses in der Tat tiefschürfenden Werks, das uns ganz erstaunliche Erkenntnisse beschert. Wussten Sie, dass der Odenwald mehrheitlich aus der Antarktis stammt? Verständlich, dass er sich aus diesen unwirtlichen Zonen aufmachte, ein Weilchen in der Gegend um Afrika sein Unwesen trieb, bis sich endlich zwischen Darmstadt und Wiesloch ein Plätzchen für ihn fand, wo er sich dauerhaft niederzulassen entschloss. Wir sind ihm auf jeden Fall dankbar – und erfreuen uns all der Geschichten über jene urgewaltigen Driften und Gesteinsverschiebungen, wovon uns heute die Weine von Simon-Bürkle so packend zu berichten verstehen.

Das Beste, was man daraus machen konnte:
Die Zwingenberger Scheunengasse beherbergt heute hübsche Gaststuben.

Indessen in Zwingenberg, wo seit ein paar Jahren die Winzergruppe „Feligreno" ökologischem Weinbau huldigt, eine durchaus weiße Magie betrieben wird (nichts gegen Simon-Bürkles Rote, beileibe nicht!), konnotieren wir die nördlich gelegene Ruine Frankenstein mit alchimistischen Experimenten anderer Art. Mary Shelley, damals Anfang zwanzig, besuchte die Ruine in Begleitung weiterer Junggenies der Schauerromantik – angeregt durch die überkommenen Sagen um den Hofalchimisten Dippel, lieferte sie mit ihrem „Frankenstein" die Vorlage für ein ganzes Genre von Gruselromanen, Horrorfilmen und gentechnischen Experimenten. Könnte sein, dass die heute immer noch erschröckliche Wirkung des Ortes der unerwarteten Abwesenheit des Weines geschuldet ist.

Denn bei Seeheim (wo der expressionistische Dramatiker Georg Kaiser die „stillsten Jahre" seines Lebens

Keine Übertreibung! Zwingenberg sieht wirklich so klasse aus. Und liegt doch nur ein paar Kilometerchen von Frankfurt, Darmstadt, Heidelberg entfernt.

Zarter Frühlingsmorgen an der Bergstraße zwischen Seeheim-Jugenheim und Alsbach.

zugebracht hat) ist erst einmal Schluss mit der Rebenpracht. Mit dem Weingut des Autodidakten Martin Weiß wäre gen Norden hin sozusagen die Beere geschält. (Versuche in Pfungstadt und Eberstadt nicht zu verleugnen!) Dortselbst, im ehemaligen Amtshaus, brachte immerhin Georg Christoph Lichtenberg manchen Sommer mit „jugendlichen Vergnügungen" zu, in summa „die angenehmsten Tage meines Lebens". – Im März 1946, in Erwartung eines „schmerzlichen Anblicks", nämlich des zerbombten Darmstadt, kommt Erich Kästner von Heidelberg her durchgereist.

Die alte Bergstraße ist ja die via triumphalis des deutschen Frühlings ... Die Luft weht wie weiche Seidentücher in die Gesichter. Die „Bergsträßer" stehen an den Spargelbeeten, in den schaumig-weißen, crème- und rosafarbenen Obstgärten und droben an den Rebhängen. Die Sonne lehnt rotbäckig im Himmelsfenster und schaut zu den Leuten hinunter, die ihrerseits in Seeheim, Alsbach und Jugenheim auch ein wenig im offenen Fenster liegen, den spielenden Kindern zusehen und lächelnd von Aprikosenmarmelade und von anderen Spielsachen Floras träumen.

Ludwig Fertigs Dichter-Almanach namens „Deutscher Süden" weiter folgend, müssen wir unbedingt weitere Nord-Bergsträßer Dichter-Netzwerke erwähnen. Ernst Pasqué, Bariton, Theatermensch, Romancier, widmete sich, in Alsbach hausend, auf jedwede Weise der Bergstraße und dem Odenwald. Nicht zuletzt mit seiner Schrift „Die Bergstraße von Jugenheim bis Auerbach (1884)" trug er zur Entfaltung des Fremdenverkehrs wesentlich bei. Übrigens war er einer der Cheforganisatoren einer Landpartie des „Deutschen Schriftstellertages" 1878. Am Bickenbacher Bahnhof wurden die erlauchten Literaten mit laubgeschmückten Leiterwagen abgeholt und aufs Alsbacher Schloss hinaufgekutscht. „Dort waren im Freien Tische gedeckt, Kellnerinnen kredenzten nicht allein den kräftigen Wein der Bergstraße, sondern ließen auch vielstimmige Lieder erschallen ..." Nach mehrstündigem Gelage gings abwärts in die Auerbacher **Krone**, seinerzeit das bekannteste Gasthaus an der Bergstraße, weiland Joseph Victor von Scheffels Asyl während der Revolutionsmonate. Man sieht, der Reimspruch auf der Ehrenpforte war durchaus ernst gemeint: „Zieht fröhlich ein, zieht fröhlich aus, / Gesegnet sei Euch Wein und Schmaus!"

Wie steh ich oft gelehnet an die Planken,
Die meines Gartens trauten Raum umzogen
Und seh die grüne Saat im Winde wogen,
Wenn still des Abends duftge Schleier sanken.

Luise von Ploennies, dereinst zumal in Christenkreisen hochgeschätzte Dichterin besinnlicher Lieder, hat diese Verse ersonnen. Um die Mitte des 19. Jahrhunderts lebte sie in Jugenheim, häufig besucht von Enthusiasmierten aus Darmstadt. Gemeinsam mit Hofkomponist Karl Ama-

Kressehandkäs / Handkästatar

Kömmt im zeitigen Jahre der Frühling heran in diesen Breiten, so gelüstet es den gemeinen Bergsträßer nach wollüstiger Kräuter milder Würze. Gewiss, die frisch Entsprossenen einfach so zu mampfen, ist unsre Sache nicht. Wir sind ja keine Bergziegen. Also fassen wir uns ein Herz und einen Handkäs, legen ihn ein in eine Emulsion aus saurer Sahne, Rapsöl, Apfelessig, Pfeffer, Salz und Senf und bestreuseln ihn munter mit feingehackter Kresse. Dazu einen Bürkle-Riesling-Granit: Es tönen die Lieder, der Frühling kehrt wieder! – Variante: Alles miteinander verpanschen (natürlich nicht den Granit); traditionell geschieht dies mit der Gabel, aber nicht ohne zuvor ein wenig süße Sahne bzw. warme Butter hinzugefügt zu haben. Alsdann die kompakte Masse auf frisches Roggenbrot schmieren: Es malmen die Kiefer, der Handkäs rutscht tiefer!

Alles steht zum Besten auf dem Alsbacher Schloss dank dem energischen Heimat- und Kulturverein.

deus Mangold, der sich einen Oratorientext von der adligen Dame erbitten wollte, kam Pasqué herangewandert, entzückt von der Gastfreundschaft der Gründerin des Dichterheims. Ihr Sohn Wilhelm zeigte seinerseits mannigfaltige Begabungen, so auf dem Gebiete der Militärschriftstellerei. Mit Johann Wilhelm Wolf, Schwiegersohn der Luise von Ploennies, tritt ein weiterer Schriftsteller von Ruf in den Kreis der Jugenheimer; als Offizier nutzt er Zeit und Gelegenheit, um seine Soldaten nach Sagen und Märchen ihrer Heimat auszuforschen. „Wann hat je vorher oder nachher der Kriegerstand einen solchen Beitrag zur Literatur geleistet?", fragt Ludwig Fertig vollkommen zu Recht. – 1872, im Jahre des Dahinscheidens der Luise von Ploennies, ward Helene Christaller geboren, weithin gepriesene, sanft frauenbewegte Schriftstellerin des Jugenstils. In Jugenheim kauften sie und ihr Gatte das „Blaue Haus". Von Gotthold Erdmann Christaller stammt übrigens ein Werk mit dem zeitlos aktuellen Titel „Prostitution des Geistes".

Schließlich gedenken wir auch des Jugenheimer Multitalents Daniel Greiner, 1872 in Pforzheim geboren, von seinem Freund Karl Ernst Knodt (s. Route 8, Spaziergang) im Gedicht verewigt:

Da kamst du, Mensch gleicher Sehnsucht, gegangen ...

Auf Initiative des Historischen und kulturellen Fördervereins Schloss Alsbach, namentlich des Vorsitzenden Dieter Krieger, geht die Anpflanzung von Reben im Schlosshof zurück.

Unterstützt von Einflussreichen wie Joseph Maria Olbrich und dem Großherzog Ernst Ludwig, bildet sich das Mitglied der Darmstädter Künstlerkolonie in Paris und Berlin zum Künstler „mit Stift und Modellierholz" fort. In der Jugenheimer „Drachenmühle" richtet sich Greiner sein Atelier ein, zugleich eine „Werkstätte für Grabmalkunst". Nach dem Ersten Weltkrieg verschreibt sich der ehemalige Theologiestudent einer emanzipatorischen Politik: „Der Nazarener war praktischer Kommunist!" Als Abgeordneter der KPD inspiriert Greiner den hessischen Landtag mit wortgewaltigen Reden. – Daneben wollen wir nicht vergessen, dass Daniel Greiner den Zeitgenossen auch als Dichter und Verleger im Bewusstsein war. 1907 startet er die Zeitschrift „Die Kunst unserer Heimat", das Zentralorgan der Künste in Südhessen. Greiners Lyrik, vertont u. a. von dem Wormser Rudi Stephan, erscheint ebenso vielschichtig wie seine Persönlichkeit. Von traumverlorenen Versen, die man reinen Gewissens als „Ju-

gendstil-Lyrik" bezeichnen darf, bis hin zu skurril-absurden Experimenten („Kirmes auf dem Friedhof", „Das harmlose ABC" ...) liegt ein komplexes Werk vor, das es verdiente, nicht nur von fleißigen Pro-Seminaristen rezipiert zu werden.

A mit Adam fing die Menschheit an,
ein Affe hätt es auch getan.

Der Aktionen für Kinder und Jugendliche im Alsbacher Schloss sind zahllose. Der grässliche Strafkäfig bleibt zum Glück heute leer.

DER SPAZIERGANG Naja klar: Wenn da heroben in den Wäldern schon so ein Schlösschen thront, dann wollen wir es auch besuchen. Von wegen Schlösschen! Haben wir es endlich geschafft, den nicht gerade ebenen Waldweg von Alsbach herauf bis zum Ende hinaufzukeuchen, stehen wir verwundert vor einer mittelalterlichen Riesenanlage. „Boah, ist det jroß hier!" lautet eine der am häufigsten gehörten Charakterisierungen. Neben allerlei mediävistischem Zierrat beeindruckt der mehr denn geräumige Schlosshof. Es war eine sehr gute Idee, hier eine **Burgschänke** zu errichten. Über das Design sollte man lieber nicht streiten. Im Freien allerdings sitzt sichs herrlich bei einem Glas hier gewachsenen Mauerweins namens „Barbakan" – eine echte Besonderheit, im Geschmack so richtig ritterlich.

Weingut Simon-Bürkle
Bunter Löwe
Zwingenberg

Granit!
Einmalig in Deutschland …

Löwenplatz 6
Zwingenberg
06251 75516
www.bunterloewe.de

Kraft und Beschwingtheit, bunter Löwe und Ballerina ein Sekt des Hauses; geneckt von Malven wird er zum Cocktail. Symbole für die Weitgespanntheit im Weingut Simon-Bürkle.

Oktobernachmittag im „Bunten Löwen". Während weniger Stunden wechseln die Lichtspiele vorm Fenster fünfmal das Thema. Kraftvoll pladdert der Bergsträßer Regen. Scheinbar hat er es eilig, die Erde zu erreichen. Den Applaus für sein Rekordtempo spendet er sich selber. Und schon ist er wieder weg, und ohne Übergang glitzt, blitzt, zwinkert die Sonne. Keine müde mitteleuropäische Spätherbstsonne: eine schwungvolle, junge, die Spaß daran hat, harte Schatten zu malen, um Sekunden später dann kopfüber in den nächsten Wolkentrog zu hüpfen.

„Ich bin Jäger, ich bin Winzer, ich weiß, was draußen wächst." Wilfried Bürkle blinzelt hinaus in das jamaikanische Wetterwechselspiel. Und lässt eine pinkfarbene „Ballerina" tanzen. Das ist nun kein hauseigenes Exklusivangebot für Schwerenöter und Lustgreise, sondern ein hauseigener Sekt, in dem Falle aromatisiert mit selbsterzeugtem Malven-Minze-Auszug. „Ich bin ein absoluter Schnüffler; aber meine Tochter ist noch genialer!" Schwer vorstellbar, aber wir haben keinen Anlass, an Bürkles väterlicher Schwärmerei zu zweifeln. Wer weiß, was sich da anbahnt: Schon in den Schulferien absolvierte die hochbegabte Susanne Bürkle Praktika als Sommelière. Inzwischen hat sie ihr Weinwirtschaftsstudium beendet. Am 6. Juli 2008 wurde das Talent mit der Krone der Gebietsweinkönigin geehrt. Ein Auftakt nach Maß, sozusagen! Folgerichtig ward ihr vom Vater ein entsprechend ambitionierter „Susis Blanc de Noir" gewidmet: Saftabzug von kerngesunden Spätburgunder- und Cabernet-Sauvignon-Trauben. Ein Collier von Dior wirkt etwas stumpf dagegen.

Den **Bunten Löwen**, längst eine der ersten Adressen an der nördlichen Bergstraße, führt Wilfried Bürkle

gemeinsam mit seiner Gattin. Hier haben die Weine des Hauses endlich die ihnen angemessene Spielwiese bekommen, um sich an niveaugemäßen Speisen auszutoben. „Wildkräuter? Die wachsen bei uns recheldick im Weinberg. Wir brauchen nicht in die Provence." Saisonal-regional orientiert sind die Löwen-Gerichte, wie sich das heute gehört; statt vorgefertigter Würzmischungen gibt's aus dem Kräuterhang von nebenan. „Es ist ganz einfach und schmeckt klasse. Am Anfang haben mich die Winzer ausgelacht: Der macht doch aus allem Geld ..." Inzwischen fällt die ganze Region im Bunten Löwen ein (jawoll, es gibt ihn wirklich: als Plastik, die das Treppenhaus bewacht), allwo das Credo herrscht: „Die Friteuse in der Küche ist so schlimm wie der Vollernter im Weinberg." Was nicht heißen soll, Wilfried Bürkle sei es vor technischem Fortschritt bange, wofern Sinnvolles vollbracht werden kann: „Flurbereinigung, wenn sie g'scheit gemacht wird, kann Verbesserungen bringen. Ein Weinberg wird erst was wert, wenn man drin schaffe kann!"

In den Steillagen über der tausendjährigen Bergkirche geschieht noch (und wieder) alles von Hand. 1991 haben Bürkle und sein Kumpan Simon das Weingut gegründet – nach gemeinsamen Jahren in Weinsberg. Seit dem Tod des Freundes teilt sich Wilfried Bürkle die Arbeit mit Dagmar Simon. An vielen Stellen ist das Wirken des Mitbegründers deutlich spürbar. „Er war ein abso-

Mitten wir im Löwen sind ...
Meister Bürkle kennt sich aus: von den Tiefen des Gesteins bis in die Höhen der Kulinarik.

luter Top-Kellermeister." Der große „Pan", eine fulminante Cuvée aus Cabernet Sauvignon, Dunkelfelder, Spätburgunder und etwas Regent, entspricht voll und ganz der „Simon-Philosophie". Bedenkt man, dass die Bergstraße noch vor 20 Jahren als reines Weißweingebiet firmierte, rührt dieser Pan tatsächlich an mythische Sphären. „Ich hab schon immer gern Sagen gelesen, auf dem Gymnasium sogar mal einen Preis gekriegt ... Der Pan hat doch immer den Nymphen nachgestellt; ich hab gedacht, das passt zu dem Wein."

Klares Bild.
Der schwungvolle Bogen ist geblieben, durch alle Erscheinungsformen der Simon-Bürkle-Optik hindurch.

Zwar gewann der erste Cabernet Sauvignon von 1999 flugs den Deutschen Rotweinpreis 2002; auch der eine oder andere Chardonnay wird mal im Barrique vergoren und gereift. Doch insgesamt „will ich mich nicht an Bordeaux und Burgund orientieren." Die Eigenart der Zwingenberger Lagen sei es eben, dass die Weine auch im hochwertigen Bereich, selbst bei 13 %, immer noch schlank bleiben. „Unser Potenzial: diese Kleinteiligkeit, diese Feinheiten ... das wollen wir nutzen!" Jüngst wurden zwei Hektar neu angelegt (hören wir gerne!): Riesling, Spätburgunder, Weißburgunder sowie, „einer Neigung des Gutsleiters folgend", Muskateller. „Mit der Pflanzmaschine, in anderthalb Tagen!" Damit wären die Simon-Bürkles auf 14,5 ha angelangt. Für die Bergstraße schon einer der Großen!

Alte Burg (das Herzstück), Schöntal, Steingeröll – die überlieferten Gebrauchsnamen drücken beileibe nicht aus, wo Bürkle hin will. Mit der Einführung der reinen Mineraliker „Granit" und „Diorit", dem großen Bruder, der Maischestandzeiten genießen durfte (Löwenstein, gedenk' ich dein ...), wurden neue Bahnen eingeschlagen. Es sind Rieslinge, „Cuvées" aus eben jenen Weinbergen, wo die Wurzeln die Auflage bereits durchdrungen und sich ins Gestein hineingearbeitet haben. Einmalig in Deutschland: der Granodiorit! Schmelze im Untergrund mit Eiseneinlagerungen – ein nicht ausgebrochener Vulkan.

Die Eruption erfolgt mit ein paar Millionen Jahren Verzögerung – im Glase. Solche Rieslinge hat es noch nie gegeben. Wer die Schiefer-Mosel durch hat: hier wäre ein neues Betätigungsfeld. Bedingt durch das überaus zeitige Frühjahr, den milden Herbst, gestaltet sich die Vegetationsperiode an der Bergstraße eben ausreichend lang, um die Königsrebe voll ausreifen zu lassen.

„Wir merken genau, in welchem Jahr die Reben im Gestein zu wurzeln beginnen." Als junge Weine sind die Granit-Rieslinge rauher, sie erinnern an weißen Weinbergspfirsich. (Eigentlich affig, so was zu schreiben: Wer hätte denn je einen solchen probiert?) Ihr Potenzial ist gigantisch; wir wissen nur noch nicht *wie* gigantisch ... 2007 jedenfalls geriet der Granit zum Volltreffer, ein Top-Star bereits mit 0,5 Jahren beim Zwingenberger Weinfest im Frühjahr drauf: „Da ging's richtig ab. Jede zweite Flasche ein Granit!"

Immer wieder legt das Weingut Simon-Bürkle mit Trockenbeerenauslesen Ehre ein. 2003 wurden 140 Liter gelesen – mit 210° Oechsle. Das Ergebnis? Ein Elixier, um Königskinder zu salben. „Bei mir wird jede Traube reif", lacht Wilfried Bürkle das Lachen der Selbstgewissheit. Ab und zu dringt das südbadische Idiom noch durch, wenn statt des „sche" das eine oder andere „le" angehängt wird. In Bürkles Wiegenort Mahlberg betreibt der Bruder heute noch eine Brennerei nebst Straußwirtschaft. Da und dort wirken die Kenntnisse stetig nach, die sich Wilfried Bürkle einst beim Kaiserstühler Bercher erworben hat. – Wahrscheinlich ging es nur so, nach dem Muster der klassischen Mythen: dass einer von ferne kommt, um das Schwert aus dem Stein zu zoppeln, den im Felsen eingesperrten Geist vermittels Wagemut und Beharrlichkeit endgültig zu erlösen. Und somit eine hessisch-badische Synthese zu schaffen, die für die ganze Bergstraße richtungsweisend geworden ist.

Heert, Ihr Leit ...
Traditioneller „Hepprumer" Ausrufer.

Übergabe.
Am 6.7.2008 wurde Susanne Bürkle von ihrer Vorgängerin zur Weinkönigin der Hessischen Bergstraße gekrönt. Moderiert wird die Heppenheimer Weinmarkt-Veranstaltung von Otto Guthier (s. Route 6).

Weingut und Weinschänke Rebenhof, Bernhard Gärtner GmbH

Zwingenberg

Wir schwimmen schon immer etwas gegen den Strom.

Rieslingstr. 12
Zwingenberg
06251 76368
www.weinschaenke-rebenhof.de

Zu Beginn des Jahrtausends konnte sich der müßige Bergstraßenwanderer zwischen Auerbach und Zwingenberg eines unerwarteten Anblicks erfreuen. Bog er, weit oben im Rebenhang, um eine der vielen Wegwindungen, sah er auf einmal eine mehrere Meter lange Fahne im Himmelsblau flattern. Unmissverständlich machte der Prachtwimpel darauf aufmerksam: Hier, nur hier residiert die Deutsche Weinkönigin; dass das ein für alle Mal klar ist. Petra I. ihr Name, entsprossen der Zwingenberger Familie Gärtner, die den Winzerbetrieb vor 25 Jahren „komplett von Null aufgebaut hat." Was? Wie? Hier hinten, im einst kleinsten deutschen Weinbaugebiet, im purzeligen Zwingenberg: eine echte Deutsche Weinkönigin? Aber sicher. Wer Petra Gärtner erlebt hat, umkurt von Honoratioren, belagert von informationshungriger Journaille, hegte keinerlei Zweifel: Dem deutschen Weinvolk war eine Königin erstanden, die so viel Fachwissen und Selbstbewusstsein mitbrachte, dass sie gar nicht anders konnte als souverän-hoheitsvoll und dabei gewinnend volksnah aufzutreten.

Man konnte es damals kaum glauben:
eine echte deutsche Weinkönigin kommt von der Bergstraße!

„Bei uns in der Familie ist jeder eingebunden", erläutert Vater Bernhard das Erfolgskonzept, welches den Rebenhof zu einer der meistbesuchten Weingaststätten der Bergstraße gemacht hat. „Wir haben nämlich festgestellt, dass der Kunde zum Wein gern isst." Dieser an sich nicht ungewöhnlichen Beobachtung folgten im Weingut Gärtner allerdings ungewöhnliche Taten: Neubau des allein schon im Flächenmaß beeindruckenden Rebenhofs unten im Ried, Einrichtung einer im echten Sinn rustikalen, regional orientierten Gastwirtschaft, Ausrichtung des Weinbaubetriebs auf Freunde des Halbtrockenen bis Lieblichen. Letzteres mag verwundern, entspricht aber den jahrzehntelangen Erfahrungen Bernhard

Gärtners: „Die meisten wollen's doch gar net so furztrocken ..." Damit einher ging der Umstieg auf die blaue Schlegelflasche, verbunden mit individuell für den jeweiligen Wein gestalteten Etiketten – ein mnemotechnischer Trick, der Wiedererkennbarkeit umstandslos gewährleistet.

Sohn Christian, Winzerlehre in Oppenheim, ausgebildet bei anspruchsvollen Betrieben wie dem Staatsweingut Bensheim und den Rheinhessen Gutzler und Keth (zu Letzterem besteht nach wie vor guter kooperativer Kontakt), hat die Zeichen der Zeit erkannt; er plant eine Kochlehre draufzusetzen. Denn das ist es, womit die Gärtners punkten: Sie verkuppeln Weine mit Speisen zu wahren Traumpaaren. Dem in Bergsträßer Fachkreisen nur „Stöffchen" genannten, runden Portugieser stünde eine Liaison mit einem Winzerfrühstück (roher Schinken, Kochkäse, Käse und Salami am Stück mit Brot) wohl an. Der Rotling aus Silvaner und Portugieser lässt sich sicherlich gerne mit dieser urkräftigen Kartoffelsuppe wie aus Großmutters Tagen ein. Mit dem „Schwarzen Peter" hingegen, einem erfolgsverwöhnten Dornfelder, würde sich das Zwiebelhacksteak sicherlich gerne sehen lassen.

Die Halbtrockenen. Christian Gärtner hält die Zügel der Zukunft in der Hand.

Alles, wirklich alles, was Bergstraße und Odenwald kulinarisch ausmacht, findet sich im Rebenhof in allerbester Qualität: hausgemacht und üppig angerichtet. Manch einer reduziert die Mengenzufuhr, indem er bescheiden einfach Kochkäs mit Bratkartoffeln bestellt. Da hat er dann aber was Rechtes; denn beides wird im Umkreis nirgendwo überboten. Freilich kommen auch die puristischen Weinschlecker auf ihre Kosten: Modern cuvetiert ist der „Hennes", ein echtes Königskind, geheißen nach dem Sohne Petras der Ersten. Und dann findet sich unter der Rubrik Riesling eine umwerfende Auslese vom Auerbacher Höllberg. Freilich, halbtrocken auch diese (!), dabei hintergründig, effektvoll und mineralisch: ein Abenteuer mit Erinnerungswert. Wer weiß, ob nicht der Gutzler-Schüler Christian Gärtner künftighin für weitere Entdeckungen in dieser Richtung sorgen wird ...

Wer hat dich so hoch da droben ...
Ein Aufstieg von der Zwingenberger Unter- in die Oberstadt erfordert Kondition und Schwindelfreiheit ...

Feligreno
Zwingenberg / Darmstadt

Patenschaft mit Heidi.

Gerold Hartmann
Seekatzstr. 10
Darmstadt
06151 663122

Waren wir eigentlich bescheuert? Sieht so aus. Ja, wir hätten die drei Feligrenos beinahe nicht mit im Buch gehabt. Schlampig recherchiert, nicht nachgekartet, vernachlässigt. Schande über uns! Dann, in letzter Sekunde, der Tipp von Meister Bürkle. Also doch: Es gibt da welche, die ökologischen Weinbau an der Bergstraße betreiben. Wie machen die das nur? Heißt es doch allüberall, selbiges sei am Grabenbruch zwischen Darmstadt und Wiesloch ganz unmöglich! Wegen heftiger Temperaturen, saftiger Niederschläge, drastischer Hangneigung und so. „Absoluter Kokolores", kommentiert Gerold Hartmann. Sonst klingt es lyrischer, wenn er sich äußert. Doch dann folgt erst einmal ein Einführungsseminar in Struktur und Praxis des ökologischen Weinbaus unter Extrembedingungen gestern und heute:

Keinerlei Mineraldünger wird eingebracht; man vertraut auf die segensreichen Wirkungen von Malflor und Hornspanen. „Mineraldünger reduziert den Wurzelraum" Es geht darum, im Boden die natürlichen Abbauprozesse zu (re-)aktivieren. Dung aus dem Darmstädter Vivarium hat dem Steilsthang in der Alten Burg ins Leben zurückgeholfen. (Nur ausgepichten Spezialisten wird es möglich sein, den Rieslingen und Regenten des Weinguts Feligreno gewisse Kamel- oder Zebra-Noten anzuschmecken.) Hervorzuheben wegen überaus aktiven Einsatzes für Zwingenberger Bio-Wein: die Ziege Heidi, eine echte Darmstädterin. Vielleicht auch ein Thema für Susanne Auslender? Die renommierte Bildhauerin, der Kunstwelt mit eigensinnigen Holzskulpturen auffällig geworden, steckt übrig bleibende Schaffenskräfte in das Feligreno-Projekt. Dritter im Wein-Bund: Jochen „Joss" Radtke; den Flachland-Anteil seines Wirkens verbringt er als Pädagoge in Riedstadt.

Auf die ewige Frage nach dem Kupfer – zugelassenes Schwermetall im Öko-Weinbau, gleichzeitig Standardargument für alle, die den Ansatz gern abwürgen

Susanne Auslender, eine kunstvolle Winzerin.

Mensch, habt Ihr's gut!
Gerold Hartmann und Susanne Auslender haben allerdings auch jede Menge dafür getan.

möchten – antwortet Hartmann gelassen: „Es ist 'ne Mengenfrage. Bei 200 g pro Hektar liegt für uns die Obergrenze. 3 bis 6 Kg sind zugelassen. Man forscht Hände ringend nach Alternativen ..." Problem bislang: Alle anderen schützenden Substanzen werden von den Blättern weggewaschen. Gerold Hartmann hat sich eingelesen in die tiefsten Tiefen alternativer Landwirtschaftswissenschaften. Die Kenntnisse des Biologen und Erwachsenenbildners an der VHS sind wahrlich beeindruckend. Ein Lehrstuhl in Geisenheim sollte ihm ruhig mal angeboten werden. – Als zusätzlichen Fachberater – als ob das nötig wäre – hat man Johann Schnell, Ökowinzer aus Guntersblum, in petto. Der baut die Feligreno-Weine aus. Merke: Alles können die berufstätigen Eltern Auslender, Radtke und Hartmann eben auch nicht auf die Reihe bringen. Und es besteht ja Anlass zur Zufriedenheit: „Man muss den Johann wirklich in den höchsten Tönen loben", sind sich die Seiteneinsteiger(innen) einig.

Beginnen wir noch einmal ganz von unten: Wir wären wirklich bescheuert gewesen. Und Sie wären es auch. Wenn Sie sich das entgehen ließen: Feligreno, eine autonome Kulturintegrationsmaßnahme von hoher Initiativkraft, bietet nämlich Weinbergsführungen an. Bei uns sah das so aus: Abholung vor dem Bunten Löwen, drunten in Zwingenberg. Monorakartige Auffahrt ins Landschaftsschutzgebiet. Atemlose Bewunderung der

Hidden in the vineyard –
Jochen „Joss" Radtke

mindestens 70(0) Meter hohen Granodioritsteinbruchkante mitten im Wald, nahebei: die Brutstätte eines Uhus. Empfindsame Wanderung hinüber in die terrassierten Weinberge, Ausblick auf die Rheinebene mit Donnersberg und Wormser Dom, abermaliger Anstieg in den Feligreno-Weingarten mit hölzernem Tempel in neo-römischem Stil. Da steht ein Tisch drin, keuchend unter der Last von Würsten, Käsen, Wein ... Was wären wir gewesen? Exakt.

Akkompagnierend zu all den Herrlichkeiten, erläutert Gerold Hartmann Bemerkenswertes aus Geschichte und Agrarkultur, erzählt vom „Abreißen der Tag- und Tauwurzeln", von den „Speichelspuren der Krauselmilbe", führt entlang an geheimnisvollen Kräutlein wie der gemeinen Kratzdistel, der Dürrwurz, der Zottel-Wicke. (Allesamt hervorragende Anregungen für weibliche Schimpfwörter! Die solchermaßen Gescholtene könnte kontern mit „gemeiner Natternkopf, stechender Hohlzahn, kleinköpfiger Pippau!") Die lyrischen, literarischen Qualitäten Gerold Hartmanns haben wir ja bereits angedeutet.

In der Tat: Im Öko-Weinberg finden Lesungen, Konzerte, Kulturveranstaltungen aller Art statt – aber auch andernorts organisiert Feligreno, was immer der Hebung von Lebensart und sittlichem Verhalten nützlich sei. In unnachahmlicher Bescheidenheit dekretiert Hartmann: „Dieser Platz war das Zentrum des Reiches! Lorsch, Trebur, Ingelheim ... Schon zur Zeit Karls des Großen muss-

Klar, auch das kriegen sie hin,
die 3 Feligrenos: eine anspruchsvolle Flaschengestaltung.

Gerold Hartmann, erklärter Freund der artenreichen Trockenmauern. Unten eine Granodioritauffaltung mitten im Walde.

te jeder hier vorbei. Und jeder ließ was liegen." – An dieser Stelle das Programm der drei Ein-, nicht Aussteiger, in Kürze: „Erstens guten Wein produzieren, aber erkennbar, dass er hier gewachsen ist." Caput 2: „Dieses Ökosystem nach naturnahen Gesichtspunkten pflegen, die Biodiversität stärken." 3.: „Naturwissenschaftliche Sachverhalte verbinden mit der Kulturgeschichte des Weines, mit Kunst, Literatur, Musik und Ästhetik", unter besonderer Berücksichtigung mythologischer Sachverhalte. Wenn das alles ist ...? Nein, man hat den Eindruck, all dies gelingt ganz hervorragend – und vor allem: auf entspannte, aufrichtende, lebensbejahende Weise.

„Wir haben nach einem Stück Land gesucht, wo die Kinder rumtoben können." Susanne Auslender macht keinen Hehl aus den weinfernen Anfängen. Welch ein Glück, könnte man von heute aus losjubeln, dass es in und um Darmstadt so ein Land-Stück nicht mehr gibt. Denn auf diese Weise war man gezwungen, an die Bergstraße auszuweichen. – Jetzt wollen wir mal nicht so sein und offenbaren das Namensgeheimnis. Feligreno ist zusammengesetzt aus den Vornamen der auslösenden Faktoren, sprich der tobefreudigen Kinder Felix, Gregor und Noemi. Inzwischen werden im Herzen der Alten Burg 1,3 ha Reben traubenfreundlich kultiviert. Wie ein getreues Abbild des elysischen Geländes sprechen der trockene wie der leicht restsüße Riesling zu uns. Sie sprechen in Versen. Diese Weine wollen sich gar nicht vergleichen mit jenen (ebenfalls vom Granodiorit stammenden) des Hauses Simon-Bürkle; sie sind anders, wollen, müssen anders sein. Doch, nicht nur, aber auch hier heroben genossen, im fragilen Holz-Tempel, muss man sie einfach lieben. Ob ihrer Ehrlich- und Erdigkeit, ihrer Wahrhaftigkeit; ihrer innigen Kraft und extraktreichen Mineralik wegen.

Ein wenig skeptisch waren die Feligrenos, als sie sich zögernd zur Anpflanzung eines Roten entschlossen. Der schädlingsresistente Regent, noch furchtbar jung bei der Probe, beeindruckte bereits durch ein breites Spektrum von Fruchtaromen, durch Kompaktheit und Farbintensität. – Salvatore, Weinbergsnachbar, Hausfreund, Träger azzurener Fußbal-Trikots, Bergsträßer Olivenzüchter (zunächst sind 20 Stück pro Saison angestrebt), findet den Regent schlicht unvergleichlich – gefragt nach womöglich ähnlichen Erzeugnissen aus seiner Heimat Italia. „Das sind Museumsweinberge, hier", deutet Gerold Hartmann auf die Terrassenmauern, „genauso vom Aussterben bedroht wie die Schlingnatter", die sich annoch zwischen den Steinen ihres bis zu 1,20 Meter langen, schlingelhaften Daseins erfreut. „Der Berg ist ständig in Bewegung. Die Mauern fallen um." Hoffen wir inständig, dass Fördernmittel locker gemacht werden können, um die Weinbergmauern zu festigen.

Handlauf ins Glück!
Der Feligreno-Weinberghütte ist unbedingt arkadischer Charme zuzusprechen.

Wenn man die Feligrenos so dasitzen sieht, nach vollbrachtem Tagwerk, in ihrem luftigen Weinbergshäuschen, umgeben von menschlichen und anderen lieben Gästen, vertieft in Gespräch und Genuss selbstgebauter Köstlichkeiten, kann man sich des Eindrucks kaum erwehren, dass diese drei vielleicht am präzisesten verstanden haben, was die Bergstraße eigentlich von uns will. Freilich, wer von der Winzerei allein leben muss, legt andere Maßstäbe an. Doch ach so viele, die in grauer Städte Mauern versauern, würden sich doch gar nichts anderes wünschen als das, was in der Zwingenberger Lage Alte Burg realisiert wurde. Es folgt ein weiterer Appell in diesem an Appellen wahrlich nicht armen Weinbuch: Leute, guckt Euch das mal an. Bucht eine Weinbergführung, probiert ein paar Feligreno-Weine. Und dann schaut Euch um – denn allüberall fallen hier die herrlichsten Weinberge brach. Und wenn Ihr genau aufpasst, könnt Ihr sie flüstern hören: Kommt, kommt, bebaut uns, belebt uns! Euer Lohn wird fürstlich sein!

Burgschänke
Historischer und kultureller
Förderverein Schloss Alsbach
Alsbach

Wer Salbei im Garten hat,
kann nicht sterben.

Alsbach
06257 503930
www.schloss-alsbach.de

Ach, wäre das ein schöner Stoff gewesen für Eichendorff, Mörike, Hauff und Konsorten. Das riesenhafte Ritterschloss Alsbach, um 1650 bereits im Verfallsstadium angelangt, wird noch von fünf Personen und einem Esel bewohnt. Auch diese ziehen bald ins Tal. Ein knappes halbes Jahrtausend bewohnter Geschichte geht zu Ende. Die Herren von Bickenbach sind längst abgewandert nach der Klingenberger Clingenburg – woselbst sie alljährlich den Erlös der Alsbacher Fronschaft investieren. Der Erzbischof von Mainz, einst einer der mächtigen Ganerben mit eigenem Wohnhaus in den Mauern, zeigt ebenfalls kein Interesse mehr. Und die Burg erduldet das Schicksal wie so viele ihrer Art: sie wird Steinbruch.

Wahrscheinlich wäre sie längst weg, nur noch bezeugt durch ein paar Vertiefungen im Waldboden ... hie und da ein auffälliger Steinhaufen. Dass es nicht so gekommen ist, dass, im Gegenteil, heute eine überwältigende Gesamtanlage aus dem Vorgebirge wächst, müssen wir mit zwei Daten verbinden, die einen Umschwung erbracht haben. 1863 lässt Großherzog Ludwig II. die verbliebenen Gemäuer sichern. 1997 wird der „Historische und kulturelle Förderverein Schloss Alsbach e.V." gegründet. Dieter Krieger, von Anfang an federführend, versinnbildlicht geradezu die Freude, die ehrenamtliches Engagement mit sich bringen kann. Andererseits verschweigt er auch die Mühen nicht. Allein 50.000 Euro Verwaltungsgebühren mussten bislang aufgebracht werden. Notausgänge, Sicherungsmaßnahmen, Freilegungen ... eine Unzahl freiwilliger Arbeitsstunden rannen in das Großprojekt.

Zu den phantasievollsten Maßnahmen, Geld in die Kasse des Vereins zu locken und gleichzeitig das alte Schloss zu beleben und zu verschönern, gehört die Erfindung des „Barbakan". Das ist ein klassischer Mauerwein, sprich ein paar Stöcke Regent, die im Burginnern gepflanzt wurden. 100 bis 200 Halbliterfläschchen ergibt das pro Jahr, einstens gekeltert vom Zwingenberger Winzer Amann. Heute übernehmen die Gärtners vom Rebenhof diese Aufgabe. Barbakan ... der Name wurde unter 500 Vorschlägen ermittelt; gemeint ist der Eingangsbereich mancher Burgen, ethymologisch ausgerechnet mit Barbeque verwandt. Dieter Krieger erklärt: „Das ist da, wo die heiße Soße über die Angreifer geschüttet wurde." Wohl bekomm's. Den heutigen Roten trinkt man besser kellerkühl bis zimmerwarm. Je nach Jahrgang, kann er recht tiefgründig ausfallen. Jedenfalls ist es ein ganz eigenes Vergnügen, diesen Barbakan zu süffeln, wenn man zwischen Waldesrauschen und hoher Umfriedung vor der **Burgschänke** ausruht. Auch sie ist ein Projekt des Födervereins. Ob man das Ding ein wenig weniger nüchtern-kontrastreich hätte designen kön-

Mit Liebe angelegt wurde der neu entstandene Burggarten. Gehegt und geschützt wächst der Mauerwein Barbakan – wahrscheinlich der höchstgelesene an der Bergstraße.

Nach historischem Vorbild schwirren auch Honigbienen durchs Schloss ... und die Kräutergartenvielfalt wäre allein schon den Besuch wert.

nen, wird immer wieder diskutiert; Hauptsache aber, dass sie da ist, die Burgschänke. Mit Odenwälder Vesper, Kaffee und Kuchen, Apfelwein, Pfungstädter, Krsusovice und Met vom Imker Pit Wagner aus Balkhausen erquickt die Höhengaststätte Ausflügler jeden Alters. Dekorativ und pittoresk lugt ein Bienenstock aus einer Fensternische. „50 kg Honig pro Jahr, mehr nicht", kommen wiederum der Vereinskasse zugute. – Vor allem die Kleinen liegen Dieter Krieger und seinem Verein am Herzen: „Über 40 % der Veranstaltungen sind reine Kinderveranstaltungen. Kostenlose Führungen, sinnreiches Zusammenwirken mit der Zwingenberger Jugendherberge, ungezählte Festivitäten (darunter Mittelaltermärkte, Kinder-Ritter- und Kinder-Kelter-Feste, Mundarttheater, Pfingstmärkte, Open-Air-Kino ...) haben Schloss und Verein über die Regionsgrenzen hinweg bekannt gemacht.

„Wir machen das hier alles ehrenamtlich. Wir bauen Wein an, wir bauen Kräuter an." Gar herzig ist es anzuschauen, wie liebevoll sich Krieger und seine Leute um Rosarium und Schießstand, Blumenrabatten und eben um den Kräutergarten kümmern. Tief hinein in die Geschichte reichen die Kenntnisse des u. a. bereits für Joschka Fischer aktiv gewesenen Heraldikers und hauptberuflichen Ermittlungsbeamten Krieger. Im berühmten Capitulare des großen Karl wurde Kräuteranbau zur Gesundheitsprophylaxe für Ritterburgritter bereits vorgeschrieben. Es hat durchaus etwas Kontemplatives, an Sonnentagen durch den Alsbacher Kräutergarten zu lustwandeln und Kräutlein für Kräutlein zu studieren. Zumal den Salbei sollte man dabei würdigen, seiner konkurrenzlosen Heilwirkung wegen.

150 Mitglieder zählt der Verein derzeit, darunter 10–15 Aktive, die sich mit Haut, Haar und Portemonnaie in die Burg vernarrt haben. Bei all der Jugendarbeit dürfte Dieter Krieger jedweder Nachwuchssorgen enthoben sein. – Abschließend eine weitere Sensation vom Alsbacher Schloss. Kurz vor der Jahrtausendwende fand ein Besucher beim Herumspazieren ein Bronzescheibchen mit römischen Ziffern. Es war nichts anderes als die älteste deutsche Reiseuhr, auch Sonnentaschenuhr, mit niedlichem aufklappbarem Sporn. Man legt sie auf einen Kompass und schon weiß man, was es geschienen hat. „Bis auf eine Viertelstunde geht sie genau. Das liegt an Veränderungen, die mit der Erdachse zu tun haben. Der Vereinsvorsitzende weiß eben auf alles eine Antwort. Und selbstverständlich hat er sich diese Chance nicht entgehen lassen: In der Burgschänke, die auch mit einer Vitrinenausstellung aufwartet, kann man das Ührchen erwerben. In Bronze, Silber, Gold. Ein wundervolles Geschenk, vor allem für Leute, die ständig um Ausreden verlegen sind, warum sie schon wieder eine Viertelstunde zu spät gekommen sind.

Der Mann mit der Reise-Sonnenuhr: Dieter Krieger ist ein Motor für die Nördliche Bergstraße.

Der Nördlichste?
Eigentlich ja. Von den eingetragenen Weinbergen der Bergstraße kommt nach dem Seeheimer Mundklingen nichts mehr.

ZUM WEIN

Rie 07
II

Weinberghof Mundklingen Martin Weiß

Seeheim

Die halte leider all net lang ...

Im Mundklingen 1
Seeheim-Jugenheim
06257 84494

Da wären wir also. Auf dem letzten, nördlichsten Teilstück der Hessischen Bergstraße. Lage Mundklingen, zwischen Seeheim und Frankenstein: ein Morgen (2500 qm) geschickt versteckter Reben. Von der Ebene aus sieht die keiner. Eine Schotterpiste schockelt hinauf. Sehr raffiniert: Außer den Vögeln klaut hier keiner Trauben. Erstere allerdings umso eifriger. Weshalb Martin Weiß die Traubenzone komplett zuhängen muss. Auch in der etwas größeren Lage, oberhalb von Seeheim. „Deswegen können wir so spät lesen. Die Mitte schmeiße merr zu mit Häcksel. Batsch, des war's." Das war's schon?

Noch einmal von vorn. Nördlichstes Teilstück? Keine Superlative, bitte. Nicht mit Martin Weiß. „Ach was, die Eberstädter habbe doch auch was angelegt. Un die in Pungschte (Pfungstadt). Außerdem, Groß-Umstadt, Roßdorf ... des is doch alles viel nördlicher." Nur keine falschen Lorbeeren! Ein gnadenlos ehrlicher Kerl, dieser Martin Weiß, uneitel bis dort hinaus, voller Schalk und Warmherzigkeit. „Ich hab gedacht, mir drinke e Schöppsche, un jetz macht ihr so'n Stress!" Tut uns leid, aber um den selbstgezimmerten Verkostungstunnel artgemäß fürs Foto auszuleuchten, braucht's schon ein bisschen Tamtam. Und das mit dem Schöppsche, da kommen wir auf jeden Fall drauf zurück.

Der Melibokus, Ort für jede Menge Hokuspokus, einmal von Norden gesehen. Vorzeitliche Kulte werden gegenwärtig von Hobby-Hexen rekultiviert.

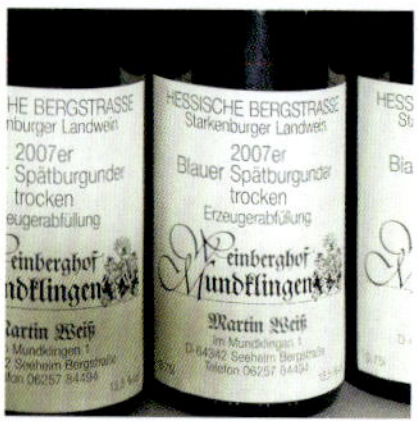

Nicht nur Riesling gewinnt Martin Weiß aus seinen kleinen Lagen. Auch die Kunst des Spätburgunders pflegt er gern.

Zum Glück! Denn sowohl der Seeheimer Mundklingen Riesling Kabinett trocken (2007) „von direkt vor hinnerm Haus" als auch die Riesling Spätlese, ein paar hundert Meter weiter südlich gewachsen, auf dem (ehemaligen) Gewann Brauner Berg, lassen die Rezeptoren auf Hochdruck arbeiten. Da wird was geboten! Stürmische, angriffslustige Burschen sind das, denen man manchen Wunsch erfüllen möchte. Zum Beispiel in größeren Mengen durch unsere Kehle sausen zu dürfen. Hohe Oechslewerte erreichen die Weiß'schen Rieslinge, nicht weniger der „Starkenburger Landwein" Cabernet Dorsa trocken, mit 13,5 % ein ziemlicher Ötzer, überboten nur noch vom muskelstarrenden Cabernet Dorio, der satte 15,5 % Alc. auf die Waage bringt.

„Geht doch noch. Vor zwei Jahrn, da hatt ich einen mit 17 %." Bitte? „Der is abber all. Nee, des is alles so gewachse. Nirgendwo Zucker zugesetzt." Wenn einem das einer erzählte im äußersten Süden der Bergstraße ... aber hier, knapp vorm Rhein-Main-Gebiet! Verwunderlich. „Es wird gärn gelasse, wie's halt wird." Ein schnörkelloser Zugriff. Und ein erfolgreicher; die älteste Flasche im Keller ist gerade mal anderthalb Jahre alt. „Ich bin nicht gelernter Winzer, ich hab 'ne Baumschule." Ein Segen für Seeheim, hat Martin Weiß, der Selfmademan, die Pionierarbeit des Vaters fortgesetzt. Der war der „Wein-Doktor" Siegfried Weiß, u. a. Mitarbeiter beim letzten umfassenden Versuch, die Weine der „Hessischen Bergstraße" in Buchform darzustellen. 1981 hatten Hans Ambrosi und Bernhard Breuer das (längst vergriffene) Werk herausgebracht.

Hilfsbereit, wie er nun einmal ist, übernimmt Martin Weiß die Flächen von Nicole Fichtner (Schwester seiner Ehefrau Marie), bis 2008 Grundlage einer Seeheimer Straußwirtschaft. Von nun an ist Weiß Einzelakteur in Seeheim-Jugenheim. Wir haben keine Bedenken, dass ihn dieser Umstand irgendwie beeinflussen könnte. „Es geht alles durch Flüsterpropaganda weg, ihr braucht gar kei Werbung mache." Haben wir jetzt aber doch. Andererseits wollen wir uns gar nicht einmischen. Die Sache mit dem Wein läuft sowieso in Seeheim, ohne dass einer nachpumpen müsste. Sympathisch-unkonventionell, auf ansprechendem Niveau und völlig unbekümmert um Trubel und Trends.

Marie Weiß
in Aktion:
Die zupackende Art der Winzersgattin bringt Leben ins Weingut.

Zentrum und Peripherie

Darmstadt – Roßdorf – Lämmerspiel – Dietzenbach – Rumpenheim

Viele, die unbelehrt mit dem Auto Darmstadt durcheilen, besser: durchkriechen, werden kopfschüttelnd fragen: Was ist denn hier passiert? Schloss und Herrengarten einmal ausgenommen, erschließen sich seit Kriegszerstörung und radikal funktionalem Neuaufbau Reiz und Bedeutung des ehemaligen Residenzstädtchens vorwiegend von den Rändern her: die Wälder um das Jagdschloss Kranichstein; die Rosen- und Mathildenhöhe des genialischen Großherzogs Ernst-Ludwig von Hessen-Darmstadt und bei Rhein (s. auch Route 8); die Villenvororte bis hinaus nach Ober-Ramstadt und Treysa ... Oder aber jene verschwiegene Stelle unweit von Ludwigsturm und Böllenfalltor, Anbetungsort der „Darmstädter Empfindsamen", der „Gemeinde der Heiligen". Sanfte Revolutionäre gab es auch einmal außerhalb von Cuba. Nämlich bei uns. Klopstock, Herder, der Apotheker Merck (für Darmstadt und den Erdkreis keine ganz unbedeutende Familie) sind dabei; Goethe, noch unberühmt, kommt von Frankfurt herangeweht, zu Fuß durch den Stadtwald, „Halbunsinn" dichtend, stammelnd, grölend. Die Landgräfin Caroline korrespondiert mit dem Kaffeetrinker Voltaire und dem Flötenspieler Friedrich Zwo von Preußen. Sie hält sich einen „Musenhof", Inbild aufgeklärten Fürstentums, dem die Förderung von Kunst, Wissenschaft und Philosophie näher liegt als militärischer Pomp.

Das Soldatenwesen hatte man sozusagen outgesourct. Carolines wunderlicher Gemahl residierte im entlegenen Pirmasens, komponierte täglich bis zu 300 Militärmärsche im Zwei-Finger-Tippsystem (!!), insgesamt laut Goethe-Biograph Richard Friedenthal exakt 52.365 Stück. (Anregung für unsere an originellen Ideen so reichen Kultureventmanager: Organisiert doch mal eine Komplett-Aufführung dieses Wunderwerks, en suite und in historischen Kostümen! Die Leute werden strömen ...) Kontakt hielt der Landgraf zum Stamm-Hof höchstens dann, wenn eine seiner aus Frankreich bezogenen Mätressen neu eingekleidet werden musste. – In Darmstadt

Aan Schritt noch, un isch fall runner! Aus purer Dankbarkeit haben die Darmstädter ihren Ludwig auf die Säule bugsiert.

Der Berserker vorm Schloss. Die Skulptur von Grzymek kann einen wirklich beschäftigen ...

ging es aber auch zärtlich zu, leidenschaftsvoll und jederzeit hingerissen von den neuesten Entdeckungen eines überschnappenden Gefühlslebens. Der Künste hochbegnadete Eleven wandeln Arm in Arm, sie nennen sich Schwester und Bruder, schwärmen für alles Beschwärmbare, flüstern, toben, saufen, rasen – doch vor allem: Sie schreiben Briefe. Allmählich wird der im Rokoko so beliebte Wein-und-Liebe-Lyriker Anakreon als Reverenzautorität durch den vermeintlich wilderen Pindar ersetzt.

Just an besagter Stelle am Weiher beim Ludwigsturm tat Johann Wolfgang Goethe das, was auch die anderen aus diesem Kreise permanent taten: Er weihte einen Felsen. Und zwar weihte er ihn „Psyche", alias Karoline Flachsland, Herders begabter und prekär sensibler Braut. Man hat sicherlich geweint, als er's vortrug. So wie man gern und heftig weinte, jederzeit und zu allen passenden und unpassenden Gelegenheiten.

Felsweihegesang an Psyche

Veilchen bring ich getragen,
Junge Blüten zu dir,
Dass ich dein moosig Haupt
Ringsum bekränze,
Ringsum dich weihe,
Felsen des Tals! ...

Da, wo wir lieben,
Ist Vaterland;
Wo wir genießen,
Ist Hof und Haus ...

Doch verlieren wir unser Thema nicht aus dem Auge: Wein hatte dem Säugling Johann Wolfgang ins Leben geholfen. Nachdem er „für tot" zur Welt gekommen war, wusch man ihm „die Herzgrube" damit aus (Rebsorte und Winzer sind leider nicht überliefert, das wär ein Geschäft heutzutage!). Die Mutter, zur Zeit der Geburt kaum achtzehnjährig, ging als „Frau Aja" in die Frankfurter lokale Nationalliteratur ein. Kaum ein Ereignis, das nicht zur Anekdote geronnen wäre. Wobei wir nicht umhin können festzuhalten, dass – trotz aller rückwärts projizierten Beschaulichkeit – ein Ur-Element Alt-Frankfurter Gemeinschaftslebens die meisten Geschichtchen leitmotivisch durchzieht: die „Uffreeschung". – Nicht anders verhielt sich's an jenem Sommertag – der geadelte Sohn weilte schon lange weit außerhalb der Stadt –, da die der Frankfurter Schultheißen-Familie Textor entstammende Dichtermutter eine sonderbare Einla-

Einhorn vor dem „Pädagog", der Darmstädter Genielehranstalt, die u.a. Büchner und Liebig gesehen hat.

Hat jemand was gesagt? Darmstädter ist lebenswert, oder? Zumal am Schlossplatz, wo im Alten Rathaus prachtvolles Bier gebraut wird.

Der Tag geht über mein Gesicht. Die Nacht, sie tastet leis vorbei. Und Tag und Nacht im Gleichgewicht und Nacht und Tag ein Einerlei. Und ewig kreist die Schattenschrift. Leblang stehst du im blinden Spiel, Bis dich des Spieles Deutung trifft: Die Zeit ist um. Du bist am Ziel.

(Sonnenuhr-Inschrift von Rudolf G. Binding am Hochzeitsturm.)

dung erhielt. Bettina von Arnim hat die Erzählung unter dem Titel „Die Frau Rath erzählt von der Fahrt ins Kirschwäldchen" überliefert. Zwar gelangte die bedeutende Dame weder ins Kirschwäldchen noch nach Darmstadt (Bettina hat die Handlung, warum auch immer, von Wilhelmsbad nach der südhessischen Residenz verlegt); doch die Ereignisse sind einfach zu prägnant und mentalitätsgeschichtlich aufschlussreich, als dass sie hier verschwiegen werden dürften.

Soeben präpariert sich Madame, um gemeinsam mit der guten Frau Bethmann zur Kirschenernte aufzubrechen, da überbringt ihr ein Eilbote eine Einladung zum Tee: von der Königin von Preußen! Sogleich bis in die Haarspitzen uffgereescht, trifft die so hoch Geehrte eilends Anstalten zur Abreise „gen Darmstadt." Gleichzeitig zoppeln und zerren Perückenmacher Heidenblut und Hausmagd Lieschen an ihr herum:

Jetzt sag ich: Bring sie mir die gebratene Taube einmal wieder herein, denn ich verspür über die königliche Geschicht

Löwentor
zur Rosenhöhe
und Latte Macchiato
auf der Mathildenhöhe.

ein schreienden Hunger. Und nun schmeiß sie die Nachthaub von der Bouteille herunter – ich werd aber auch noch meiner Seel den ganzen Stockfisch herunter fressen. Nun schenk sie mir ein Glas Wein ein, ich muss Feuer in den Adern haben!

Mag sein, der Wein ward gar zu hastig hinuntergeschlaucht, indessen, nach sechsspännigem Kutschengeschocker und Überreichung einer Ehrenkette durch die preußische Hoheit überfällt die Frau Rath eine „hundemäßige Müdigkeit". Sie ergeht sich ein wenig im Schlosspark – ob nun zu Wilhelmsbad oder zu Darmstadt – macht sich's unter einer Linde bequem – und ratzt. Erst im Dunkeln wacht Frau Aja wieder auf, peinlich berührt, doch immerhin geschickt genug, sich wieder in die Hofgesellschaft zurückzuschleichen, während sie von Lakaien überall gesucht wird ...

Auch ohne königliche Invitationen lässt sich heutzutage Darmstädter Gastlichkeit aufs Trefflichste genießen. Allem voran in dem preiswürdig restaurierten **Wein-**

Die Bockshaut
ist der einzige Ort,
wo man Darmstädter
Altstadt-Datterich-
stimmung noch
nacherleben kann.

Kurz hinterm Darmstädter Stadtwald erhebt sich der Roßdorfer Rossberg, unter der Fürsorgepflicht des Weinguts Edling. Phantastisch, phantastisch!

haus Bockshaut, bekannt für bestes Essen, ausgesuchte u. a. Bergsträßer Weine und Altstadtatmosphäre als Darmstädter Alleinstellungsmerkmal. Mit dem **Brauhaus Grohe** besitzt Darmstadt ein Lokal, das Institution zu heißen befugt ist. Zu allen Zeiten finden hier die Durstigen unter Gottes Sonne zusammen. Nicht nur das Bier ist großartig eingebraut; auch die gereichten Gerichte schmecken ausgezeichnet. Schon gewusst, dass man einen Blauschimmelkäse auch sauer eingelegt verzehren kann? Schon mal einen pfundigen Limburger in Starkbiersoße probiert? Na also. – Eines der letzten Relikte Darm-

Stundenlang suchen mussten wir den letzten Dietzenbacher Weinberg. Jetzt können wir das bestätigen: Ja, es gibt ihn wirklich!

städter Ebbelweikultur, schimmert der **Bayerische Hof** unter einem Renaissancegiebel des Georgsviertels hervor. Wer an Darmstadt nur vorüberhuscht, hat schon am Bahnhof Gelegenheit, etwas von der einstigen und neuen Glorie zu erhaschen. Im **Fürstenbahnhof** wurde ein Hauptstück des Darmstädter Jugendstils mit einem auch kulinarisch ansprechenden Bar-Konzept popularisiert. Und direkt gegenüber, inzwischen arg bedrängt von einem dieser baumarktartigen Riesenkinos, hält die **Darmstädter Brauerei**, einst Sammelort riskant lebender Nazi-Gegner, noch immer einen Ausschank vor.

Um endlich wieder die Kurve zu kriegen: Ja, es gibt auch Weinbau im Darmstädter Bezirk. Damit sind nun nicht die paar Rebstöcklein am Polizeipräsidium gemeint (Herr, Präsident, Herr Präsident ...), sondern wir sprechen von Spitzenweinbau. Was? Wie? Aber sicher! In Roßdorf hinterm Walde bewirtschaftet die Familie Edling den Roßberg, eine Klasse-Lage in vinologischer wie in landschaftlicher Hinsicht. Dass es sich hierbei um den meistausgezeichneten Winzerbetrieb an der Bergstraße handelt, lässt einen zunächst einmal verwundert die Äuglein reiben. So abgelegen – und so gut? Keine Frage, da mussten wir hin. Um es kurz zu machen: Wir haben das Staunen wiedererlernt. – Im nahen Ober-Ramstadt übrigens hält der **Hessische Hof** das Fähnlein der ambitionierten Regionalität aufrecht. Und das **Naturfreundehaus** im Waldesschatten gehört zumal für Darmstädter Familien, die es aus grauer Städte Mauern drängt, zum unverzichtbaren Erholungsprogramm.

Unerbittliche Wissbegierde trieb uns dazu, ein paar Wein-Blicke in die Ebene zwischen Darmstadt, Offenbach und Frankfurt zu werfen. Denn hinter Darmstadt ist noch lang noch nicht Schluss. Was die Qualitäten anbetrifft, die auf den Dietzenbacher, Lämmerspieler, Rumpenheimer Parzellen erzielt werden, wäre durchaus Unterschiedliches zu vermelden. Doch eines in aller Deutlichkeit: Nicht gleich „Sauerampfer!" brüllen, wenn man die Tröpfchen noch nicht mal probiert hat. Engagement und Findigkeit der Hobby- und Feierabendwinzer sind schon in kulturhistorischer Hinsicht zu loben. Denn allüberall in der Ebene standen einst Rebstöcke, dicht an dicht. Zumindest bis zum Dreißigjährigen Krieg, der bekanntlich nicht nur im Weinbau verheerend gewirkt hat.

Odenwälder Schusterpfanne

Inspiration für die Schusterpfanne: Grohe

Inspiration für die Handkäspfanne: Handkäs mit Musik. Karl-Heinz Stier / Michaele Scherenberg, Eichborn-Verlag

Manchmal, wenn man ins Grohe einfällt, muss sie einfach sein, die Odenwälder Schusterpfanne. Unglaublich leicht nachzubrutzeln, hat sie überdies die Vorteile, dass man a) auf jeden Fall satt wird und b) dass man unglaublich viel Grohe-Bier dazu trinken kann. Wir stopfen ein paar Kartoffelstücke (besser geschälte Pell- als Salz-) in ein gusseisernes Pfännchen, klatschen eine gute Portion Haschee drüber (unsereins präferiert Rinder-, nicht Schweinehack), streuen großzügig Reibkäse drauf und ab in den Ofen. 180 Grad, ca. eine halbe Stunde.

Es geht aber noch wilder. Für die Handkäspfanne braten wir Zwiebelgehäcksel in Butter an, geben Schwartenmagenstreifen und Knoblauch dazu, würzen mit Kümmel, Salz, Pfeffer und heben Schmand unter. Jetzt nur noch Handkäswürfel darauf verteilen und wiederum bei 180° Grad im Ofen bräunen. Wie kommentiert unser Freund Ditze aus Diedesheim das Gericht?

Voll der Obbähammä!

Niebergall, Datterich:
Eine der tiefsten, sinnigsten Bemerkungen der Welt-Trunk-Literatur. (gesehen in der Bockshaut)

Extrem goldig:
die russisch-orthodoxe Kapelle auf der Mathildenhöhe.

Die schönste Tür der Welt?
Wahrscheinlich, sie führt heute ins Allerheiligste der Deutschen Akademie für Sprache und Dichtung.

DER SPAZIERGANG Ohne alle Übertreibung: Darmstadt ist eine der bedeutendsten, lebens- und staunenswertesten menschlichen Ansiedlungen weltweit. Was wir mit folgendem Spaziergang beweisen werden. – Mit dem Stadtbus fahren wir zur Fasanerie, durchschlumpfen den Stadtwald, ohne zum Jagdschloss Kranichstein abzudriften. Sondern entlang merkwürdig mit steinernen Tierköpfen geschmückter Mauern bewegen wir uns auf das **Oberwaldhaus** jenseits der Straße zu. Auf dem Teich wollen wir ein wenig rudern; bestimmt haben wir ein Fläschchen „Assmannsheiser" dabei, denn „merr habbe schon de ganz Daag so en versteckte Dorscht." Richtig geraten: Niebergalls „Datterich" spricht hier zu uns. Der Kahnpartie folgt ein Stückchen Waldspaziergang, bis vor unseren überquellenden Augen eine Fläche auftaucht ohne Maß und Ende: das Oberfeld. Hier gibt es nur eine Lösung: mittendurch! Besonders im Frühjahr, wenn's auf der einen Seite schon grünend hervorsprosst, die andere aber in tiefem Winterbraun schlummert, gerät diese Promenade zu einer Schwindel erregenden Erfahrung ...

So fängt kein anderes Städtchen an: Nach und nach erhebt sich hinter hohen Weiden der Hochzeitsturm der Mathildenhöhe. Der Rosendom wird sichtbar, wo wir uns auf steinernen Bänkchen zur Erholung niederlassen. Vielleicht haben wir zufällig ein Streichquartett in petto, das uns eine Serenade oder eine leichte Gavotte aufspielt, je nach Tageszeit. Nachdem wir Rosen- und Mathildenhöhe offnen Munds bewundert, auch die Genie-Schule „Pädagog" nicht außer Acht gelassen haben, wird es Zeit, der im Bombenkrieg verlorenen Herrlichkeiten zu gedenken. Eine Kirchenruine mit trauernder Figur gehört mit Sicherheit zu den beeindruckendsten Zeugnissen deutscher Erinnerungskultur. Jetzt hilft nur noch ein **Grohe**-Bier in der gleichnamigen Brauerei, bevor wir am ebenfalls Hausgebrautes ausschenkenden **Alten Rathaus** vorbei und durch das komplizierte Schloss hindurch zu Mollers ehem. Staatstheater und in den Herrengarten samt rokokohaftem Prinz-Emil-Garten vordringen. Randvoll von Eindrücken, spazieren wir noch ein wenig im Johannesviertel herum, bekucken die Renaissance-Giebelhäuser des Georgsviertels und bleiben schließlich in der Apfelwein-Gaststätte **Bayerischer Hof** stundenlang sitzen. Um den Tag in aller Gemütsruh Revue passieren zu lassen und einen Kräuterbitter von der Veste Otzberg hinunterzugurgeln, voll des Lobes und der Erkenntnis: So was hat in Deutschland höchstens München zu bieten. Oder Lübeck. Das war's dann aber auch schon.

Künstler-Villen der Mathildenhöhe. Selten hat ein Potentat so großzügig gefördert wie Ernst Ludwig.

Meist ausgezeichnet an der Bergstraße: der abgelegene Roßdorfer Roßberg, beim Weingut Edling in besten Händen.

Bockshaut

Darmstadt

Letztes Kleinod der Originale.

Kirchstraße 7-9
Darmstadt
06151 99670
www.bockshaut.de

Das geht heute wohl gar nicht mehr anders. Wenn sich nicht einer findet, der mit Phantasie und Herzblut die Sache angeht, lässt sich so etwas nicht mehr lebendig erhalten. Wir sprechen vom Gasthaus als historischem Kristallisationspunkt und emotionalem Zentrum einer Stadt. Meist wird die Aufgabe zu groß, wenn die Generationen dahingehen; Investoren schalten sich ein, tradierte Familienstrukturen (die mitunter eine ganz andere Tragfähigkeit haben als zielorientiert konstruierte Netzwerke) lösen sich auf – und das Eigen-Artige, das Geistige, kurz die Aura, geht für immer hopps. – Dass sich das alles ganz anders verhält im Falle der Bockshaut, ist seit 1989 Reiner Heiß zu verdanken, der das Weinhaus in direkter Erbnachfolge führt. Wir können nicht umhin abzukündigen: Der legitime Ausgangspunkt für eine Bergstraßen-Erkundungstour ist am Nordende die Bockshaut. Hier erleben wir leibhaftig die kulturelle Mittelpunktfunktion, welche Darmstadt einst für die Region innehatte ... und vielleicht im Geheimen immer noch ausübt.

Wo, ja wo eigentlich fänden wir sonst noch das alte Darmstadt, das Darmstadt Niebergalls, des Dichters der Biedermeierzeit, in seinem sezierenden Humor irgendwo zwischen Büchner und Heine anzusiedeln, gepriesen nicht zuletzt von Arno Schmitt, Theodor Heuß, Ernst Bloch?: „Oft lesen oder sprechen soll man den Mann, er hält vor ..." Nun, in der Bockshaut gibt es sogar eine Datterichs-Äbbelwoi-Stubb, eine historische Weinstube mit Datterich-Flair, ja so gar ein „Bühnche", wo Peter Dinkel, „eurohessischer Mundwerker" und lokalhumoristischer Statthalter, zu Kabarett- und Vesperbrettabenden einlädt und seine Nachtwächterrundgänge ausklingen lässt. Wirklich und wahrhaftig: In der Bockshaut ist viel, sehr viel übriggeblieben, reinstalliert worden aus der Zeit, da die Spirwese, Bennelbächers und Datterichs beim Karten-Dreschen zusammenhockten. Modell für Ernst Elias Niebergalls dionysisch-diabolischen Egomanen stand

Herberge zur 7. Glückseligkeit: die Bockshaut zu Darmstadt, selbstverständlich mit Weinbauinnenhöfchen.

der real existierende Kanzleigehilfe Friedrich Hauser. Niemand hat ihn auf der Bühne so treffend gegeben wie der große Joseph Offenbach, für viele Darmstädter ein rarer Trost in kargen Nachkriegszeiten.

Im Bockshaut-Ambiente kann man sich gut vorstellen, wie der monomanisch dem Weine verfallene Datterich in eine existentielle Krise gerät: aufgeflogen beim Spielkarten-Betrug, verhöhnt von der gattungsprägenden Schankmagd Lisette. „Misse se rohde Wei trinke, wenn se's net verstehn?" Der naive Junghandwerker Schmidt avanciert zu Datterichs letzter Hoffnung. Endlich hat er ihn rund geschwätzt. Schmidt ordert: „Mamsell, noch e Budell." Und später: „Mamsellsche, e Flasch Rohde!" Eifrig präzisiert Datterich: „Assmannsheiser!" – Ein zwischenzeitlicher Ausflug nach Drahse (Treisa) stürzt Datterich in neue Verzweiflung. Zeitungsleser Dumbach prognostiziert: „In fuffzig Jahr sin mer all Derke (Türken)!" Darauf Datterich: „Der Deiwel, do derfe mer ja kein Wei mehr drinke!" Ein die Fundamente der Bergstraße erschütterndes Schrecknis.

Reiner Heiß weiß nur zu gut um die literaturgeschichtliche Bedeutung der schelmenhaft-abgründigen Datterichfigur. Und dass sie eine Heimat, einen Verehrungsort benötigt. Sonst ist davon in Darmstadt ja so gut wie nichts mehr zu finden; dass es die Bockshaut überhaupt noch (und wieder) gibt, ist im Wesentlichen der Großmutter zu verdanken. Am 11.9.1944 wurde das Hauptgebäude zerstört, am 18.9.1944 bereits wiedereröffnet – im Keller. Unglaublich! Schon 1952 war der atmosphärisch geglückte Wiederaufbau abgeschlossen. „Die Großmutter hat's alleine aufgebaut. Die Männer waren fast alle

Progressiver Traditionalist. Reiner Heiß, gleich bedeutsam für Darmstädter Geschichte wie Genusssucht.

gefallen." – Hausgründer 1580: kein Geringerer als Georg Gottfried Gervinus, der berühmte Göttinger Gelehrte. Zunächst Gerberei (ja, genau, daher der Name), wurde die Bockshaut 1795 zum Weinhaus nobilitiert. Nach und nach kamen die Nachbargebäude hinzu, ein Pfandleihhaus und ein Polizeirevier. Ludwig Habich, der wohl bekannteste Bildhauer des Darmstädter Jugendstils, ward hier geboren.

„Ich lege Wert auf ein geschlossenes Ensemble", gibt sich Heiß den Auftrag zu kulturerhaltender Betriebsplanung sozusagen selbst. Genialisch seine (einzig passende) Wortschöpfung für das Bockshaut-Ensemble: Gastroseum! Die Bockshaut ist das Gegenteil eines Schnellrestaurants. Wer den Weg hierher findet, zwischen Stadtkirche und Altem Rathaus, kann meist gar nicht anders als sich mehr Zeit zu nehmen als geplant. Am besten, man bucht eine persönliche Hausführung; spannender, unterhaltsamer – und leckerer kann kein Museum sein. Selbstverständlich orientiert sich die Küche an regionaler Frische. Bauerngeröstetes, hervorragende Graupensuppe, Tellerfleisch mit Grüner Soße, Heinerpfännchen oder geschmorte Roulade nach Bergsträßer Art ... mehr kann man doch wirklich nicht erwarten! Im Höfchen ward eine Weinlaube eingerichtet, wo man sich in aller Beschaulichkeit – nicht nur, aber auch! – den Bergsträßer Gewächsen widmen kann. Das angeschlossene Hotel, teils noch im unzerstörten Originalbau untergebracht,

Gastroseum.
Wer – mit Grund! – das alte Darmstadt betrauert, findet in der Bockshaut Trost. Und zwar nur in der Bockshaut.

Die Bockshaut ist ein Refugium, keine Frage. Wer hier speist, erlebt viel mehr als wunderbares Essen.

verfügt über 25 Zimmer, deren Einrichtung der historischen Würde des Hauses aufs Gastlichste entspricht. 10 weitere sind in Planung. Keine Panik: Bei Reiner Heiß müssen wir nun wirklich keine Bedenken hegen, dass da grobianisch herumbetoniert werden könnte ...

„Ich wollt immer aus Darmstadt raus, bin immer in Darmstadt geblieben." Mindestens zwei Fortbildungen jährlich gönnt sich der umtriebige Gastronom, „denn man muss die Tradition der Zeit anpassen." Es hat etwas zutiefst Angenehmes, Befriedigendes, sieht man den Mann seiner offensichtlichen Berufung mit umsichtiger Hingabe nachkommen. Die Mutter war früh gestorben; umso staunenswerter, wie es dem Darmstädter Ex-Studenten, der rasch zum Hotelfach überwechseln musste, gelungen ist, die (gleichauf mit dem Bürgermeister) wichtigste Position in der Residenzstadt auszufüllen und neu zu interpretieren. „Ich bin filmgebrieft", erklärt der Kultur-Wirt unaufgeregt. Sämtliche Sender, die etwas auf sich halten, haben in der Bockshaut gedreht. Unvergessen die „Hessen-à-la-carte-Folge" mit Karl-Heinz Stier und Michaele Scherenberg, als der Datterich originalgetreu wiederbelebt wurde. Arrangements gemeinsam mit dem Museum auf der Mathildenhöhe, Mitgliedschaft im Genießerverbund der Region „Dadileo", Teilnahme an Touristik- und Apfelweinmessen ... es wird einem nicht bange, dass da einer den Anschluss verlieren könnte. Wenn irgendwo der berühmte Spagat zwischen Vergangenheit und Zukunft gastrosophisch gelingt, dann hier, in Darmstadt, in der Kirchstraße 7-9. Dazwischen ausgespannt: die Bockshaut, in der Funktion des Gegenwärtigen. Geschmeidig, Zeiten überdauernd. Und überaus reißfest.

Weingut und Weinstube Edling
Roßdorf

Die einzigen in Hessen auf Vulkan.

Kirchgasse 9
Roßdorf
06154 8402
www.weingut-edling.de

Da muss schon etwas Besonderes vor sich gegangen sein, wenn sich zwei Bürgermeister zweier Kommunen (präziser: eine Bürgermeisterin und ein Bürgermeister) zusammensetzen und einen Grundstückstausch vereinbaren – einzig und allein, damit ein in der Diaspora wirkendes Weingut 5.000 Quadratmeterchen neue Anbaufläche bekommt! Etwas Besonderes? Aber gewiss. Dass das Weingut Edling aus Roßdorf bei Darmstadt viermal hintereinander als bestes Weingut an der Bergstraße ausgezeichnet wurde, ist schon unglaublich genug; diese Überraschung wird aber tief in den Schatten gestellt, wenn man sich einmal selbst aufschwingt und Dörfchen samt Weingut besucht. „Wie aus dem Bilderbuch" gehört als Beschreibung eigentlich auf den Index. Hier machen wir eine Ausnahme – so wie Christel Sprössler, Roßdorfer Schultheißin und ihr Ober-Ramstadter Kollege Werner Schuchmann, die zu Nutz und Frommen der vereinigten Weinfreunde aller Länder diese beispielhafte Tauschaktion zuwege gebracht haben!

Roßdorf ... An diesem Namen ist tatsächlich was dran. „Drei Höfe haben zuletzt auf Pferde umgestellt",

Lisa Edling, eine der hoffnungsvollsten Winzerinnen Deutschlands.

weiß Lisa Edling, gepriesene deutsche Weinprinzessin 2003 / 04 und treibende Kraft im Weingut. Vom Roßberg aus sieht man sie weiden, die hübschen Braunen und Rappen und Schecken und Schimmel. Vom Roßberg aus guckt man – mit Verlaub! – der Bergstraße auf den Hintern. Irgendwo da hinten muss sie sein, wo die abwechselnd landwirtschaftlich und forstwirtschaftlich genutzten Hügel zu Bergen sich türmen. – Könnte einem eigentlich egal sein, vom Roßberg aus betrachtet, was da drüben so läuft. Hat man nicht alles beisammen? Einen (für Fußmüde ungeeigneten) Rebhang, wo „wunderbare Löss-Lehm-Schichten über rotliegendem Basalt" ruhen ... Das gibt „Feuchtigkeit ohne Ende", wie Werner Edling, Feinmechaniker, Winzer und Prinzessinnen-Vater, lange Jahre erfahren hat. Seit 1947 halten die Edlings den Roßberg im Alleinbesitz: „Stück um Stück erworben." Eine Hütte steht dort oben – unterm Wald, wie im Württembergischen gang und gäbe, den Boden schützend und das Wasser regulierend. Und in und vor der Hütte finden die legendären Roßdorfer Weinproben statt. Mit Hausmacher und Hartwurst und Schinken vom Lindenhoflädchen des Onkels. Will man da überhaupt noch mal weg?

Lisa Edling ist ein unternehmungslustiger Geist. Zwar antwortet sie auf die hampelige Frage, ob die beiden Kindlein, die sie Aufmerksamkeit fordernd umlagern, nicht bisweilen eine arge Geduldsprobe seien, ein wenig indigniert: „Geduld? Wie? Es gibt doch nix Schöneres, oder?" Andererseits reist sie nach wie vor aufgeweckt in der Weltgeschichte herum. Sogar bis an die Bergstraße, wo sie die Eberstadter Weingärnter nach Kräften betreut oder, weiter südlich, gemeinsam mit den Eltern und dem

Laubarbeiten.
Bitte nicht unterschätzen, wie viel Kenntnis und Fingerspitzengefühl dazugehört. Geschätzte Einarbeitungszeit: zwei bis drei Wochen.

Ehegatten ein Teilstück des Heppenheimer Schlossbergs bebaut. Ihr Gespons, aus dem Starkenburgischen gebürtig, wo es immer 2, 3 Grad wärmer ist als in Roßdorf, brachte die Steillage mit ein in die Familie. Und so etwas Exponiertes lässt man sich als vernünftiges Weingut nun einmal nicht entgehen – was sind da schon 50 Minuten Fahrzeit einfach!

Wilfried Bürkle, Gutsleiter des Bergsträßer Avantgarde-Weinguts Simon-Bürkle (s. Route 10), wusste und weiß, was er an Lisa Edling hatte, die zwei Jahre lang bei ihm gelernt hat. (Unzweifelhaft merkt man auch ihren Weinen die reine Inspirationsquelle dann und wann an ...) Ein weiteres Jahr brachte die in Veitshöchheim ausgebildete Technikerin bei Weegmüllers in der Pfalz zu. „Wir mit unserm Nischenprodukt", wiegelt die gefragte Winzerin humorig ab, „wir müssen uns schon was einfallen lassen. Kunst am Wein, Kunst im Glas!", fasst sie den von ihr lancierten Innovationsschub zusammen. Womit nun überhaupt nicht gemeint ist, Lisa Edling sei Verfechterin künstlicher Aromastoffe im Traubensaft, absolut nicht, denn: Reintönigeres wird man schwerlich finden als etwa den so volltraubigen wie feingliedrigen Gelben Muskateller, dem eine feine, schwebende Säure innewohnt. Nein, unter Kunst „im Glas" versteht sie das Resultat eines intensiven Schaffensprozesses, der mit all seinen Unwägbarkeiten, Auditionen und Epiphanien irgendwo

Passt doch.
Immer mehr landwirtschaftliche Betriebe stellen in Roßdorf auf Rösser um. Genug „Geeschend" zum ausreiten gibt es fürwahr.

zwischen Musik, bildender Kunst und Theologie anzusiedeln ist.

Und was heißt „am Wein?" Nun, da wären etwa die Etiketten, teils gestaltet vom Roßdorfer Holzschnitzer Esteban Fekete. Kunsterfahrungen unterschiedlichster Prägung (das von Adorno et al. verbannte Wort „Kunstgenuss" wagen wir nicht wieder aufzuwärmen) mögen sich all jenen erschließen, die bis zur zart-wuchtigen „Magma"-Cuvée oder gar zum Magma B aus dem Barrique vordringen. Bereits der Liter-Müller aus 2007, erstverkostet vom Verfasser, als er zu Darmstadt auf der Bockshaut lag (s. Route 11), gebärdet sich für eine Basisqualität beinahe unverschämt temperamentvoll. Es ist eine der Grunderfahrungen, die den Pilger die Nähe zu großen Weingütern suchen lässt, wenn schon der vermeintlich Einfachste so etwas wie Einverständnis, Dankbarkeit, gar Rührung zu erwecken vermag. Ja, die Roßdorfer Vulkanweine sind anders. Sie kitzeln mit Säurespitzen, wie wir sie von den Kaiserstühler Nobilitäten zu kennen glauben. Edles aus Edelstahl, das trifft auch auf den Grauburgunder Spätlese trocken wie auf den Heppenheimer Riesling (selbe Klassifikationsstufe) zu.

„Ganz einfach im Handling" findet Lisa Edling den Cabernet Sauvignon. Man muss ihn nur ausdünnen, bis fast nichts mehr da ist („Der Opa dreht sich im Grab rum!") und ein Jahr lang in besten Barriques schmoren lassen. Heraus kommt eine Art Festtagsbraten mit knuspriger Kruste, saftigem Fleisch ... und einer Soße (nun ja, darf man zu so einem Elixier Soße sagen?), die internationale Aufmerksamkeit auf das bescheidene Roßdorf zu lenken geeignet erscheint. Hoffentlich nicht zu viel! Denn auch das gehört zum unerhörten Charme des Weinguts Edling dazu: dass der Boden sichtbar bleibt. Eine einfache **Winzerstube** verpflegt Dorfgemeinschaft und Weinreisende ohne Ansehen der Person. Fleischwurst und Geräucherte stehen immer auf der Karte. „Wir vermarkten alles in der Region", stellt Lisa Edling klar. Das gilt auch für den eindeutig fränkisch orientierten 2007er Frühburgunder (oder orientieren sich die Franken mittlerweile an Roßdorf?), der mit 13 %, deutlicher Tanninstruktur und sortentypischer Aromatik auf dem Höchststand der Gattung eines klarstellt: Bei den Edlings geht es um nichts weniger als um Perfektion. Bei den Edlings in Roßdorf am Roßberg. Da, wo die Pferdchen wiehern.

Lustiges Dörfchen-Etikett, aber ernstzunehmender Cabernet: die Edlings starten auch bei Rot voll durch!

Und noch so ein Roter auf dem Weg nach oben: der exquisite Frühburgunder.

Wein-Blicke in die Ebene

Nein, es war nicht bloße Neugier, nicht der Wunsch, möglichst skurrile Wein-Vorkommen selbstbeweihräuchernd ins Buch zu hieven, war ausschlaggebend, noch ein wenig nördlicher zu forschen als wir übersprünglich geplant hatten. Wo will man denn auch die Grenze ziehen? Freilich, weinrechtlich ist geregelt, dass die Bergstraße im Bereich Starkenburg bei Seeheim endet und die Odenwälder Weininsel dem Bereich Umstadt zugeschlagen wird, wozu übrigens auch das beständig auffälliger werdende Roßdorf (s. o.) gehört. Aber was machen wir nur mit der Gegend zwischen Darmstadt und dem Main? Sollen wir so tun, als wüchsen dort nur Kraut und Rüben? Das nächste in Frage kommende Anbaugebiet wäre der Rheingau. Der passt schon mal gar nicht. Also – eins können wir nachdrücklichst vermelden: Wer hier einmal anfängt zu stöbern, kommt damit kaum zu Ende. Denn hie und da, in waldversteckten Auen, zwischen Streuobstwiese und Kleingartensiedlung, an Zuglinien, auf mit bloßem Auge kaum wahrnehmbaren Hügelchen um Egelsbach, Dietzenbach, Langen (...) wurde und wird (wieder) Wein angebaut.

So geht´s auch. Mini-Weinberglein auf Dietzenbacher Gemarkung.

Zumeist handelt es sich um Weingärtchen, die „nicht im Bereich der weinrechtlichen Abgrenzung" liegen, wie offiziell verlautbart wird. 99 Stöcke pro Person sind zulässig, ohne dass der sonst übliche Verwaltungsaufwand anfiele. (Heißt es.) Angemeldet werden muss allerdings jedes noch so kleine Parzellchen ... Andernorts wurde bereits erwähnt, dass bei Pfungstadt und am Eberstadter Schwimmbad vermehrt Weinbau betrieben wird (Route 10). Die Eberstadter gingen besonders geschickt zu Werke; mit der Roßdorfer Top-Winzerin Lisa Edling gewannen sie eine inzwischen bundesweit geschätzte Expertin. Dergleichen scheint wohl in allen Fällen empfehlens- und nachahmenswert ...

Es gibt noch einen gewichtigen Grund, den Minimal-Weinbau im südlichen Rhein-Main-Gebiet zu berücksichtigen. Denn jene probeweisen Rebpflanzungsbemühungen können in den meisten Fällen als Rückbesinnungen auf teils seit Jahrhunderten abgestorbene Traditionen verstanden werden. Insofern würde es sich, geistesgeschichtlich gesehen, um Gegenbewegungen zu Enthistorisierungsversuchen der Nachkriegszeit handeln. Es spielt eben durchaus eine Rolle, wo ich wohne und was da früher war; manche fasziniert die Ortsgeschichte derart, dass sie zu wahren Privatgelehrten werden. Der Schritt zur praktischen Umsetzung, zur Wiederbelebung – in unserem Falle der lokalen Weinbautraditionen – liegt dann in der Tat nahe. Wie bereits erwähnt, blühte der Weinbau auch in betreffenden Breiten bis zum Dreißigjährigen Krieg in kaum mehr vorstellbarem Maße. Von Seiten der Obrigkeit mussten Verbote erlassen werden, um fruchtbaren Ackerboden vor Rebkultivierung zu schützen. So kam der Weinbau von der Ebene an die Gebirgshänge. „Wo ein Pflug kann gehen, soll kein Rebstock stehen", hieß der entsprechende Kalenderspruch. In manchen Jahren war die Weinwoge so gewaltig, dass man „die Brieh" (umgangssprachlich für „viel Wein") statt Wasser zum Hausbau verwenden musste. Ob die betreffenden Gebäude hernach besser dufteten oder länger hielten, konnten wir auf die Schnelle nicht ermitteln.

T-Erziehung. „T" steht hier auch für Tafelfreuden, denn die Egelsbacher Reben stehen nicht nur für Wein!

Aufmerksame, die zwischen Frankfurt und Darmstadt mit der S-Bahn hin- und hergondeln, werden bei Egelsbach einige Rebzeilen bemerken, die sich's zwischen Schnelltrasse und Schnellstraße gemütlich gemacht ha-

ben. Dieses „Wingertsche“ gehört zu der Versuchsreihe, die das IJR Ingenieurbüro Produkte für den Weinbau in Kooperation mit der Lohnbrennerei Werner angelegt hat. Es handelt sich um immerhin 2.000 Quadratmeter der „normalen T-Erziehung“. Ziel der Bemühungen ist allerdings vor der Hand keine Rekultivierung versunkener Egelsbacher Rebschätze, sondern die Weiterentwicklung des Tafeltraubenanbaus, seit 1998 nicht mehr dem Weinrecht Untertan. 60 Stöcke unterschiedlichster Erziehungssysteme stehen im Garten des Ingenieurbüros. – Wenn wir schon einmal in Egelsbach sind: Für Lokalpatrioten rangiert die Apfelweinkelterei Neumann ganz oben auf der Beliebheitsskala. Durstige Gärtner nutzen auch gern den Service des Bahnhofskiosks und holen sich dort den Urberacher Schobbe im 5-Liter-Kanister.

Unweit der Landstraße nach dem goldigen Dreieichenhain (mit echter Ritterburg!), mahlte die **Merzenmühle** einst vor sich hin. Heute finden wir dort avancierte kulinarische Kombinatorik auf lieblichstem Gelände vor. In der Merzenmühle selbst erleben die verwöhnten Gourmets des Großraums Frankfurt Erstaunliches, Großartiges, Phantasievolles. Dankenswerterweise ward aber auch eine **Scheuer** eingerichtet, eine in dieser Art wohl solitäre Kreuzung aus Ebbelweilokal und Heurigem. Netter als dort hinten am See kann man eigentlich kaum sitzen. Warum empfehlen wir dieses Landgasthaus aber so eindringlich in einem Weinbuch? Nicht nur aufgrund der üppigen Weinkarte, so was haben andere auch.

Da wo die S-Bahn rauscht ... Egelsbach, sonst eher für seine Ebbelwei produzierenden (und konsumierenden) Kleingärten bekannt, macht auch in Trauben.

Kulinarische Attraktion. Die Merzenmühle nahe Langen.

Dietzenbacher Überraschungen: Turmblick an der Wingertsstub und konspirativer Weingarten.

Nein, die Merzenmüller verdingen sich nebenher auch als Weinbauern! Langener Wein ... Hm, noch nie von gehört? „Er wächst auch noch nicht so ganz, wie wir das wollen", heißt es aus dem Mühleninnern. O.K., warten wir halt noch ein paar Jährchen. Aber dann!

Abermals nicht weit entfernt, öffnet sich der Blick auf eine andere Nischen-Rebkultur, wobei ... blöder könnte man's gar nicht ausdrücken. Denn es „öffnet" sich gar nichts. In der Walachei des Dietzenbacher Kleingarten- und Streuobstgeländes hält sich der Weinberg der Familie Kionka ziemlich gut versteckt. Die ihn finden, sind aber ganz überrascht; verwunschene Lage und flächenmäßige Ausdehnung machen das Dietzenbacher Weinberglein zu einem sehr speziellen Forschungserlebnis. – Nahebei hat Benedikt Richter seine **Wingertsstub** mit klasse Fernblick aufgemacht. 32 Weine, auch von

der Bergstraße, gibt es zu verkosten. Der geborene Offenbacher, früherer Wirt der Weinstube „Schäfereck" in der von rigider Assanierung verschonten Rest-Altstadt, bietet eine „Biergarten-Crossover-Kombi" an. „Die ganz Geschicht is so e bissje e Mischkalkulation". Dietzenbacher Wein gibt's auf der Terrasse zwar nicht zu schlürfen; Rauenthaler Steinmächer oder Homburger Kallmuth dürften als Ersatz jedoch ausreichen. – Ganz und gar Wahnwitzige haben nebenan Gelegenheit, ihren sinnlosen Wagemut an einem stählernen Aussichtsturm-Ungetüm zu erproben. Kostenfreier Tipp: rechtzeitig wieder herunterwendeln, denn sonst schließt Turmwächter Richter ab. Und so eine Nacht auf der Plattform – naja, Ansichtssache, wahrhaftig ...

Mit dem Main hätten wir die Nordgrenze unserer Expedition erreicht. Im Offenbacher Dorf-Teil Rumpenheim grünt direktemang neben dem Friedhof ein historischer Weinberg aus der Zeit Karls des Großen. Die Moselwinzer-Familie Gibbert stellt aus den Rumpenheimer Träublein einen veritablen Sekt her. – Drüben, auf der anderen Mainseite, von hier aus also in „Dribbde-

Friedhofssekt wäre eine blöde Bezeichnung für die heimische Spritzigkeit. Familie Gibbert gewinnt auf dem historischen Rebstück in Rumpenheim die Grundweine dazu.

Ihr heiterfreien Ebenen des Mains, ihr reichen, blühenden, wo nahe bald der frohe Strom, des stolzen Vaters Liebling, mit offnem Arm ihn grüßt, den alten Rhein.

(Hördlin, „Der Main“)

bach", auch als Finanz- und Kulturmetropölchen Frankfurt bekannt, dominiert zwar annoch der Ebbelwei; dessen ungeachtet beackern Armin Rupp und Familie erfolgreich den städtischen Weinberg am Lohrberger Hang. Kultgetränk nennt man so was heute; die Frankfurter lieben ihren Lohrberg-Riesling – und das völlig zu recht. – Aber das da drüben gehört eh alles zum Rheingau. Weiter im Offenbacher Hinterland, auf Mühlheimer Gemarkung, „erhebt" sich auf dem Gailenberg ein weiteres Rebgärtchen. Das ist alles ziemlich geheimnisvoll dort drüben. Lämmerspiel heißt das Dorf, dem das Weinvorkommen zugehört. Und Karl-Heinz Stier, einer der bedeutendsten Moderatoren und Reisebegleiter des Hessischen Rundfunks, ist der Promoter.

Nordgrenze. Blick auf das neue Frankfurt aus der Rumpelkammer des Verfassers.

Interessengemeinschaft Lämmerspieler Wein

Lämmerspiel

Das meiste waren mal 300 Liter.

„Ein Lämmerspieler Wein ist immer ein beliebtes Geschenk. Da is'n richtiger Run drauf!" Ingeborg Fischer, die Pressesprecherin der „IG Lämmerspiel", sozusagen, misst der Sache nicht mehr, aber auch nicht weniger Bedeutung bei wie angebracht: „Es soll uns ja Spaß mache. Aber Müh gebbe merr uns auch!" Um etwaigen schnöden Vorausurteilen sogleich präventiv zu begegnen: Wir haben ihn getestet, den Lämmerspieler Weißburgunder von 2007, gewonnen aus gerade einmal 99 Rebstöckchen. Er ist wirklich gut. Keine Widerrede! Durchaus trocken im Charakter, ein wenig kräutrig, eindringlich, eine Ahnung Kastanienhonig, in summa: ein Haustrunk der gehobenen Art.

Privater Weinberg, keine Weine im offenen Verkauf.

„Best'er Stier von Gailenberg" ward das Getränk getauft. (Womit tauft man eigentlich Wein?) Der Name ist natürlich erklärungsbedürftig. „E bissi zweideutig isser ja schon", gibt Ingeborg Fischer zu. Doch die Hintergründe sind (größtenteils) harmloser Natur. Reinholt Best hieß der Hauptfinanzier des Unternehmens Wein in Lämmerspiel. „Ohne den hätte merr gar net anfange brauche ..." Der Stier, das ist der prominente Fürsprecher

Hauptaktionärsversammlung: Vertreter der IG Lämmerspiel vor eigenem Wein-Tal.

Steinheimer fotografiert Steinheim, ein ganz drolliges Städtchen nahe Hanau, wo es auf dem Markt auch Feinstes aus der Edelbrennerei Dirker zu erstehen gibt!

„Und dann hau ich mit dem Hämmerchen den Korken ins Fläschchen": Karl-Heinz Stier, multipel begabter Moderator und Weinfreund.

dieses trinkbaren Stückchens, Schlückchens Heimatkunde. Karl-Heinz Stier, lange Jahre beim HR enorm erfolgreich, mit „Hessen à la carte" zu einer der Identifikationsfiguren der Region geworden, gewitzter Prophet des gastronomischen Regionalisierungstrends, war der Ideengeber der Aktion. Auf Umstädter Gemarkung besitzt Stier einen eigenen Weinberg. Doch nach wie vor setzt sich der Ex-Moderator nach Kräften für das schmale Areal nahe seiner Heimatgemeinde ein. „Probiernse den erst mal, dann reden wir weiter!" Gesagt, getan. Und keiner hat's bereut.

Doch nun – was hat es mit dem Gailenberg auf sich? Absolut nichts Brünftiges. Leider. Eher im Gegenteil. Wie so häufig, unterlag auch der Galgen des Städtchens Steinheim einer gnädig vertuschenden Lautverschiebung. Hier draußen stand er. Und steht er immer noch, zwei finstre Säulen, in Busch und Baum verborgen. Die Mitglieder der Interessengemeinschaft wissen präzise Bescheid: „Der Letzte, den se hingerichtet ham, Ende des 18. Jahrhunderts, des war'n Metzger. Adam Clomann hat er geheiße." Friede seiner Seele. Und ein bescheidenes Hoch auf unsre Zeiten, wo man sich wenigstens hierzulande nur noch verbal und nicht mehr leibhaftig schindet ...

Es ist ein schnakenreicher Vormittag, da wir eine Abordnung der 18 Wein-Interessenten („So vier bis sibbe sin noch debei, wann's ans Schaffe geht ...") im Landschaftsschutzgebiet zwischen Diedesheim, Lämmerspiel und Mühlheim bei bester Stimmung antreffen. Nun, Letzteres ist ein wenig übertrieben, steht doch drei Tage später das über Wohl und Wehe des Kreises Offenbach entscheidende Abstiegsspiel der Kickers an. Eine leichte Nervosität bei einigen Beteiligten lässt sich also gut nachvollziehen. Ingeborg Fischer weiß ein Gegenmittel: die Sieben Eichen, ein geheimer Kultort in Weinbergsnähe, allwo sie in Notzeiten einer Art Fußball-Fürbitte zu obliegen pflegt ... Doch wie eine drohende Vorahnung dröhnen zu Häupten die Düsenmaschinen im Sinkflug, „zwischen 9 und 14 Uhr manchmal alle halbe Minute ein Flieger." Den Preis für den prosperierenden Frankfurter Flughafen (und für all die tollen in den Südseesand gesetzten Fernurlaube) zahlt eben das Umland. Er ist hoch.

Schick gemacht, die Bouteillen aus Lämmerspiel. Und wirklich gut zu trinken, auf Ehre!

Dieter Kaiser, ein Aktivposten der ersten Stunde, schildert den enormen Arbeitsaufwand für die Freizeitwinzer: „Es ist ja normaler Sandboden hier. Viel Humusbereitung ist da notwendig." In Erich Weikerts „Wohnstubb" wurde einst der erste Gailenberger seit Jahrhunderten verkorkt. Es gibt noch Fotos davon, die Karl-Heinz Stier in vollem körperlichem Einsatz zeigen: Mit dem Hämmerchen wuchtet er den zuvor in einer Tupperschüssel eingeweichten Korken in den Flaschenhals.

Fröhlich voran auf der „Schiene Kultur" fahren die Lämmerspieler, die mit dem Gailenberg eine Art lokalhistorischen Wein-Lehr-Garten geschaffen haben. Seit Beginn finden die Rekultivierungsbemühungen „bei der Presse ein großes Echo." Unterlagen aus der Zeit vor dem Dreißigjährigen Krieg beweisen, dass Weinbau im Rhein-Main-Gebiet dem Obstbau voranging. Längst dominieren die Streuobstwiesen im Geviert; doch der zum Schutz gegen Weißburgunder liebende Rehe eingehegte Reb-

Detailliertes Fachwissen gehört zum Hobbyweinbau (beinahe) ebenso dazu wie zum professionellen. Sonst kapituliert man bald vor der Übermacht der Schädlinge.

bestand zieht die Aufmerksamkeit der Spaziergänger in besonderer Weise auf sich. „Im gesamten Stadtgebiet ist der Gailenberg die höchste Erhebung. Ungefähr so hoch wie de Bieberer Bersch. Der hat hunnert Meter", gibt Ingeborg Fischer den zentralen Referenzpunkt der Gegend an. – In dieser Sache noch ein Nachtrag. Scheinbar ist es um die Wirksamkeit von Heiligtümern in Galgennähe nicht immer zum Besten bestellt. Die Offenbacher Kickers jedenfalls haben's in der Saison 2007/2008 leider nicht gepackt. Was aber lehrt uns der Best'e Stier vom Gailenberg? Versunken Geglaubtes kehrt immer wieder – wenn nur die richtigen Leute mit anpacken ...

Was reift auf der Insel?

Groß-Umstadt – Klein-Umstadt – Kleestadt

Mit dem Wein in unseren Breiten verhält sich's wie mit Meeren oder Mooren: Im historischen Geo-Atlas sind sie allesamt auf dem Rückzug. Waren bis zum Dreißigjährigen Krieg noch sämtliche irgendwie bebaubaren Äcker mit Reben bestockt, fielen danach gewaltige Flächen brach – wer weiß, ob es immer die übelsten waren! Andersherum formuliert und somit dem Sprachgebrauch der Umstädter folgend, könnte man sagen, dass die Odenwälder Weininsel inmitten eines Meeres der Weinlosigkeit stehen geblieben ist. Nur auf den ersten Blick verwirrt der Umstand, dass so weit östlich der Berg-

Insel-Palme
im Innenhof der Odenwälder Winzergenossenschaft eG.

Grundlegend: der berühmte römische Traubenstein, ein echtes Wahrzeichen für den Umstädter Weinbau.

straße überhaupt noch Weinbau betrieben wird; schaut man genauer hin, fällt auf, dass ein paar Kilometerchen weiter schon das Anbaugebiet Franken beginnt. Was selbstverständlich nicht ohne Auswirkungen auf die Weine aus den Umstädter Lagen Herrnberg, Stachelberg und Steingerück bleiben kann.

Eine nicht deutlich genug hervorzuhebende Seltenheit hat die Insel vorzuweisen: Rebbau ist an den Südhängen des nördlichen Odenwaldes seit dem 3. Jahrhundert lückenlos belegt. Dergleichen erwartet man doch wohl eher für die Mosel oder den Rheingau, nicht wahr? Nein, durchaus hier ist es gewesen, dass man zu der Zeit, da Probus Kaiser war, einen Traubenstein metzte, welchselbiger praktischerweise vor knapp 100 Jahren wieder ausgebuddelt worden ist. In der Stadtkirche, die sich über einer ehemaligen villa rustica erhebt, hat dieser steinerne Stolz der Gemarkung einen würdigen Platz gefunden. Auch für spätere Epochen sind Zeugnisse überliefert, darunter ein Güterverzeichnis der Abtei Fulda von 985 n. Chr. Sage und schreibe sieben Schlösser beherbergte das Landstädtchen dereinst, worunter das Darmstädter, Kurpfälzer und Wamboldt'sche die wohl prachtvollsten waren – und sind! Da wir schon einmal beim Auflisten bedeutender Daten sind: 1959 wurde die Odenwälder Winzergenossenschaft gegründet. Gegenwärtig liefern immerhin 150 Mitglieder Traubenmaterial von 58 Hektar.

Eine entscheidende Figur zu Zeiten der Umstädter Weinrenaissance in den 1950ern war der Kellermeister Heese, dessen vornehmstes Ziel die Umschulung der Weinbau treibenden Landwirte zu Landwirtschaft trei-

Auf dem Rücken einer villa rustica wurde die Stadtkirche von Groß-Umstadt errichtet.

benden Winzern war. „Sauer Brieh" hieß es nicht selten über den Hiesigen – und dies in manchen Fällen womöglich nicht einmal zu Unrecht. Allzumeist wurde Trauben- nicht anders als Apfelwein behandelt, also doch ein bisschen schofel. Heeses Vorarbeiten zur Gründung der Genossenschaft sind als Aufklärung im besten Sinne zu begreifen. Ein ehrendes Andenken ist dem Mann auf alle Fälle zu bewahren.

Es kann kaum übersehen werden, welch hohe Lebensqualität in und um Groß-Umstadt herrscht, wie gern, geradezu leidenschaftlich gern die Leute hier wohnen. „Ich finde es immer wieder sehr schön hier", erfreut sich Willi Diehl, Chef-Winzer im Weingut **Brücke-Ohl**, Tag für Tag des Privilegs, ein Umstädter zu sein. In der dem Weingut angegliederten **Gastwirtschaft** erkennen wir eines jener nur noch spärlich vorhandenen kulinarischen Refugien von identitätsstiftender Prägung für die

Weinreiche Schauseite: der herrliche Marktplatz.

3 aus 7 – Umstadt, bekannt für seinen überproportionalen Schlösserreichtum.

Kurzes Ratespiel:

a) Wen stellt die rechts abgebildete Figur dar?

....

b) Welche Symbolik verbirgt sich dahinter?

....

c) Welchem Buchstaben gleicht die Bewegung der Statue?

....

Südblick zum Otzberg. Deutschland ein Traumland? Partiell könnte man's fast für möglich halten.

ganze Ortschaft. – Jene berühmten „bösen Zungen" haben früher immer mal behauptet, die gesamte Weinernte des Bereichs Umstadt flösse beim jährlichen Winzerfest komplett durch die Kehlen der Feierlustigen auf dem Marktplatz; bei einer halben Million Litern dürfte dies nicht einmal der geübtesten, durstigsten Trinkfreunde-Schar möglich sein. Was allerdings an der Sache dran ist: Just das genannnte Winzerfest gehört mit Sicherheit zu den unverfälschten, überschäumend fröhlichen Ereignissen im Jahreslauf, noch nicht angekränkelt von Gourmet-Dekadenz und Elite-Gesüffel. Nein, hier geht es noch saftig zur Sache – und die entsprechenden Geschehnisse bieten Gesprächsstoff für die halbe Wintersaison.

Wie das nicht anders sein kann, bietet eine so lebensfrohe Gemeinde auch eine kernige **Straußwirtschaft** auf: Der ehemalige Schullehrer und jetzige Weingutsbesitzer **Emmerich** zeichnet dafür verantwortlich. Heid, Jourdan und Söhne, Collatz sowie das Weingut Rudolf von Krezmar komplettieren das süffige Panorama Groß-Umstadts. Die fabulöse Apfel- und Traubenweingaststätte **Sturmfels** in Klein-Umstadt und – noch ein Stück weiter draußen, im winzigen Kleestadt – das junge Weingut von Heike und Ralf Krupka locken immer mehr Abenteurer aus den Ballungszentren in das gesegnete Ländchen im Bannkreis der Veste Otzberg. Koordiniert, begleitet und beworben wird diese Tausendfältigkeit vom Umstädter Weinbauverein mit seinem Vorsitzenden Huber. – Zwei bis drei weitere Höhepunkte seien erwähnt, zum einen musikalischer, zum anderen verpflegungstechnischer Natur. Im Mühlenlädchen können wir uns mit allen Ortsspezialitäten versorgen, die uns zu Hause über den Abschied von Groß-Umstadt hinwegtrösten. Wer aber ein bisschen länger bleiben darf, sollte sich eine Darbietung des immens populären „Reblaus-Duos" gönnen; vielleicht treten ja auch irgendwo die Bembelsänger auf, eine weitere schwungvoll-humorige Formation, die einen Weinprominenten zu ihren Mitstreitern zählt: Oliver Schröbel, den Geschäftsführer der Winzergenossenschaft.

Wie soeben angedeutet, wird die Grenzregion zwischen Rhein-Main-Gebiet und Odenwald vom Burghügel der Veste Otzberg dominiert. Dort oben gibt's übrigens

Grindkopp

Inspiration: Brücke-Ohl

Zugegeben: Die Hessen lieben bisweilen den herben Aplomb. Anders gesagt: der landestypische Humor tendiert nicht selten zum Grobianischen. Einen veritablen „Grindkopp" zu verspeisen, da bedarf's schon eines in allen Stürmen des Lebens erprobten Gemüts. Freilich handelt sich's dabei nicht um das spezifische Brauchtum einer hierzulande überkommenen Kopfjäger-Kultur; vielmehr kommt man dem Grindkopp am nächsten, wenn man sich einen rundlich geformten Hackbraten vorstellt. Weiterführende Assoziationsketten wollen wir uns bittschön ersparen. – Also folgendermaßen: 750 g Gehacktes mit 3 in Brühe eingeweichten Brötchen, 2 Zwiebeln in Stückchen, 1 Teelöffel Majoran, Kümmel, Salz, Pfeffer vermischen und entweder in der Pfanne unter mehrmaligem Wenden braun braten – oder aber im Backofen bei natürlich 180° Grad ca. 45 Minuten backen. Und immer schön darauf achten, dass die Geschichte eine rundliche Seite erhält, die beim Servieren (mit Zwiwwelsooß!) nach oben „schaut". Wer Schwierigkeiten hat, sich das vorzustellen, besuche das Alte Sachsenhausen und frage sich nach der Gastwirtschaft „Zum Hinnerkopp" durch. Ungefähr wie auf dem Wirtshausschild zu sehen, so der Grindkopp ausschaut.

„O du mein Hessenland!"
Groß-Umstadt, obs rebenreiche.

nicht nur diesen wundertätig-geheimnisvollen Kräuterbitter; eine **Gaststube** und ein Museum bieten weitere Anlässe für den qualvollen Aufstieg (der zur Not auch per Automobil erfolgen kann).

Als Ausgangspunkt für Fernwanderungen ins nach Süden zu immer bergiger werdende Gelände eignet sich der Bergkegel ausgezeichnet; schon wenige Kilometer entfernt, auf Brensbacher Gemarkung, finden wir einen Vorposten orginal Odenwälder Ebbelweiseligkeit: das Gasthaus **Hundertmorgen**, in charakteristischer Unverputztheit unmissverständlich darlegend, wie sich der Ortsgeist am Wesentlichen orientiert: Kochkäs und Ebbelwei. Wenn dann gegen Abend die Gänse zwischen den mampfenden Gästen hindurch Richtung Stall getrieben werden („Jetzt mol korz die Baa eiziehe!"), kommt einem der ganze zivilisatorische Abhub namens Frankfurt, Darmstadt, Offenbach wie eine optische Täuschung vor – oder zumindest wie eine kulturelle Fehlentwicklung. Wozu sich in überfüllte S-Bahnen quetschen, im Dauerstau sein bisschen Erdenleben aushupen, da es doch immer noch viel menschengemäßere Tätigkeiten gibt? Beispielsweise den wackeligen Gänsen hinterhergucken, das Gerippte heben und die sanft gewölbten Höhen mit den Augen abkämmen.

DER SPAZIERGANG Am schönsten ist's zur Zeit der reifen Trauben, wenn wir in Groß-Umstadt am Marktplatz starten, uns einen Weg in die Rebhänge suchen und – eingedenk der römischen Vergangenheit – den Höhenpfad gen Klein-Umstadt einschlagen. Von ganz dort oben blicken wir erhaben ins Rund: zur **Veste Otzberg**, auf die Nordausläufer des Odenwalds, nach Rheinhessen ... und sogar ins Maintal hinüber; von hier aus wirkt die Silhouette der „Freien Reichsstadt Frankfurt" (leider nur bis 1866) unwirklich, harmlos, irgendwie amüsant. Was bleibt jetzt noch zu tun? Richtig. Dem ländlichen Kirchlein von Klein-Umstadt einen Besuch abstatten. Und dann nix wie hinein in den **Sturmfels**, jene traditionelle Dorfschänke, der die noble Aufgabe zufällt, Odenwälder mit Maintäler Ebbelweikultur zur harmonisieren. Selbstverständlich gibt's dortselbst auch Umstädter Wein. Und das nicht zu knapp.

Genau das gibt's beim Sturmfels in Klein-Umstadt. Und das ist lange noch nicht alles.

Veste Otzberg,
Mont St. Michael des
Südhessischen Wattenmeeres.

Odenwälder Winzergenossenschaft eG

Groß-Umstadt

Wir wachsen!

Vergleichbares kennt man vielleicht aus Gourmet-Magazinen. Oder man ist dergleichen auf Weinreisen nach Modena begegnet. Von einem aperitifgeeigneten Balsamico-Essig aus Groß-Umstadt jedoch dürften nur die Wenigsten was gehört haben. 1.000 Liter Riesling Auslese und Spätlese wurden auf ein Viertel einreduziert. Was dabei herauskam, spricht so deutlich für sich, dass man, statt gleich lyrisch zu werden, ruhig ein bisschen jovial an die dunkelgoldene Essenz herangehen kann. „Der leeft wie Altöl ... Erdbeeren mit Balsamico! Da is der wie für gemacht!" Oliver Schröbel, Geschäftsführer der Odenwälder Winzergenossenschaft, ist ein begeisterungsfähiger Mann. Das steckt natürlich an – und so wagt man sich an die erste Essigprobe im eigenen Lebenslauf: Uiuiui! Selbst senflöffelchensweise entbreitet diese unerhört sämige, unerhört erlesene Variante ein furioses Aroma. Zum Salat fast zu schade. Aber nur fast!

Auf diesen heilsamen Schrecken hin bedarf's erst einmal eines pritzeligen Eröffnungsweines wie des Silvaners „Vinum Autmundi". Autmudisstat, das ist der älteste, 766 n. Chr. bezeugte Name für Groß-Umstadt. Recht fränkisch mutet der 2006er halbtrocken von der selben Sorte an; 12 bis 13 g Restzucker steckt der locker weg. „In 10 Kilometern ist Franken", pflichtet Geschäftsführer Oliver Schröbel dem Eindruck bei. Doch sogleich arbeitet der Winzer, Weinbautechniker und Betriebswirt in einer Person, die Ortseigentümlichkeiten heraus, berichtet über „Quarzporphyrverwitterungsböden und Ryolith" und wie sich dies im Weine wiederfinde. 2007 wurde dem DLG-zertifizierten Betrieb der Staatsehrenpreis aus den Händen von Umweltminister Dietzel überreicht – eine zwingend logische Folge zupackenden Qualitätsstrebens.

Riegelgartenweg 1
Groß-Umstadt
06078 2349
www.owg-umstadt.de

vinum autmundi odino ...

Sage noch einer, Latein wäre eine tote Sprache. In Groß-Umstadt bestimmt nicht.

Oliver Schröbel, ein Seeleneinhaucher für die Region. Alles klingt hier ans Besondere an – auch und gerade der Müller-Thurgau.

„Wir haben 150 Mitglieder, die einem ganz schön an den Ohren schrauben, wenn was nicht klappt", umreißt Schröbel sein Stellenprofil, wie es die Basis interpretiert. Gemeinsam mit Kellermeister Jürgen Kronenberger und Ludwig Eidmann, dem 1. Vorsitzenden, hat es Oliver Schröbel vermocht, die Genossen auf einen individuellen Weg nach oben zu bringen. Während sich andere mehr oder weniger gesundschrumpfen müssen, wurde in Groß-Umstadt in den letzten 7 Jahren von 43 auf 50 ha erweitert! Hauptrebsorte nach wie vor: der Riesling, als Kabinett oder Spätlese trocken ein typischer Vertreter des insularen Weinbaus. – Ein seit langem immer wieder ein verblüffendes Erlebnis, welche Helligkeit und Beschwingtheit der Umstädter Müller-Thurgau zu verbreiten imstande ist: zart, floral und frühlingshaft, nicht zu vergleichen mit manchen Verlegenheitslösungen, die der Sorte da und dort immer noch abgezwungen werden. „Bis hoch zur Auslese" wird der gute Müller in seiner Leistungsfähigkeit motiviert. Folgerichtig wurde beim großen Contest am Bodensee ein glänzender 2. Platz eingefahren.

„12,5 PS, aber die schmeckt man ihm nicht an", so kommt der jugendliche Odino, eine rote Cuvée, gern kellerkühl, ins Glas. „Am Barrique vorbeigeschrammt": die Spätburgunder-Selection, ein heißer Tipp für alle, die es sortentypisch lieben. Deutlich länger durfte sich der 2004er im Barrique räkeln; heidelbeerig, mit einem „hint" Mokka, gibt er sich als Charmeur der neuen Schule. Ebenfalls erstaunlich seidig, hintergründig, ohne Neigung zum Aplomb, macht sich der barriquegelagerte Acolon. „Der läuft ganz gut", merkt Oliver Schröbel doppeldeutig an. Um sogleich eines seiner Lieblingspferdchen ins Rennen zu schicken.

„Ausgerechnet Bananen!" so hieß mal ein fetziger Schlager in den 20ern. Für die Umstädter Bembelsänger, denen Schröbel gern und oft seine Gesangsstimme leiht, müsste man den Hit etwas umtexten: ausgerechnet Dornfelder! Jawoll, Dornfelder. „5 Jahre liegt der bei uns im Barrique und auf der Flasche, bis wir ihn verkaufen." Es ist eine ganz persönliche Geschichte, die den temperamentvollen Motivationskünstler und Motorradfahrer mit dieser Kreuzung verbindet: „Meine Familie hat hier den ersten angebaut. Seit 25 Jahren im Programm! Da hat man einen gewissen Erfahrungsvorsprung ..." Das glauben wir natürlich gerne. „Früher sind die Leute Schlange gestanden, wenn der am 1. Dezember in den Verkauf kam. Mittlerweile haben wir 16.000 Flaschen. Jetzt hält er bis Fasching." Ein weiteres, dunkelrotes Kapitel der Umstädter Erfolgsgeschichte also, an der Schröbel passioniert mitschreibt.

Mal nebenbei, so abgelegen, wie manche meinen, ist Umstadt gar nicht. Selbst jene Weisen unter den Wein-Spezies, die ihr abendliches Schicksal in die Hände des ÖPNV legen, bleiben aus dem Reben-Eden der Odenwälder Insulaner nicht ausgeschlossen. Von Darmstadt braust ein Schnellbus heran (und wieder zurück). Und über Hanau zischen die Züge.

Ausgezeichnet wird die Odenwälder Winzergenossenschaft inzwischen habituell. Auch auf höchster Ebene.

Im Probe-Bassin der OWG schwimmt manch Unbekannter obenauf.

Weingut und Weinstube Brücke-Ohl

Groß-Umstadt

In 10 Kilometer is Franke.

Georg-August-Zinn-Str. 23
Groß-Umstadt
06078 2286
weingut-bruecke-ohl.de

Weinstube:
Georg-August-Zinn-Str. 23
Groß-Umstadt
06078 73384

Schon mit seinem Namen betreibt das Weingut Brücke-Ohl aktiven (wenngleich virtuellen) Denkmalschutz. Der verweist nämlich auf die ehemalige Brücke am ehemaligen Stadttor: mehrstöckig, gekrönt von einer doppelten Dachhaube – aber leider nicht mehr vorhanden. Nun lebten seinerzeit gleich mehrere Ohls im schlösserreichen Umstadt. Ward etwa ein Kindlein zum Einkauf geschickt, hieß es mitunter: „Geh zum Brücke-Ohl (wahrscheinlich eher: Brigge-Ohl) un bring en Leib Brot mit. Und wann de schomma dort bist, nimmste glei e Flasch Woi mit." Was lernen wir daraus? Bereits in alten Tagen frönte man beim Ohl, also dem an der Brücke wohnhaften, des Weinbaus in ziehmender Weise. Allerdings gebührte dem Backhandwerk damals noch der Vorrang.

„Ein Weinberg ist eine spannende Sache", befindet Willi Diehl, Sachwalter der hehren Tradition und Gutsleiter moderner Prägung. Diehl betont die Nähe zum östlichen Anbaugebietsnachbarn: „Die Bergstraße schmeckt anders, auch wenn wir dazugehören. Bei uns haben wir mehr den fränkischen Weintyp. Wenn wir keine Hessen wären, wären wir Franken." Als Beweisstück A öffnet er einen Grünen Silvaner trocken ... fränkisch trocken, möchte man anmerken, erdig, doch anschmiegsam, wahrhaft an so manches erinnernd, was schon aus Bocksbeuteln gegluckert ist. „Müller-Thurgau und Silvaner, das sind einfach trinkfreudige Weine. Der Silvaner war hier mal die Grundrebe gewesen." Mit 8,5 ha Rebbesitz ist Brücke-Ohl „der einzige Privatwinzer in Umstadt, der ausschließlich vom Weinbau lebt."

Die zugehörige **Weinstube** wurde verpachtet. An die Familie Deigner. Und das war sicher kein schlechter Gedanke. Denn wenn jemand schon einmal in dem hauptstraßennahen Fachwerkbau gespeist hat, nutzt er mit Sicherheit jede Gelegenheit, und wenn er nur entfernt in der Nähe weilen sollte, um wiederzukehren. –

Vielleicht war das ganze Bergsträßer Weinlesebuch nur ein gewagter Vorwand, um an möglichst unterschiedlichen Orten möglichst viel Kochkäs-Schnitzel verschmausen zu dürfen. Im Brücke-Ohl'schen Wirtshaus jedenfalls haben wir eines der besten bekommen. Legendär ist auch das Odenwälder Geschnetzelte aus mehrerlei Fleisch. Und höchst enormst sind Rohstoffverarbeitung, Speisenauswahl und Weinkarte zu nennen. Fehlt nur noch die Ortsumgehung, dann könnte man noch geruhsamer auf dem Vorplatz schlemmen. „Das gäbe Umstadt noch einen Tick mehr Lebensfreude!" blickt Willi Diehl hoffnungsvoll in unabsehbare Fernen. (Die Ramstädter haben's vorgemacht: seit der Tunnel da ist, hat sich die Verkehrssituation hörbar entspannt!!!)

„Ich achte darauf, dass die Weine sehr fruchtbetont sind." Mit dem 2007er Herrnberg trocken zeigt Diehl, „wie ein Chardonnay schmecken soll." Aber ja! Hätten wir zu Beginn unserer Umstädter Reise bestenfalls pausbäckige Müller-Thurgaus erwartet, überzeugt uns dieser Fremdländer, dass hierorts wohl alles möglich ist. „Riesling und Burgunder, das sind meine Steckenpferde!" Aber auch guter Rotwein, gar keine Frage. Der St. Laurent, „schlank im Auftritt, lang im Nachhall", gehört sicherlich zu den empfehlenswerten. „Ich bin kein Bar-

Volle Auswahl.
In Groß-Umstadt die erste Adresse, wenn es um regionale Klasse-Küche geht: die Weinstube Brücke-Ohl.

rique-Freund", gibt Willi Diehl gerne zu. „Da meinese oft, sie däde im Sägewerk stehe." Mit dem Blauen Spätburgunder 2006 vom Herrnberg (im Holzfass gereift) legt er ein Alternativmodell vor, das man ob seiner Wohlgerundetheit in Erinnerung behält. „Vom Weinkontrolleur hab ich gelernt: Je mehr Alkohol der Rotwein hat, desto wärmer muss er sein. Bis auf 22° Grad erwärmen, das hilft manchmal."

Keinesfalls wollen wir den Brücke-Ohl und seine Gastlichkeit verlassen, ohne die hauseigene **Straußwirtschaft** und die umschwärmten Sekte des Hauses zu erwähnen. Riesling, Spätburgunder und Blanc de Noir vom Schwarzriesling (in der Champagne Pinot Meunier) vermitteln einen Eindruck von der permanenten Lebensfeier, wie sie diesem kaum bekannten Landstädtchen eigentümlich ist. Seit 21 Jahren widmet sich Willi Diehl der ehrenwerten Aufgabe, dem Umstädter Qualitätsweinbau die Ehre zu verschaffen, die ihm gebührt. – Wahrhaftig, da gibt es auch noch einen Sohn, der – zurzeit – in dieselbe Kerbe schlägt. Beim Staatsweingut in Bensheim und beim Rheinhessen Keth ist der junge Mann schon gewesen. Aber Willi Diehl will keine einengenden Prognosen hören: „Freie Berufswahl hat bei uns Familientradition!" Auch das hört sich wieder sympathisch an.

Fest etabliert: der Grauburgunder bei Brücke-Ohl und Brücke-Ohl in Groß-Umstadt

Viel zu erzählen hat Willi Diehl, wenn sein Spezialthema angesprochen wird: Groß-Umstadt und seine Weine.

Weingut Krupka

Groß-Umstadt / Kleestadt

Im Grunde durch Leidenschaft.

Es geht doch. Unbeeindruckt von all dem ohrenfälligen Gejammer und Gepiense, das für Wohlstands-Epochen obligatorisch zu sein scheint, gelingt es immer wieder einigen, das Ruder ganz individuell herumzureißen. Die Krupkas in Kleestadt haben im Kern begriffen, worauf es ankommt, wenn wirtschaftliche Makro-Entwicklungen an ihre Grenzen stoßen: Man muss im Kleinen selber Märkte schaffen, um sie zu bedienen. Ein ökologisch orientiertes Weingut in Kleestadt ... das hört sich nach einem Risikounternehmen an oder – noch eher – nach einem skurrilen Hobby. In den 60ern musste der Anbau auf Kleestadter Gemarkung aufgegeben werden. Auf 2,7 ha Rebland in den Umstädter Lagen Stachelberg, Steingerück und Herrnberg haben sich Heike und Ralf Krupka einen sehr guten Ruf erwinzert – hierin vielleicht vergleichbar mit dem ebenfalls weit abgelegenen Weingut der Edlings zu Roßdorf.

Friedrich-Ebert-Str. 13
Groß-Umstadt-
Kleestadt
06078 913017

Achtsamkeits-training.
Maren Krupka schaut ihrer Mama Heike bei der Arbeit schon über die Schulter.

Es geht also, auch mit gehörigem Abstand zu den Renommierlagen, nicht bloß Kuriositäten, sondern Qualitäten zu produzieren, die aufhorchen lassen. Die Probe aufs Exempel lässt sich mit einem Secco der besonderen Art machen. Von ach so vielen ziemlich öden, läppischen Perlingern, die häufig nur gemacht werden, damit auch etwas Modisches auf die Liste kommt, unterscheidet sich dieser „UmSecco" schon einmal durch zweierlei Grundsätzliches: Das Lesegut war perfekt, und die Verarbeitung hochprofessionell. So muss man's machen: nicht fromm-bescheiden im Selbstversuch herumkarbonisieren, sondern gleich zu den besten gehen. Mit dem UmSecco hat die Sektkellerei Am Turm in Speyer ein weiteres Beispiel für die Top-Standards des Hauses geliefert. Holunderduftig, zitrusaromatisch, anziehend-verspielt wird dieses erquickende Geschöpf nicht nur die Kleestädter überraschen. „Wir probieren's jetzt mal mit unserem ersten Riesling-Sekt." Natürlich wieder Am Turm. Heike Krupka steht die Vorfreude ins Gesicht geschrieben. Man versteht sie.

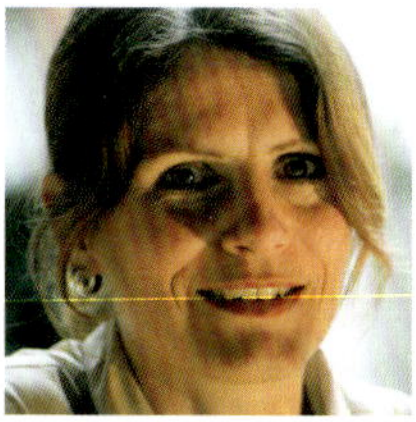

Abenteuer Selbstvermarktung. Heike Krupka wagt den ökologischen Zugang: Kompliment!

„Wir haben noch ein bisschen ein Unkrautproblem, ansonsten klappt der ökologische Ansatz bei uns ganz gut", fasst Heike Krupka die Erfahrungen der letzten 7 Jahre unaufgeregt zusammen. Wohltuend ist diese Natürlichkeit, der Verzicht auf marktschreierische Selbstdarstellung. Gemeinsam mit dem neuen Jahrtausend starteten die Krupkas ins Abenteuer Selbstvermarktung. „Da haben wir uns den ersten Weinberg, die Tanks und die Presse gekauft." Als der erste Wein dann angestellt wurde, „haben wir gleich Gold gewonnen. Da kriegt man

Ein bisschen Museum gibt's auch auf dem Weingut, gern beguckt, wenn die Straußenwirtschaft geöffnet hat.

Mut zum Weitermachen." Also sind Prämierungen doch zu etwas gut! Von der Familie Jourdan konnte ein Rebstück mit Ehrenfelser übernommen werden, einer Sorte, die nie so recht den Durchbruch geschafft hat; mag sein, sie fühlt sich im Privaten wohler. Jedenfalls, der halbtrockene Kabinett vom Steingerück vermittelt auf Anhieb, worum es den Krupkas geht: zartfruchtige Eleganz. In diese Kerbe schlägt – was heißt schlägt: streichelt, kitzelt! – auch die Riesling Spätlese vom Stachelberg. Der Name ist natürlich irreführend. Gepiekst wird hier keiner. Höchstens ein wenig gekiekst von munteren Säurespitzen.

Wie so manche Neubeginner in der Wein-Welt, haben auch Ralf und Heike Krupka eine **Straußwirtschaft** eingerichtet. Das trifft sich besonders gut, da auf diese Weise all die schnuckeligen Vorzüge des Fachwerkhofs genutzt werden können. Bei Flammkuchen, Bratwürstchen und Handkäs lässt sich's die sprunghaft vermehrte Anhängerschar wohl sein. Eine Art Landwirtschaftsmuseum gibt der Sache noch eine kulturhistorische Note. – Von wegen Schnuckeligkeit: Die siebenjährige Tocher Maren („Ich kann schon ganz gut mithelfen im Weinberg!") unterzog zusammen mit Freundin Leonore das „Kraichgauer Weinlesebuch" einer kritischen Prüfung (s. S. 418). Insgesamt schienen sie ganz einverstanden, allerdings wünschten sich die beiden Erklässlerinnen „größere Bilder". Vielen Dank für die Anregung, werden wir beherzigen. Überhaupt, man sollte sich des Öfteren mal inspirieren lassen von den Krupkas und ihren Weinen. Ein Weingut, das Hoffnung macht. Und Mut, das Schicksal endlich in die eigene Hand zu nehmen.

Messlatte.
Wer sich am Riesling versucht, braucht Selbstbewusstsein. Daran scheint's Krupkas wirklich nicht zu mangeln!

Glückliches Kleestadt!
Wer so eine Strauße im Ort hat, kann sich den Weg in die Metropolen sparen.

Alles gesehen?

Dann bleibt nur noch eins zu tun:
hinfahren!

Nachwörtchen

Starkes Thema für einen Fotoband: der Ausgießer in all seinen hübschen Erscheinungsformen ...

Als armes Sünderlein, das im leidlich erhaltenen Regelrahmen abendländischer Leistungsethik sozialisiert ward, hat man ja manchmal so Anwandlungen, sich für geleistete Arbeit entschuldigen zu wollen – dann, wenn sie einem allzu leicht fiel, gar zum Besten gereichte, ach überhaupt: ein Genuss war. Im vorliegenden Falle des Bergsträßer Weinlesebuchs müssten wir das Nachwörtchen eigentlich bis zum Rand mit Entschuldigungen anfüllen. Denn Gastfreiheit und Offenherzigkeit, Temperament und Tempo dieser Landschaft, dieser Leute haben die Recherchen zu einem Triumphzug der Lebensfreude werden lassen. Zudem: Als Frankfurter und Mannheimer mit Niederlassungen in Heidelberg hatten wir sozusagen ein Heimspiel, das wir hoch und zu Null gewannen (zumal partout kein Gegner auf dem Plan erscheinen wollte). Das Buch schrieb und fotografierte sich also fast von alleine; und wenn denn doch einmal ein Hindernis, ein Informationsdefizit aufzutreten drohte, so stiegen, hilfreichen Berg(straßen)geistern gleich, umgehend Förderer und Unterstützer aus dem Erdreich empor, um zu ebnen, zu beheben, zu befeuern. Unter einer Gratifikationskrise, wie man den Mangel an Interesse und Anerkennung heute so herrlich verschroben zu nennen pflegt, leiden wir demnach keineswegs. Wenn es überhaupt einen Grund gibt, für unser Standardwerk einen bescheidenen Obulus zu erheben, dann sind es die Druckkosten. (Und ein bisschen vielleicht auch die Quälereien der Nachbearbeitung ...)

Wie die Erfahrung mit unserem „Kraichgauer Weinlesebuch" gelehrt hat, verbreitet ein derartiges Projekt Frohsinn. Also nicht nur bei uns. Sondern auch bei all jenen Winzern und Köchen, Kellnern und Hoteliers, Tabakerzeugern und Ziegenkäseproduzentinnen, die daran mitgewirkt haben. Die anderen Lebewesen in der Region haben es auch immer wieder gern, wenn ihnen bestätigt wird, wie schön und bevorzugt sie doch leben. Und die

Reisenden in Sachen Wein, Kultur und Landschaft dürfen sich sowieso als Hauptadressaten fühlen.

Stopp. Da hätten wir doch fast jene Menschengruppe vergessen, um die es uns angesichts der hehren Bergsträßer Weintradition vornehmlich zu tun ist: jene hochbegabten, taten- und lebensdurstigen Winzerinnen und Winzer, die sich Herz, Handschuh und Hacke zu fassen getrauen, um für dieses unermessliche kostbare Kulturgut Bergstraße *künftighin* Ehre einzulegen! Ihnen nämlich obliegt es zu entscheiden, wie es zwischen Wiesloch und Darmstadt weinbautechnisch weitergehen soll. In besonderer Weise wird es den Nachrückern, den Bewohnern der Startlöcher zu danken sein, wenn unser ausnehmend sympathisches Bergstraße Weinlesebuch in einem Vierteljahrhundert in 25. Auflage in allen Wohnzimmern und Weinkellern der Republik auf dem Ehrenplatze prangt. Andernfalls würde es im Skurrilitätenkabinett der Deutschen Bibliothek Frankfurt hinter Milchglas vergammeln.

Wir haben allen Grund optimistisch zu sein. Allein schon die Wiederentdeckung und Neuinterpretation des Weines in und um Heidelberg begründet die Hoffnung, der Umschwung habe bereits stattgefunden – zag und empfindlich zwar wie die weißen Anemonen, die sich im frühen Frühjahr am Waldesrand der Bergstraße einzufinden pflegen, doch ebenso deutlich leuchtend und das Gemüt erfreuend. „Gefühl ist alles", sagt Schleiermacher. Mag sein, unsere der Tendenz nach wieder unkritisch leistungsoptimierte Epoche krankt an galoppierender Gefühlsschwindsucht; doch getrost, an der Bergstraße, einem gut 70 km langen Liegestuhl mit Fernsicht, leben bestens ausgebildete Spezialisten, die uns sanft, doch unnachgiebig daran erinnern, wozu wir eigentlich da sind.

Den Magen schließend
und das Buch: Ziegenkäseteller von Stefanie Schott (Route 1).

Der Autor
vor seinem neuen Sommerdomizil. (Gelogen. Es ist nur das Weinheimer Rathaus.)

Geschafft.
Schlapp-Hund an Modeschuhen, gegen Ende des Jahres-Weinfests bei Thomas Seeger.

Literatur

Halten zu Gnaden, aber wenn man sich schon einmal die Mühe gemacht hat, so ein Kompendium zusammenzuhamstern, dann hat man beim Teutates auch das Recht, bei den Literaturtipps mit sich selber anzufangen. Wie bereits da und dort mit Geschick und völlig unverfänglich eingeflochten: Vom Verfasser und Fotograf des **Bergsträßer** stammt auch das **Kraichgauer Weinlesebuch**. Schlau kombiniert liegt der Schluss nahe, dass sich jenes mittlerweile in 2. Auflage ins Rennen gegangene Genussporträt in der hügeligen Weinlandschaft zwischen A 5, A 6, A 8 und A 81 befindet – oder, romantischer ausgedrückt, zwischen Schwarz- und Odenwald, Rhein- und Neckartal. Beide Bücher zusammengenommen widmen sich dem alten Anbaugebiet Kraichgau/Bad. Bergstraße in den Grenzen von 1970 (das Evangeliar des Hl. Stuart (Pigott), **Wein spricht deutsch**, handelt die gewaltsam getrennten Regionen übrigens auch gemeinsam ab).

Indessen wir bezüglich der Weine der Badischen Bergstraße wenig bis gar keine Literatur empfehlen können, hat sich der eine oder die andere am hessischen Teil bereits versucht. Das geologische Fachbuch **Stein und Wein** von **Barnert, Harres und Stein (Umschau Verlag)** gräbt sich von Seeheim bis nach Heppenheim, vom Kambrium bis ins Quartär durch die steinreiche Geschichte des hessischen Südens. Bergsträßer Ausflugsbände hat es immer mal gegeben, meist von Frankfurter Zeitungen initiiert, worin notgedrungen auch ein bisschen Wein Erwähnung fand. Unseren Recherchen zufolge, sind diese Büchlein größtenteils vergriffen, ausgenommen **Alice Selingers** Freizeitführer **Odenwald Bergstraße. Kultur und Genuss** (Peter Meyer Verlag). Ebbelweigeschworene aller Ländern werden sich wahrscheinlich auf den **Odenwälder Apfelweinführer** sowie den **Main Taunus Apfelweinführer** einigen können.

Im Gegensatz zum **Kraichgauer Weinlesebuch**, worauf wir hinsichtlich literarischer Zeugnisse die Ge-

Maren Krupka samt Freundin Leonore beim kritischen Studium des Kraichgauer Weinlesebuchs. Wer solche Rezipientinnen hat, der sollte sich vor nichts mehr fürchten!

schichte des Weinbaus in Süddeutschland betreffend gerne verweisen, können wir uns dieses Mal weitere Fissemanten ersparen. Warum? Weil es einen **Ludwig Fertig** gibt, der uns die Arbeit komplett abgenommen hat. Sein **Deutscher Süden. Dichter an der Bergstraße** beinhaltet sozusagen alles und jeden. Mitten in unseren Recherchen empfahl uns Herr Hamel, Ortsvorsteher des Luftkurorts Bensheim-Auerbach, dieses wundervolle Werk, das, o Schande, nur noch antiquarisch erhältlich ist. Was für uns begeisterte LeserInnen heißt: Druck ausüben! Und zwar auf die **Gesellschaft hessischer Literaturfreunde**, um dass wir Fertigs meisterliche Sammlung schon bald in jedem Bergsträßer Bücherschrank wiederfinden. Wir geben gern zu: trotz jahrzehntelanger Forschung, die uns mit so verschollenen Dichtern wie Hans Schiebelhuth bekannt machte, hätten wir diesem Almanach beim besten Willen nichts Neues hinzuzufügen. Von Goethe bis Balsac, vom Codex Laureshamensis bis zu Erich Kästner ist im „Deutschen Süden" ein jeglicher aufgeführt, der in vergangenen Tagen Lesenswertes zur Bergstraße niedergeschrieben hat.

Hervorheben möchten wir noch einmal **Michael Buselmeiers Werk**, des Heidelberger Dichters, dessen **Literarische Führungen durch Heidelberg (Wunderhorn Verlag)** sowie sein phänomenales **Heidelberg Lesebuch (Insel Taschenbuch)** tiefe Einblicke in die Geisteswelt der prachtvoll-ruinösen Neckarstadt erlauben. „Horen der Freundschaft" hat **Carl Zuckmayer** das Kapitel 1918–1920 seiner Autobiographie **Als wär's ein Stück von mir** überschrieben. Das Buch ist eine Netzwerkschilderung aus der Zeit der Hochkultur, als Heidelberg und die Bergstraße Zentren der Weltliteratur waren. – Wer nun noch tiefer einsteigen möchte, und zwar sowohl in den Odenwald als auch in dichterische Gefilde, greife vertrauensvoll zu **Werner Bergengruen**. Nach unserem Dafürhalten gibt es in deutscher Sprache keine weitere Sagensammlung von vergleichbarem literarischem Wert wie **Das Buch Rodenstein** (s. Route 7). Wer sich von diesem Wurf hat treffen lassen, wird aller Wahrscheinlichkeit mindestens mal eine Nacht in der mysteriösen Ruine nahe Reichelsheim verbringen wollen. Unserer Erfahrung nach ist dergleichen nur in Begleitung einiger Flaschen Bergsträßer zu überstehen. Ein Fläschchen Kirschwasser kann auch nicht schaden.

Adressen von A – Z
(die Seitenzahlen verweisen auf die Hauptnennungen)

A-Z (S. 207) (Restaurant)
Kirchengasse 16
64646 Heppenheim
06252 3916

Adler, Gilbert's Goldener (s. unter „Gilbert's Goldener Adler")

Aff, Blauer
(s. unter „Blauer Aff")

Alte Dorfmühle (S. 316)
(Restaurant)
Bachgasse 71
64625 Bensheim-Auerbach
06251 788496
www.alte-dorfmuehle.de

Alt Hendesse (S.121)
(Restaurant)
Mühltalstr. 4
69121 Heidelberg
06221 480517

Andres, Jöste
(s. „Jöste Andres")

Anker, Goldener
(s. „Goldener Anker")

Atrium (s. „Wein Atrium")

Auerbacher Schloss
(s. „Schloss Auerbach")

Bach (S. 173)
(Tabakanbau)
Hirschländerweg 4
68542 Heddesheim-Straßenheim

Bärsbacher Hofschenke
(S. 227) (Apfelweinlokal)
Hilsenhainer Str. 12
69253 Heiligkreuzsteinach-Bärsbach
06220 8673

Bartsch (S. 147) (Weingut und Weinhaus)
Schillerstr. 9-11
69198 Schriesheim
06203 694414
www.weinhaus-bartsch.de

Baum, Grüner
(s. „Grüner Baum")

Bergstraße, Winzergenossenschaft (s. „Winzergenossenschaft Bergstraße")

Bergsträßer Winzer eG
(S. 212) (Winzergenossenschaft)
Darmstädter Str. 56
64646 Heppenheim
06252 79940
www.bergstraesser
winzer.de
www.erlebnispfadwein
undstein.de

Bielig (S. 138)
(Weingut)
Aussiedlerhof 5 a
69198 Schriesheim
06203 925198

Bierhelderhof (S. 41)
(Gasthaus)
Bierhelderhof 1
69117 Heidelberg
06221 22827
www.bierhelderhof.de

Bierkeller (S. 266)
(Restaurant)
Grieselstr. 50
64652 Bensheim
06251 67364
www.bierkeller-bensheim.de

Blauer Aff (S. 313)
(Gaststätte)
Kappengasse 2
64625 Bensheim-Auerbach
06251 72958
www.blauer-aff.de

Bockshaut (S. 377)
(Restaurant)
Kirchstraße 7-9
64283 Darmstadt
06151 99670
www.bockshaut.de

Brot- und Backkultur
GmbH (S. 264)
(Bäckerei)
Gerbergasse 11
64625 Bensheim
06251 939166

Brücke-Ohl (S. 408)
(Weingut)
Georg-August-Zinn-Str. 23
64823 Groß-Umstadt
06078 2286
www.weingut-bruecke-ohl.de

Brücke-Ohl (S. 408)
(Restaurant)
Georg-August-Zinn-Str. 23
64823 Groß-Umstadt
06078 73384

Bunter Löwe (S. 342)
(Restaurant und
Weinbistro)
Weingut Simon-Bürkle
Löwenplatz 6
64673 Zwingenberg
06251 75516
www.bunterloewe.de

Burgruine Windeck
(S. 184)
(Restaurant)
Alter Burgweg
69469 Weinheim
06201 12481
www.rohewo.de

Burgschänke in der
Starkenburg (S. 207)
(Gaststätte)
Starkenburgweg 51
64646 Heppenheim
06252 78142
www.burgschaenke-starkenburg.de

Burgschänke Schloss
Alsbach (S. 354)
(Gaststätte)
64665 Alsbach
06257 503930
www.schloss-alsbach.de

Café Burkhardt (S. 93)
(Café)
Untere Str. 27
69117 Heidelberg
06221 166620

Clauer (S. 95)
(Weingut)
Dormenackerhof
69126 Heidelberg
06221 382439
www.weingutclauer.de

Dachsbuckel (S. 105)
(Weingut)
Winzerhof-Dachsbuckel
69126 Heidelberg
06221 381931
www.heidelberger-dachsbuckel.de

Dingeldey, Elke (S. 240)
(Weinbau und
Straußwirtschaft)
Märkerwaldstr. 124
64625 Bensheim-Gronau
06251 69246

Dingeldey, Volker
(S. 236) (Weingut)
Hintergasse 28
64625 Bensheim-Gronau
06251 39816

Dorfmühle, Alte
(s. „Alte Dorfmühle")

Dornröschen (S. 232)
(Gasthaus)
Annelsbacher Tal 43
64739 Höchst/
Annelsbach
06163 2484

Dossema Weinhof
(S. 128) (Besenwirtschaft)
Rathausstr. 45
69221 Dossenheim
06221 7257617
www.dossema-weinhof.de

Edling (S. 381) (Weingut
und Weinschänke)
Kirchgasse 9
64380 Roßdorf
06154 8402
www.weingut-edling.de

Emmerich (S. 398)
(Weingut und Strauß-wirtschaft)
Entengasse 6
64823 Groß-Umstadt
06078 2832

Engel, Goldener
(s. „Goldener Engel")

Fehser (S. 85)
(Weinhaus)
Friedrich-Ebert-Anlage 26
69117 Heidelberg
06221 22911
www.fehser.de

Feligreno (S. 349)
(Weingut)
Gerold Hartmann
Seekatzstr. 10
64285 Darmstadt
06151 663122

Freiberger (S. 215)
(Weingut)
Hermannstr. 16 /
Lehrstr. 15
64646 Heppenheim
06252 2457

Freiheit, Zur
(s. „Zur Freiheit")

Freudenberg (S. 191)
(Weingut)
(ohne Adressenangabe)

Gasthaus zur Rose
(S. 163)
(Restaurant)
Großsachsener Str. 20
69469 Weinheim-
Oberflockenbach
06201 29550
www.zur-rose.de

Gehrig / Zum Hirsch
(S. 219) (Weingut und
Restaurant)
Siegfriedstr. 8
64646 Heppenheim
06252 77101

Gibbert (S. 389)
(Weingut)
Am Pfortengraben 3
63075 Offenbach-
Rumpenheim
069 868784

Gilbert's Goldener
Adler (S. 121)
(Restaurant)
Handschuhsheimer
Landstr. 96
69121 Heidelberg
06221 413888

Götzinger (S. 243)
(Weingut und
Weinschänke)
Gronauer Str. 152
64625 Bensheim-Zell
06251 68714

Goldener Anker (S. 94)
(Gaststätte)
Untere Neckarstr. 52
69117 Heidelberg
06221 167444
www.goldener-
anker.de

Goldener Engel (S. 36)
(Restaurant)
Großer Markt 2
64646 Heppenheim
06252 2563
www.goldener-engel-
heppenheim.de

Goldener Hirsch
(S. 150) (Restaurant)
Heidelberger Str. 3
69198 Schriesheim
06203 692437
www.goldenerhirsch-
schriesheim.de

Grüner Baum (S. 184)
(Apfelweingaststätte)
Talstr. 27
69488 Birkenau-
Buchklingen
06201 21153

Hahnmühle (S. 266)
(Weinhaus und
Restaurant)
Friedhofstr. 92
64625 Bensheim
06251 2748

Heiß (S. 227) (Gasthaus)
Im Grund 4
69253 Heiligkreuzstein-
ach-Lampenhain
06220 8611

Hambacher Weinstube
(S. 121) (Restaurant)
Hauptstr. 49
69221 Dossenheim
06221 8740048
www.hambacher-
weinstube.de

Hendesse, Alt
(s. „Alt Hendesse")

Henkel's (S. 58)
(Weinstube)
Sinsheimer Str. 68
69226 Nußloch
06224 12442

Herrenhaus (S. 320)
(Parkhotel)
Im Staatspark
Fürstenlager
64625 Bensheim-
Auerbach
06251 70900
www.parkhotel-
herrenhaus.de

Hessische Staats-
weingüter Domäne
Bergstraße
(S. 268) (Weingut)
Grieselstr. 34-36
64625 Bensheim
06251 3107
www.weingut-kloster-
eberbach.de

Hirsch, Goldener
(s. „Goldener Hirsch")

Kulturbrauerei (S. 93)
(Restaurant)
Leyergasse 6
69117 Heidelberg
06221 502980
www.heidelberger-kulturbrauerei.de

Kurmainzer Amtshof, Winzerkeller (s. „Winzerkeller im Kurmainzer Amtshof")

Lamm Heidelberg (S. 85)
(Restaurant, Hotel)
Pfarrgasse 3
69121 Heidelberg
06221 47930
www.lamm-heidelberg.de
(Restaurant)

Linde (S. 94) (Restaurant)
Bierhelderweg 2
69126 Heidelberg-Rohrbach
06221 307800
www.die-linde.com

Lindenhof-Lädchen (S. 282)
(Hofladen)
Erbacher Str. 75
64380 Roßdorf
06154 695312

Löwe, Bunter
(s. „Bunter Löwe")

Löwe, Zum (s. „Zum Löwen")

Majer's Weinscheuer
(S. 143) (Weinbau)
Bismarckstr. 40
69198 Schriesheim
06203 61240
www.majer-weingut.de

Merzenmühle/Scheuer
(S. 387) (Restaurant)
Außerhalb 12
63225 Langen
06103 53533

Mohr (S. 282) (Weingut und Gutsschänke)
Grieselstr. 51-59
64625 Bensheim
06251 2299
www.mohr-weingut.de

Mühle, Zur
(s. „Zur Mühle")

Mümlingstube (S. 232)
(Restaurant)
Hauptstr. 16
64711 Erbach
06062 3379
www.muemlingstube.de

Mundklingen (s. „Weinberghof Mundklingen")

Neumann (S. 387)
(Apfelweinkelterei)
Im Geisbaum 9
63329 Egelsbach
06103 43030

Nußlocher Ziegenhof
(S. 61)
(Ziegenprodukte)
Ziegenkäsehof
69226 Nußloch
06224 75423
www.ziegenkaesehof-nussloch.de

Ochsen, Zum Roten
(s. „Zum Roten Ochsen")

Ochsen, Zum schwarzen
(s. „Zum schwarzen Ochsen")

Odenwald, Zum
(s. „Zum Odenwald")

Odenwälder Winzergenossenschaft eG
(S. 405) (Weingut)
Riegelgartenweg 1
64823 Groß-Umstadt
06078 2349
www.owg-umstadt.de

Otzberg, Veste
(s. „Veste Otzberg")

Parkhotel Herrenhaus
(s. „Herrenhaus")

Poststuben (S. 299)
(Restaurant)
Schlossstr. 28-30
64625 Bensheim-Auerbach
06251 59620
www.poststuben.de

Puppel, Weinhaus
(s. „Weinhaus Puppel")

Raffl (S. 186)
(Weingut)
Südtiroler Töggelestube
(Straußwirtschaft)
Unterer Viehweg 2
69469 Weinheim-Hohensachsen
06201 52384
www.raffl-toerggelestube.de

Rebenhof (S. 346) (Weingut und Weinschänke)
Rieslingstr. 12
64673 Zwingenberg
06251 76368
www.weinschaenke-rebenhof.de

Rebstock, Zum
(s. „Zum Rebstock")

Rettig (S. 318) (Metzgerei)
Siegfriedstr. 43
64668 Rimbach-Mitlechtern
06253 7685
www.metzgerei-rettig.de

Ritter (S. 82) (Romantik-Hotel und Restaurant)
Hauptstr. 178
69117 Heidelberg
06221 1350
www.ritter-heidelberg.de

Rose, Gasthaus zur
(s. Gasthaus zur Rose)

Roten Ochsen, Zum
(s. „Zum Roten Ochsen")

Rothweiler (S. 308)
(Weingut)
Neuer Weg 21
64625 Bensheim-Auerbach
06251 76569
www.weingut-rothweiler.de

Rupp (S. 390)
(Städtisches Weingut)
Limpurgergasse 2
60311 Frankfurt am Main
069 21233680

Sackpfeife (S. 182)
(Restaurant)
Kirchenstr. 45
68526 Ladenburg
06203 3145
www.zursackpfeife.de

Schäfer (S. 228)
(Landgasthaus)
Am Pfalzbach 59
64646 Heppenheim-Scheuerberg
06253 4430

Schloss Alsbach, Burgschänke (s. „Burgschänke Schloss Alsbach")

Schloss Auerbach (S. 299)
Außerhalb 2
64625 Bensheim-Auerbach
06251 72923
www.schloss-auerbach.de

Schloss, Hutter im
(s. „Hutter im Schloss")

Schmidt (S. 153) (Weinbau)
Im Steg 22
68526 Ladenburg
06203 14086

Schriesheim, Winzergenossenschaft (s. „Winzergenossenschaft Schriesheim")

Schröder (S. 170)
(Weingut und Obsthof)
Muckensturm 28
68542 Heddesheim-Muckensturm
06201 16766
www.weingut-schroeder.de

Schützenhof (S.232)
(Landgasthof)
Kriemhildstr. 73
64385 Reichelsheim / Gumpen
06164 2260

Schwanen / Johanns-Stube
(S. 232) (Restaurant)
Rathausplatz 2
64385 Reichelsheim
06164 2226

Schwarzer Ochse, Zum (s. „Zum schwarzen Ochsen")

Seeger (S. 67)
(Weingut)
Rohrbacher Str. 101
69181 Leimen
06224 72178
www.seegerweingut.de
(Vinothek)

Seidenbacher Eck, Zum (s. „Zum Seidenbacher Eck")

Seitz (S. 305) (Weingut)
Weidgasse 8
64625 Bensheim-Auerbach
06251 75825

Simon-Bürkle (S. 342)
(Weingut)
Wiesenpromenade 13
64673 Zwingenberg
06251 76446
www.simon-buerkle.de

Spies (S. 108) (Weinbau)
(ohne Adressenangabe, zu beziehen über Fehser bzw. Wein Atrium)

Staatsweingüter, Hessische (s. „Hessische Staatsweingüter")

Stadt Bensheim, Weingut (s. „Weingut der Stadt Bensheim")

Starkenburg, Burgschänke (s. „Burgschänke in der Starkenburg")

Steidl (S.162)
(Metzgerei)
Sommergasse 89
69469 Weinheim-Lützelsachsen
06201 873777

Steinmüller-Amann
(S. 301) (Weingut)
Bachgasse 73
64625 Bensheim-Auerbach
06251 787697

Strahlenberger Hof
(S. 119) (Gasthaus)
Kirchstr. 2
69168 Schriesheim
06203 63076
www.strahlenbergerhof.de

Straße, Hohe
(s. „Hohe Straße")

Sturmfels (S. 401)
(Apfelweinlokal)
Bahnhofstr. 21
64823 Groß-Umstadt
06078 5665

Tabakanbau Bach
(s. „Bach, Tabakanbau")

Teutsch (S. 164)
(Weingut)
Burgweg 50
69493 Hirschberg-Leutershausen
06201 51451

Traube (S. 94)
(Restaurant)
Rathausstr. 75
69126 Heidelberg-Rohrbach
06221 373792
www.weinrestaurant-traube.de

Trögglestube (s. „Raffl")

Veste Otzberg
Burgschänke (S. 401)
(Gasthaus)
Burgweg 28
64853 Otzberg
06162 72274

Walderdorffer Hof
(S. 287) (Restaurant)
Obergasse 30
64625 Bensheim
06251 4888
www.knapps.de

Waldschlösschen
(S. 326) (Restaurant)
Burgstraße 36
64625 Bensheim
06251 71324
www.waldschloesschen-auerbach.de

Walz (S. 247)
(Edelbrennerei)
Tucholskyweg 6
64658 Fürth /
Odenwald
06253 23280
www.apfelwalzer.de

Wein Atrium
(S. 86)
(Weinhandel)
Hauptstr. 169
69117 Heidelberg
06221 26903
www.wein-atrium.de

Weinberghof Mundklingen – Martin Weiß
(S. 361) (Weingut)
Im Mundklingen 1
64342 Seeheim-Jugenheim
06257 84494

Weingut der Stadt Bensheim (S. 273)
(Weingut)
Darmstädter Str. 6
64625 Bensheim
06251 580017
www.weingut-der-stadt-bensheim.de

Weinhaus Puppel (S. 184) (Weinstube)
Am Marktplatz 18
69649 Weinheim
06201 67700
www.weinhaus-puppel.de

Weinscheur, Majer's
(s. „Majer's Weinscheuer")

Weinstein (S. 85)
(Restaurant)
Rohrbacher Str. 86
69115 Heidelberg
06221 182261

Windeck, Burgruine
(s. „Burgruine Windeck")

Wingertsstub (S. 388)
(Restaurant)
Jungfernwingertstr. 4
63128 Dietzenbach
06074 914795
www.wingertsstub.de

Winter (S. 101) (Weingut)
Weingasse 2
69126 Heidelberg
06221 336717
www.weingut-hanswinter.de

Winzer eG, Bergstraße
(s. „Bergstäßer Winzer eG")

Winzergenossenschaft
Bergstraße (S. 199)
(Weingut im Winzerkeller
Wiesloch)
Im Brühl 22
69502 Hemsbach

Winzergenossenschaft
Schriesheim (S. 135)
(Weingut)
Heidelberger Str. 3
69198 Schriesheim
06203 61560
www.wg-schriesheim.de

Winzergenossenschaft eG,
Odenwald (s. „Odenwälder
Winzergenossenschaft eG")

Winzergenossenschaft
Winzerkeller Wiesloch
(S. 199) (Weingut)
Bögnerweg 3
69168 Wiesloch
06222 927337
www.winzerkeller-
wiesloch.de

Winzerkeller im
Kurmainzer Amtshof
(S. 207) (Restaurant)
Amtsgasse 5
64646 Heppenheim
06252 5228
www.winzerkeller-
heppenheim.de

Ziegenhof, Nußloch
(s. „Nußlocher
Ziegenhof")

Zum Hirsch, Gehrig
(s. „Gehrig /
Zum Hirsch")

Zum Löwen (S. 232)
(Gasthaus)
Zeller Str. 2
64753 Brombachtal /
Langenbrombach
06063 2485
www.odenwald-gast-
haus-zum-loewen.de

Zum Löwen (S. 121)
(Restaurant)
Rathausstr. 24
69221 Dossenheim
06221 866139

Zum Odenwald (S. 237)
(Apfelweinlokal und
Bäckerei)
Krehbergstr. 512
64686 Lautertal-
Schannenbach
06254 502

Zum Rebstock (S. 251)
(Apfelweinlokal)
Ortsstr. 52
64658 Fürth-Steinbach
06253 3287

Zum Roten Ochsen
(S. 121) (Restaurant)
Mühltalstr. 11
69121 Heidelberg
06221 480583

Zum Schwarzen Ochse
(S. 196) (Gasthof)
Nördliche Bergstr. 26
69469 Weinheim-
Sulzbach
06201 45365
www.zum-schwarzen-
ochsen.de

Zum Seidenbacher Eck
(S. 228) (Apfelweinlokal)
Dr.-Adolf-
Lindenborn-Str. 23
64658 Fürth-Seidenbach
06253 21605

Zur Freiheit (S. 230)
(Gasthaus)
Freiheitsstr. 20
64385 Reichelsheim-
Laudenau
06164 1632
www.zurfreiheit.de

Zur Mühle (S. 168)
(Hofladen)
Talstr. 14
69493 Hirschberg
06201 590652

Zur Rose, Gasthaus
(s. „Gasthaus zur Rose")

Zwiwwel (S. 119)
(Restaurant)
Kirchenstr. 24
68526 Ladenburg
06203 92840

Weitere Infos über:

Landesverband
Baden-Württembergi-
scher Tabakpflanzer
Geschäftsstelle Karlsruhe
Bismarckstr. 51 a
76133 Karlsruhe
0721 23211
www.bundesverband-
tabak.de

Tourismus Service
Bergstraße e.V.
Großer Markt 9
64646 Heppenheim
06252 131170
www.diebergstrasse.de
(links von Darmstadt bis
Heidelberg)

Kur- und Verkehrsverein
Auerbach 1866 e.V.
Darmstädter Str. 166
64625 Bensheim-
Auerbach
06251 78400
www.bensheim-
auerbach.de

Tourist Information Stadt
Bensheim
Hauptstr. 39
64625 Bensheim
06251 5826314
www.bensheim.de

Tourismus – Wissen-
schaftsstadt Darmstadt
GmbH
Im Carree 1
64283 Darmstadt
06151 134513
www.darmstadt.de

Heidelberg Marketing
GmbH
Ziegelhäuser Landstr. 3
69120 Heidelberg
06221 14220
www.heidelberg-
marketing.de

Tourist Information
Heppenheim
Großer Markt 9
64646 Heppenheim
06252 131171
www.heppenheim.de

Stadt- und Tourismus-
marketing Weinheim e.V.
Hauptstr. 47
69469 Weinheim
06201 874450
www.weinheim-
marketing.de

Tourist Information
Wiesloch
Stadtverwaltung FB 5
Marktstraße 13
69168 Wiesloch
06222 84313
www.wiesloch.de

Touristikzentrum
Odenwald
Marktplatz 1
64711 Erbach
06062 943360
www.odenwald.de

DOPPELBLINDPROBE
RIESLING BERGSTRASSE 2008

PROBE	I	FARBE	GERUCH	GESCHMACK	GESAMT		
1	= 12	3	3	6	12	3,5	Traminer, leicht = 2. ERDE im Abgang
2	= 16	3	3	5,5	11,5	12	Mitte [illegible] leicht bitter
3	= 17	3	5	7	15	14,5	Granit mineralisch
4	= 15	3	5	7,0	15,0	14	Pfirsich bitter kurzer Abgang
5	= 14	3	4	7,5	14,5	13,5	
6	= 13	3	5,0	8	16,0	15,5	1. Wahl hoher Alkohol (F)
7	= 10	3	4,5	7,5	15,0	15	
8	= 19	3	4	7	14	16	ERDE = flüchtig.
9	= 18	3	5	7,5	15,5	14,5	
10	1	3	3	6	12	11	
11		3	3	5	11		leicht
12		3	4	6,5	13,5		würzig = 1
13		3	4,5	8	15,5		(F)
14		3	4	6,5	13,5		
15		3	4	7	14		(8)

Index

Gasthäuser

Weingüter

Fine?
Da capo!